104

A **Coleção Filosofia** se propõe reunir textos de filósofos brasileiros contemporâneos, traduções de textos clássicos e de outros filósofos da atualidade, pondo a serviço do estudioso de Filosofia instrumentos de pesquisa selecionados segundo os padrões científicos reconhecidos da produção filosófica. A Coleção é dirigida pela Faculdade Jesuíta de Filosofia e Teologia (Belo Horizonte, MG).

FACULDADE JESUÍTA DE FILOSOFIA E TEOLOGIA (FAJE)
DEPARTAMENTO DE FILOSOFIA

Av. Dr. Cristiano Guimarães, 2127
31720-300 Belo Horizonte, MG

DIRETOR:
Marcelo Fernandes de Aquino FAJE

CONSELHO EDITORIAL:
Carlos Roberto Drawin FAJE
Danilo Marcondes Filho PUC-Rio
Fernando Eduardo de Barros Rey Puente UFMG
Franklin Leopoldo e Silva USP
Marcelo Perine PUC-SP
Marco Heleno Barreto UFMG
Paulo Roberto Margutti Pinto FAJE

Ricardo Jardim Andrade

O ESTRUTURALISMO E A QUESTÃO DO SUJEITO
A *formação* do campo semiológico

Tradução:
Carmen Maria Albornoz Serralta
(revista pelo autor)

Edições Loyola

Título original:
*Le structuralisme et la question du sujet:
la formation du champ sémiologique.*
Editora francesa: Atelier National de
Reproduction des Thèses (ANRT). Lille, 2000.

Dados Internacionais de Catalogação na Publicação (CIP)
(Câmara Brasileira do Livro, SP, Brasil)

Andrade, Ricardo Jardim
   O estruturalismo e a questão do sujeito : a formação do
campo semiológico / Ricardo Jardim Andrade ; tradução Carmen
Maria Albornoz Serralta. -- São Paulo : Edições Loyola, 2023. --
(Coleção filosofia ; 104)

   Título original: Le structuralisme et la question du sujet:
la formation du champ sémiologique
   Bibliografia.
   ISBN 978-65-5504-273-3

   1. Filosofia 2. Estruturalismo 3. Lévi-Strauss, Claude, 1908-2009
- Crítica e interpretação 4. Semiologia 5. Sujeito (Filosofia) I. Título.
II. Série.

23-160309   CDD-100

Índices para catálogo sistemático:

1. Filosofia   100

Eliane de Freitas Leite - Bibliotecária - CRB 8/8415

Capa: Manu Santos
Diagramação: Ronaldo Hideo Inoue

Edições Loyola Jesuítas
Rua 1822 nº 341 – Ipiranga
04216-000 São Paulo, SP
T 55 11 3385 8500/8501, 2063 4275
editorial@loyola.com.br
vendas@loyola.com.br
www.loyola.com.br

*Todos os direitos reservados. Nenhuma parte desta obra pode ser
reproduzida ou transmitida por qualquer forma e/ou quaisquer
meios (eletrônico ou mecânico, incluindo fotocópia e gravação) ou
arquivada em qualquer sistema ou banco de dados sem permissão
escrita da Editora.*

ISBN 978-65-5504-273-3

© EDIÇÕES LOYOLA, São Paulo, Brasil, 2023

105001

Sumário

Repertório das abreviações e siglas 11
1. Abreviações 11
2. Obras citadas por siglas 11
   a. Linguística 11
   b. Antropologia estrutural 12
   c. Fenomenologia hermenêutica 12

Introdução 13
Da filosofia estruturalista ao método estrutural:
o sujeito em questão
1. A filosofia estruturalista 15
2. A confusão entre a filosofia estruturalista
   e o método estrutural 21
3. A exigência de um retorno às fontes
   do estruturalismo 30

Primeira Parte
A LINGUÍSTICA ESTRUTURAL: A DESCOBERTA DA LÍNGUA

Capítulo I
Ferdinand de Saussure: da linguagem à língua 41
1. Antes de Saussure 43
   1.1. A teoria aristotélica da significação 43
   1.2. A Gramática de Port-Royal 44
   1.3. A Gramática Comparada 45
   1.4. O modelo da língua-instituição 47
   1.5. Os neogramáticos 49
2. A teoria da língua 53
   2.1. Noções preliminares: língua e fala; significante e significado 55
   2.2. O princípio da arbitrariedade do signo 57
   2.3. O princípio da linearidade do significante 66
   2.4. O princípio de diferenciação 69
   2.5. O mecanismo da língua 83
   2.6. Sincronia e diacronia 97
3. Conclusão: o campo semiológico e a função representativa do signo 110

Capítulo II
Roman Jakobson: da língua à linguagem 115
1. A fonologia 116
   1.1. Os precursores 117
   1.2. Da fonética à fonologia 121
   1.3. Saussure e a fonologia 123
   1.4. O conceito de fonema 125
   1.5. Estrutura e sistema 129
   1.6. A reavaliação do par sincronia/diacronia 131
   1.7. Conclusão: do som ao sentido 133
2. Uma teoria geral da linguagem 134
   2.1. A aquisição e a dissolução da linguagem 135

2.2. A estrutura bipolar da linguagem 138
2.3. Análise linguística e teoria da comunicação 142
2.4. As funções da linguagem 153
2.5. Os aspectos indiciais e icônicos da linguagem 158
2.6. O exame das críticas de Jakobson a Saussure 164
3. Conclusão: a análise estrutural e a função
semântica da linguagem 167

Capítulo III
Émile Benveniste: do enunciado à enunciação 169
1. A distinção entre as ordens semiótica e semântica 171
   1.1. O estatuto da linguagem entre os sistemas
de signos 171
   1.2. Sistema e representação 173
   1.3. A dupla "significância" da língua 175
   1.4. Forma e sentido 177
   1.5. Do semiótico ao semântico 179
2. Uma teoria da enunciação 185
   2.1. Os indicadores da linguagem 186
   2.2. Do enunciado à enunciação 191
   2.3. Linguagem e subjetividade 192
3. Conclusão: Saussure e Jakobson em face
de Benveniste 193

Segunda Parte
A ANTROPOLOGIA ESTRUTURAL:
A FUNÇÃO SIMBÓLICA

Capítulo IV
A gênese da antropologia estrutural 211
1. O desenvolvimento do pensamento etnológico
pré-estruturalista 212
   1.1. O evolucionismo 212
   1.2. O difusionismo 213
   1.3. O funcionalismo 216

2. Do "fato social total" à estrutura social: o estruturalismo etnológico 222
3. Conclusão: os conceitos de função e estrutura no discurso de Cl. Lévi-Strauss 228

Capítulo V
A análise estrutural do parentesco 231
1. O problema da relação entre natureza e cultura 233
2. A hipótese de Cl. Lévi-Strauss: a proibição do incesto é a passagem da natureza à cultura 238
3. A demonstração da hipótese: a análise estrutural do parentesco 243
   3.1. Definições preliminares 246
   3.2. O sentido formal da proibição do incesto ("A Regra como Regra") 251
   3.3. O sentido positivo da proibição do incesto (o remanejamento das noções de endogamia e exogamia) 256
   3.4. O princípio de reciprocidade 259
   3.5. O método estrutural na sociologia do parentesco 269
4. Exogamia e linguagem 299
5. Conclusão: compreensão e explicação na análise estrutural do parentesco 303

Capítulo VI
O enfoque semiológico da cultura 307
1. O homem como "animal simbólico" 309
2. A cultura como "conjunto de sistemas simbólicos" 311
3. A função simbólica 317
4. Simbolismo e conhecimento 321
5. A eficácia simbólica 324
6. A sexualidade como lugar de emergência do simbólico 330

7. Antropologia e semiologia 333
8. Conclusão: a ambiguidade do discurso
   de Cl. Lévi-Strauss acerca do sujeito 342

Conclusão 345
O estruturalismo e a questão do sujeito 345
1. Os três aspectos da questão estruturalista
   do sujeito 347
   1.1. O aspecto epistemológico 347
   1.2. O aspecto ético 352
   1.3. O aspecto ontológico 354
2. Interrogando Cl. Lévi-Strauss 354
   2.1. Ciência e subjetividade 355
   2.2. Estrutura e sentido 360
   2.3. Compreensão e explicação 391
   2.4. Estrutura e mistério 396

Apêndice 401
A exigência de uma reconstrução da teoria da língua

Bibliografia 409

Repertório das abreviações e siglas

1. Abreviações

Cap.	Capítulo
Concl.	A Conclusão deste trabalho
De Mauro	A introdução e as notas ao CLG e as notas biográficas e críticas sobre Ferdinand de Saussure realizadas por Tullio De Mauro
Intr.	A Introdução deste trabalho
N.	Nota
FM ou (FM)	Fontes manuscritas do CLG retiradas de várias obras sobre a linguística saussuriana

2. Obras citadas por siglas

a. Linguística

CLG	F. de Saussure, *Cours de linguistique générale*
SMCLG	R. Godel, *Les sources manuscrites du Cours de linguistique générale de F. de Saussure*
LEA	R. Jakobson, *Langage enfantin et aphasie*

SLSS	R. Jakobson, *Six leçons sur le son et le sens*
ELG1	R. Jakobson, *Essais de linguistique générale*, t. 1
ELG2	R. Jakobson, *Essais de linguistique générale*, t. 2
UVL	R. Jakobson, *Une vie dans le langage*
EL	R. Jakobson, *À la recherche de l'essence du langage*
PLG1	É. Benveniste, *Problèmes de linguistique générale*, t. 1
PLG2	É. Benveniste, *Problèmes de linguistique générale*, t. 2
DESL	O. Ducrot, T. Todorov, *Dictionnaire encyclopédique des sciences du langage*

b. Antropologia estrutural

ED	M. Mauss, *Essai sur le don*
SEP	Cl. Lévi-Strauss, *Les structures élémentaires de la parenté*
IOMM	Cl. Lévi-Strauss, *Introduction à l'oeuvre de Marcel Mauss*
TT	Cl. Lévi-Strauss, *Tristes tropiques*
AS	Cl. Lévi-Strauss, *Anthropologie structurale*
AS II	Cl. Lévi-Strauss, *Anthropologie structurale deux*
PS	Cl. Lévi-Strauss, *La pensée sauvage*
CC	Cl. Lévi-Strauss, *Mythologiques I: le cru et le cuit*
HN	Cl. Lévi-Strauss, *Mythologiques IV: l'homme nu*
MS	Cl. Lévi-Strauss, *Myth and meaning* (trad. portuguesa, *Mito e significado*)
CLS	*Claude Lévi-Strauss* (textes de et sur Claude Lévi-Strauss réunis par Raymond Bellour et Catherine Clément)
SHA	Cl. Lévi-Strauss, Entretien, in *Les sciences humaines aujourd'hui: Jacques Mousseau s'entretient avec 17 chercheurs*
RE	Cl. Lévi-Strauss, *Le regard éloigné*
PL	Cl. Lévi-Strauss, Didier Eribon, *De près et de loin*

c. Fenomenologia hermenêutica

CI	P. Ricoeur, *Le conflit des interprétations*
SSL	P. Ricoeur, "Structure et signification dans le langage"

Introdução
Da filosofia estruturalista ao método estrutural:
o sujeito em questão

A *intelligentsia* francesa, como se sabe, acolheu entusiasticamente, nos anos 60, o movimento estruturalista, o qual foi desencadeado pela transposição do modelo linguístico ou, mais precisamente, fonológico para a antropologia estrutural. Fenômeno complexo que oscila entre um método e uma filosofia, o estruturalismo está na origem de algumas das mais importantes construções teóricas do século XX. É impossível compreender obras como as de J. Lacan, M. Foucault, R. Barthes, L. Althusser, J. Derrida, entre muitos outros, sem uma referência à "revolução estrutural" iniciada por F. de Saussure, aprofundada por R. Jakobson e consumada por Cl. Lévi-Strauss no domínio das ciências sociais.

"O estruturalismo está na moda", constatava J. Piaget em 1968. "É uma infelicidade para ele e para nós", acrescentava, "porque se trata de um movimento fecundo, que não deveria ser esvaziado de seu conteúdo por abusos de todos os tipos" (PIAGET, 1968, *Colloque de Genève*). Embora há muito não esteja mais na moda, o estruturalismo, apesar de seu declínio a partir da década de 70, continua a influenciar sub-repticiamente a reflexão filosófica e as pesquisas científicas no domínio antropológico.

Como observa F. Dosse, que consagrou cerca de mil páginas à elaboração de sua *Histoire du structuralisme* (1991), esse movimento, apesar de não mais se encontrar no "centro do debate atual, não é uma página virada", já que "uma parte do programa estruturalista foi assumido pelas ciências humanas". Um dos grandes méritos do estruturalismo, como sustenta com justiça o mesmo autor, foi a erradicação do evolucionismo histórico das ciências sociais, contribuição comparável à investigação do inconsciente por Freud (cf. Dosse, 1995, 7).

Entretanto, o grande vilão do estruturalismo, isto é, o sujeito — "insuportável *enfant gâté* que ocupou a cena filosófica por muito tempo e impediu qualquer trabalho sério ao reclamar uma atenção exclusiva", como lamentava Cl. Lévi-Strauss no início dos anos 70 do século passado (HN, 514) — ressuscitou triunfalmente na década seguinte. Segundo os organizadores do *Colloque de Cerisy* realizado em junho de 1986, cujo título era precisamente: *Penser le sujet aujourd'hui*, "a renovação do sujeito começou no momento em que estas disciplinas [filosofia e ciências humanas] notaram sua ausência e depois sofreram sua falta. Mas foi necessário ir mais longe: reconstruir o conceito e fundá-lo novamente". Após a destruição e eliminação do sujeito, o pensamento atual procura reedificá-lo, não fazendo "tábula rasa das aquisições filosóficas e científicas", mas, ao contrário, "voltando a suas fontes clássicas" (GUIBERT-SLEDZIEWSKI; VIEILLARD-BARON, 1988, 11).

Será que o estruturalismo perpetrou efetivamente a destruição do sujeito? A "revolução estrutural" teria, ao menos por algum tempo, atingido seu objetivo, a saber, evacuar o sujeito e seus rebentos dos fatos sociais e humanos e, por conseguinte, das ciências que estudam esses fatos? Arriscamo-nos a defender aqui a tese contrária. Ao menos no que concerne à linguística e à antropologia, estamos em condições de afirmar que o método estrutural não eliminou, sumariamente, o sujeito de tais disciplinas — as únicas, aliás, consideradas por Cl. Lévi-Strauss como dignas de serem qualificadas de estruturais. De fato, como esperamos demonstrar ao longo do presente trabalho, o estudo da formação do campo semiológico e do desenvolvimento do estruturalismo nas ciências sociais evidencia que a análise estrutural, tanto em linguística como em antropologia, apesar das afirmações contrárias de Cl. Lévi-

Introdução

Strauss, seria ininteligível e impraticável se fizesse abstração do sujeito. Em nosso entender, a filosofia estruturalista, que nega a autonomia da consciência, considerando-a uma espécie de reflexo das estruturas, projetou-se indevidamente sobre o método estrutural, cujos procedimentos exigem, necessariamente, em suas principais etapas, a participação do sujeito. Daí a ambiguidade do discurso de Cl. Lévi-Strauss, que ora trata o sujeito como uma peça essencial do método estrutural, ora, em nome de princípios filosóficos, o rejeita como uma espécie de excrescência nociva às ciências do homem.

Faremos, a seguir, um breve esboço da filosofia estruturalista defendida pelo antropólogo, para, depois, relevar a orientação latente que ela exerce na compreensão do estruturalismo que predomina na comunidade científica e acadêmica, compreensão esta que negligencia um dado essencial da análise estrutural: os fatos sociais são objetivos, mas igualmente subjetivos ou, como diz o próprio antropólogo, na esteira de É. Durkheim e M. Mauss, são "coisa" e "representação" (cf. IOMM, XXVII). A filosofia estruturalista, ressalte-se, reduz a representação à estrutura, o espírito à coisa, a subjetividade à objetividade; o método estrutural, contudo, tanto em linguística como em antropologia, requer necessariamente o concurso do sujeito para se efetivar.

1. A filosofia estruturalista

Após haver afirmado em *Les structures élémentaires de la parenté* (SEP), obra publicada em 1949, a distinção entre natureza e cultura, em uma etapa posterior de sua trajetória, mais precisamente em *La pensée sauvage*, ensaio de 1962, Cl. Lévi-Strauss acentua o caráter metodológico dessa distinção e insiste na continuidade entre esses dois termos, já que, segundo ele, cabe às pesquisas antropológicas colaborar com as das ciências exatas e naturais, a fim de "reintegrar a cultura na natureza e a vida no conjunto de suas condições psíquico-químicas" (PS, 294). Nesta mesma época, elucidando a verdadeira constituição das "estruturas inconscientes do espírito" que produzem a cultura, sustenta que se trata de "estruturas cerebrais, as quais dependem, elas próprias, da natureza" (SEP, XVII). Na realidade, o surgimento da cultura permanecerá para o homem um mistério, enquanto não se consiga determinar, no nível biológico, as modificações de estrutura e de funcionamento do cérebro, das quais a cultura foi simultaneamente o resultado natural e o modo social de apreensão (AS II, 24).

As estruturas simbólicas que compõem a cultura são, pois, equivalentes às estruturas naturais, e, a consciência humana, supostamente doadora de sentido, como o admitem as filosofias do *cogito*, em particular a fenomenologia existencial de J.-P. Sartre, não passa, em suma, de um epifenômeno da verdadeira realidade, quer dizer, das estruturas.

Ao relatar sua formação intelectual, Cl. Lévi-Strauss nos faz esta confidência em uma página de *Tristes tropiques* (1955):

> A fenomenologia me contrariava na medida em que postula uma continuidade entre o vivido e o real. Embora concorde em reconhecer que esse envolve e explica aquele, eu aprendera com os meus três mestres [Freud, Marx e a geologia] que a passagem entre as duas ordens é descontínua e que para se atingir o real é necessário primeiro repudiar o vivido, ainda que seja para reintegrá-lo, em seguida, numa síntese objetiva, despojada de qualquer sentimentalidade. Quanto à corrente de pensamento que iria expandir-se com o existencialismo, parecia-me ser o contrário de uma reflexão legítima por causa da complacência que manifestava para com as ilusões da subjetividade. Esta promoção das preocupações pessoais à dignidade de problemas filosóficos corre o risco de desembocar numa espécie de metafísica para mocinhas sentimentais e ingênuas [*midinettes*], desculpável a título de procedimento didático, mas muito perigosa ao permitir tergiversações com esta missão destinada à filosofia até o momento de a ciência se tornar suficientemente forte para se encarregar dela, que consiste em compreender o ser em relação a ele próprio e não em relação a mim (TT, 61).

Enquanto a fenomenologia reduz o mundo à consciência[1], a filosofia estruturalista opera exatamente na direção contrária: reduz a cons-

---

1. Procurando uma evidência apodítica — isto é, aquela que apresenta seu objeto de modo a excluir absolutamente a possibilidade de sua inexistência — e já tendo constatado que "a evidência da existência do mundo não é apodítica" —, Ed. Husserl, o fundador da

Introdução

ciência ao mundo, o sujeito ao objeto, o sentido à estrutura. Ao responder, em 1963, a uma pergunta formulada por Paul Ricoeur num debate, Cl. Lévi-Strauss declara:

O sentido nunca é um fenômeno primeiro; o sentido é sempre redutível. Em outras palavras, por trás de todo sentido, há um não sentido, e o contrário não é verdadeiro. Para mim, a significação é sempre fenomenal (Lévi-Strauss, 1963, 637).

As ciências estruturais não se limitam, contudo, a indicar os fundamentos naturais da cultura; querem mostrar, também, a prefiguração da cultura na natureza. "Modelos, que se poderiam crer puramente culturais, já existem no plano da natureza", afirma Cl. Lévi-Strauss (1966, 50; cf. Marc-Lipiansky, 1973, 237). A noção de código genético, por exemplo, foi tomada por empréstimo da teoria da linguagem e da informação, que recorre ao modelo do código para estudar a comunicação verbal, como nos lembra R. Jakobson (cf. ELG1, 87-99).

É por isso que nosso antropólogo, após ter dissolvido o sentido nas estruturas, declara solenemente no "Finale" de *Mythologiques* (1971): "O *fato da estrutura* é primeiro". Em outro lugar, ele precisa o sentido desta afirmação:

Das partículas elementares ao código genético, do código genético à linguagem e às operações do entendimento, confrontamo-nos com estruturas. Pois entre o pensamento e a vida, creio, não pode haver descontinuidade radical (CLS, 208).

---

fenomenologia, conclui que o *ego cogito* é o "domínio último e apoditicamente certo sobre o qual deve ser fundada toda filosofia radical" (Husserl, 1969, 14; 16). Husserl, contudo, não se limita a retomar o caminho de Descartes. Na realidade, ele substitui a dúvida cartesiana pela *epoché*, ou seja, pela suspensão do juízo a respeito da existência do mundo, o qual é, então, reduzido à consciência. Trata-se de "colocar fora de circuito" ou "entre parênteses" a tese pré-fenomenológica da "atitude natural". Esta tese, adotada pelo homem comum, consiste em afirmar, sem nenhuma discussão, a existência do mundo. Uma vez tematizada, ela se revela como uma crença e toma a forma de um juízo de existência. Ressalte-se que as certezas da atitude natural permanecem presentes depois da redução, mas "fora de circuito", como uma expressão colocada entre parênteses. Dito de outro modo: ainda que vazio de toda referência existencial, o mundo se mantém presente na consciência como seu polo objetivo, ou seja, ele é reduzido à consciência. Em lugar de dispor do mundo, o fenomenólogo dispõe da consciência do mundo.

Em consonância com tais afirmações, Cl. Lévi-Strauss identifica o espírito à coisa e a coisa ao espírito. "Meu pensamento", diz ele, "é também um objeto. Sendo 'deste mundo', participa da mesma natureza que ele" (TT, 58). O postulado fundamental da filosofia estruturalista é, assim, "a identidade das leis do mundo com as do pensamento" (AS, 1974, 102). "A análise estrutural [...] só pode surgir no espírito porque seu modelo já está no corpo" (HN, 618; cf. RE, 165).

A filosofia proposta por Cl. Lévi-Strauss reflete, como se vê, a abordagem dos fatos sociais inerentes ao método estrutural. Convém, portanto, relevar os elementos dessa abordagem que são retomados pela doutrina estruturalista, tendo em vista a contestação das filosofias modernas do *cogito*.

Trata-se, em primeiro lugar, "de eliminar toda especulação histórica" (SEP, 115) das pesquisas linguísticas e antropológicas, a fim de que o verdadeiro objeto dessas disciplinas se manifeste, a saber, "o conjunto de sistemas simbólicos" (IOMM, XIX) que compõem a cultura, os quais são inconscientemente produzidos pelo espírito humano e se mantêm em equilíbrio graças a um jogo de diferenças (ou de oposições). Como nos ensina o *Cours de linguistique générale* (CLG) de F. de Saussure, obra publicada em 1916, "na língua, como em todo o sistema semiológico, o que distingue um signo, eis o que o constitui" (CLG, 168). Dotados de uma lógica própria, estes sistemas podem ser estudados em si mesmos, isto é, independentemente das coisas, dos acontecimentos e da consciência. "A língua é um sistema que só conhece a sua própria ordem" (CLG, 43), ensina ainda o CLG. Cl. Lévi-Strauss, por sua vez, em *Les structures élémentaires de la parenté* (SEP), afirma que, sob a influência das "estruturas de reciprocidade", as quais sustentam e explicam as instituições de casamento e parentesco, "a história tende ao sistema" (SEP, 89). Em *Mythologiques*, precisando o seu pensamento, o antropólogo declara: "A terra da mitologia é redonda [...]; ela constitui um sistema fechado" (LÉVI-STRAUSS, 1966b, 201; cf. 220). Dito de outro modo: um mito só se explica por outro mito e não por causas externas (cf. HN, 561). Na verdade, todo objeto que se submete à análise estrutural deve ser considerado como um "sistema fechado" (AS II, 345), cuja inteligibilidade não depende nem da experiência vivida, nem da contingência dos acontecimentos, nem do caráter concreto das

Introdução

coisas, mas apenas do jogo inconsciente e necessário dos elementos que o compõem. Eis aí o essencial deste novo campo de investigação, aberto por Saussure e explorado por Cl. Lévi-Strauss, que pode ser designado, segundo a sugestão deste linguista, de campo semiológico.

As implicações epistemológicas desta atitude metodológica foram sintetizadas por Cl. Lévi Strauss em declarações extremamente polêmicas:

> Na medida em que as ciências humanas sejam bem-sucedidas na construção de uma obra verdadeiramente científica, a distinção entre o humano e o natural irá nelas se atenuando. Se alguma vez elas se tornarem ciências de pleno direito, deixarão de se distinguir das outras (AS II, 195, 241). O objetivo último das ciências humanas não é constituir o homem, mas dissolvê-lo (PS, 294).

Dissolvê-lo, sem dúvida, nas estruturas simbólicas, as quais, como já foi dito, são equivalentes às estruturas naturais. Do ponto de vista epistemológico, isto significa que as duas espécies de estruturas se refletem uma na outra. Em conformidade com sua ontologia naturalista, Cl. Lévi-Strauss concebe o conhecimento segundo o modelo metafísico da reduplicação. De fato, ele compara o sujeito e o objeto do conhecimento "com espelhos fixos sobre paredes opostas que se refletem um no outro" (PS, 348). A verdade, por conseguinte, pode ser definida, na perspectiva estruturalista, como a conformidade entre as estruturas simbólicas e as estruturas naturais ou, mais precisamente, entre as estruturas significantes e as estruturas significadas (cf. TT, 58). *Mutatis mutandis*, o conceito escolástico da verdade como *adaequatio* é endossado por Cl. Lévi-Strauss. Nos dois casos, o discurso verdadeiro é de tal modo objetivo que provoca a eliminação do sujeito.

As disciplinas semiológicas, tendo por objeto o inconsciente estrutural, longe de prestar homenagem à consciência, tratam-na como "a inimiga secreta das ciências humanas" (AS II, 344). A antropologia formada pela associação dessas disciplinas, quer dizer, a antropologia semiológica projetada por Cl. Lévi-Strauss — "ciência ao mesmo tempo muito antiga e muito nova [...], que um dia nos revelará as forças secretas que movem [...] o espírito humano" (AS, 91) —, essa antropologia se opõe firmemente às concepções filosóficas modernas que, de Descartes a Sartre, tomam como fio condutor da compreensão do homem os fenômenos da consciência com seus conteúdos mutáveis, inconsistentes e fugazes. Na realidade, o homem não pode ser definido pelo pensamento consciente, porque este não opera de maneira autônoma, mas obedece às "leis universais" que regulam "a atividade inconsciente do espírito" (AS, 75). O que denominamos "homem" é apenas o resultado de um inconsciente impessoal e intemporal que pensa e fala através da consciência:

> A linguística nos põe na presença de um ser dialético e totalizante, mas exterior (ou inferior) à consciência e à vontade. Totalização não reflexiva, a língua é uma razão humana cujas razões o próprio homem desconhece (PS, 334).

As pesquisas antropológicas confirmam os resultados obtidos pela linguística, já que, nos dois domínios, se manifesta "a irrealidade do eu" (HN, 559). Para que as ciências humanas mereçam esta designação, devem "fazer abstração do sujeito" (HN, 614). Este não possui nenhuma consistência interna, mas é inteiramente determinado por leis naturais e sociais. As "ciências do homem" não são, portanto, ciências compreensivas, como pretendia W. Dilthey no século XIX, mas essencialmente ciências explicativas, cujo objetivo é indicar as causas estruturais dos fatos humanos. A compreensão, aos olhos de Cl. Lévi-Strauss, não passa "de uma forma suplementar de prova" (AS II, 17). A etnologia, a bem dizer, é uma ciência natural ou, ao menos, aspira a se constituir como tal (cf. Lévi-Strauss, entrevista a Charbonnier, 1969, 195).

Apesar dos numerosos escritos e debates que consagrou à exposição de suas ideias, Cl. Lévi-Strauss avalia de maneira muito modesta sua própria filosofia. Em resposta a pensadores que, como P. Ricoeur, julgam "a filosofia estruturalista [...] condenada a oscilar entre vários esboços de filosofias" (CI, 55), o antropólogo não hesita em declarar:

> Não me sinto engajado pelo lado filosófico do que escrevo. É um meio de precisar onde me situo, uma tentativa de me colocar numa perspectiva diante de meus contemporâneos, mas o que me parece importante são as conclusões etnológicas às quais consigo chegar e os meios que utilizo para alcançá-las (Lévi-Strauss, 1966b, 54; cf. Marc-Lipiansky, 1973, 277).

Como se vê, é o próprio antropólogo quem coloca suas reflexões filosóficas numa posição completamente secundária em relação ao con-

Introdução

junto de sua obra. Seja como for, não se pode negar, como já dissemos, a influência decisiva que o pensamento de Cl. Lévi-Strauss exerceu sobre a filosofia contemporânea. O famoso debate que se ergueu em torno da "questão do sujeito" nos anos 60 do século XX, do qual participaram, entre outros, os pensadores já mencionados, seguramente não teria alcançado a importância e a repercussão que teve — e continua a ter — sem a participação de Cl. Lévi-Strauss. O estruturalismo, enquanto filosofia, está longe, portanto, de ser um movimento relegado a segundo plano no cenário cultural de hoje.

2. A confusão entre a filosofia estruturalista e o método estrutural

Em consonância com a postura filosófica naturalista e materialista firmemente assumida pelo antropólogo, discutida por alguns dos mais importantes pensadores da atualidade e indevidamente projetada no método estrutural pelo próprio Cl. Lévi-Strauss, a maioria das exposições sobre o estruturalismo toma como *leitmotiv* desta corrente de pensamento a suposta expulsão do sujeito, da história e do referente, operada no seio das ciências humanas pela linguística saussuriana e pela antropologia estrutural. Para ilustrar esta compreensão equivocada do estruturalismo, é oportuno considerar a discussão da linguística estrutural proposta por P. Ricoeur. Apesar do caráter extremamente elaborado, a análise deste filósofo nos parece injusta na medida em que, na esteira de Cl. Lévi-Strauss, confunde a filosofia estruturalista com o método estrutural.

A fim de determinar a "validade da análise estrutural e o limite desta validade", Paul Ricoeur reconduz "a discussão sobre o estruturalismo a seu lugar de origem: a ciência da linguagem, a linguística" (CI, 80). Ao iniciar essa discussão, observa que, enquanto as filosofias tradicionais da linguagem, de Aristóteles a Husserl, consideram o problema da significação do ponto de vista do sujeito falante, "a análise que se chama estrutural parte de um ponto de vista exatamente oposto e que consiste em colocar entre parênteses, desde o princípio, o sujeito falante, sua intenção, sua vivência" (SSL, 111). A linguística estrutural impõe, assim, um desafio às filosofias do sujeito semelhante ao proveniente da psicanálise. Em ambos os casos, "a noção de significação situa-se em outro campo que o das visadas intencionais de um sujeito" (CI, 246). Na realidade, estas duas disciplinas possuem um mesmo modo de abordar o signo, que consiste em "[recolocar] em discussão toda intenção ou toda pretensão de manter a reflexão do sujeito *sobre* si mesmo e a posição do sujeito *por* si mesmo como um ato original, fundamental e fundador" (CI, 234). A linguística estrutural, no entanto, apresenta um sistema de postulados bastante diverso daquele proposto pela psicanálise, a saber:

1º) "A dicotomia da língua e da fala" (CI, 246). Do lado da língua, F. de Saussure, o fundador da linguística estrutural e do estruturalismo, estabelece "as regras constitutivas do código", com "seu caráter de instituição e de coação social"; do lado da fala, ele "lança" a realização psíquico-fisiológica, "com seu caráter de inovação individual e de livre combinação" (CI, 246, 81). Segundo Ricoeur, a fala é "uma espécie de apêndice da linguagem [...], que nada acrescenta à língua" (SSL, 117). Em outros termos, "para a linguística estrutural, a língua se basta a si própria" (CI, 247). Saussure isola, pois, na linguagem um objeto homogêneo apto a ser estudado cientificamente: o sistema da língua. Empregando uma famosa comparação do CLG, pode-se dizer que "as regras do jogo de xadrez são a língua, e a partida de xadrez é a fala" (SSL, 112).

2º) "A subordinação do ponto de vista diacrônico ao ponto de vista sincrônico" (CI, 246). Tendo em vista distinguir, na linguagem, a língua da fala, o pesquisador deve abandonar "o eixo das sucessões" e se instalar no "eixo das simultaneidades" (ou das "coexistências") (CI, 35; cf. CLG, 115). O que interessa fundamentalmente à linguística saussuriana é o "estado de língua" e não as transformações das línguas. Ao se colocar na perspectiva sincrônica, quer dizer, aquela que diz respeito a "tudo o que é contemporâneo no interior do sistema" (SSL, 112), Saussure se opõe ao modelo de cientificidade predominante no século XIX, segundo o qual a explicação de um fato reduz-se à determinação de sua gênese histórica (ou diacrônica). Na perspectiva do CLG, no entanto, como defende P. Ricoeur, "a história vem em se-

Introdução

gundo lugar e figura como alteração do sistema [...]. [Ela] é responsável mais pelas desordens do que pelas mudanças significativas" (CI, 36). "O sistema [...] nada tem de histórico, já que não possui nenhuma das características do acontecimento" (SSL, 117). A bem dizer, as mudanças não podem ser estudadas em si mesmas. É o sistema que as torna inteligíveis. Daí o primado do ponto de vista sincrônico sobre o diacrônico.

3º) No sistema de diferenças ou oposições que constitui a língua, "não há mais significação, [...] mas valores, quer dizer, grandezas relativas, negativas e opositivas" (CI, 246). O signo saussuriano não possui significação; a rigor, não é uma "entidade semântica" (CI, 92).

4º) A língua é um "sistema fechado de signos" (CI, 83) ou, em outros termos, um sistema que não possui "fora", mas somente "dentro" (cf. CI, 247). Como nos explica L. Hjelmslev, "é cientificamente legítimo descrever a linguagem como sendo essencialmente uma entidade autônoma de dependências internas, ou seja, uma estrutura" (HJELMSLEV, 1971, 28; cf. Ricoeur, CI, 247). Este último postulado é o principal: "resume e comanda todos os outros". P. Ricoeur o denomina "postulado da clausura dos signos" (cf. CI, 247).

Em suma, o estruturalismo, na medida em que concebe de maneira "antinômica" a relação entre língua e fala (cf. CI, 86), *elimina* o sujeito falante" da análise linguística, "para considerar apenas as regras sociais do jogo". Neste jogo, *elimina* "o histórico para considerar o sistemático" (SSL, 112). Além de eliminar o sujeito e a história, o estruturalismo "expulsa" também a coisa (ou o referente) do estudo da linguagem. O objeto da linguística estrutural reduz-se, por isso, a "um sistema fechado, no qual os signos remetem aos signos, sem que *jamais* haja relação com as próprias coisas" (SSL, 114, destaque nosso).

As implicações filosóficas desta concepção da linguagem são graves:

> A partir do momento em que consideramos a linguagem como um sistema fechado, no qual os signos remetem uns aos outros, não temos necessidade de nos perguntar: existe um mundo, qual é o mundo que lhe corresponde, ou, existe alguém que fala? Estas duas

perguntas perderam toda relevância, toda a validade, visto que decidimos nos manter, em suma, na clausura do universo dos signos. E é esta decisão [...] que constitui, pode-se dizer, a decisão filosófica [do estruturalismo] e não mais simplesmente o [seu] postulado metodológico [...] (ibid.).

Tudo isso transforma profundamente a noção tradicional de signo. Como precisa P. Ricoeur, "a definição do signo que satisfaz a estas quatro pressuposições rompe totalmente com a ideia ingênua de que o signo se põe no lugar de alguma coisa" (CI, 83). Quer dizer, a análise estrutural não leva em consideração a função representativa do signo:

> Se nos decidirmos, como no estruturalismo, a fazer completamente abstração daquele que fala e daquilo sobre o que se fala, seremos obrigados a dar uma definição do signo que não comporta nenhuma espécie de referência a um exterior, a um mundo (SSL, 115).

Este modo de compreender a teoria saussuriana da língua e o seu conceito de sistema encontra-se em muitas exposições de Saussure e do estruturalismo em geral. Assim, Mireille Marc-Lipiansky, no seu ensaio *Le structuralisme de Lévi-Strauss*, citado várias vezes neste trabalho, afirma:

> Ao limitar seu domínio ao estudo sincrônico da língua, Saussure contribuiu para estabelecer uma concepção da língua-objeto, sistema fechado e autônomo, dotado de uma lógica própria, independente dos sujeitos que a falam e do mundo exterior que ele significa. Sua definição do signo linguístico como a união de uma "imagem acústica" e de um "conceito" (isto é, de um significante e de um significado, sem referência à coisa designada), identificável de maneira estritamente diferencial e contextual, convidava a estudar os signos, fazendo abstração de seu valor referencial e de sua significação intrínseca ou, dito de outro modo, tratando-os como símbolos lógicos (MARC-LIPIANSKY, 1973, 284).

Françoise Gadet, por sua vez, na introdução de seu excelente ensaio *Saussure, une science de la langue*, observa:

> Ao estudar a língua como um objeto abstrato, um sistema cujas forças são exteriores ao mesmo tempo ao indivíduo e à realidade física, a teoria saussuriana produziu um efeito de desconstrução do sujeito

psicológico livre e consciente, o qual imperava na reflexão da filosofia e das ciências humanas emergentes, no final do século XIX. Vê-se, assim, por que Saussure pôde ser comparado a Freud, Marx, Darwin e Copérnico (GADET, 1987, 7).

De modo mais radical, François Dosse escreveu em sua *Histoire du structuralisme*, obra já mencionada:

> A ciência linguística deve limitar-se a ter por objeto a língua, único objeto que pode dar lugar a uma racionalização científica. A consequência disso é a eliminação do sujeito falante, do homem que fala [...]. A linguística só tem acesso ao estágio de ciência [...] na condição de delimitar muito bem o seu objeto específico: a língua; e deve, portanto, desembaraçar-se dos resíduos da fala, do sujeito, da psicologia. O indivíduo é expulso da perspectiva científica saussuriana, vítima de uma redução formalista onde não tem mais seu lugar. Essa negação do homem, já um ponto cego no horizonte saussuriano, também passa a ser um elemento essencial do paradigma estruturalista, para além do campo linguístico. Ela leva ao paroxismo um formalismo que, depois de já se ter esvaziado de sentido, exclui também o locutor para culminar numa situação em que "tudo se passa como se ninguém falasse" (DOSSE, 1991, 73)[2].

Ao lembrar o debate já mencionado entre P. Ricoeur e Cl. Lévi-Strauss, no qual eles discutiram as relações entre sentido e sistema, Christian Descamps, em *Les idées philosophiques contemporaines en France*, declara:

> Com referência à fenomenologia, às suas intenções, o estruturalismo objeta que o sentido está sedimentado na língua. Enquanto a fenomenologia fazia dos sujeitos falantes o centro de interesse do sentido, o estruturalismo faz do sentido o resultado de sistemas de oposições reguladas. Esta perspectiva quer desfazer as filosofias da consciência, do sujeito, uma vez que o emissor se submete — sendo essa mesma uma condição de possibilidade — aos sistemas significantes, às estruturas da linguagem que são lógica e cronologicamente primeiras (DESCAMPS, 1986, 34).

---

[2]. A citação do autor remete a: HAGÈGE, Claude, *L'homme de parole*, Paris, Gallimard, 1985, 305.

Citando Cl. Lévi-Strauss (CC, 20), o autor retoma sua exposição nestes termos:

> A revolução metodológica será enunciada ainda mais claramente em *Le cru et le cuit*: "Não pretendemos mostrar como os homens pensam os mitos, mas como os mitos se pensam nos homens e à revelia deles". O singular — o homem, dir-se-á alguns anos mais tarde — desaparece, então, nos códigos universais, numa linguagem que produz — somente ela — as diferenças. A ideia fenomenológica de uma gênese do sentido, de uma invenção radical que seria diferente da reordenação dos signos anteriores, é tratada como um fantasma (DESCAMPS, 1986, 35).

Esses exemplos já nos parecem suficientes para demonstrar que a leitura do CLG proposta por P. Ricoeur exprime, com elegância e coerência, a compreensão do estruturalismo que predomina na comunidade científica. Tornou-se quase um lugar-comum afirmar que este movimento exclui o sujeito, a história e o mundo das ciências humanas, opondo-se, assim, às filosofias modernas do *cogito*, notadamente à fenomenologia, em suas diferentes versões (transcendental, hermenêutica e existencial).

Examinaremos a seguir a crítica de P. Ricoeur à linguística saussuriana e ao estruturalismo em geral, para expor, em seguida, a partir desta crítica, nossa hipótese.

Não obstante rejeitar os postulados estruturalistas, P. Ricoeur não deixa de reconhecer os méritos do estruturalismo:

> A conquista do ponto de vista estrutural é, com toda a certeza, uma conquista da cientificidade. Ao constituir o objeto linguístico como objeto autônomo, a linguística se constituiu, ela também, como ciência (CI, 84). O estruturalismo pertence à ciência; e atualmente não vejo abordagem mais rigorosa e mais fecunda do que a do estruturalismo no nível de entendimento que lhe é próprio (CI, 33).

"A colocação entre parênteses da questão do sujeito, o adiamento de qualquer referência ao sujeito falante" é, portanto, um procedimento perfeitamente legítimo como etapa necessária para a constituição de uma "ciência dos signos digna desse nome" (CI, 246).

Entretanto, P. Ricoeur não deixa de nos advertir que "a consciência da validade de um método [...] é inseparável da consciência de seus limites" (CI, 48). O método estrutural evolui bem à medida que se aplica às unidades da linguagem. Ele é capaz de estabelecer com um rigor e uma exatidão inigualáveis os inventários fonológicos, léxicos e sintáticos da língua (cf. SSL, 115-117). Fracassa, contudo, quando reduz o objeto da linguística ao sistema. "O essencial da linguagem começa além da clausura dos signos" (CI, 96), afirma P. Ricoeur. De fato, "a intenção primeira da linguagem [...] é dizer algo de algo", como nos ensinou Aristóteles, ou, mais precisamente, empregando a famosa distinção entre *Sinn* (sentido) e *Bedeutung* (referência) de G. Frege,

> a linguagem [...] possui uma dupla intenção: uma intenção ideal (dizer algo) e uma referência real (dizer algo de alguma coisa) [...]. É preciso, portanto, equilibrar o axioma da clausura do universo dos signos por uma atenção à função primeira da linguagem, que é dizer (CI, 96).

A decisão filosófica e epistemológica própria ao estruturalismo de manter-se na clausura dos signos "violenta a experiência linguística". Do ponto de vista do pesquisador, entende-se que "a linguagem [seja] um objeto para uma ciência empírica"; do ponto de vista dos interlocutores, porém, "a linguagem não é um objeto, mas uma mediação; ela é aquilo através do que, por meio de que, nós nos exprimimos e exprimimos as coisas" (CI, 85).

Urge, portanto, "recuperar para o entendimento da linguagem aquilo que o modelo estrutural excluiu e que, talvez, seja a própria linguagem como um ato de fala, como um dizer". Pensar integralmente a linguagem "[é] pensar a unidade daquilo mesmo que Saussure desuniu, a unidade da língua e da fala" (CI, 86).

A realização dessa tarefa requer que se passe das unidades de língua (fonema, morfema etc.) para uma nova espécie de unidade: a frase ou o enunciado. Apoiando-se em É. Benveniste — linguista que aproximou a teoria saussuriana da filosofia analítica, recorrendo, em particular, à distinção lógica entre sentido (*Sinn*) e referência (*Bedeutung*), que acabamos de mencionar —, P. Ricoeur afirma que a nova unidade não é de língua, mas de discurso, ou, em outras palavras, não se trata mais de uma unidade semiológica (ou semiótica, para empregar a terminologia adotada por É. Benveniste, em referência a Ch. Sanders Peirce), mas semântica (cf. CI, 87).

Pode-se caracterizar "a instância de discurso", por oposição ao sistema, da seguinte forma: a) enquanto este último é atemporal, a fala é um acontecimento atual, transitório, evanescente; b) é no plano da fala que se realiza a escolha de algumas significações, as quais, combinadas, permitem a produção de "frases inéditas e virtualmente infinitas"[3] (CI, 87); c) é ainda no plano da fala — ou mais precisamente, na "instância de discurso" — que a linguagem possui uma referência:

> Falar é dizer algo de alguma coisa. É aqui que reencontramos Frege e Husserl. Em seu famoso artigo *Über Sinn und Bedeutung* [...], Frege mostrara perfeitamente que a visada da linguagem é dupla: visada de um sentido ideal (quer dizer, sem pertença ao mundo físico ou psíquico), e visada de referência; se o sentido pode ser dito inexistente, enquanto puro objeto de pensamento, é a referência — a *Bedeutung* — que enraíza nossas palavras e nossas frases na realidade [...]. Este avanço do sentido (ideal) em direção à referência (real) é a própria alma da linguagem. Husserl não dirá algo diferente nas *Investigações lógicas*: o sentido ideal é um vazio e uma ausência que exigem ser preenchidos. Pelo preenchimento, a linguagem retorna a si mesma, vale dizer, morre a si mesma. Que se distinga — com Frege, *Sinn* e *Bedeutung* ou, com Husserl, *Bedeutung* e *Erfüllung* — o que se articula assim é uma intenção significante que rompe a clausura do signo, que abre o signo ao outro, enfim, que constitui a linguagem como um dizer, um dizer algo de alguma coisa. O momento em que se produz a virada da idealidade do sentido para a realidade da coisa é o da transcendência do signo. Este momento é contemporâneo do enunciado (CI, 87).

A última característica da instância de discurso pode ser resumida como segue: "O acontecimento, a escolha, a inovação, a referência, implicam também uma maneira própria de designar o sujeito do discurso" (CI, 88). Para fazer essa afirmação, P. Ricoeur se fundamenta nos "indicadores" da linguagem, estudados por Benveniste. Este linguista, como mostraremos adiante (cf. infra, cap. III, 2.1), se refere a uma categoria de signos linguísticos (pronomes pessoais, advérbios de tempo e de lugar,

---

3. Ricœur se apoia na noção de "Gramática Gerativa" (cf. CHOMSKY, N., *Current issues in linguistic theory*, La Haye, Mouton, 1964).

pronomes demonstrativos) que "não conotam uma classe de objetos, mas designam a presente instância de discurso; eles não nomeiam, mas indicam o *eu*, o *aqui* e o *agora*, o *isto*, enfim, a relação de um sujeito falante com uma audiência e uma situação" (CI, 251).

Tendo em vista o exposto, P. Ricoeur propõe uma fenomenologia da linguagem que reúna as duas ordens mencionadas: a semiológica, estudada pela linguística estrutural, e a semântica, tratada pela "linguística da frase" (ou, empregando uma outra terminologia de Benveniste, "linguística da enunciação"). Ele se opõe, assim, por um lado, a M. Merleau-Ponty, que "[salta] diretamente para a fenomenologia da fala" sem levar em consideração a língua (CI, 249) e, por outro, aos linguistas que se restringem ao estudo da língua, negligenciando a fala:

> É através e por meio de uma linguística da língua que uma fenomenologia da fala é hoje em dia possível [...]. É com base nesta distinção fundamental do semiológico e do semântico que é possível fazer convergir: a linguística da frase (considerada como instância de discurso), a lógica do sentido e da referência (ao modo de Frege e de Husserl), e por fim, a fenomenologia da fala (ao modo de Merleau-Ponty) (CI, 248).

É evidente que aos olhos de P. Ricoeur os pontos de vista semiológico e semântico não são antagônicos — como supostamente o seriam, na perspectiva do pensador francês, o par saussuriano língua e fala —, mas complementares. É por isso que, ao se referir à nova tarefa da fenomenologia da linguagem, P. Ricoeur afirma: "É preciso pacientemente desimplicar o semântico do semiológico" (CI, 249), e ainda:

> Trata-se [...] de encontrar os instrumentos de pensamento capazes de dominar o fenômeno da linguagem, que não é nem a estrutura, nem o acontecimento, mas a incessante conversão de um ao outro por meio do discurso (CI, 89).

Assinalemos, para concluir, que P. Ricoeur estende sua crítica à linguística estrutural, contestando a análise da linguagem proposta por R. Jakobson. No seu entender, esta análise

> passa inteiramente ao lado da distinção introduzida por Benveniste entre a semiótica e a semântica, entre os signos e o enunciado. O

monismo do signo é característico de uma linguística puramente semiótica (RICOEUR, 1975, 224).

Será que o modelo linguístico elaborado pelo estruturalismo pode ser considerado, de fato, como um modelo puramente semiótico? Em outros termos, será que a análise estrutural da linguagem, voltando-se prioritariamente para a língua, "elimina" ou "exclui" efetivamente da linguística a referência, o sujeito — ou a autorreferência[4] — e a história? Uma breve reflexão sobre a crítica de P. Ricoeur já nos indica o seu caráter problemático, inclinando-nos a responder negativamente às interrogações que acabamos de formular. Na verdade, como discutiremos a seguir, o discurso de P. Ricoeur, tal como o de Cl. Lévi-Strauss, é ambíguo, admitindo implicitamente uma outra leitura possível do estruturalismo. É esta leitura que constitui, justamente, o tema central do presente estudo.

3. **A exigência de um retorno às fontes do estruturalismo**

Nossa discussão tratará, sucessivamente, dos três elementos que acabamos de mencionar, a saber, o referente, o sujeito e a história.

a) Se, por um lado, P. Ricoeur afirma que Saussure exclui a coisa (ou o referente) das pesquisas linguísticas, por outro, ao nos explicar uma das teses principais dos CLG, declara:

> Se considerarmos, por exemplo, o modo como as cores são denominadas nas diferentes línguas, veremos que elas não se distribuem da mesma maneira, porque *os nomes das cores* têm um caráter bastante arbitrário, enquanto *as cores* são contínuas e nossa linguagem é descontínua (SSL, 113, itálicos nossos).

O filósofo distingue, pois, "os nomes das cores" das "cores" em si mesmas. Aqueles são descontínuos, enquanto estas são contínuas. Como é possível nomear as cores, servindo-se dos elementos descontínuos da língua (os signos), sem uma referência às próprias cores (isto é,

---

4. "O sujeito [...] é o que tem referência a si na referência ao real; retrorreferência e referência ao real se constituem simetricamente" (CI, 253).

às coisas extrassistêmicas em sua continuidade)? Se a função dos signos é designar as coisas, como se pode afirmar, como o faz P. Ricoeur, que, na perspectiva saussuriana, a concepção tradicional do signo — "uma coisa que está no lugar de outra" (cf. RICOEUR, 1975, 103) — é ingênua ou, em outros termos, que o signo saussuriano não representa nada, reduzindo-se a uma simples diferença (ou a um valor) no interior do sistema? Se esse fosse, de fato, o ponto de vista estruturalista, por que R. Jakobson teria empregado a noção medieval de signo, a saber, *aliquid stat pro aliquo* (algo que está no lugar de algo), para ilustrar precisamente a teoria saussuriana da língua (ELG1, 162), e, por que, ainda, Cl. Lévi-Strauss teria concebido o fato social simultaneamente como "coisa" e "representação" e os sistemas simbólicos que compõem a cultura como sistemas de representação (cf. IOMM, XXVII; AS, 61 e 391)? Os elementos linguísticos seriam, efetivamente, na ótica estruturalista, desprovidos de significação, como sustenta P. Ricoeur? Então, como se explica que Cl. Lévi-Strauss conceba a língua como "o sistema de significação por excelência" (AS, 58)? E mais ainda: por que este teórico, não obstante afirmar, enquanto pensador, o primado da estrutura sobre o sentido, insiste, enquanto etnólogo, no caráter semiológico da antropologia social (e estrutural), uma vez que esta disciplina "nasceu da descoberta de que todos os aspectos da vida social [...] constituem um conjunto significativo" (AS, 391)?

b) P. Ricoeur identifica a "substância semântica", fora da qual o sistema da língua não poderia se constituir como tal, com "o conteúdo intuitivo, o conteúdo vivido, aquilo que cada um de nós representa para si ao pronunciar uma palavra" (SSL, 114). Como se sabe, do ponto de vista fenomenológico, este "conteúdo vivido" possui um polo subjetivo e outro objetivo ou, na terminologia de Edmund Husserl, um polo noético e um polo noemático (cf. HUSSERL, 1950). Quer dizer, nesse conteúdo e através dele, a consciência *visa a um sentido*. Este sentido — na medida em que se encontra no plano da substância (fala) e não da forma (língua) — é necessariamente extrassistêmico e pré-linguístico ou, dito de outro modo, pertence à camada de consciência que a fenomenologia denomina "antepredicativa", cuja natureza é definida por P. Ricoeur nos seguintes termos:

Quando Husserl diz que toda consciência é consciência de, toda consciência é uma consciência intencional, ele se esforça para colocar a intenção do signo muito abaixo da linguagem, numa propriedade geral, poder-se-ia quase dizer, da vida, em todo caso, da vida da consciência, que reencontramos na percepção e na ação. Portanto, esse poder de significar seria não apenas articulado no nível da linguagem, mas também num nível abaixo da linguagem, chamado de antepredicativo, já que é anterior ao ato de atribuir predicados aos sujeitos de discursos, na ordem da vida. Toda filosofia oriunda da fenomenologia, a de Merleau-Ponty em particular, é um desenvolvimento deste poder de significar anterior à linguagem e no qual nossa linguagem está como que incluída (SSL, 110; cf. HUSSERL, 1970).

Se seguirmos o caminho de Husserl das *Investigações lógicas* (1900, 1901) a *Ideias I* (1913) (cf. HUSSERL, 1950; 1969/1972), como nos esclarece ainda P. Ricoeur, perceberemos que, inicialmente, ele põe a significação lógica no centro de gravitação da significação linguística, e, depois, inscreve-a "no perímetro mais vasto da intencionalidade da consciência". Ao estender, assim, a investigação do plano lógico e linguístico para o plano mais fundamental da percepção, Husserl demonstra que "a expressão linguística e, com maior razão, a expressão lógica" não são autônomas, mas, ao contrário, constituem "a forma reflexiva de uma atividade significante enraizada aquém do juízo e característica da *Erlebnis* [a experiência vivida] em geral". É nesse sentido que se pode dizer que a significação é "a categoria mais abrangente da fenomenologia [...]. Na medida em que o *Ego* é aquele que vive através da visada do sentido e se constitui como polo idêntico a todas as irradiações do sentido", ou, em outras palavras, na medida em que "o sujeito é o portador da significação", seu conceito recebe, igualmente, "uma extensão proporcional" (cf. CI, 242-244). Em suma: ao enraizar os significados lógicos e linguísticos na camada antepredicativa da consciência, Husserl, ao mesmo tempo, ampliou consideravelmente o conceito de sujeito, afastando-o do domínio epistemológico para inseri-lo no domínio que poderíamos chamar de existencial, vale dizer, do "mundo da vida" (*Lebenswelt*), para empregarmos a última terminologia do filósofo (cf. HUSSERL, 1976).

Se a noção saussuriana de "substância semântica" pode ser enfocada dessa maneira, seria justo afirmar, como o faz o próprio P. Ricoeur, que a linguística estrutural "exclui" ou "elimina" o sujeito do estudo da linguagem? Como explicar os signos linguísticos, que formam a língua e se constituem pela associação de um significante (aspecto sensível do signo) com um significado (aspecto inteligível), fora da fonação (a emissão de sons pelo aparelho fonador) e da significação (o conjunto de sentidos produzidos, tanto no nível predicativo quanto no nível antepredicativo, pela consciência, assim que o sujeito falante começa a operar), isto é, fora dos dois elementos que determinam, essencialmente, nossos discursos? Em outros termos: como explicar as formas linguísticas (os signos), que se encontram no plano da língua, sem uma referência à substância semântica e fônica, que se encontra no plano da fala? O que seria da língua se, ao estudá-la, fizéssemos abstração da fala, isto é, do lugar onde se encontram o sujeito, o acontecimento e o mundo? Ainda seria ela, neste caso, analisável? Não o cremos, porque, como todos os teóricos estruturalistas, desde Saussure, o reconhecem, a análise linguística requer necessariamente o sentido — portanto, o sujeito falante, que "o [distingue], infalivelmente, no discurso", como afirma o genebrino (cf. CLG, 148) — para se efetuar.

c) P. Ricoeur, na esteira de Cl. Lévi-Strauss e de R. Jakobson, afirma que entre sincronia e diacronia não existe "oposição pura e simples", mas sim uma espécie de hierarquia. "O que importa", diz ele, "é a subordinação, não a oposição, da diacronia à sincronia" (CI, 36). Será, então, correto afirmar, como o faz o próprio P. Ricoeur numa passagem já citada, que "o estruturalismo consiste em *eliminar* o sujeito falante para considerar apenas as regras sociais do jogo, e neste jogo *eliminar* o histórico para considerar [apenas] o sistemático" (SSL, 112)? Trata-se, de fato, de uma eliminação da história da análise estrutural ou — o que é totalmente diferente — de uma subordinação da história ao sistema, uma vez que aquela só se torna inteligível por meio deste?

As considerações precedentes, ao relevar o caráter ambíguo do discurso de P. Ricoeur, obriga-nos a questionar o que este filósofo considera como o postulado central do estruturalismo, a saber, "a clausura do universo dos signos", expressão, aliás, que remete ao discurso de Cl. Lévi-Strauss. De fato, ao explicar seu ponto de vista metodológico, o antropólogo afirma, como já vimos, que a análise estrutural opera sobre um "sistema fechado de signos" (esta expressão, por sua vez, é também empregada por P. Ricoeur, como mostramos acima).

Na realidade, "este sistema fechado" ou "esta clausura do universo dos signos", como esperamos demonstrar ao longo do presente estudo, não existe, porque a análise estrutural seria impraticável e o sistema de signos, ininteligível, se este, no seu funcionamento, não se apoiasse na realidade extrassistêmica (o discurso, o mundo e a história) e se aquela, no seu funcionamento, não tomasse como guia semântico o sujeito. O que acabamos de dizer, ressalte-se, diz respeito a *todos* os sistemas semiológicos, porque, como será estabelecido ao longo de nossa exposição (cf. infra, cap. III, 1, 2, 3), *todos* eles dependem do sistema da língua para significar.

É ainda P. Ricoeur quem, paradoxalmente, nos encorajou a seguir essa via de interpretação do estruturalismo. Com efeito, tendo lembrado que "Ferdinand de Saussure não é fonólogo" — a fonologia, como mostraremos adiante (capítulo II), é a disciplina que tem por objeto o estudo dos fonemas, isto é, dos sons elementares da língua, os quais não possuem significação alguma, mas são puramente diferenciais —, o filósofo observa: "sua concepção do signo linguístico como relação entre o significante sonoro e o significado conceitual é muito mais semântica que fonológica" (CI, 35).

* * *

Para demonstrar que tanto na linguística como na antropologia estrutural a ordem semiológica não é autônoma, mas depende da ordem semântica, percorreremos um longo caminho, cujas principais etapas indicaremos a seguir.

Nosso estudo se divide em duas grandes partes: a primeira trata da linguística estrutural, e a segunda, da antropologia estrutural. Examinaremos sucessivamente, na primeira parte, a teoria saussuriana da língua (capítulo I), a fonologia de R. Jakobson, assim como os principais aspectos de sua teoria geral da linguagem (capítulo II) e a distinção entre a ordem semiótica e a semântica proposta por É. Benveniste (capítulo III); ao concluir esta primeira parte, discutiremos a crítica de É. Benveniste à linguística estrutural, enfrentando, deste modo, os problemas que a leitura proposta por P. Ricoeur ao estruturalismo nos apresentou. A segunda parte divide-se em três capítulos: o primeiro apresenta a gênese da antropologia estrutural (capítulo IV); o segundo expõe os principais elementos da análise estrutural do parentesco (capítulo V); o terceiro examina algumas das teses mais importantes da antropologia estrutural, ou, mais precisamente, questiona a definição de cultura proposta por Cl. Lévi-Strauss, a saber, "um conjunto de sistemas simbólicos" (capítulo VI). Na conclusão deste trabalho, esperamos ter amadurecido suficientemente o nosso tema de pesquisa, para demonstrar a oposição entre a filosofia estruturalista — a qual, ao negar a autonomia da consciência, reduz o sentido às estruturas simbólicas, e essas às estruturas naturais — e o método estrutural, o qual requer, em suas etapas compreensivas, o sujeito e o sentido, que lhe é correlato, e, por esta razão, se ajusta melhor ao pensamento fenomenológico que à ontologia naturalista e materialista de Cl. Lévi-Strauss.

Na impossibilidade de estudar todas as disciplinas que se desenvolveram no campo semiológico, limitamo-nos à linguística e à antropologia, as quais constituem, indiscutivelmente, a matriz do estruturalismo. Cl. Lévi-Strauss chega mesmo a afirmar, em carta a Lepargneur: "Em matéria de estruturalismo só reconheço o dos linguistas e dos etnólogos" (LEPARGNEUR, 1972, 2). A. J. Greimas, por sua vez, adotando a mesma ótica do antropólogo, declara: "O estruturalismo é, em última análise, o encontro da linguística com a antropologia" (apud DOSSE, 1991, 47). Ora, este encontro, evidentemente, não poderia ocorrer sem a decisão, tomada por Cl. Lévi-Strauss sob a influência de R. Jakobson (cf. PL, 65; cf. SLSS, 7-18), de aplicar o modelo linguístico ao estudo dos fatos etnológicos. Se nos situarmos, pois, na perspectiva do antropólogo, ou seja, do mais importante representante deste movimento, do verdadeiro mentor da "revolução estrutural" (cf. BENOIST, 1975) que se desencadeou no seio das ciências humanas, perceberemos que, entre a sua obra e as de F. de Saussure e de R. Jakobson, existe uma nítida continuidade teórica e metodológica. Daí o privilégio atribuído, em nossa exposição, a esses três pesquisadores, e o fato de termos deixado de lado a contribuição de outros eminentes estruturalistas, tais como A. Martinet e L. Hjelmslev, cujos trabalhos, infelizmente, receberam apenas um tratamento secundário no presente estudo. É. Benveniste, por sua vez, teórico pioneiro que, permanecendo fiel a Saussure, abriu o caminho da nova linguística, isto é, da linguística da enunciação, nos forneceu um quadro teórico, que, apesar da intenção de P. Ricoeur de dele se apropriar para combater o estruturalismo, harmoniza-se perfeitamente com nossa releitura da linguística e da antropologia estruturais, e por isso mesmo, ao que parece, a confirma. No que diz respeito à obra monumental de Cl. Lévi-Strauss, convém assinalar que não a estudamos na íntegra, mas apenas, para usar uma metáfora do próprio antropólogo em carta a Catherine Clément (1974, 19), o seu primeiro andar, vale dizer, aquele que concerne à análise estrutural do parentesco. Em outras palavras, excluímos de nossa pesquisa, por razões práticas, a análise estrutural dos mitos. Esse primeiro andar, contudo, já é suficientemente rico e complexo para revelar de modo conveniente a natureza e o funcionamento do método estrutural no domínio da etnologia.

Observemos, finalmente, que a nossa apresentação das teorias linguísticas e antropológicas mencionadas adota sempre uma perspectiva histórica. De fato, em nosso entender, o estudo da gênese e do desenvolvimento dos principais conceitos dessas duas disciplinas permite uma compreensão adequada do estruturalismo, que nos poupa de projetar sobre as teorias examinadas os preconceitos oriundos da filosofia estruturalista, a qual, como acabamos de mostrar, longe de corresponder ao método estrutural, o desfigura. Nossa discussão da questão estruturalista do sujeito coincide, pois, com o exame da formação do campo semiológico.

Em suma, propomo-nos ao longo deste estudo retornar às principais fontes do estruturalismo, para nelas encontrar o sujeito, a história e o referente, como componentes essenciais da análise estrutural, tanto em linguística como em antropologia.

PRIMEIRA PARTE

A linguística estrutural:
a descoberta da língua

O estruturalismo é originário da linguística, como acabamos de mostrar. F. de Saussure (1857-1913), pretendendo estudar a linguagem fora dos quadros teóricos limitados de sua época positivista e cientificista, elaborou o conceito de sistema de diferenças (ou de oposições), com o auxílio do qual abriu, no domínio das ciências humanas, um novo campo de investigação, a saber, o campo semiológico. A compreensão deste campo deve, pois, começar pelo estudo da linguística estrutural. Apresentaremos, a seguir, a gênese e o desenvolvimento dessa disciplina, discutindo as teorias e métodos de dois de seus principais teóricos: F. de Saussure e R. Jakobson (1896-1982).

O Saussure que atraiu nossa atenção não é apenas aquele do *Cours de linguistique générale* (CLG), mas, principalmente, o das fontes manuscritas desta obra; assim como o Jakobson que está na origem de nossas preocupações não é somente aquele que lançou as bases da fonologia, mas, sobretudo, o discípulo de Edmund Husserl que, inspirando-se em seu ensinamento, elaborou uma teoria geral da linguagem. Esta abordagem das obras dos dois grandes mestres da linguística estrutural nos permitirá apreender, de maneira clara e precisa, a presença do sujeito, tanto nos procedimentos teóricos quanto nas operações metodológicas inerentes a essas disciplinas.

Ao longo de nossa exposição, demonstraremos que o sujeito, tanto na linguística como na antropologia, é o guia semântico da análise estrutural.

Acrescentaremos a essa discussão do pensamento de Saussure e de Jakobson uma reflexão sobre a obra do eminente teórico É. Benveniste (1902-1976), o principal responsável pela transição das pesquisas linguísticas do campo semiológico para o campo semântico. Nosso objetivo, nesta etapa da presente exposição, é demonstrar que, ao contrário do que pretende P. Ricoeur, a linguística estrutural não é "uma linguística puramente semiótica", visto que a ordem semiológica é ininteligível e o método estrutural impraticável fora da ordem semântica.

CAPÍTULO I
Ferdinand de Saussure: da linguagem à língua

O *Curso de linguística geral* (CLG)[1], publicado em 1916, não foi escrito, como se sabe, pelo próprio Saussure. Trata-se fundamentalmente de uma compilação das notas realizadas pelos alunos dos três cursos ministrados por ele entre 1906 e 1911 na Universidade de Genebra (cf. CLG, 7), compilação esta cujos autores são os linguistas Ch. Bally e A. Séchehaye. Esta empresa, contudo, como o reconhecem os próprios editores no prefácio da obra, não poderia deixar de apresentar riscos. De fato, como veremos, a teoria saussuriana da língua, tal como reconstruída no CLG, apresenta erros, imprecisões e, não raro, interpretações equivocadas do pensamento do mestre. No entanto, foi graças a esta audaciosa iniciativa que o século XX conheceu uma das suas mais importantes revoluções teóricas. Hoje, porém, não se pode mais ler o CLG sem considerar

---

1. Todas as nossas referências ao CLG remetem à edição crítica desta obra preparada por T. De Mauro (Paris, Payot, 1985, tradução e posfácio de L.-J. Calvez). Para nos referir à introdução e às notas ao CLG, assim como às notas biográficas e críticas sobre F. de Saussure organizadas por T. De Mauro, empregamos a abreviação: De Mauro, seguida do número da página.

o trabalho de vários pesquisadores[2] que se dedicaram à árdua tarefa de confrontar o texto preparado pelos editores — a "vulgata" da doutrina saussuriana — com as fontes manuscritas da obra, revelando, assim, alguns aspectos destas famosas lições, até recentemente desconhecidos[3]. Nossa leitura, não obstante resultar de reflexões pessoais, deve muito aos pesquisadores mencionados, em particular ao linguista italiano T. De Mauro, responsável pela principal edição crítica do CLG.

Cabe assinalar esse problema de exegese, porque o Saussure que está na origem do estruturalismo não é o das fontes manuscritas, mas sim o da vulgata[4]. Por isto, confrontaremos ao longo de nossa exposição os dois Saussures, buscando argumentos no novo para contestar o antigo, que é, sem dúvida, o mais conhecido.

A teoria da língua elaborada pelo genebrino se opõe: a) ao princípio metafísico da analogia defendido por Aristóteles; b) à Escola de Port-Royal, que, no século XVII, uniu a perspectiva aristotélica à cartesiana; c) ao mito da degradação das línguas e ao naturalismo da Gramática Comparada; d) ao atomismo fonético dos neogramáticos; e) ao modelo genético (ou diacrônico) de explicação, inerente às pesquisas linguísticas do século XIX. Uma adequada exposição do CLG deve situá-lo, portanto, numa perspectiva histórica que considere os enfoques teóricos e metodológicos que acabamos de mencionar.

---

2. GODEL, Robert, *Les sources manuscrites du Cours de linguistique générale*, Genève, Droz, 1957 (esta obra é citada pela sigla SMCLG); ENGLER, Rudolf, *Édition critique du Cours de linguistique générale de Ferdinand de Saussure*, Wiesbaden, Otto Harrassowitz, 1967-1974; SAUSSURE, Ferdinand de, Notes inédites, *Cahiers Ferdinand de Saussure*, n. 12, Genève, 1954; id., Introduction au deuxième cours, *Cahiers Ferdinand de Saussure*, n. 15. Genève, 1957; e, ainda, a edição crítica preparada por T. De Mauro (Paris, Payot, 1985). Em 2002 foram publicados por Simon Bouquet os *Écrits de linguistique générale de F. de Saussure* (Paris, Gallimard), obra que apresenta alguns manuscritos do linguista suíço até então desconhecidos, embora mais da metade dos "escritos" a que alude o título tenham sido empregados por R. Engler na sua edição crítica do CLG, que acabamos de mencionar (cf. infra, Apêndice). As citações de Saussure extraídas das fontes manuscritas e empregadas tanto por De Mauro como por outros teóricos são indicadas como segue: Saussure (FM) ou simplesmente FM.

3. Sobre o emprego do termo "vulgata" para designar o CLG, cf. infra, Apêndice.

4. "É preciso reconhecer que a nomenclatura, ou melhor, a rede de oposições que forma o abecê da iniciação linguística é mais a do estruturalismo do que a de Saussure" (CHISS, "Synchronie/Diachronie: méthodologie et théorie en linguistique", in *Langages*, Paris, 49, mars 1978, 91; cf. DE MAURO, 476).

1. Antes de Saussure

1.1. A teoria aristotélica da significação

A concepção tradicional do arbitrário do signo, contestada, como veremos, por Saussure, remete à teoria aristotélica da significação. Esta, como nos mostra P. Aubenque (cf. AUBENQUE, 1962, 97-131), não poderia vir à luz sem as provocações dos sofistas e a decisão do Estagirita de pisar o terreno movediço da linguagem, abandonado cedo demais por Platão. Importa ressaltar, porém, que a reflexão aristotélica começa na linguagem, mas desemboca no ser ou, mais precisamente, numa ontologia: "Se os homens se comunicam, comunicam-se no ser [...]. O ser é, desde o início, suposto como o horizonte objetivo da comunicação", esclarece-nos P. Aubenque (ibid., 131).

Aristóteles fundamenta a linguagem nas ordens lógica e ontológica. Haveria, no seu entender, uma analogia ou semelhança entre as ordens sintática, lógica e ontológica. Nas *Refutações sofísticas* (165 a 6ss), ele assevera que entre os nomes e as coisas não há nem pode haver semelhança completa: os nomes, como as definições, são limitados, enquanto as coisas são infinitas. A relação entre os nomes e as coisas não é, por conseguinte, de semelhança, mas de significação, ou seja, simbólica. "A linguagem não é uma 'imagem' nem uma imitação do ser, mas somente um 'símbolo', e o símbolo deve ser definido como um signo, não natural, mas convencional" (AUBENQUE, 1962, 109). A significação, em si mesma, não tem alcance existencial. Um termo fictício pode significar sem contradição, e um enunciado significativo não é, necessariamente, nem afirmativo nem negativo. Justamente por isto, o filósofo distingue o discurso em geral da "proposição" (*apophansis*), do "dizer algo de algo". Esta última, que exprime o juízo, é concebida como o discurso susceptível de ser verdadeiro ou falso. Enquanto as demais modalidades de discurso (a ordem, a promessa, a prece etc.) limitam-se a significar (no todo ou em cada uma de suas partes, nome ou verbo), a proposição, na medida em que afirma ou nega "algo de algo", além de significar, remete à existência. O que define a proposição não é, portanto, fundamentalmente a significação, mas a referência à existência, referência esta que se manifesta não em cada termo significante isoladamente considerado, mas na maneira como eles se articulam no discurso. É a composição ou a divisão dos termos na proposição "que pretendem, agora sim, imitar e não mais apenas significar as coisas em si mesmas, que, a rigor, são inimitáveis pelos discursos, mas a relação delas entre si: sua composição e separação" (AUBENQUE, 1962, 109). A proposição, "o dizer algo de algo", é, por conseguinte, o lugar privilegiado em que a linguagem sai de si mesma — ou "morre para si mesma", como diz P. Ricoeur (1969, 87) —, para alcançar, pela imitação, as próprias coisas. Daí a afirmação de Aristóteles no *Da interpretação* (4, 17 a 2): "Os discursos verdadeiros são semelhantes às próprias coisas". É enquanto verdadeiro, portanto, que o discurso se assemelha às coisas e não, simplesmente, enquanto discurso. "A proposição verdadeira é aquela cuja composição reproduz, ou melhor, imita a composição das coisas" (AUBENQUE, 1962, 111, n. 1). A semelhança ou analogia da linguagem com as coisas não se encontra, portanto, nos termos linguísticos isoladamente considerados, mas na relação deles na proposição, a qual, por sua vez, imita as operações lógicas (atribuição de predicados a sujeitos pela cópula "é").

1.2. A Gramática de Port-Royal

O princípio metafísico da analogia reaparece com força na *École de Port-Royal* no século XVII, a qual uniu à tradição aristotélica à filosofia cartesiana. De fato, segundo a famosa *Grammaire générale et raisonné* (1660) de A. Arnauld e Cl. Lancelot, mais conhecida como *Grammaire de Port-Royal*, a linguagem fundamenta-se na natureza racional e imutável do homem, e sua função é representar e expressar o pensamento (cf. ARNAULD; LANCELOT, 1969). O termo "representar" deve ser entendido literalmente. "Não se trata apenas de dizer que a palavra é signo, mas sim que é espelho, que comporta uma analogia interna com o conteúdo que veicula" (DESL, 15). Tal analogia não é buscada no aspecto sensível e material da linguagem, mas na organização das palavras no enunciado. Essa organização é considerada como uma imitação da sucessão das ideias no espírito, a qual, por sua vez, corresponde à ordem natural das coisas (cf. DESL, 17). Como se vê, existe uma perfeita harmonia entre as ordens lógica, ontológica e sintática. "A única ordem possível entre as palavras é a ordem das coisas, e todo o resto é desordem" (DUCROT, 1968, 21).

Saussure, ao formular o princípio da arbitrariedade do signo, opôs-se frontalmente a tal concepção. Não obstante, reconheceu o mérito da *Grammaire de Port-Royal*, ao ressaltar que seu "programa [era] estritamente sincrônico" (CLG, 118). Escrita em francês, a obra marca o fim do privilégio da gramática latina. A *Grammaire générale* não é nem latina nem francesa, mas transcende todas as línguas. As regras gerais que preconiza são válidas para todos os usos linguísticos particulares. Ao estudar a linguagem, os lógicos de Port-Royal queriam descobrir, na verdade, as leis universais da razão.

1.3. A Gramática Comparada

A ideia de uma analogia entre nossos discursos e as operações lógicas do espírito determinou longamente os estudos da linguagem, mantendo-se presente até o aparecimento da linguística contemporânea.

Em 1786, Sir W. Jones, juiz inglês em Calcutá, que divulgou o sânscrito no ocidente e mostrou o parentesco desta língua com o grego e o latim, numa comunicação à Sociedade Asiática de Bengala, que ele próprio fundou, depois de ter declarado sua admiração pela "estrutura maravilhosa" do sânscrito, observa: "Qualquer filólogo, depois de ter examinado estes três idiomas, não pode deixar de reconhecer que eles se originam de alguma fonte comum, que talvez não exista mais" (apud MOUNIN, 1967, 160). Ressalte-se que ele considerava o sânscrito como uma língua superior ao grego e ao latim.

Influenciados por Sir W. Jones, os grandes mestres da Gramática Comparada, a saber, F. Bopp (1791-1867) e A. Schleicher (1829-1867), supunham que os idiomas atuais seriam ruínas ou fragmentos de uma língua arcaica perfeita, criada em um estado privilegiado da humanidade, no qual a comunidade linguística se esforçava para conformar os sons à ordem do pensamento. Esta língua arcaica seria, poderíamos dizer, uma língua aristotélica. Movidos por preocupações utilitárias, os homens teriam abandonado pouco a pouco o hábito de cultivar a harmonia entre a vida do espírito e sua expressão linguística, para transformar a linguagem em mero instrumento de ação. Eis como a analogia e a representação deram lugar à comunicação. A tarefa dos linguistas seria, fundamentalmente, reconstruir, pelo método comparado, o plano originário e a matriz de todos os idiomas conhecidos. "A tendência comparatista", como observa oportunamente J. Piaget, elogiando o trabalho de F. Bopp, é um dos principais fatores que levaram as ciências humanas a esta "descentralização" que é "a primeira condição de uma sistematização objetiva" (PIAGET, 1970, 29-31; cf. DUCROT, 1968, 38; LEROY, 1980, 20).

Convém lembrar que, segundo Schleicher, a analogia entre a linguagem e o pensamento não se encontra no nível sintático, como defende a *Grammaire de Port-Royal*, mas no nível morfológico. É na organização interna dos elementos que compõem a palavra que se percebe "a aptidão da língua para imitar o pensamento" (DUCROT, 1968, 39). Schleicher distingue, com efeito, no interior das palavras, elementos que exprimem noções ou categorias relativas às coisas ("come" em "comerão", por exemplo) e as marcas gramaticais (flexões e afixos [prefixos e sufixos]) que designam as categorias de pensamentos, os pontos de vista intelectuais sobre as coisas [o "ão" de "comerão"]). Os primeiros são denominados em alemão *Bedeutungslaute* (semantemas, em português) e os segundos, *Beziehungslaute* (morfemas). Alguns gramáticos filósofos, sob a influência de Kant, conceberam a união desses dois elementos como a associação de um conteúdo empírico com uma forma *a priori* do entendimento (cf. DESL, 258; DUCROT, 1968, 39-42).

À concepção romântica da degradação das línguas — concepção que alimentou o imaginário de uma boa parte dos linguistas do século XIX — juntou-se, sob a influência de Ch. Darwin[5], um outro mito científico, não menos extravagante. Com efeito, segundo Schleicher, a linguagem deve ser considerada como um tipo de organismo: constitui "um quarto reino da natureza" (CLG, 17). No dizer do próprio linguista,

> as línguas são organismos naturais que nasceram, cresceram segundo leis determinadas e se desenvolveram, por sua vez, para envelhecer e deteriorar-se, sem receber a menor determinação do querer humano; elas também reivindicam esta série de fenômenos que habitualmente se entende pelo termo "vida". A glótica, a ciência

---

5. "A teoria de Darwin é filha legítima de nosso século: é uma necessidade" (SCHLEICHER apud MÉDINA, 1978, 8).

da linguagem, é, assim, uma ciência natural; seu método é, na essência, o mesmo das outras ciências da natureza (SCHLEICHER apud CAUSSAT, 1978, 25).

Observe-se ainda, como nos explica J. Mattoso Câmara, que,

de acordo com Schleicher, cada língua é o produto da ação de um complexo de substâncias naturais no cérebro e no aparelho fonador. Estudar uma língua é, portanto, uma abordagem indireta a este complexo de matérias. Desta maneira, foi ele levado a adiantar que a diversidade das línguas depende da diversidade de cérebros e órgãos fonadores dos homens, de acordo com as suas raças. E associou a língua à raça de maneira indissolúvel. Advogou que a língua é o critério adequado para proceder à classificação racial da humanidade (MATTOSO CÂMARA, 1986, 51).

Na medida em que todas as línguas possuem uma origem comum e podem ser estudadas com a mesma objetividade das ciências naturais, a glótica é capaz de enunciar leis gerais. O projeto de Schleicher implica, portanto, a criação de uma linguística geral.

1.4. O modelo da língua-instituição

O conceito de língua-organismo, que Saussure não hesitou em qualificar de "risível"[6], foi considerado durante muito tempo como uma "verdade" banal e indiscutível, a ponto de um verso de Victor Hugo da época afirmar: "A palavra, tanto quanto se saiba, é um ser vivo" (HUGO apud LEROY, 1980, 22). O linguista americano W. D. Whitney (1827-1894), contudo, se opôs resolutamente a essa concepção. Em sua principal obra[7], ele sustenta que a linguagem não se transforma em razão de um dinamismo imanente ou de um movimento interno, e sim porque as circunstâncias, nas quais vivem os homens, se modificam. Longe de ser um organismo, a linguagem é uma instituição social, portanto um produto histórico e cultural. É por esta razão que ela não pode ser estudada como um fenômeno

---
6. Saussure se refere "ao ensaio risível de Schleicher, que se desmorona sob o seu próprio ridículo" (FM apud DE MAURO, 413).
7. WHITNEY, William Dwight, *The live and growth of languages*, New York, [s.n.], 1875.

natural, mas requer um outro tipo de abordagem. Como nos esclarece o próprio Whitney, em outra obra,

> o estudo que tem por objeto as línguas [...] não é uma ciência natural, assim como o estudo da civilização em seu conjunto, a arquitetura, a jurisprudência ou a história. As numerosas e impressionantes analogias com as ciências físicas encobrem uma diversidade central; o essencial de seu método é histórico (WHITNEY, *Oriental and Linguistic Studies*. New York, 1973, apud MEDINA, 1978, 9).

O que leva os homens à criação das línguas? "O desejo de comunicação", responde Whitney. A linguagem é "um conjunto de signos" empregado pelo pensamento como um instrumento de comunicação. Na origem desta instituição, encontra-se o contrato, estabelecido por indivíduos livres, entre as palavras e as ideias, tendo em vista a comunicação inter-humana. Como não existe nenhuma ligação interna entre os signos linguísticos e o pensamento; "pode-se dizer que toda palavra transmitida é um signo arbitrário e convencional" (WHITNEY, 1875, apud HOMBERT, 1978, 117). Embora tenha afastado do domínio da ciência a questão da origem das línguas — a protolíngua escapa, efetivamente, à verificação —, o linguista americano continuou a fundamentar esta instituição num contrato voluntário e a afirmar a primazia do pensamento sobre a linguagem. Por esta razão, como nos esclarece De Mauro, na teoria convencionalista de Whitney, "o significado é concebido como dado pré-linguístico, lógico-natural" e, consequentemente, a língua é reduzida "a um sistema de etiquetas, uma simples nomenclatura" (DE MAURO, 387).

Tais teses serão rejeitadas por Saussure, como veremos (cf. infra, cap. I, 2.2.2). Todavia, a concepção da língua-instituição exerceu uma influência notável sobre o genebrino[8], a ponto de obscurecer, para ele mesmo, a contribuição central do CLG, ou seja, a abordagem semiológica da linguagem.

---

8. "Whitney disse: 'A linguagem é uma instituição humana'. Isto transformou o eixo da linguística" (SAUSSURE, FM apud DE MAURO, 361).

1.5. Os neogramáticos

O método histórico, proposto por Whitney em reação ao naturalismo de Schleicher, foi amplamente utilizado por um grupo de cientistas de Leipzig, os quais, na segunda metade do século XIX, se autodenominaram "neogramáticos". Como declara Hermann Paul (1846-1921), um dos mais ilustres representantes desta escola, "o único estudo científico da linguagem é o método histórico" (PAUL apud MOUNIN, 1967, 214).

Na verdade, a história foi a disciplina-piloto das ciências humanas emergentes no século XIX, e o método histórico, isto é, a busca da gênese dos fenômenos segundo o modelo mecânico de causalidade (SLSS, 25 e 49; ELG1, 162; ELG2, 95, 227 e 270), o paradigma da conquista da objetividade científica no domínio antropológico. Daí o elogio de Saussure aos teóricos desta escola, a qual, aliás, ele pertenceu em sua juventude:

> O mérito deles foi situar, na perspectiva histórica, todos os resultados da comparação e, a partir daí, encadear os fatos em sua ordem natural. Graças a eles, não se viu mais na língua um organismo que se desenvolve por si só, mas um produto de um espírito coletivo dos grupos linguísticos (CLG, 19).

Descontentes com o romantismo e o naturalismo da Gramática Comparada, ao mesmo tempo em que defenderam o caráter institucional e convencional da linguagem, os neogramáticos empenharam-se em submeter sua disciplina aos critérios positivistas de cientificidade. A decisão metodológica de abandonar as especulações para considerar apenas os fatos provocou o desenvolvimento da fonética, ciência cujo objeto é a produção e a transformação dos sons da linguagem (cf. infra, cap. II, 1.2).

A emergência do método histórico e a descoberta das "leis fonéticas" constituíram uma etapa necessária na conquista da objetividade científica no terreno da linguagem. Como nos esclarecem Ducrot e Todorov,

> enunciar uma lei fonética concernente a duas línguas (ou estado de uma mesma língua) A e B é mostrar que a toda palavra de A que comporta, numa posição determinada, certo som elementar X corresponde uma palavra de B em que X é substituído por X'. Assim, por ocasião da passagem do latim ao francês, as palavras latinas que continham "c" seguido de "a" tiveram o "c" transformado em "ch": campus — champ, calvus — chauve; casa — chez etc. (DESL, 22).

As primeiras leis fonéticas foram formuladas entre 1818 e 1822, graças às pesquisas de R. Rask, J. Grimm e outros comparatistas. Este último introduziu "o princípio da regularidade da evolução fonética" (LEROY, 1980, 39) a partir da constatação de uma correspondência entre as consoantes do indo-europeu e as de línguas germânicas, estabelecendo, assim, o que se chamou de "lei de Grimm". Contudo, estas primeiras conquistas foram obscurecidas pela constatação frequente de numerosas exceções às leis estabelecidas. Não obstante, os neogramáticos concebiam as transformações linguísticas como uma "necessidade cega", negando que tais leis pudessem admitir exceções. Segundo estes teóricos, as mudanças regulares entre os sons de uma mesma língua em estados distintos ou entre os sons de línguas diferentes não se explicam apenas pelos mecanismos articulatórios (ou fonéticos, propriamente ditos), mas também por uma tendência à analogia que se observa nos sujeitos falantes. Estes, com efeito, agrupam espontaneamente palavras e frases cujos elementos se assemelham pelo som e pelo sentido (cf. DUCROT; TODOROV, 1972, 28). Além das causas fonéticas, é preciso recorrer, portanto, às causas psicológicas para explicar as transformações da linguagem. É esta analogia, cujo fundamento se encontra nas leis de associação de ideias, que explica, na perspectiva dos neogramáticos, o que os comparatistas consideravam como exceções às leis fonéticas. "A aparente exceção", afirma o neogramático K. Brugmann, "resulta de que estas duas leis operam lado a lado" (BRUGMANN apud CAUSSAT, 1978, 31). Seu colega B. Delbrück completa: "Não são as leis fonéticas empíricas, mas as leis fonéticas em si que não admitem exceções" (DELBRÜCK apud CAUSSAT, 1978, 29). Os neogramáticos operaram, como observa A. Meillet (1866-1936), uma "tomada de contato com os fatos", ou melhor, uma "depuração da imaginação" (MEILLET apud MEDINA, 1978, 19).

No entanto, ao inclinar-se sobre as línguas atuais, para nelas considerar exclusivamente a substância fônica (os sons enquanto tais), esses teóricos não conseguiram unificar a pluralidade e a diversidade dos dados, recorrendo, como o fizeram seus predecessores, ou à estrutura racional do espírito (Port-Royal), ou à origem comum das línguas (Gramática Comparada). Em outros termos: limitaram-se a inventariar indefinidamente as características da substância fônica em suas incessantes transformações — o fato linguístico na perspectiva positivista —, fora de qualquer preocupação sistêmica, semântica e formal. O projeto de uma linguística geral tornou-se inexequível nesse contexto. Saussure situa-se num ponto de vista inteiramente diverso, ao declarar categoricamente:

> É impossível que o som, elemento material, pertença por si só à língua (CLG, 164). A língua é uma forma, e não uma substância [...]. Todos os erros de nossa terminologia, todas as nossas maneiras incorretas de designar as coisas da língua provêm desta suposição involuntária de que haveria uma substância no fenômeno linguístico (CLG, 169).

Em *Six leçons sur le son et le sens*, R. Jakobson lembra um conto da literatura russa[9] cujo protagonista é um homem que recebeu de um mágico malvado o dom de tudo ver e de tudo ouvir: "Tudo na natureza se decompunha diante dele sem que nada se unisse em seu espírito" (SLSS, 37). Comentando esta obra, Jakobson pondera: "O triunfo do empirismo cego não poderia ter sido antecipado e evocado de maneira mais penetrante" (SLSS, 38). De fato, sob a influência do positivismo, o estudo dos sons da linguagem realizado pela fonética perdeu-se, como acabamos de mostrar, numa multidão de detalhes articulatórios e mecânicos, desprovidos de objetivo e sentido. A divisa dos neogramáticos era "considerar isoladamente a ação de cada fator separado" (apud ELG1, 161).

Como ressalta ainda R. Jakobson,

> a escola chamada neogramática [...] excluía completamente de nossa ciência toda questão de finalidade. Buscava-se a origem dos fenômenos linguísticos, mas não se consideravam seus fins. Estudava-se a linguagem sem a preocupação de saber a quais necessidades culturais ela satisfaz. Um dos neogramáticos mais eminentes, interrogado sobre o conteúdo dos manuscritos lituânios que tinha estudado assiduamente, teve de responder com embaraço: "Quanto ao conteúdo, eu não o notei" (SLSS, 24).

Nesta época não se aceitava de modo algum que um fenômeno linguístico fosse definido por sua função (cf. SLSS, 49). Uma das contribui-

---

9. Trata-se de uma obra de Vladimir Odœvskij.

ções mais importantes de Saussure para o desenvolvimento de sua ciência foi, justamente, a reintrodução do sentido ou da função semântica no estudo da linguagem. A teoria saussuriana da língua, organizando os sons em sistema e tomando como critério da análise o significado das palavras (cf. infra, cap. I, 2.5.2), liberou a linguística, para nos expressar ainda como A. Meillet, de um terrível "pesadelo": o atomismo fonético. "É do todo solidário que é preciso partir, para obter por análise os elementos que ele encerra" (CLG, 157), afirma o CLG.

* * *

Saussure incorporou à sua doutrina alguns elementos tradicionais. Herdou de *Port-Royal* o ponto de vista sincrônico, sem renunciar, entretanto, ao ponto de vista diacrônico e comparatista do século XIX; adotou o projeto de uma linguística geral inerente a *Port-Royal* e também à *Gramática Histórica e Comparada*, articulando-o, contudo, ao conceito de língua-instituição de Whitney e à exigência de rigor científico dos neogramáticos. Na verdade, esse diálogo com o passado se deu a partir de uma perspectiva original, que introduziu na linguística e nas ciências humanas em geral um elemento inteiramente novo: o conceito de língua como sistema de valores ou de diferenças. Como nos lembra De Mauro, "a ideia de sistema […] é uma espécie de entelequia da vida intelectual de Saussure, um princípio final, ponto culminante de sua meditação teórica vinculado às próprias origens de seu gênio" (DE MAURO, 359).

Essa revolução teórica e metodológica não podia ser aceita facilmente pelos contemporâneos de Saussure. É ele mesmo quem o reconhece:

> Vejo, cada vez mais, o imenso trabalho que seria preciso para mostrar ao linguista o que ele faz […]; e, ao mesmo tempo, a imensa vaidade de tudo o que, afinal, se pode fazer [atualmente] em linguística (SAUSSURE apud PLG1, 37)[10].

Aí está, para falar como É. Benveniste, o "drama de Saussure", quer dizer, as dúvidas que o assaltavam a todo momento quanto à justeza e

---

10. Cf. SMCLG, 31. Benveniste, contudo, mostra as falhas da transcrição desta carta tal como citada por R. Godel (cf. PLG1, 38, n. 1).

à conveniência do caminho escolhido, dúvidas que o levaram a adiar indefinidamente a publicação do CLG. O mestre genebrino revelou reiteradas vezes sua relutância em tratar da linguística geral, tema sobre o qual refletiu longamente, mas cuja divulgação, por certo, provocaria uma reação adversa na comunidade científica da época. "O meu maior desejo", dizia ele em carta a A. Meillet, "é não ter de me ocupar com a língua em geral" (PLG1, 38; cf. SMCLG, 31). E em conversa com L. Gautier, em maio de 1911, faz esta confidência:

> Sinto-me, sempre, muito atribulado com meu curso de linguística geral [...]; encontro-me diante de um dilema: ou expor o assunto em toda a sua complexidade e confessar todas as minhas dúvidas [...], ou apresentar alguma coisa mais simplificada [...]. Mas a cada passo sinto-me imobilizado por escrúpulos (ELG2, 289; cf. SMCLG, 30).

Saussure, contudo, não desistiu do seu projeto:

> Isso terminará, mesmo que eu não queira, em um livro, no qual, sem entusiasmo nem paixão, explicarei por que não existe um único termo empregado em linguística ao qual eu atribua um sentido qualquer (ibid.).

Saussure, como já dissemos, não chegou a publicar esse livro. A morte o surpreendeu em 1913, com a idade de 55 anos, no momento em que sua reflexão sobre a língua, recolhida por seus discípulos, alcançava o apogeu[11].

Confrontando a vulgata elaborada pelos editores (o CLG) com as fontes manuscritas da obra, procuraremos a seguir reconstruir a doutrina saussuriana.

2. A teoria da língua

"Multiforme", "heterogênea" e "heteróclita" (cf. CLG, 25; 32), na encruzilhada de domínios tão discordantes quanto o físico, o fisiológico, o psicológico, o lógico e o ontológico, a linguagem não constitui, a rigor, o objeto da linguística, mas apenas sua matéria. A língua, "sistema de sig-

---

11. A parte mais importante do CLG corresponde às últimas lições do terceiro curso, ministrado por Saussure em 1911 na Universidade de Genebra, que trata do "valor linguístico" (CLG, 155-169).

nos", cujas virtualidades inconscientes são atualizadas a cada momento pelo sujeito falante, é o verdadeiro objeto desta ciência. Ao distinguir, na linguagem, a língua da fala, Saussure instaurou no setor das ciências sociais e humanas um novo campo de inteligibilidade — o campo semiológico —, cuja elucidação é o objetivo do presente estudo.

O que dissemos remete à distinção escolástica entre objeto material e objeto formal, distinção esta que, como nos explica De Mauro, foi retomada por Saussure. O objeto formal designa o ponto de vista sob o qual determinada matéria (o assunto geral da pesquisa) é estudada. "A totalidade dos fatos qualificáveis como linguísticos é a matéria, a língua como sistema formal é o objeto" (DE MAURO, 415). Pode-se dizer que a matéria da linguística são as línguas e que seu objeto específico (formal) é a língua. "A teoria parte das 'línguas' para alcançar em seguida a 'língua' em sua universalidade". Do ponto de vista material, nenhuma perspectiva sobre a linguagem (filosófica, psicológica, sociológica, fisiológica, estilística etc.) é excluída da pesquisa linguística. Contudo, é preciso "coordenar a pluralidade de considerações na unidade de um objetivo específico", vale dizer, inserir cada "entidade linguística" num "sistema de valores" (DE MAURO, 354). "A língua [...] é o princípio ordenador dos conhecimentos linguísticos", sintetiza De Mauro (DE MAURO, 476). Por esta razão, como defende ainda este linguista, a famosa conclusão acrescentada ao CLG pelos editores não é admissível: "A linguística tem por único e verdadeiro objeto a língua considerada em si mesma e por si mesma" (CLG, 317).

Defendemos que a teoria saussuriana da língua gira em torno de três princípios interdependentes: *o princípio da arbitrariedade do signo, o princípio da linearidade do significante* e *o princípio de diferenciação*. O primeiro, que é o fundamental, equivale a uma verdadeira declaração de independência da língua em relação a qualquer ordem externa; o segundo indica as articulações entre o som e o sentido que delimitam os elementos linguísticos; o terceiro explica como esses elementos, graças a um jogo de diferenças, se mantêm em equilíbrio, para formar o sistema da língua (cf. infra, Apêndice, que expõe a reconstrução da teoria saussuriana da língua proposta neste estudo).

Não basta, todavia, estabelecer que a língua constitui um sistema de diferenças. É preciso ainda explicar como esse sistema se projeta sobre a cadeia fônica para nela produzir a fala. É por isto que Saussure recorre à hipótese do "mecanismo da língua", ou seja, ao conjunto de operações inconscientes que recorta os sons e os sentidos, para produzir as unidades significativas (os signos linguísticos), cuja composição em palavras e frases possibilita a comunicação entre os homens.

Discutiremos cada um dos princípios mencionados (2.2, 2.3, 2.4), para, em seguida, considerar as implicações metodológicas da abordagem sistêmica, ou mais precisamente, semiológica da linguagem, a saber, o "mecanismo da língua" (2.5) e a distinção entre sincronia e diacronia (2.6). Contudo, para possibilitar o bom entendimento da teoria saussuriana da língua, procuraremos, inicialmente, circunscrever o novo terreno explorado pelo CLG, apresentando a distinção entre língua e fala e a definição do signo proposta por Saussure.

2.1. Noções preliminares: língua e fala; significante e significado

Saussure parte "da individualidade absoluta, única, de cada ato expressivo, o qual ele denomina *fala*" (DE MAURO, V). Consideremos, por exemplo, um orador francês que, ao longo de sua conferência, pronuncie várias vezes a palavra "Messieurs!". Uma observação atenta nos mostra que, a cada vez que essa palavra é enunciada, ocorrem variações tanto de ordem fônica como de ordem semântica (a vogal inicial pode ser pronunciada, ou como o [e] fechado do artigo "les", ou como o [e] aberto do substantivo "lait" e ainda de muitas outras formas; o orador pode conferir um sentido irônico a "Messieurs!", mas pode também expressar, com essa palavra, sua irritação ou alegria, e, no momento em que a enuncia, os mais diferentes tipos de imagens lhe surgem à mente). Como se explica, então, que, apesar de todas essas alterações, os interlocutores se entendam, isto é, percebam para além dessas diferenças uma função comum que permita identificar a palavra? Segundo Saussure, a identidade que constitui os fenômenos linguísticos "não é puramente material", mas relacional ou formal. Para ilustrar sua argumentação, ele recorre a dois exemplos: 1º) o expresso Genebra-Paris de 8h45 é considerado idêntico a um outro que parte vinte e quatro horas depois, embora a locomotiva, os vagões e a tripulação possam ser diferentes; 2º) uma rua demolida e, depois, reconstruída é considerada como a mesma rua, "ainda que materialmente não subsista nada da antiga". Em ambos os casos a identidade não é material, mas relacional ou formal. É este último tipo de identidade que possibilita a comunicação linguística. Ela não deve ser buscada, portanto, nem na substância fônica nem na substância semântica, mas nas relações que unem tais fenômenos entre si. Essa distinção nos retira da perspectiva da fala (ou da "execução"), que é material e individual, e nos coloca na perspectiva da língua, que é formal e sistêmica (cf. CLG, 150).

Imaginemos um estrangeiro que desconheça completamente o idioma do país onde se encontra. A cadeia fônica aparece para este indivíduo como "uma faixa contínua" (cf. CLG, 145), na qual é absolutamente incapaz de identificar qualquer elemento linguístico, tanto sonoro quanto conceitual. Nessas condições, não é a língua que se manifesta, mas sua pura substancialidade fônica e semântica, isto é, a matéria informe que a constitui, mas não a determina como tal. Outra é a perspectiva em que se situa o sujeito linguisticamente competente. Este, com efeito, é dotado de um saber virtual (cf. CLG, 30 e 148; DE MAURO, VII), graças ao qual percebe, além da continuidade da fala, certos agrupamentos ou classes de sons e de sentidos. No interior dessas classes, fenômenos, semântica e fonicamente distintos, mostram-se como idênticos. Saussure chama ao saber virtual *língua* e às classes de sons e de sentido que a compõem, respectivamente, *significante* e *significado* (cf. DE MAURO, VI-VII, 420 e 425).

Essas classes, na medida em que deixam de lado as diferenças individuais verificadas no nível da fala, podem ser consideradas de natureza abstrata[12], segundo exigências epistemológicas mais recentes. O termo "abstrato", contudo, em razão de preconceitos ideológicos oriundos do positivismo e de outras correntes filosóficas (Kant, Hegel), era objeto de graves suspeitas teóricas no século XIX (cf. DE MAURO, 426). Por isto Saussure evita este termo — "não há nada de abstrato na língua" (CLG, 173), chega a declarar —, preferindo "forma" e seus derivados para designar os elementos linguísticos, a saber, o significante (forma fônica) e o significado (forma semântica) (cf. DE MAURO, VIII e 421).

---

12. De Mauro qualifica estas classes como "esquemas abstratos" (DE MAURO, 426).

O que o CLG chama de signo é, portanto, a associação de um significante a um significado. Aos olhos de Saussure, esses termos compõem "uma entidade [...] com duas faces" (CLG, 91). Em outros termos, "um conceito é uma qualidade da substância fônica, assim como uma sonoridade é uma qualidade do conceito" (CLG, 144). Contrariando toda a tradição filosófica, Saussure, como se vê, introduziu o significado no próprio signo. Conceber "o signo como um todo formado por uma expressão e um conteúdo", e não como "a expressão de um conteúdo exterior ao próprio signo", é, segundo L. Hjelmslev (1971, 65), uma das maiores contribuições do CLG para a renovação dos estudos linguísticos. Não nos parece correto, portanto, nem do ponto de vista terminológico nem do ponto de vista conceitual, empregar significante e significado, como ocorre com certa frequência, para designar os elementos do signo, tais como são definidos pela tradição filosófica a partir de Aristóteles[13].

Em síntese: na massa heteróclita da linguagem, Saussure distingue a língua da fala e concebe aquela como um sistema de signos, cujos elementos indissociáveis são denominados significante e significado.

2.2. O princípio da arbitrariedade do signo

É preciso acrescentar ao que dissemos um traço fundamental do signo: "O vínculo que une o significante ao significado é radicalmente arbitrário" (FM apud DE MAURO, 442; cf. CLG, 100) ou, segundo uma outra fórmula presente também no CLG, "o vínculo da ideia com o som é radicalmente arbitrário" (CLG, 157). Saussure enuncia assim o princípio da arbitrariedade do signo, cujos exemplos, explicações e formulações nem sempre felizes do CLG provocaram uma célebre polêmica nos meios linguísticos, como mostraremos adiante.

"O princípio da arbitrariedade do signo", afirma nosso linguista, "não é contestado por ninguém; mas frequentemente é mais fácil descobrir uma verdade do que assinalar o lugar que lhe convém" (CLG, 100).

---
13. R. Jakobson, procurando, por um lado, mostrar, contra os neogramáticos, a importância da "função significante" na análise linguística e, por outro, enraizar o aparelho conceitual de Saussure na tradição filosófica ocidental, cometeu, em nosso entender, este equívoco (cf. ELG1, 38-40, 95, sobretudo, 162-164).

Há uma maneira de entender a arbitrariedade do signo correspondente ao dualismo antropológico e às teorias metafísicas da linguagem, que contrasta, firmemente, com a abordagem saussuriana. Examinaremos, a seguir, dois aspectos das doutrinas tradicionais, a saber, o convencionalismo e o conceito de língua-nomenclatura. Saussure contestou explicitamente o segundo aspecto, mas mostrou-se indeciso quanto à exclusão de sua teoria da tradição convencionalista.

2.2.1. O convencionalismo

Em *La logique ou l'art de penser* (1622) — a síntese da filosofia de *Port-Royal* elaborada por A. Arnault e P. Nicole —, retomando uma concepção do signo linguístico que se enraíza na metafísica aristotélica, os autores observam:

> Já que cada som é *indiferente* em si mesmo e por sua natureza para significar todos os tipos de ideias, posso, para meu uso particular e contanto que o advirta aos outros, determinar um som de modo a que signifique precisamente alguma coisa, sem confusão com qualquer outra (ARNAULT; NICOLE apud REY, 1973, 114, itálico nosso).

W. D. Whitney, em reação ao organicismo de A. Schleicher, insistiu no caráter institucional da linguagem, sustentando, com determinação, que o signo é arbitrário e convencional:

> Arbitrário porque qualquer palavra entre as milhares que os homens usam e podem usar, poderia ter sido aplicada à ideia; convencional porque a razão para empregar tal palavra de preferência a tal outra deve-se à sociedade à qual a criança pertence, que já a utilizava (WHITNEY, 1875 apud HOMBERT, 1978, 117).

Saussure, irritado também com o naturalismo de Schleicher (cf. supra, cap. I, 1.3, 1.4), adotou durante algum tempo a mesma concepção de Whitney, chegando a declarar: "Quanto ao ponto essencial, o linguista americano parece ter razão: a língua é uma convenção, e a natureza do signo convencionado é *indiferente*" (CLG, 26, itálico nosso). Em conformidade com esta posição, numa das passagens mais infelizes do CLG, o mestre genebrino observa: "O significado 'boeuf' ['boi' em francês] tem por significante *b-ö-f* de um lado da fronteira e *o-k-s* (*ochs* ['boi' em alemão]) do outro" (CLG, 100). Com esse exemplo e outros semelhantes, Saussure ilustra, na verdade, a concepção convencionalista do signo, a qual, como veremos, se opõe frontalmente às teses centrais do CLG.

R. Barthes, lembrando Santo Agostinho, observa que o signo linguístico estabelece sempre um vínculo entre dois *relata* (BARTHES, 1964, 103)[14]. Ora, as teorias tradicionais identificavam, em geral, um dos *relata* à realidade extralinguística (a coisa, ou melhor, a ideia da coisa) e o outro, à palavra. Em consequência, o signo era concebido como motivado, ou seja, um dos *relata* (a palavra considerada isoladamente como admite Schleicher, por exemplo, ou unida a outras no enunciado, como propõem Aristóteles e Port-Royal) refletia analogicamente o outro (a ordem lógica dos conceitos em sua universalidade, necessidade e imutabilidade). A relação entre o signo e o conceito era caracterizada como arbitrária e convencional. Admitindo-se, com efeito, que o vínculo entre o significado e o som seja totalmente contingente, o signo, em sua materialidade fônica, só pode ser empregado para representar a ordem conceitual graças a uma convenção social e aos hábitos coletivos que confirmem este vínculo.

Referindo-se à novidade que a teoria saussuriana instituiu no campo dos estudos linguísticos, M. Merleau-Ponty assevera:

> A tradição filosófica na linha de Descartes, Kant etc. recusa toda significação filosófica à linguagem e faz desta um problema unicamente técnico [...]. As palavras faladas ou escritas são fenômenos físicos, um laço acidental, fortuito e convencional entre o sentido da palavra e seu aspecto [sensível] [...]. Nessa perspectiva, chega-se a desvalorizar a linguagem, considerando-a como roupagem da consciência, revestimento do pensamento (MERLEAU-PONTY, 1990, 17).

J. Derrida, por sua vez, interroga:

> Evocar a arbitrariedade do signo não é o que sempre fez a filosofia para afirmar a exterioridade contingente e superficial da linguagem ao pensamento, a subordinação do signo à ideia? (DERRIDA, 1971, 15).

---

14. A citação de Santo Agostinho analisada por R. Barthes é a seguinte: "Um signo é uma coisa que, além da espécie engendrada pelo sentido, traz consigo uma outra coisa para o pensamento".

É, pois, compreensível que Saussure, em 1894, numa época em que sua teoria da língua apenas começava a se formar, tenha declarado, num texto em homenagem a Whitney: "Os filósofos, os lógicos e os psicólogos talvez nos tenham ensinado qual [é] o contrato fundamental entre a ideia e o símbolo" (FM apud ELG2, 280). De Aristóteles a *Port-Royal* e de *Port-Royal* a Whitney ocorreram, por certo, profundas transformações nas teorias da linguagem. O que nos interessa, contudo, é o ponto comum ao convencionalismo, a saber, a admissão de que a ordem conceitual, em sua universalidade, necessidade e imutabilidade, fundamentaria o contrato que, num momento perdido da história, impossível de ser reconstituído ou verificado, teria sido livremente estabelecido, pelos membros da comunidade linguística, entre as palavras e os conceitos (cf. CLG, 105). Ora, Saussure afirma que os significados, longe de serem imutáveis, sofrem tanto quanto os significantes o impacto das transformações sociais e históricas, o que, aliás, no seu entender, pode ser confirmado "experimentalmente" (cf. De Mauro, 441). "Sejam quais forem os fatores de alterações, quer ajam isoladamente ou combinados, chegarão sempre a um *deslocamento da relação entre o significado e o significante*" (CLG, 109). A toda transformação de significante corresponde uma modificação semântica, e, vice-versa, a toda mudança semântica corresponde uma alteração de significante. Se os significados se alteram, em perfeita consonância com os significantes, eles não podem, evidentemente, servir de lastro para a língua. Esta é justamente a razão pela qual a união entre o significante e o significado é concebida, na ótica saussuriana, como "radicalmente arbitrária", quer dizer, arbitrária em relação aos dois termos do signo e não apenas em relação ao significante, como julgavam as concepções tradicionais entre as quais convém situar a de Whitney. Daí Saussure reformular sua perspectiva teórica e afirmar:

> A língua não pode [...] ser identificada a um puro e simples contrato [...] (CLG, 104). O que nos impede de olhar a língua como uma simples convenção, modificável ao gosto dos interessados [...], é a ação do tempo que se combina com a ação da força social (CLG, 113).

Saussure dirige, então, às teorias filosóficas tradicionais duas críticas: primeiro, "remeter a língua para algo externo" (FM apud De Mauro,

440); depois, ignorar um fator essencial à constituição do signo: "O TEMPO" (ibid.).

Se "não existem ideias preestabelecidas, e nada é distinto antes do aparecimento da língua" (CLG, 155), ou, em outros termos, se o significado pertence intrinsecamente ao signo, "não se pode falar", como sugere M. Lucidi[15], corrigindo a afirmação equivocada do CLG, "de um significado 'boeuf' ('boi') em geral que se opõe aos significantes *b-ö-f* e *o-k-s*, mas de um significado 'boeuf' e de um significado 'ochs'" (LUCIDI, 1950 apud DE MAURO, 443). É o próprio Saussure, aliás, quem o reconhece com toda a clareza, em outro lugar desta obra: "se as palavras fossem encarregadas de representar conceitos dados de antemão, elas teriam, de uma língua a outra, correspondentes exatos para os sentidos; ora, não é isto o que ocorre" (CLG, 161).

Este exemplo infeliz do CLG foi o centro da famosa controvérsia, já mencionada, sobre o princípio da arbitrariedade do signo. Em seu célebre artigo "Nature du signe linguistique", publicado inicialmente em 1939 (*Acta Linguistica*, Copenhague) e republicado em 1966, na obra *Problèmes de linguistique générale I* (PLG1, 49-55), É. Benveniste apresenta uma crítica muito oportuna e pertinente à primeira fórmula citada do princípio da arbitrariedade. Embora sua argumentação considere apenas a vulgata, já que na época ainda não era possível o acesso às fontes manuscritas do CLG, e por esta razão apresente algumas limitações, temos de concordar com este linguista quando defende que, se Saussure se mantivesse fiel a sua definição da língua como forma, jamais afirmaria que "o vínculo que une o significante ao significado é arbitrário". De fato, na perspectiva do falante, o vínculo entre o significante e o significado é necessário e não arbitrário. Ao escolher tal significante, o falante escolhe, também, necessariamente, o significado correspondente e, vice-versa, a opção por tal significado implica, necessariamente, a do significante correspondente. O vínculo arbitrário, portanto, concerne à relação entre a substância fônica (os sons produzidos pelo aparelho fonador) e a substância semântica (os sentidos que emergem na fala). Uma

---

15. LUCIDI, Mario, L'equivoco de 'l'arbitraire du signe, *L'Iposema*, *Cultura Neolatina*, 10, 1950, apud DE MAURO, 443.

vez constituído o sistema da língua, surge um vínculo indissolúvel e necessário entre o significante (forma fônica) e o significado (forma semântica). "Dizer que os valores são *relativos* significa que eles são relativos *uns aos outros*. Ora, não está aí justamente a prova de sua *necessidade*?" (PLG1, 54). Daí, a nosso ver, a formulação mais correta do princípio em questão ser a segunda já citada: "o vínculo da ideia com o som é radicalmente arbitrário" (CLG, 157). Cl. Lévi-Strauss propõe uma outra fórmula que expressa perfeitamente a proposta de Benveniste: "O signo é arbitrário *a priori*, mas deixa de sê-lo *a posteriori*" (AS, 105).

Para compreender melhor tais imprecisões e falhas do CLG, convém lembrar o caráter didático das lições de Saussure, as quais, como todo ensinamento oral, apresentam argumentos que se desenvolvem em espiral, temas que vão e vêm, aparecem e desaparecem, na busca insistente da melhor formulação dos conceitos. Na verdade, o CLG apresenta um pensamento em evolução, e não uma doutrina acabada. São os próprios editores que, no prefácio da obra, reconhecem os limites desta empresa:

> A forma do ensinamento oral, que frequentemente entra em contradição com a do livro, nos provocava as maiores dificuldades. Além disso, F. de Saussure era desses homens que se renovavam sem cessar; seu pensamento evoluía em todas as direções, sem que por isso entrasse em contradição consigo mesmo (CLG, 8).

Concluindo esta discussão sobre o convencionalismo, observemos que a relativa estabilidade da língua não é garantida pela convenção social ratificada pelos hábitos linguísticos, mas pela sua condição de sistema:

> Uma língua constitui um sistema. Se [...] esse é o lado pelo qual a língua não é completamente arbitrária e no qual impera uma razão relativa, é também o ponto em que aparece a incompetência da massa para transformá-la. Pois este sistema é um mecanismo complexo; só podemos apreendê-lo pela reflexão; mesmo aqueles que dele fazem uso diário ignoram-no profundamente (CLG, 107).

O princípio da arbitrariedade do signo, tal como nosso linguista o concebe, nada tem a ver, portanto, com as teorias tradicionais. Ele introduz, na verdade, uma nova perspectiva para o estudo da linguagem e dos fenômenos humanos em geral, a saber, a perspectiva "semiológica" (cf. infra, cap. I, 2.4.3). Ao reivindicar a arbitrariedade do signo, Saussure afirma recorrentemente que ele é "imotivado", isto é, que não admite nenhuma analogia — ou melhor, nenhuma dependência — em relação a uma ordem externa à língua (cf. CLG, 101; cf. infra, cap. II, 2.6). O significado é um elemento constitutivo do próprio signo e se submete tanto quanto o significante às perturbações sociais e históricas.

2.2.2. O conceito de língua-nomenclatura

Ao mesmo tempo em que declara, como vimos, que "o vínculo da ideia e do som é radicalmente arbitrário" (CLG, 157), ou, segundo a outra fórmula criticável, também já citada e discutida, "o vínculo que une o significante ao significado é radicalmente arbitrário", Saussure afirma: "O signo linguístico é arbitrário" (CLG, 100). Em nosso entender, essa ambiguidade exprime a dupla dimensão do arbitrário saussuriana. As duas primeiras citações parecem indicar a independência da língua em relação à ordem lógica, e a última citação, a autonomia da língua em relação à ordem ontológica. Examinemos, primeiro, a *démarche* de Saussure para pensar a língua independentemente da *coisa*, e, depois, a sua tentativa de redefinir a relação pensamento/som a partir da nova perspectiva aberta pelo princípio da arbitrariedade. O que está em discussão, em ambos os casos, é o conceito de língua-nomenclatura.

A ideia de que os signos linguísticos equivalem a "uma lista de termos correspondentes à mesma quantidade de coisas" (CLG, 97), apesar de estar integrada ao senso comum, pertence a uma longa tradição filosófica que remonta à metafísica grega. Como nos lembra De Mauro, Aristóteles é o pai da concepção da língua-nomenclatura, a qual "supõe ideias feitas que preexistem às palavras" (CLG, 97; cf. DE MAURO, 427, 442 e 460) e afirma que a língua é "um conjunto de nomes isolados e justapostos que remetem, 'por convenção', às coisas ou a seus equivalentes mentais [...] 'idênticos para todos'" (DE MAURO, 442). Há, portanto, uma interdependência entre o convencionalismo e o modelo da língua-nomenclatura.

Como nos explica o próprio Saussure,

> O problema da linguagem só se apresenta para a maioria das pessoas sob a forma de uma *nomenclatura* [...]. A maioria das

concepções [...] que oferecem os filósofos da linguagem fazem pensar em nosso primeiro pai, Adão, ao chamar para perto de si os diversos animais, a fim de dar a cada um o seu nome [...]. *Primeiro* o objeto, depois o signo [...]. Se o objeto fosse [...] o termo no qual se fixa o signo, a linguística, imediatamente, deixaria de ser aquilo que é do cume à base (FM apud DE MAURO, 440). Não há relação entre o signo e a coisa designada (FM apud SMCLG, 193).

Na ótica saussuriana, não existe para cada coisa um nome apropriado. A linguagem não é, como nos explica M. Merleau-Ponty, interpretando Saussure, "uma soma de signos que corresponde a uma soma de ideias" (MERLEAU-PONTY, 1990, 19). O que há é um "sistema de signos" que estabelece relações entre as coisas, ou, dito de outro modo, que recorta arbitrariamente a realidade, revelando alguns dos seus aspectos e ocultando outros. Como defendia W. von Humboldt (1767-1835) antes de Saussure, mas em perfeita consonância com a sua teoria da língua, "à diversidade de línguas" corresponde "uma diversidade de visões do mundo" (apud SCHAFF, 1969, 33).

Alguns filósofos, adotando o ponto de vista naturalista acerca da gênese da linguagem, afirmam a existência de uma semelhança originária entre os sons das palavras e as coisas designadas. É o caso de E. B. de Condillac (1714-1780), que tentou "explicar os signos e as ideias abstratas imaginando suas origens nos gestos, nas ações e nas sensações. Condillac sugere, por exemplo, que as preposições, originalmente, eram nomes de gestos que indicavam as direções" (CULLER, 1985, 56).

Saussure rejeita tal concepção. Observa que as onomatopeias e também as exclamações são pouco numerosas e mudam de uma língua para outra, o que já indica seu caráter arbitrário. Além disso, uma vez integradas ao idioma, seguem sua evolução fonética, morfológica etc., o que comprova "que elas perderam algo de seu caráter primitivo, para assumir o do signo linguístico em geral, que é imotivado" (CLG, 102).

À independência da língua perante a ordem ontológica, corresponde a sua autonomia perante a ordem lógica. "A língua", diz Saussure, "não é um mecanismo criado e organizado para exprimir conceitos". Essa perspectiva é ignorada pela "maioria dos filósofos da língua", apesar de não haver "nada mais importante do ponto de vista filosófico"

(CLG, 122). A reflexão metafísica, em conformidade com a concepção dicotômica do ser humano, separa radicalmente as condições materiais e contingentes da língua (o signo, a palavra) de seu fundamento espiritual (a razão humana produtora de conceitos). Esta incidência do dualismo antropológico sobre as teorias tradicionais da linguagem talvez tenha alcançado o seu apogeu na Escola de Port-Royal. A. Robinet, sintetizando a postura desta Escola, observa:

> Ali onde reina a luz da ideia, não há mais signo nem imagem verbal: o signo está [...] contaminado de erro, é irrecuperável para o conhecimento do entendimento puro. Ele serve para que nos movamos neste universo da queda e das paixões, que a filosofia e a religião percorrem no sentido contrário, saltando além do signo para entrar no mundo inteligível que se oferece à razão humana. O signo é impuro. O conhecimento puro [...] nada tem a fazer com o signo (ROBINET, 1978, 32).

Esta maneira dualista de conceber a relação entre o pensamento e o som, em analogia com a oposição metafísica corpo-alma, é muito comum, como lembra o próprio Saussure, que sugere, aliás, uma outra comparação muito mais adequada, a saber, a combinação de hidrogênio e oxigênio para formar a água. "Tomados a parte, nenhum destes elementos tem nenhuma propriedade da água" (CLG, 145), conclui nosso linguista. Na verdade, o CLG nega a existência de "ideias pré-estabelecidas" ou de um pensamento puro, e concebe a língua como uma ordem autônoma, intermediária entre o pensamento e o som, ou melhor, como um "pensamento-som" (CLG, 156).

Ao rejeitar o conceito de língua-nomenclatura — rompendo, assim, com uma tradição milenar —, Saussure declara: "o signo linguístico une não uma coisa e um nome [ou a ideia da coisa e um nome], mas um conceito e uma imagem acústica" (CLG, 98, é nosso o complemento entre colchetes), ou, mais precisamente, para empregar a terminologia definitiva do mestre, um significante e um significado. "Estamos [...] profundamente convencidos" — declarou Saussure certa vez — "de que se pode dizer de todo aquele que pisa no terreno da língua que é abandonado por todas as analogias do céu e da terra" (FM apud ELG2, 279). Do céu lógico e da terra ontológica, poderíamos acrescentar.

2.3. O princípio da linearidade do significante

A língua, como acabamos de mencionar, é concebida no CLG, em certo momento, como um "pensamento-som". Mas como se forma este "pensamento-som?" Em que condições a matéria fônica se torna matéria "significante"? A resposta a essa pergunta remete a uma segunda etapa capital da trajetória de Saussure: a formulação do princípio da linearidade do significante.

O CLG compara os signos linguísticos com os signos não linguísticos — ambos são formados pela união de um significante e de um significado — chegando a propor uma ciência geral dos signos, a "semiologia", na qual se inseriria a linguística como uma disciplina dependente (cf. infra, cap. I, 2.4.3)[16]:

> A língua é um sistema de signos que exprimem ideias e, por isso, é comparável à escrita, ao alfabeto dos surdos-mudos, aos ritos simbólicos, às formas de polidez, aos sinais militares etc. etc. Ela é apenas o mais importante desses sistemas (CLG, 33).

Depois de haver definido a tarefa do linguista como sendo a de determinar a especificidade da língua relativamente aos demais sistemas de signos, Saussure afirma: "o problema linguístico é antes de tudo semiológico" (CLG, 34). Deixaremos para mais tarde a discussão dessa asserção fundamental, quando tratarmos do princípio de diferenciação. Por ora, cumpre observar que os significantes linguísticos se distinguem essencialmente dos significantes não linguísticos. Estes últimos são, em geral, de natureza visual, enquanto os outros são de natureza acústica. Em virtude dessa característica, os significantes linguísticos desenvolvem-se no tempo, isto é, são pronunciados uns após os outros e não simultaneamente. Justamente por isso, podem ser representados por uma linha, como ocorre, aliás, na escrita (cf. CLG, 103). Afirmar a lineari-

---

16. R. Barthes, ao apresentar, em 1964, os seus "Éléments de sémiologie", procurando ressaltar a revolução teórica e metodológica que Saussure provocou nas ciências humanas, defende que se inverta a proposição do mestre: "A linguística", afirma ele, "não é uma parte, ainda que privilegiada, da ciência geral dos signos; ao contrário, é a semiologia, na medida em que estuda as "unidades significantes do discurso", que é uma parte da linguística (BARTHES, 1964, 2).

dade do significante é, pois, reconhecer que sua substância é divisível em uma só dimensão, ou, dito de outro modo, que ela se deixa segmentar em vários elementos discretos sucessivos. Essa divisibilidade da substância fônica é a condição da possibilidade da junção do som ao pensamento ou, como dizia R. Jakobson, discípulo de Ed. Husserl, do som ao sentido[17]. Ao contestar o dualismo metafísico, Saussure proclama que a materialidade do signo — materialidade que é concebida justamente como "significante", ou seja, apta a se deixar significar —, longe de ser extrínseca ao pensamento, é constitutiva dele. Revelando seu espanto por este aspecto da linguagem, K. Marx observa, não sem humor:

> Desde o início pesa sobre o espírito a maldição de estar contaminado por uma matéria que se apresenta sob a forma de camadas de ar em movimento, de sons, numa palavra, de linguagem (MARX; ENGELS, 1953, 21).

Eis o enigma da fala, que Saussure enfrentou recorrendo ao princípio da linearidade do significante[18].

"Caótico por natureza, o pensamento é forçado a se precisar decompondo-se" (CLG, 156). Fora da língua, conjectura Saussure, o pensamento não passa de "massa amorfa e indistinta", uma espécie de "nebulosa na qual nada está necessariamente delimitado". A substância fônica, por sua vez, é uma "matéria plástica", quer dizer, uma substância

---

17. Convém lembrar o título que R. Jakobson escolheu para a publicação, já mencionada, do famoso curso que ministrou em 1942 na *École libre des hautes études* de Nova York, a saber, *Six leçons sur le son et le sens*.

18. Debruçando-se sobre a linguagem, Saussure deparou com o mesmo problema que Freud enfrentou no domínio da sexualidade, a saber, o problema da unidade psicossomática. "O conceito de pulsão", afirma o pai da psicanálise, "nos aparece como um conceito-limite entre o psíquico e o somático" (FREUD, 1985, 18). J. Lacan, como se sabe, aproximou o conceito freudiano de "representação" (*Vorstellung*) da noção saussuriana de significante, o que provocou uma verdadeira revolução teórica na psicanálise (cf. LACAN, 1966, 493-528). J. Laplanche, por sua vez, ao estudar os diagramas freudianos, em particular os que se encontram no célebre capítulo VII da *Interpretação dos sonhos* (cf. LAPLANCHE, 1980, 456-459), mostrou que, não obstante o mestre vienense denominar seu modelo de "aparelho psíquico", o corpo está representado nele, já que o aparelho é divisível em partes, ou seja, possui certa extensão. Mas qual corpo? Não o corpo real ou orgânico, mas o "corpo fantasmático", vale dizer, o corpo mapeado pelo desejo (cf. LAPLANCHE, 1981, 172; 1980, 405 e 562).

extensa e flexível, cuja divisibilidade linear possibilita a formação dos "significantes de que o pensamento necessita" (CLG, 153).

Para ilustrar esse ponto de vista, Saussure apresenta uma de suas luminosas comparações:

> Figuremos o ar em contato com uma camada de água: se a pressão atmosférica muda, a superfície da água se decompõe em uma série de divisões, isto é, de ondas; são essas ondulações que dão uma ideia da união, e, por assim dizer, da cópula do pensamento com a matéria fônica (CLG, 156).

Nessa comparação, o ar corresponde, claramente, à substância semântica, a camada de água à substância fônica, e as ondas às unidades linguísticas. E a que corresponderia a alteração da pressão atmosférica? Seguramente às forças sociais e históricas que mudam a relação entre o significante e o significado.

Lembrando o significado da palavra latina, *articulus*, a saber, "membro, parte, subdivisão em uma série de coisas" (CLG, 26), o CLG afirma: "a língua é o domínio das articulações". Mais precisamente: "cada termo linguístico é um pequeno membro, um *articulus* no qual uma ideia se fixa em um som e um som se torna o signo de uma ideia" (CLG, 156).

R. Jakobson e, sobretudo, A. Martinet mostraram que a língua é duplamente articulada. Além das unidades significativas a que alude a citação de Saussure, há unidades de uma outra ordem que, apesar de serem desprovidas de significação, condicionam a significação das unidades superiores. As unidades da primeira articulação são os "morfemas" (R. Jakobson) ou os "monemas" (A. Martinet), e as unidades não significativas da segunda articulação são os "fonemas". A discussão da dupla articulação da linguagem será exposta, contudo, no próximo capítulo (cf. infra, cap. II, 1.4).

Quando se fala de articulação em linguística, o que está em causa é, portanto, para usarmos uma expressão do próprio Saussure, "esse fato, de certo modo, misterioso" (CLG, 156; cf. SLSS, 22), que é a segmentação simultânea, realizada pelo sujeito falante, da substância fônica e da substância semântica em elementos discretos sucessivos (os significantes e os significados), vale dizer, os componentes dos signos linguísticos.

Essa segmentação, como já foi dito, é a condição da possibilidade da junção do som com o sentido. "O sentido", diz lapidarmente R. Barthes, "é antes de tudo recorte" (BARTHES, 1964, 114).

"Abandonado por todas as analogias do céu e da terra", Saussure concebe a língua como "o domínio autônomo no qual o pensamento se organiza na matéria fônica" (cf. CLG, 155). Como se vê, o genebrino descobriu uma lógica encarnada no sensível: a lógica do significante. Como nos esclarece Cl. Lévi-Strauss, "além do racional existe uma categoria mais importante e mais fértil, a do significante, que é a mais elevada maneira de ser do racional" (TT, 58). Essa lógica, como veremos a seguir, é uma lógica das diferenças.

2.4. O princípio de diferenciação

Até aqui estudamos os princípios da arbitrariedade do signo e da linearidade do significante. O primeiro afirma a independência da língua em relação a qualquer ordem externa, e o segundo explica a formação dos elementos ou das unidades que operam a união do som com o sentido. Ora, não existe independência sem a capacidade correlata de autogestão. A autonomia da língua supõe que seus elementos sejam capazes de se manter em equilíbrio. Daí a afirmação de Saussure: "A língua é um sistema que só conhece a sua própria ordem" (CLG, 43). Mas como funciona este sistema? O que garante a autorregulagem do "mecanismo da língua"? Para responder a essas perguntas, o CLG recorre ao "princípio de diferenciação" (cf. CLG, 167). Enquanto as teorias tradicionais da linguagem pensavam o princípio da arbitrariedade sob o ponto de vista da convenção, portanto na indiferença do signo, em sua materialidade fônica, para representar as ideias, Saussure busca na diferença um novo princípio de inteligibilidade para a língua: "Arbitrário e diferencial", diz ele, "são duas qualidades correlatas" (CLG, 163; cf. DERRIDA, 1967, 77).

2.4.1. Da indiferença à diferença

Em uma de suas famosas comparações da língua com o jogo de xadrez, nosso autor pondera: "Se substituo as peças de madeira por peças de marfim, a mudança é *indiferente* ao sistema" (CLG, 43, itálico nosso). Como entender tal indiferença? Essa passagem estaria de acordo com outras já citadas, que afirmam, em oposição às teses centrais do CLG, a indiferença do significante, em sua contingência material, para exprimir o conceito? De modo algum (cf. CLG, 153). O que a comparação quer mostrar é que no jogo de xadrez a determinação da peça como tal não vem da substância (ou do material) que a constitui, mas de sua função no sistema. Desde que esta função seja mantida, a peça pode ser modificada indefinidamente. De modo semelhante, as unidades linguísticas não são determinadas por suas substâncias (fônica ou semântica), mas pela função que exercem na língua, função esta que Saussure pensa, respectivamente, como significante e significado. A indiferença à que se refere a comparação não caracteriza, portanto, a relação entre a forma-significante e a forma-significado, mas o vínculo entre substância fônica e substância semântica. Uma vez as formas criadas, saímos do reino da contingência para alcançar o da necessidade: a indiferença cede lugar à diferença. É por isso que, como já vimos, a melhor formulação do princípio da arbitrariedade não é a que afirma que a união do significante ao significado é arbitrária, mas a outra, também já citada, que Saussure enuncia no momento mesmo em que, explicitamente, reconsidera o princípio, a saber: "o vínculo da ideia e do som é radicalmente arbitrário", ou ainda, "a escolha que reclama tal porção acústica para tal ideia é perfeitamente arbitrária" (CLG, 157).

Já sabemos como se constituem as formas (significante e significado), mas não esclarecemos ainda a sua natureza. Ao enfrentar essa questão, Saussure nos introduz no cerne mesmo da diferença: "Na língua, como em qualquer sistema semiológico, o que distingue um signo, eis o que o constitui" (CLG, 168). Dito de outro modo: "O que há de ideia ou de matéria fônica em um signo importa menos que o que há em torno dele nos outros signos" (CLG, 166). Então, como explicá-lo?

Já que não existe imagem vocal que corresponda melhor do que outra ao que está encarregada de dizer, é evidente, mesmo *a priori*, que um fragmento de língua, em última análise, não poderá fundamentar-se sobre outra coisa que a sua não coincidência com o resto (CLG, 163).

Em suma: uma vez que a união do som ao sentido é radicalmente arbitrária, "*na língua só há diferenças* [...]. Um sistema linguístico é uma série de diferenças de sons combinadas com uma série de diferenças de ideias" (CLG, 166).

Para explicar o princípio de diferenciação, Saussure recorre à noção de *valor* linguístico, distinguindo-a da noção de *significação* (ou de *sentido*), e concebe a língua como "um sistema de puros valores" (CLG, 16).

2.4.2. A língua como sistema de valores

Concebe-se, tradicionalmente, a significação de um signo como sendo "a sua propriedade de representar uma ideia" (CLG, 158), ou, em outros termos, de valer por outra coisa. Quando se fala de "valor" de um signo, pensa-se, em geral, nesta noção. Precisando o seu aparelho conceptual, Saussure observa que todos os valores — linguísticos ou não — são determinados por uma relação homogênea e por outra, heterogênea. Assim, pode-se trocar uma nota de dez euros por uma mercadoria e compará-la a uma nota de outro sistema monetário (o dólar ou o real, por exemplo). Da mesma forma, uma palavra pode ser trocada por um conceito e ser comparada a outras palavras. É essa última acepção de valor, que exprime a interdependência entre os signos linguísticos, que interessa a Saussure:

> É uma grande ilusão considerar um termo simplesmente como a união de certo som com certo conceito. Defini-lo assim seria isolá-lo do sistema de que faz parte (CLG, 157).

A noção saussuriana de valor linguístico resulta diretamente do princípio de diferenciação. Na língua, tanto no plano dos significantes como no dos significados, um termo vale, não pelo que o constitui positivamente, mas sim pelo que o diferencia dos demais.

Depois de apresentar vários exemplos que comprovam a interdependência de significados no interior de um mesmo sistema linguístico, Saussure assevera:

> Em todos esses casos encontramos [...], em vez de ideias dadas de antemão, *valores* que emanam do sistema. Quando se diz que eles correspondem a conceitos, subentende-se que esses últimos são

puramente diferenciais, definidos não positivamente pelo conteúdo, mas negativamente pelas suas relações com os outros termos do sistema. Sua mais exata característica é a de ser o que os outros não são (CLG, 162).

Saindo do plano dos significados para explicar o valor linguístico no plano dos significantes[19], o CLG declara:

> O que importa numa palavra não é o som em si mesmo, mas as diferenças fônicas que permitem distinguir essa palavra de todas as outras, pois são elas que trazem a significação (CLG, 163).

Considerando, agora, o signo em sua totalidade, Saussure afirma:

> A língua não comporta nem ideias nem sons que preexistiriam ao sistema linguístico, mas somente diferenças conceituais e diferenças fônicas provenientes desse sistema (CLG, 166).

Em conclusão:

> A língua é um sistema em que todos os termos são solidários e no qual o valor de um deles resulta apenas da presença dos outros (CLG, 159).

2.4.3. A abertura do campo semiológico

O princípio de diferenciação não explica apenas a autorregulagem da língua, mas o funcionamento dos sistemas de signos em geral. Como vimos, na língua, como em qualquer outro sistema de comunicação, "o que distingue um signo eis o que o constitui" (CLG, 168). Saussure anuncia, assim, o projeto de uma nova ciência, que ele denomina semiologia, cujo objeto é justamente o estudo da "vida dos signos no seio da vida social" (CLG, 33). Ainda que a linguística seja considerada como uma parte dessa ciência, nosso autor nos adverte, por um lado, que a melhor via para "compreender a natureza do problema semiológico" é a língua (CLG, 44), e, por outro, que, para "descobrir a verdadeira natureza da lín-

---

19. Os melhores exemplos de valor no plano dos significantes vêm da fonologia (cf. infra, cap. II, 1.4).

gua, é preciso, antes de mais nada, ter em conta o que ela possui em comum com todos os outros sistemas da mesma ordem" (CLG, 35). "O problema linguístico", sintetiza o CLG, "é antes de tudo semiológico" (CLG, 34). Saussure, contudo, não deixa de sublinhar a especificidade da língua, "o mais importante desses sistemas" (CLG, 33), porque é o único, como nos lembra Cl. Lévi-Strauss, que só tem por função significar e na significação esgota sua existência (cf. AS, 58). Na realidade, como os linguistas insistirão posteriormente, a língua é o único sistema duplamente articulado. Como nos esclarece P. Ricoeur, "cada vez que eu falo, pronuncio uma palavra, encadeio as palavras numa frase, ponho simultaneamente em marcha dois mecanismos ou dois sistemas de articulação. Articulo os sons e, ao mesmo tempo, articulo os sentidos" (SSL, 105). Importante observar que os demais sistemas semiológicos precisam da língua para significar. "Só há sentido nomeado, e o mundo dos significados não é outro que o da linguagem", afirma R. Barthes na introdução de seu ensaio *Eléments de sémiologie* (BARTHES, 1964, 2; cf. JAKOBSON, ELG2, 32).

Ao definir a língua como um sistema de valores que exerce uma ação inconsciente sobre o sujeito falante, Saussure abriu, no domínio das ciências humanas, "um campo novo e fecundo"[20] de investigação, que pode ser adequadamente denominado campo semiológico. Como já vimos, a semiologia se propõe a examinar tanto os signos linguísticos como os não linguísticos sob o ponto de vista das diferenças (ou dos valores). Ao formular o princípio de diferenciação, Saussure criou a possibilidade de estudar a cultura, na sua totalidade, como uma rede de sistemas semiológicos, ou, segundo a famosa definição de Cl. Lévi-Strauss, como "um conjunto de sistemas simbólicos" (IOMM, XIX). "Este fenômeno humano, a cultura, é um fenômeno inteiramente simbólico", afirma, por sua vez, É. Benveniste (PLG1, 30).

Estamos, por conseguinte, de pleno acordo com G. G. Granger quando afirma:

A ideia-mãe da linguística saussuriana dá unidade e sentido a toda a doutrina estrutural. Ideia forte e simples, segundo a qual qualquer

---

[20]. Esta é uma expressão de Saussure que ele emprega, contudo, para designar o setor de investigação explorado pela Gramática Comparada no século XIX (cf. CLG, 16).

tentativa para conhecer objetivamente alguma coisa do homem deve passar, antes de tudo, por uma redução da experiência a um sistema de marcas correlativas (GRANGER, 1962, 2).

2.4.4. As dificuldades de demarcação do novo campo

Saussure, porém, não se deu plenamente conta da radical originalidade de seu ponto de vista. "A novidade semiológica", observa com perspicácia Cl. Normand, "surge de [um] discurso psicologizante e sociologizante" (NORMAND, 1978, 72). De fato, nosso linguista, por um lado, ao pretender explicar a aquisição da linguagem, recorreu a uma teoria empirista da memória, cuja terminologia e conceituação nada têm a ver com a perspectiva semiológica e, por outro, define a língua quer em termos sociológicos (instituição social, signo convencional etc.), quer em termos semiológicos (sistema de signos, de valores ou de diferenças), revelando, desse modo, sua insegurança em delimitar, com precisão, o novo campo aberto pelo conceito de língua. Examinaremos, inicialmente, a distinção entre o semiológico e o social no discurso saussuriano e, em seguida, discutiremos o psicologismo que aparece em certos momentos da argumentação do mestre.

O CLG afirma, recorrentemente, que a língua é social e a fala, individual (cf. CLG, 27, 31, 108 e 112). Reconhecer o caráter social da linguagem era, na verdade, um lugar-comum no século XIX (cf. PUESCH; RADZYNSKI, 1978, 46). Importa ressaltar, porém, que o termo "social", tal como Saussure o emprega, está de tal modo associado ao semiológico, que não corresponde exatamente ao que os linguistas, na época, entendiam por esta palavra.

Em alguns textos, Saussure confunde o social e o semiológico. É o que ocorre, por exemplo, quando se refere ao caráter social da língua, com a intenção de acentuar a autonomia da linguística (PUESCH; RADZYNSKI, 1978, 57; cf. CLG, 24), ou quando afirma que "o signo […] é social por natureza" e, por conseguinte, "deve ser estudado socialmente" (CLG, 34). Devido a essa confusão, o CLG caracteriza, várias vezes, o signo como convencional e arbitrário (cf. supra, cap. I, 2.2.1).

Em outros textos, Saussure mostra, ao mesmo tempo, a distinção e a articulação entre o social e o semiológico. Assim, em uma passagem já citada (cf. ibid.; CLG, 107), ele se refere à incompetência das massas para transformar o sistema linguístico, já que ele é um mecanismo complexo e inconsciente. Porém, em outro extrato ele afirma:

> A arbitrariedade do signo nos faz compreender melhor por que o fato social pode, por si só, criar um sistema linguístico. A coletividade é necessária para estabelecer valores cuja única razão de ser está no uso e no consentimento geral; o indivíduo, por si só, é incapaz de fixar qualquer um que seja (CLG, 157).

Em nossa opinião, essas citações revelam menos uma contradição do mestre, do que a sua preocupação em afirmar a interdependência entre o social e o semiológico[21]. A coletividade é incapaz de mudar a língua, cuja atividade inconsciente escapa sempre ao controle do sujeito falante; entretanto, "[a coletividade] é necessária para estabelecer os valores", ou seja, para assegurar o funcionamento da língua, cuja "única razão de ser" está no uso que dela faz a comunidade. Dito de outro modo: o sistema, em virtude de sua própria natureza de sistema, guarda certa autonomia relativamente ao social. Essa autonomia, todavia, não é absoluta, pois o que anima e vivifica o sistema é, em última análise, o social. É a comunidade que oferece aos valores uma configuração determinada. Longe de implicar "uma relação fatal de alienação", como pretende R. Barthes (1980, 13), a língua é destinada à comunidade. "O sistema de signos é feito para a coletividade, como o navio é feito para o mar" (FM apud DE MAURO, XII), assevera Saussure. O social é, por conseguinte, o sentido do semiológico. Como nos esclarece Cl. Normand,

> É na elaboração de uma teoria semiológica [...] que Saussure se distancia de um ponto de vista sociológico simples, sem, por isso, separar a referência à sociedade. A língua é um sistema de signos; os valores (a saber, a relação interior ao signo e as relações aos outros

---

21. "Os costumes de uma nação têm uma repercussão na sua língua e, por outro lado, é a língua que em larga medida faz a nação" (CLG, 40). "O vínculo social tende a criar a comunidade da língua e talvez imprima ao idioma comum certas características; inversamente, é a comunidade da língua que constitui, em certa medida, a unidade étnica" (CLG, 305). Há, pois, uma "relação de reciprocidade" entre o etnismo e a língua (o "etnismo" é definido no CLG como "uma unidade que repousa sobre relações múltiplas de religião, civilização, defesa comum etc., as quais podem se estabelecer mesmo entre povos de raças diferentes e na ausência de qualquer vínculo político" [ibid.]).

signos) e as mudanças de valores dependentes da sociedade não existem senão por ela. A língua é, portanto, uma "instituição semiológica" (NORMAND, 1978, 81).

A insegurança de Saussure para demarcar este novo campo de investigação não se manifestou apenas na fronteira entre a linguística e a sociologia. Ele teve dificuldade, também, em traçar os limites de sua disciplina relativamente à psicologia.

Numa passagem famosa, o CLG explica "o circuito da fala" (CLG, 27-32): "Para encontrar no conjunto da linguagem a esfera que corresponde à língua, é preciso se colocar diante do ato individual que permite reconstituir o circuito da fala" (CLG, 27). O linguista isola, no ato individual da fala, o que concerne ao físico (ondas sonoras) e ao fisiológico (fonação e audição), distinguindo tais elementos do que depende do psicológico (imagens verbais ou acústicas) e do lógico (conceitos). Decidido, por influência da epistemologia positivista, a afirmar a "realidade" da língua e o caráter "concreto" das unidades linguísticas (cf. CLG, 144 e 152), Saussure observa: "Os signos linguísticos, por serem essencialmente psíquicos, não são abstrações". Bem ao contrário: "são realidades que têm sua sede no cérebro" (CLG, 32).

Prosseguindo sua explicação do circuito da fala, Saussure distingue, no plano psíquico, o ativo do passivo: "Na parte psíquica, localizada no cérebro, pode-se chamar de executivo tudo o que é ativo e, de receptivo tudo o que é passivo" (CLG, 29). As implicações dessa afirmação são graves: "A língua não é uma função do sujeito falante, mas o produto que o indivíduo registra passivamente [...]. A fala, ao contrário, é um ato individual da vontade e da inteligência" (CLG, 30).

A fala (ou execução) é, pois, ativa; a língua, porém, é passiva e receptiva. Essa passividade da língua já se manifesta nas metáforas empregadas por Saussure a fim de caracterizá-la: "tesouro depositado pela prática da fala" (ibid.), "soma de marcas depositadas em cada cérebro" (CLG, 38) etc.

Essa maneira de compreender os signos como essencialmente psíquicos e a língua como uma entidade passiva — um receptáculo de signos — sugere-nos as seguintes reflexões:

1) Nas passagens citadas concernentes ao circuito da fala, a intenção de Saussure é explicar o "modo de existência da língua no

indivíduo" (NORMAND, 1978, 72). O que está, pois, em questão não é a descrição de um "estado de língua", mas a aquisição da linguagem pelo indivíduo. Trata-se de uma preocupação muito comum no final do século XIX. Saussure, com suas observações, reflete, simplesmente, uma tendência de sua época. Ele recorre a uma psicologia banal, em particular a uma teoria empirista da memória (cf. ibid.), com o objetivo de mostrar que "os termos implicados nos signos são ambos psíquicos" (CLG, 98). O seu propósito é justificar, para os contemporâneos, sua teoria da língua. No contexto positivista reinante, que condena a abstração como um recurso não científico, Saussure insiste em caracterizar os signos linguísticos como psíquicos, porque, se são psíquicos, são também concretos. Convém ressaltar, entretanto, que o próprio Saussure, numa etapa decisiva de sua trajetória, reformulou explicitamente sua terminologia, separando com clareza a abordagem psicológica e lógica da semiológica. "Propomos", diz ele, no momento em que enuncia o princípio da arbitrariedade, "conservar a palavra *signo* para designar a totalidade e substituir *conceito* e *imagem acústica*, respectivamente, por *significado* e *significante*" (CLG, 99).

2) A teoria da memória a que nos referimos levou Saussure a conceber a língua de maneira estática. Contudo, uma leitura atenta do CLG, como nos explica F. Gadet (1987, 92), revela, ao lado desta concepção fixista, uma outra que atribui certo dinamismo à língua. Assim, no mesmo período em que emprega a metáfora do tesouro, Saussure afirma também que a língua é "um sistema gramatical que existe virtualmente em cada cérebro" (CLG, 30). Enquanto "tesouro" lembra algo fixo e estático, os termos "sistema" e "virtualmente" supõem o dinamismo da língua. Estudaremos a seguir, a distinção entre valor e significação e, depois, o que Saussure denomina "mecanismo da língua". Esta abordagem nos permitirá compreender melhor o dinamismo a que acabamos de nos referir.

* * *

No capítulo em que Saussure introduz o termo "semiologia" nas ciências humanas, aparece a seguinte observação: "O signo escapa sempre, *em certa medida*, à vontade individual ou social, e esta é sua característica essencial; à primeira vista, porém, é a [característica] que menos aparece" (CLG, 34, itálico nosso). A abordagem autenticamente saussuriana da língua situa-se em um plano que não é nem psicológico nem sociológico, mas semiológico.

Convém lembrar, no entanto, que Saussure, como indica com precisão De Mauro, retoma a distinção escolástica entre objeto material ("a matéria do saber enquanto ela é apreendida e conhecida") e objeto formal (o ponto de vista no qual a matéria é estudada). Na teoria saussuriana, "a totalidade dos fatos qualificáveis da linguística é a *matéria*; a língua como sistema formal é o *objeto*" (DE MAURO, 415). Pode-se dizer, por conseguinte, que os aspectos individuais e sociais dos signos não constituem o objeto prioritário (ou formal) da nova linguística, embora constituam, certamente, seu objeto material, visto que o sistema não poderia nem funcionar nem ser compreendido sem uma referência ao sujeito falante (ou à "massa falante").

2.4.5. *Valor e significação*

Ao estudar o conceito linguístico de valor, observamos que Saussure contesta as teorias tradicionais da significação, visto que elas só consideram a relação do signo com a ideia, ignorando a relação que os signos mantêm entre si no sistema da língua. Na perspectiva do CLG, o valor de uma palavra

> não é fixado enquanto nos limitamos a constatar que ela pode ser "trocada" por este ou aquele conceito, isto é, que tem esta ou aquela significação; é preciso ainda compará-la com valores similares, com outras palavras que se lhes podem opor. Seu conteúdo só é verdadeiramente determinado pelo concurso do que existe fora dela. Fazendo parte de um sistema, ela é revestida não apenas de uma significação, mas também, e sobretudo, de um valor, o que é muito diferente (CLG, 160).

Saussure, como se vê, distingue claramente o valor de um signo da sua significação. Já que pertence ao plano dos valores, o significado não deve ser confundido com a significação. Todavia, muitos críticos e mesmo intérpretes do CLG confundem, não raro, as duas noções. É o caso, por exemplo, de R. Godel, que considera os termos "significação" e "sentido" como sinônimos de "significado" (cf. SMCLG, 240; DE MAURO, 464). R. Jakobson, por sua vez, distingue a "significação geral" da "significação contextual", mas não vê esta distinção em Saussure (cf. infra, cap. II, 2.3.3). P. Ricoeur defende que, na perspectiva saussuriana, "a significação de uma palavra não está na própria palavra, mas [...] na sua diferença em relação às outras palavras" (SSL, 113), ou seja, ele confunde "significado" e "significação", o que implica, como discutiremos adiante (cf. infra, cap. III, 3), graves problemas filosóficos. Na realidade, as exposições tradicionais do CLG negligenciam a distinção entre valor (significado) e significação. As exposições mais recentes, contudo, sob a influência de De Mauro, levam sempre em consideração esta distinção (cf. CALVET, 1975, 19; CULLER, 1985, 32; GADET, 1987, 63; LEPSCHY, 1984, 74; THIBAULT, 1997). O linguista italiano, seguindo uma indicação de A. Burger (cf. DE MAURO, 464), mostrou-nos a impossibilidade de compreender corretamente a doutrina saussuriana negligenciando-se essa distinção fundamental[22].

Imaginemos um orador que exclame: "A guerra, digo-lhes, a guerra!". A mesma palavra é repetida duas vezes. Se atentarmos para o conteúdo "psicológico" de "guerra" e para o ato fonador que torna possível a realização (ou "execução") dessa palavra, verificaremos que, a cada vez que ela é pronunciada, algo de diferente se produz (cf. CLG, 152). Com efeito, este termo pode evocar no sujeito falante tanto uma lembrança alegre (o fim da guerra) como uma lembrança triste (a morte de um amigo), tanto um sentimento de euforia (a vitória!) como um sentimento de insegurança (outra guerra poderá vir) e assim por diante. Do ponto de vista fônico, a pronúncia também se modifica de um caso a outro. É preciso, pois, admitir, como nos adverte De Mauro, que

> a mesma palavra repetida no discurso pela mesma pessoa tem, de um momento a outro, uma execução diferente: se não se fizer

---

[22]. O que examinaremos a seguir completa o que já foi considerado acima (cf. cap. I, 2.1).

efetivamente abstração de nenhum detalhe, o sentido exato, em sua realidade concreta, aparece, de uma manifestação a outra, como formado de associações e ressonâncias emotivas diferentes; e a fonia real, se for considerada em sua integridade efetiva, possui também inflexões e nuances cada vez diferentes (DE MAURO, VI).

No entanto, no ato da fala identifica-se a todo instante duas fonias (ou mais) diferentes vinculadas a significações diferentes, a uma mesma palavra, portadoras de um mesmo significado. Isso indica, como nos esclarece ainda De Mauro, que o ponto de vista da identificação não é o da execução, mas o do sistema ou dos valores (cf. CLG, 150-152):

> A identidade entre as diferentes realizações não é possível, a não ser que elas representem o mesmo valor [...]. Os valores das fonias são os significantes de uma língua, os valores das significações são os significados. Tais valores, não sendo determinados pelas fonias ou significações, são arbitrários tanto do ponto de vista fônico-acústico como do ponto de vista lógico-psicológico. Eles se delimitam reciprocamente, quer dizer, eles constituem um sistema (DE MAURO, 421, n. 65).

Na ótica saussuriana, *significado* e *significante* designam, respectivamente, a forma semântica e a forma fônica, enquanto *significação* (ou *sentido*) e *fonação* referem-se, respectivamente, à substância semântica e à substância fônica. *Significado* e *significante* são elementos da língua; *significação* (ou *sentido*) e *fonação* (a produção de sons) pertencem à fala.

Consideremos, agora, algumas passagens do CLG nas quais Saussure explica a distinção em causa recorrendo a alguns exemplos que se tornaram célebres:

> O [termo] francês *mouton* (ovelha) pode ter a mesma significação que o [termo] inglês *sheep*, mas não o mesmo valor, e isto por muitas razões, em particular porque, ao falar de uma porção de carne cozida e servida à mesa, o inglês diz *mutton* e não *sheep* [...]. Sinônimos como *redouter* (recear), *craindre* (temer), *avoir peur* (ter medo de) só têm valor próprio pela oposição; se *redouter* não existisse, todo o seu conteúdo iria para seus concorrentes (CLG, 160).

O primeiro exemplo compara duas línguas diferentes. Mostra-nos que, no mesmo campo semântico em que o francês dispõe de um único significado, o inglês possui dois, o que, claramente, modifica o valor do termo, mas não sua significação. O segundo exemplo considera uma modificação lexical no interior de uma mesma língua, modificação essa que atinge o valor das palavras semanticamente vizinhas. Tais ilustrações sugerem a Saussure as seguintes observações:

> Não há correspondência exata de valores [de uma língua a outra] (CLG, 161, adição nossa entre colchetes). O valor de um termo pode ser modificado sem que se toque quer no seu sentido quer nos seus sons, mas apenas pelo fato de um termo vizinho ter sofrido uma modificação (CLG, 166).

J. Culler, conduzindo a reflexão de Saussure para o plano da enunciação, transmite-nos uma valiosa informação:

> Se um francês diz: "J'ai vu un mouton", e um inglês diz: "I saw a sheep", é provável que esses enunciados tenham a mesma significação; eles fazem a mesma afirmação a propósito de um estado de coisas [...]. No entanto, enquanto unidades de seus respectivos sistemas linguísticos, *mouton* e *sheep* não têm o mesmo significado nem o mesmo valor [...]. Deparamos aqui com certos problemas filosóficos que Saussure não tratou de resolver em particular. Os filósofos preferirão dizer que aquilo que Saussure chama de significação de um enunciado diz respeito tanto ao significado quanto à referência [...]. O ponto discutido por Saussure é que existe [...] um significado (ou um valor) oriundo das relações fundadas sobre o sistema linguístico, e outra espécie de significado (ou significação) que diz respeito ao uso de elementos linguísticos nas situações reais do enunciado (CULLER, 1985, 33).

Tal citação mostra que, por um lado, as noções saussurianas de valor e significação correspondem à exigência lógica formulada por G. Frege ao distinguir *Sinn* e *Bedeutung* — De Mauro insiste também nesse ponto (DE MAURO, 465) — e, por outro lado, que tais noções estão na raiz da linguística fundada por É. Benveniste, cujo objeto é constituído pelas "situações reais do enunciado", isto é, a enunciação, e não unicamente pelo enunciado. Examinaremos a seguir apenas a primeira questão, deixando para mais tarde (cf. infra, cap. III) a discussão da segunda.

Segundo G. Frege (1973, 3-27), um signo comporta, além da coisa designada, o modo pelo qual a designamos. Ele chama de *referência* (*Bedeu-*

tung) a primeira forma de relação e de *sentido* (*Sinn*) a segunda. As expressões "estrela da manhã" e "estrela vespertina" designam ambas o planeta "Vênus", mas não de maneira idêntica. Em outras palavras: o mesmo referente é visto sob pontos de vista (ou sentidos) diversos.

Como nos explica O. Ducrot, em um ato de fala, em um dizer, há sempre uma orientação para aquilo que não é o dizer. É a essa orientação que se denomina *referência*, enquanto *referente* designa o mundo ou o objeto que se pretende descrever ou transformar. O *referente* de um discurso não é, pois, "a realidade, mas antes, *sua* realidade", isto é, "aquilo que o discurso escolhe ou institui como realidade" (DUCROT, 1984, 419). Contudo, é preciso reconhecer com P. Ricoeur que, "se o sentido pode ser dito inexistente, enquanto puro objeto de pensamento, é a referência — a *Bedeutung* — que enraíza nossas palavras e nossas frases na realidade" (CI, 87). Já que o referente pode ou não existir, a referência tem, necessariamente, uma dimensão ontológica: ela anuncia a presença ou a ausência do ser. Como é "na instância do discurso que a linguagem tem uma referência" (ibid.; cf. infra, cap. III), retirar dela a fala, para considerar apenas a língua em si mesma e por si mesma, é reduzir a linguagem a "um sistema fechado de signos" (CI, 83) e ignorar que o "essencial da linguagem começa além da clausura dos signos" (CI, 96). "A linguagem", continua Ricoeur, "é o *médium*, o 'meio' no qual e pelo qual o sujeito se põe e o mundo se mostra" (CI, 252). Ressalte-se, contudo, que esta concepção, diferentemente do que pretende o pensador francês, é perfeitamente conciliável com a teoria saussuriana da língua.

Além da função diferencial descoberta por Saussure, o signo possui, como vimos, uma função referencial estudada por Frege, mas considerada, também, pelo genebrino. "O significado de Saussure, fazendo parte do signo, não é manifestamente aquilo de que o signo é signo", observa com muita pertinência O. Ducrot (1984, 423). "O papel do signo", explica-nos por sua vez É. Benveniste, "é representar, de tomar o lugar de outra coisa evocando-a a título de substituto" (PLG2, 51)[23]. Na verdade,

---

23. "A linguagem", assevera A. Martinet, "é um meio para comunicar, com a ajuda de uma coisa que é manifesta, outra coisa que não é manifesta" (1965, 217). Esta discussão sobre a função representativa do signo será retomada adiante (cf. cap. III, 3).

como nos lembra Ricoeur, o significante e o significado não poderiam se constituir "se a intenção de significação não os atravessasse como uma flecha em direção a um referente possível" (CI, 250). Apesar de a linguística saussuriana preferir o estudo do valor ao da significação, deve-se reconhecer que a inteligência completa do signo requer estas duas funções, as quais podem ser denominadas, respectivamente, de semiológica e semântica (cf. CI, 248). Aquela, como nos mostrou É. Benveniste (cf. infra, cap. III), subordina-se a esta.

Em suma, não obstante o vazio semântico que certa concepção equivocada do estruturalismo provocou em alguns setores do pensamento contemporâneo, na ótica saussuriana o enfoque semiológico da linguagem requer, necessariamente, a consideração da função referencial dos signos. Como insiste De Mauro, a língua é constituída pela união da substância fônica com a substância semântica, união esta que provoca a formação simultânea dos significantes e significados, isto é, dos signos linguísticos. A autonomia do sistema não é absoluta, pois o seu funcionamento depende de fatores externos a ele próprio. A língua, afirma Saussure, é uma "rede estendida sobre o conjunto da matéria a ser significada" (FM apud GADET, 1987, 95). Já que o vínculo entre o som e o sentido é arbitrário, "cada língua articula ou organiza o mundo diferentemente. As línguas não nomeiam simplesmente categorias existentes", mas, graças aos valores linguísticos que recortam, segundo diferentes perspectivas, os domínios sonoros e semânticos disponíveis, "articulam suas próprias categorias" (CULLER, 1985, 22). Dito de outro modo: a língua não é uma nomenclatura, mas "um princípio de classificação" (CLG, 25)[24].

2.5. O mecanismo da língua

Até aqui estudamos os princípios da arbitrariedade do signo, da linearidade do significante e da diferenciação dos signos, princípios estes que permitem pensar a língua como um sistema relativamente au-

---

24. Saussure utiliza esta expressão para assinalar que o objeto "língua" introduziu uma ordem no estudo dos fatos linguísticos. Contudo, como sugere R. Barthes (1980, 13), pode-se empregá-la também para opor o modelo da língua-sistema ao modelo da língua-nomenclatura.

tônomo, cujos termos (os signos linguísticos) se mantêm em equilíbrio graças a um jogo de diferenças. Falta-nos explicar, contudo, como esse sistema se projeta sobre a cadeia linear para que nela se produza a fala. É nesse ponto que intervém a hipótese do "mecanismo da língua" (cf. CLG, 176-184), que consideraremos a seguir. Em outros termos: uma vez exposta a teoria saussuriana da língua, trataremos de examinar as suas implicações metodológicas.

2.5.1. A questão da natureza das unidades linguísticas

Saussure defende que a linguística não opera "sobre os objetos dados de antemão" (CLG, 23):

> A língua apresenta este caráter estranho e surpreendente de não oferecer entidades perceptíveis à primeira vista (CLG, 149; cf. 146). Para fugir das ilusões, é necessário, antes de tudo, convencer-se de que as entidades [...] da língua não se apresentam por si só à nossa observação (CLG, 153).

De fato, tais entidades (ou unidades), como já vimos, não são materiais, mas relacionais ou formais, isto é, confundem-se com a noção de valor:

> A entidade linguística não existe senão pela associação do significante com o significado (CLG, 144). À noção de valor correspondem as noções de unidade, entidade [...] e realidade [...]. Quando se procura determinar a unidade, a realidade [...] ou o valor, volta-se sempre à mesma questão central que domina toda a linguística estática (CLG, 154).

Os elementos linguísticos não podem nem existir nem serem conhecidos fora da rede de relações que os determina como valor. Ao adotar essa perspectiva teórica, Saussure se opõe, por um lado, aos gramáticos tradicionais, que, apoiando-se em "um princípio puramente lógico, extralinguístico", procuravam "nas partes do discurso" (substantivos, adjetivos, verbos etc.) os elementos da língua (CLG, 152) e, por outro lado, a todos que estudam a linguagem como uma coisa (ou uma substância), quer dizer, os adeptos do conceito de língua-organismo e, sobretudo, os neogramáticos, que, sob a influência da epistemologia positivista, reduziam o fato linguístico, como nos explica Benveniste, a "uma matéria a ser analisada por uma técnica instrumental" (PLG1, 40).

Na ótica saussuriana, o fato não é, portanto, uma coisa, um dado, mas um objeto construído pela ciência. "Longe de o objeto preceder o ponto de vista, diremos que é o ponto de vista que cria o objeto" (CLG, 23), afirma Saussure. E continua: "[Em linguística], há, inicialmente, pontos de vista justos ou falsos, mas unicamente pontos de vista, com a ajuda dos quais se criam, secundariamente, as coisas" (FM apud Benveniste, PLG1, 39; o acréscimo entre colchetes é nosso).

O sistema da língua não é, pois, um objeto empírico, diretamente observável, mas um modelo abstrato construído segundo as necessidades da ciência linguística. Como nos explica G. C. Lepschy,

> O recurso a um modelo fundamenta-se na existência de uma analogia entre o modelo e certos aspectos do fenômeno a ser descrito, e, por conseguinte, na abstração de certos aspectos (que consideramos como pertinentes) em relação a outros (que consideramos como não pertinentes). Os aspectos pertinentes são sempre escolhidos entre aqueles comuns à totalidade das categorias dos fatos linguísticos. Um aspecto qualquer, que não seja analisável [por pertencer] a um único ato linguístico, torna-se, por isso mesmo, não pertinente. A descrição linguística estrutural é, portanto, caracterizada pela *abstração* e *generalidade* e se opõe, por esta razão, à busca do concreto e do particular que uma grande parte da linguística tradicional propunha como objetivo específico (Lepschy, 1984, 22).

O que é diretamente observável não é, pois, a língua, mas a fala. O pesquisador se situa no campo da "fala, considerada como documento de língua" (CLG, 146), para operar a análise linguística.

É compreensível, por conseguinte, que Saussure, como já vimos, tenha desejado mostrar aos linguistas de sua época o que eles faziam e, portanto, implicitamente, o que deveriam fazer. Ele estava plenamente consciente de ter abandonado o plano da matéria, da substância, da coisa — o único conhecido por seus contemporâneos —, para alcançar o plano do sistema, da forma e das relações.

Admitindo-se que "a realidade do objeto não [é] separável do método apropriado para defini-lo", deve-se, como nos esclarece É. Benveniste, "colocar uma ordem, ao mesmo tempo nos fenômenos estudados, de modo a classificá-los segundo um princípio racional, e nos métodos de análise" (BENVENISTE, PLG1, 119). Saussure enfrenta essa dupla exigência formulando a hipótese do "mecanismo da língua". Ao mesmo tempo em que constitui o fato linguístico, situando cada elemento no conjunto de relações que o determina, esse mecanismo — graças a esta característica — atua como guia da análise linguística. Estudemos as etapas seguidas por Saussure para construir este modelo.

2.5.2. A delimitação das unidades

Considerando o signo em sua totalidade semântica e fônica, Saussure afirma que uma delimitação correta das unidades linguísticas requer que as divisões estabelecidas na cadeia acústica correspondam exatamente às da cadeia dos conceitos (cf. CLG, 146). Isso equivale a reconhecer que, diferentemente do que pretendiam os neogramáticos, não pode haver delimitação das unidades sem se levar em conta a função semântica ou significante da linguagem:

> Sabe-se que a cadeia fônica tem como primeira característica ser linear. Considerada em si mesma, não passa de uma linha, uma faixa contínua, em que o ouvido não percebe nenhuma divisão suficiente e precisa; para tanto, urge recorrer às significações (CLG, 145). Não há fatos linguísticos independentes de uma matéria fônica recortada em elementos significativos (CLG, 153).

A análise linguística não pode ocorrer, portanto, sem a intervenção dos sujeitos falantes, porquanto são eles que "distinguem, infalivelmente, no discurso" tudo o que é, em determinado grau, significativo (CLG, 148). A "análise objetiva" do pesquisador deve corresponder à "análise subjetiva" realizada, a todo instante, pelo locutor (cf. CLG, 251-253). Este último é dotado de um saber virtual (cf. DE MAURO, IV, 365, 456; GADET, 1987, 90) que lhe permite recortar, simultaneamente, a substância fônica e a substância semântica para formar, respectivamente, os significantes e os significados. No entanto, isso não quer dizer que os sujeitos falantes tenham plena consciência das unidades. Estas últimas, como acabamos de mostrar, não são dadas imediatamente à observação, mas exigem um longo trabalho metodológico e teórico para serem objetivadas. Na realidade, os falantes a delimitam intuitivamente, sem se aperceberem do que fazem. "Uma coisa é sentir este jogo rápido e delicado das unidades, outra é dar-se conta dele através de uma análise metódica" (CLG, 148). Em outros termos: o saber dos locutores é da ordem do inconsciente. Como afirma Benveniste, "todos os aspectos da linguagem tidos como dados são o resultado de operações lógicas que praticamos inconscientemente" (PLG1, 41).

2.5.3. A função da palavra

Tendo em vista que a delimitação das unidades requer a consideração da face semântica dos signos, Saussure se pergunta, a certo momento, se não seria possível identificar a unidade linguística à palavra. Sua resposta é negativa. Por um lado, "muitas palavras são unidades complexas, nas quais se distinguem facilmente subunidades (sufixos, prefixos, radicais)" e, por outro, "há unidades maiores que as palavras", como, por exemplo, os compostos (*caneta-tinteiro* [*porte-plume*, em francês]), as locuções (*por favor* [*s'il vous plait*, em francês]), as formas de flexão (*tem sido* [*il a été*, em francês]) etc. "É preciso procurar a unidade concreta em outro lugar que a palavra", conclui nosso linguista (cf. CLG, 148).

Saussure, entretanto, reconhece a importância fundamental da palavra como instrumento da análise linguística:

> Já que não é possível apreender diretamente as entidades concretas ou unidades da língua, operamos sobre as palavras. Estas, ainda que não correspondam exatamente à definição de unidade linguística, dão ao menos uma ideia aproximada dela, a qual tem a vantagem de ser concreta (CLG, 158). Não obstante a dificuldade que se tenha para defini-la, [a palavra] é uma unidade que se impõe ao espírito, algo central no mecanismo da língua (CLG, 154).

Convém lembrar que, além das unidades significativas, Saussure admite as unidades não significativas, as quais ele denominou, na época, "invariantes linguísticos elementares" ou ainda "elementos fônicos da língua". Esses sons puramente diferenciais, que correspondem ao que a linguística ou, mais precisamente, a fonologia chamará, posteriormente, de "fonema", a rigor não chegam a formar um signo linguístico, porque, não obstante condicionar os significados das unidades superiores, não possuem significado próprio (cf. infra, cap. II, 1.4).

2.5.4. A hipótese do "mecanismo da língua"

A palavra, por conseguinte, quando não constitui uma unidade em si mesma, engloba subunidades ou compõe unidades mais complexas. Para explicar tais combinações realizadas inconscientemente pelo sujeito falante, Saussure introduz entre a fala, objeto de observação, e a língua, objeto construído teoricamente, o "mecanismo da língua". Esclarecendo-nos a respeito deste conceito, F. Gadet observa:

> Como tudo o que é disponível para a compreensão se manifesta na linearidade da cadeia (única acessível), pode-se conceber o funcionamento desse mecanismo como a projeção sobre o linear de tudo o que está em jogo no sistema. Deve-se distinguir, pois (e isto para ficar no plano da língua), entre o sistema virtual e as potencialidades de inserção em sequência, etapa da língua que não se deve confundir com a realização efetiva, a qual é da ordem da fala (GADET, 1987, 91).

O funcionamento do mecanismo da língua é, assim, assegurado por duas "esferas" (cf. CLG, 170): a sintagmática, que opera na ordem da linearidade, e a paradigmática (ou associativa), que opera na ordem do sistema.

Antes de examinar estas duas esferas, é oportuno, todavia, lembrar uma importante distinção estabelecida por Saussure.

2.5.5. Diferença e oposição

Nosso linguista afirma: "Ainda que o significado e o significante sejam, cada um, tomados à parte, puramente diferenciais e negativos, sua combinação é um fato positivo" (CLG, 166). Daí ele distinguir, nos signos, o que é diferencial do que é opositivo. Quando a análise linguística considera os elementos dos signos (significante e significado) separadamente, ela encontra apenas diferenças. Porém, no momento em que ela se volta para o signo em sua totalidade, o que se manifesta não são mais entidades diferentes, mas entidades distintas:

Quando se comparam os signos entre si — termos positivos —, não se pode mais falar de diferença [...]. Dois signos que comportam cada qual um significado e um significante não são diferentes, mas apenas distintos. Entre eles só existe *oposição*. Todo o mecanismo da linguagem [...] repousa em oposições desse gênero (CLG, 167). A língua tem o caráter de um sistema baseado totalmente na oposição de suas unidades (CLG, 149).

Urge ressaltar, contudo, que este aspecto positivo dos signos — base do funcionamento da língua — se constitui inteiramente de diferenças. "O mecanismo linguístico gira, na sua totalidade, em torno das identidades e das diferenças" (CLG, 154). Estas devem ser consideradas como a contrapartida daquelas. "É a diferença", afirma Saussure, "que faz o caráter, assim como faz o valor e a unidade" (CLG, 168).

Por que Saussure, para explicar o mecanismo da língua, prefere falar de oposição, deixando em segundo plano a designação anterior, que sublinha as diferenças? Segundo R. Godel,

> a noção saussuriana de oposição implica [...] simultaneamente *diferença* e *relação*. A diferença, em si, é um caráter negativo: se *a* é diferente de *b*, isso é o mesmo que dizer, simplesmente, que *a* não é *b*, seja qual for o grau da não coincidência; mas, desde que exista, sob outra perspectiva, uma relação entre *a* e *b*, eles [passam a ser] membros de um mesmo sistema, e a diferença se torna oposição (SMCLG, 197).

Analisar ou delimitar as unidades quer do ponto de vista inconsciente do sujeito falante, quer do ponto de vista consciente do pesquisador, é, por conseguinte, determinar suas oposições no mecanismo da língua. Como nos esclarece Saussure,

> as relações e as diferenças [portanto as oposições] entre os termos linguísticos se desenvolvem em duas esferas distintas, cada uma das quais é geradora de certa ordem de valores (CLG, 170; adição nossa entre colchetes).

Cada termo linguístico encontra-se, efetivamente, na interseção de dois tipos de relações opositivas, cuja natureza e funcionamento serão estudados a seguir.

2.5.6. Relações sintagmáticas e relações paradigmáticas

Os signos linguísticos não se apresentam isoladamente, mas em grupos. "Todos os fenômenos são relações entre relações" (FM apud GADET, 1987, 90). As "solidariedades" (CLG, 176 e 182) que os unem são de ordem sintagmática e de ordem paradigmática (ou associativa)[25]:

> Por um lado, no discurso, as palavras estabelecem entre si, em virtude de seu encadeamento, relações baseadas no caráter linear da língua, que exclui a possibilidade de pronunciar dois elementos ao mesmo tempo. Estes se dispõem um após o outro na cadeia da fala. Tais combinações, que se apoiam na extensão, podem ser chamadas de *sintagmas*. O sintagma se compõe sempre, portanto, de duas ou mais unidades consecutivas [...]. Por outro lado, fora do discurso, as palavras que oferecem algo de comum se associam na memória, e, assim, se formam grupos no interior dos quais imperam relações muito diversas [...]. Vê-se que essas coordenações são de uma espécie muito diferente das primeiras. Elas não têm por suporte a extensão: sua sede está no cérebro; fazem parte desse tesouro interior que constitui a língua de cada indivíduo. Nós as chamaremos de *relações associativas* (CLG, 170).

Para ilustrar seu pensamento, Saussure compara a unidade linguística com uma coluna. Esta possui uma relação espacial com a arquitrave que sustenta (relação sintagmática) e suscita a comparação mental (relação associativa ou paradigmática) com outros tipos de colunas (se for de ordem dórica, evocará, por exemplo, colunas de ordem jônica, coríntia etc.). Como se pode deduzir deste exemplo, os termos das relações sintagmáticas são dados *in praesentia*, enquanto as relações paradigmáticas unem os termos *in absentia*, numa série mnemônica virtual (ibid.).

Esses dois tipos de relações, que correspondem a duas formas de "atividade mental" (CLG, 170), dependem, segundo Saussure, de uma faculdade cerebral (cf. CLG, 26 e 29). "A capacidade de coordenar e de associar", afirma De Mauro, "é um universal biológico comum a todos os

---

25. Saussure não empregou o termo "paradigma", que foi consagrado pela linguística posterior, para designar o eixo das associações. No entanto, como o CLG se refere aos "paradigmas de flexão" (175), pode-se dizer que o termo considerado é, por assim dizer, de inspiração saussuriana.

homens, o qual produz sistemas linguísticos dessemelhantes de uma sociedade humana a outra" (DE MAURO, XIV). Esta faculdade é, portanto, "anterior à constituição das próprias línguas, transcendental em relação aos signos" (DE MAURO, 419). Por certo tendo em vista o modelo da língua-organismo de Schleicher, Saussure assevera: "Não é a linguagem falada que é natural ao homem, mas a faculdade de constituir uma língua" (CLG, 26). E continua: "a faculdade — natural ou não — de articular palavras só se exerce com a ajuda do instrumento criado e fornecido pela coletividade" (CLG, 27). Em suma, a língua é "um produto social da faculdade da linguagem" (CLG, 25). O que Cl. Lévi-Strauss denominará, posteriormente, "função simbólica" (cf. infra, cap. VI, 3) — função que se enraíza, em última análise, no cérebro, logo na natureza — já se encontra, de certo modo, no discurso de Saussure.

A seguir, examinaremos, em primeiro lugar, as características e os problemas concernentes a esses dois tipos de relação, para tratar, numa segunda etapa, de seu "funcionamento simultâneo" no mecanismo da língua.

A especificidade do eixo sintagmático revela-se da seguinte forma: a) na cadeia linear as unidades se combinam segundo certos critérios (por exemplo, um adjetivo se combina com um substantivo, mas não com um verbo); b) a ordem dos termos não é indiferente, porque, se modificada, poderá alterar o sentido ("Pedro ama Maria" não tem o mesmo sentido que "Maria ama Pedro"); c) um termo da língua francesa como *indécorable* [indecorável] só pode surgir na fala na medida em que corresponde a um tipo sintagmático determinado, que é a matriz de muitos outros construídos de maneira similar: *impardonable* [imperdoável], *intolerable* [intolerável], *infatigabl* [infatigável] *e* etc. Do mesmo modo, há frases e grupos de termos estabelecidos segundo modelos regulares, como *la terre tourne, que vous dit-il* etc.

Esta última característica introduz um grave problema, que se tornou um dos principais objetos de estudo da linguística pós-saussuriana[26]: qual o estatuto da frase? Segundo Saussure, "no domínio do sintagma não há limite estrito entre o fato da língua, marca do uso coletivo, e o fato da fala, que depende da liberdade individual" (CLG, 173). Ele distingue, assim, na

---

26. Referimo-nos, principalmente, à *Gramática Gerativa* de N. Chomsky (1964).

frase, o que pertence à língua — "o tipo geral que temos na mente" (FM apud GADET, 1987, 93) — e o que nela é posto pelo sujeito falante. Como nos explica F. Gadet, "a frase é, ao mesmo tempo, coação (ela põe em jogo as regras da língua) e criatividade (há maior latitude na construção da frase do que na composição da palavra)" (GADET, 1987, 93).

Para explicar como opera o eixo paradigmático, Saussure recorre à seguinte ilustração: a palavra francesa *enseignement* (ensinamento) evoca, pelo radical, *enseigner* (ensinar), *enseignons* (ensinamos) etc., e, pelo sufixo, *franchement* (francamente), *armement* (armamento); além disso, ela rima (relação que se limita ao significante, sem implicações gramaticais) com *clément* (clemente), *justement* (justamente) etc. Ademais, aproxima-se do ponto de vista semântico de *apprentissage* (aprendizagem), *éducation* (educação) etc. Eis alguns tipos importantes de associações, os quais, entretanto, não esgotam, de modo algum, as séries associativas cujo número é infinito. "Um determinado termo é como o centro de uma constelação, o ponto de convergência de outros termos coordenados cuja soma é indefinida" (cf. CLG, 174; cf. GADET, 1987, 95).

Agora, podemos entender a ação simultânea das duas esferas no mecanismo da língua. Consideremos o sintagma francês *dé-faire* (desfazer). No momento de pronunciá-lo, o sujeito falante compara intuitivamente duas séries associativas. A primeira, vinculada ao prefixo *dé*, comporta formas tais como *décoller* (descolar), *découdre* (descoser); a segunda, vinculada ao radical *faire* (fazer), inclui termos tais como *refaire* (refazer), *contrefaire* (contrafazer). "*Défaire* não seria analisável" — tanto pelo pesquisador, que delimita as unidades conscientemente, como pelo locutor, que o faz inconscientemente — "se as outras formas contendo *dé* ou *faire* desaparecessem da língua" (CLG, 178). De fato, o encadeamento linear contribui para criar as relações associativas e estas, por sua vez, são indispensáveis para que a análise sintagmática se efetue (cf. CLG, 177). Os dois tipos de relações são, pois, interdependentes. Devido à interseção dessas duas esferas, a cada instante se atualiza na palavra uma unidade contida virtualmente na língua. O operador inconsciente dessa interseção é o sujeito falante:

> Nossa memória armazena todos os tipos de sintagmas mais ou menos complexos, seja qual for a espécie ou extensão deles, e, no momento de empregá-los, fazemos intervir os grupos associativos para

fixar nossa escolha. Quando alguém diz *marchons!* (caminhemos!), pensa inconscientemente em diversos grupos de associações, na interseção dos quais se encontra o sintagma *marchons!* Este último aparece, por um lado, na série *marche!* (caminha!) *marchez!* (caminhai!), e é a oposição a *marchons!* com suas formas que determina a escolha; por outro lado, *marchons!* evoca a série *montons!* (subamos!), *mangeons!* (comamos!) etc., no interior da qual ele é escolhido do mesmo modo; em cada série sabe-se o que é necessário variar para obter a diferenciação própria à unidade buscada. Que se mude a ideia a ser expressa, e outras oposições serão necessárias para fazer surgir outro valor; diremos, por exemplo, *marche!* ou *montons!* Assim, não basta dizer, colocando-se num ponto de vista positivo, que se escolhe *marchons!* porque significa o que se quer exprimir. Na realidade, a ideia chama não uma forma, mas todo um sistema latente, graças ao qual se obtém as oposições necessárias à constituição do signo. Este não teria por si só nenhuma significação própria (CLG, 179).

Pareceu-nos importante que este extrato do CLG fosse transcrito na íntegra, porque nele, visando esclarecer a interdependência entre as relações sintagmáticas e paradigmáticas, Saussure menciona e explica os principais elementos que estão em jogo no mecanismo da língua, a saber, memória, inconsciente, oposição, valor, significado. Ressalte-se que, no final da citação, ele indica, mais uma vez, a diferença que separa seu ponto de vista daquele das teorias tradicionais da significação.

Em suma: inserido no "circuito da fala", o sujeito recorre ao sistema da língua cujo mecanismo interno lhe é inconsciente. Com suas lâminas sintagmáticas e paradigmáticas perfeitamente afiadas, este mecanismo recorta, à revelia do sujeito, mas com precisão infalível, a substância semântica e a substância fônica, formando desta maneira as unidades significativas — os signos linguísticos —, cuja composição em palavras e frases possibilita a comunicação inter-humana.

2.5.7. *O arbitrário absoluto e o arbitrário relativo*

O princípio da arbitrariedade do signo, como já foi anteriormente exposto, separa a língua de qualquer ordem externa. Com ele saímos do domínio das coisas e dos conceitos para entrar no domínio dos signos.

No entanto, se a relação dos signos com a realidade extralinguística é "radicalmente arbitrária", a relação dos signos entre si pode ser "relativamente motivada". "Apenas uma parte dos signos é absolutamente arbitrária", afirma Saussure; "em outras, intervém um fenômeno que permite reconhecer graus no arbitrário, sem suprimi-lo" (CLG, 181). Assim, *dix* (dez) e *neuf* (nove) são termos completamente imotivados; *dix-neuf* (dezenove), porém, na medida em que resulta da combinação dos dois anteriores, é parcialmente motivado. Analogamente, *poire* (pera) é um termo francês simples, imotivado, enquanto *poirier* (pereira), cujo sufixo evoca *cerisier* (cerejeira), *pommier* (macieira) etc., é motivado. "*Dix-neuf* (dezenove) é solidário, associativamente, com *dix-huit* (dezoito) e *soixante-dix* (setenta) etc., e também o é, sintagmaticamente, com seus elementos *dix* e *neuf*" (CLG, 182). A categoria dos signos motivados é, portanto, formada, como sugere R. Jakobson, pelos signos que podem ser dissociados "segundo o eixo sintagmático em constituintes identificáveis, segundo o eixo paradigmático" (JAKOBSON, s.d., 159). Pode-se dizer, por conseguinte, que os signos complexos (analisáveis) são relativamente motivados (*poirier*, *dix-neuf* etc.), enquanto os signos simples (não analisáveis) são radicalmente arbitrários (*poire*, *dix*, *neuf* etc.):

> Não existe língua em que nada seja motivado [...]. Entre os dois limites extremos — mínimo de organização e mínimo de arbitrariedade — encontram-se todas as variedades possíveis (CLG, 183).

As línguas pouco motivadas são mais lexicológicas, e as muito motivadas são menos gramaticais (o inglês, em relação ao alemão, é mais lexicológico do que gramatical). Todos os sistemas linguísticos acham-se entre esses dois polos, e, "no interior de uma mesma língua, todo o movimento da evolução pode ser marcado por uma passagem contínua do motivado ao arbitrário e do arbitrário ao motivado" (ibid.).

2.5.8. *A analogia*

O tema que estamos discutindo coloca-nos diante da questão da analogia. Se a relação dos signos com a realidade não comporta, em geral, nenhuma analogia — "todo aquele que pisa no terreno da língua [...] [é] abandonado por todas as analogias do céu e da terra", diz Saussure, numa passagem já citada (cf. supra, cap. I, 2.2.2) — a relação dos signos entre si, na medida em que pode ser motivada, corresponde, com frequência, a "tipos gerais" (ou a modelos analógicos) estabelecidos pela própria língua. Já sabemos a importância que os neogramáticos atribuíram ao conceito de analogia (cf. supra, cap. I, 1.5). Saussure retoma esse conceito, oferecendo-lhe, todavia, uma significação compatível com a nova abordagem da linguagem que propõe. Ao endossar parcialmente o ponto de vista anterior, que concebe a analogia como o princípio das inovações linguísticas, o genebrino afirma:

> Nada entra na língua sem ter sido testado na fala, e todos os fenômenos evolutivos têm sua raiz na esfera do indivíduo. Esse princípio [...] se aplica muito particularmente às inovações analógicas. Antes de *honor* tornar-se um concorrente capaz de substituir *honos*, foi preciso que uma primeira pessoa o improvisasse, outras o imitassem e o repetissem, até que ele se impusesse ao uso (CLG, 231).

Contudo, explicitando a diferença entre sua posição e a dos neogramáticos, Saussure também afirma:

> Enquanto [as mudanças] estão na fala, não as levamos em conta: elas são individuais. Nós as aguardamos na língua para estudá-las (FM apud SMCLG, 156).

Ao comentar essa passagem, R. Godel observa:

> Não se deve entender a inovação como emanando de um único indivíduo e se propagando apenas por imitação (como pensavam os neogramáticos). A ideia de Saussure é, pelo contrário, que qualquer inovação natural só se torna possível pelo sistema e, por causa disso, diversos indivíduos a realizam de forma independente (SMCLG, 90; cf. CHISS, 1978, 108).

Saussure não fica, pois, no plano da fala — o único acessível aos neogramáticos — para explicar as inovações linguísticas. Na verdade, ele concebe a analogia como um princípio de explicação do próprio funcionamento da língua:

> A analogia ensina-nos [...] a separar a língua da fala [...]; ela nos mostra que a segunda dependente da primeira, e nos faz tocar

diretamente o jogo do mecanismo linguístico [...]. Toda criação deve ser precedida de uma comparação inconsciente dos materiais depositados no tesouro da língua, onde as formas geradoras se alinham de acordo com suas relações sintagmáticas e associativas. Assim sendo, uma parte do fenômeno se realiza antes que apareça a forma nova. A atividade contínua da linguagem decompondo as unidades que lhe são dadas contém em si não somente todas as possibilidades de um falar conforme ao uso, mas também todas aquelas das formações analógicas. É, portanto, um erro acreditar que o processo gerador só se produz no momento em que surge a criação; os elementos já estão dados. Um termo que se impõe, como *in-décor-able*, já existe em potência na língua; todos esses elementos são reencontrados em sintagmas tais como: *décor-rer, décor-ation: par-donn-able, mani-able: in-connu, in-sensé* etc., e sua realização na fala é um fato linguístico insignificante, em comparação com a possibilidade de formá-lo (CLG, 227).

As inovações que surgem na fala seriam ininteligíveis fora do mecanismo da língua. O falante, ao criar um novo termo, compara-o inconscientemente com as formas inscritas em sua memória, as quais se ordenam conforme os eixos sintagmático e paradigmático. Um novo termo já existe, desde sempre, em potência na língua.

Importa assinalar, no longo texto citado, além da menção do inconsciente linguístico, que se confunde, em última análise, com o mecanismo da língua, a oscilação terminológica de Saussure no tocante à questão da criatividade do sistema. Ele continua a colocar no mesmo nível termos que indicam a passividade da língua ("tesouro", por exemplo) e outros que exprimem seu dinamismo. Contudo, sem a menor dúvida, é este último aspecto que sobressai no contexto. Considerando-se o final da citação, fica difícil compreender como Saussure chegou a afirmar a passividade e a receptividade da língua. Na verdade, qualquer atividade criativa do sujeito falante supõe os "módulos analógicos" da língua[27], e "o fato de uma determinada combinação sintagmática existir

---

27. "Convém observar que a 'consciência' é para Saussure a capacidade positivamente verificável de produzir sintagmas segundo os módulos analógicos dados" (cf. DE MAURO, 456).

tem uma importância nitidamente menor que o fato de que ela *possa* existir". A analogia é "a força criativa da língua" (DE MAURO, IX). A analogia, por conseguinte, não é, na ótica saussuriana, um fato puramente psicológico, como pretendiam os neogramáticos, mas um fenômeno gramatical e sincrônico[28]. O conceito em questão tem, pois, uma função muito importante na teoria da língua. Na medida em que mobiliza as esferas sintagmática e paradigmática, a analogia está na encruzilhada da língua e da fala, do sincrônico e do diacrônico. Não se pode compreender a dialética entre tais termos sem considerar o papel da analogia no mecanismo da língua.

2.6. Sincronia e diacronia

Nossa exposição do novo enfoque da linguagem instaurado por Saussure ainda não considerou, de modo adequado, o "fator tempo" em linguística[29]. A passagem do genebrino por este domínio foi, contudo, decisiva para o futuro dessa disciplina e das ciências humanas em geral. É preciso insistir sobre a importância fundamental da distinção entre sincronia e diacronia na perspectiva saussuriana.

2.6.1. A bifurcação da linguística em duas disciplinas

O "fator tempo" coloca a linguística "diante de duas rotas absolutamente divergentes". A maioria das ciências ignora esta dualidade. No en-

---

28. Parece-nos oportuno precisar o que Saussure entende por gramática. Tradicionalmente, distingue-se esta disciplina da lexicologia, cujo objeto de estudo é o vocabulário de uma língua, ou melhor, seu fundo lexical nuclear que é constituído pelos radicais, vale dizer, a parte da língua mais resistente às transformações históricas. A gramática, por sua vez, define as regras que regulam à modificação e à combinação das palavras na frase. Ela se subdivide em duas disciplinas: a morfologia e a sintaxe. Saussure, ao considerar o mecanismo da língua, rejeita esta concepção tradicional. Ele defende que a gramática, sendo o estudo da "língua enquanto sistema dos meios de expressão", identifica-se com a linguística sincrônica, disciplina que estudaremos a seguir (2.6.1). "Quem diz gramatical diz sincrônico e significativo" (CLG, 185), diz, portanto, estado de língua. Opondo-se às distinções clássicas mencionadas, Saussure admite uma "interpenetração da morfologia, da sintaxe e da lexicologia", interpenetração esta que "se explica pela natureza no fundo idêntica de todos os fatos sincrônicos" (CLG, 188; cf. DESL, 71-78).
29. A expressão "fator tempo" é de Saussure (cf. CLG, 114).

tanto, "para as ciências que trabalham com valores", como a linguística e a economia, a distinção entre "o eixo das simultaneidades" e "o eixo das sucessões" se impõe. O primeiro diz respeito às "relações entre coisas coexistentes, das quais toda intervenção do tempo é excluída"; o segundo requer que "só se considere uma coisa de cada vez" e apresenta todos os elementos do primeiro eixo em evolução (cf. CLG, 114).

Em linguística, a distinção entre os dois eixos não resulta apenas de uma comodidade metodológica, mas constitui uma "necessidade absoluta" (CLG, 115). Trata-se de "uma *operação epistemológica* constitutiva" dessa ciência (CHISS, 1978, 99). De fato, enquanto as perspectivas sistêmica e histórica se confundiam nos estudos linguísticos, o objeto língua não pôde manifestar-se. "A oposição entre os dois pontos de vista [...] é absoluta e não admite compromissos" (CLG, 119), afirma Saussure.

Após um momento de hesitação terminológica (cf. CLG, 116), o CLG denomina o estudo dessas "duas ordens de fenômenos relativos ao mesmo objeto", respectivamente, linguística sincrônica e linguística diacrônica[30]:

> Sincrônico é tudo o que se relaciona com o aspecto estático de nossa ciência, diacrônico tudo o que diz respeito às evoluções. Do mesmo modo, *sincrônico* e *diacrônico* designarão respectivamente um estado de língua e uma fase de evolução (CLG, 117). Um estado de língua [é] um espaço de tempo mais ou menos longo durante o qual a soma das modificações advindas é mínima. Isso pode ocorrer em dez anos, em uma geração, em um século e até mais (CLG, 142).

O estudo científico da linguagem requer, portanto, a bifurcação da linguística em duas disciplinas:

> O "fenômeno" sincrônico nada tem em comum com o diacrônico; o primeiro trata da relação entre elementos simultâneos, o segundo, da substituição de um elemento por outro no tempo, um acontecimento (CLG, 129). Esta diferença de natureza entre termos sucessivos e termos coexistentes, entre fatos parciais e fatos que afetam o

---

30. Destes dois termos, somente o segundo foi criado por Saussure. J. Baudouin de Courtenay, um dos precursores da fonologia, como veremos adiante (cf. cap. II, 1.1.1), já se referia ao "estado sincrônico da linguagem" (cf. ELG2, 204).

sistema, proíbe fazer de uns e outros a matéria de uma única ciência (CLG, 124). Querer reunir em uma mesma disciplina fatos tão heterogêneos seria, pois, uma empresa quimérica (CLG, 122).

Deve-se enfatizar que a abordagem sincrônica não leva em consideração tudo o que é simultâneo em um determinado momento, mas somente os fatos correspondentes a cada língua (os dialetos, por exemplo, não são considerados). A linguística diacrônica, no entanto, estuda os termos pertencentes a muitas línguas ou estados de línguas diferentes. É por isso que a abordagem sincrônica poderia ser chamada, apropriadamente, *idiossincrônica*, se esse termo não fosse longo demais para o uso corrente (cf. CLG, 128).

2.6.2. A confusão entre sistema e história na linguística do século XIX

Os dois pontos de vista, embora antagônicos, são complementares (cf. CLG, 119 e 124). A verdade diacrônica não exclui a verdade sincrônica, mas se combina com ela (CLG, 135). Esta é a razão pela qual a linguística as confundiu durante muitos anos:

> Como as duas ordens de fenômenos se acham [...] estreitamente ligadas entre si, uma condicionando a outra, acaba-se por acreditar que não vale a pena distingui-las (CLG, 137).

A *Grammaire de Port-Royal*, como já vimos (cf. supra, cap. I, 1.1), adotou a perspectiva sincrônica para estudar a linguagem, o que, aliás, foi elogiado por Saussure (CLG, 118). Seu projeto, claramente formulado, era "descrever estados". Este "método justo" foi, contudo, completamente abandonado no século XIX. "Desde que a linguística moderna existe, pode-se dizer que foi absorvida por inteiro pela diacronia". A Gramática Comparada empregava a comparação apenas como "um meio para reconstituir o passado" (ibid.). Quer dizer, "ela não soube distinguir nitidamente entre os estados e as sucessões" (CLG, 119), colocando-se, assim, desde o início "num terreno mal delimitado", o qual, apesar das pretensões de Bopp e Schleicher, não permitiu à linguística elevar-se ao nível das ciências da natureza (Saussure chega até a declarar que o empreendimento de Port-Royal era mais científico que o da Gramática Comparada).

Os neogramáticos, por sua vez, estabeleceram duas inovações metodológicas importantes: renunciaram ao projeto de reconstituir a protolíngua e tomaram como objeto de estudo "a língua efetivamente falada, e não [o] documento escrito da filologia comparativa" (CHISS, 1978, 97). Todavia, apesar de terem partido, como Saussure e antes dele, do estado de língua, esses teóricos dedicaram suas pesquisas exclusivamente à comparação, limitando-a, dessa forma, ao plano empírico da substância fônica. O objeto língua ainda iria se constituir.

Em suma, a gramática tradicional só considerava o fato sincrônico; a linguística moderna, entretanto, ao empregar o método histórico, trouxe "uma nova ordem de fenômenos", isto é, os fatos diacrônicos. No entanto, separadamente, estas perspectivas são insuficientes. "É necessário [...] sentir a oposição das duas ordens para lhe extrair todas as consequências que comporta" (CLG, 119).

Explicando-nos a gênese histórica de sua própria doutrina, sintetizada no CLG, Saussure afirma:

> Após haver concedido um importante lugar à história, a linguística retornará ao ponto de vista estático da gramática tradicional, mas com um espírito novo e com outros procedimentos, e o método histórico terá contribuído para este rejuvenescimento (ibid.).

Em outro momento de sua argumentação, tendo afirmado que "a língua não é um mecanismo criado e ordenado para exprimir conceitos", ele observa:

> Um estado fortuito ocorre: *fōt*: *fēt*, e é apropriado de modo a se tornar o portador da distinção entre o singular e o plural; *fōt*: *fēt* não é melhor para isso do que *fot*: *fōti* [...]. Esta visão, inspirada na linguística histórica, é desconhecida da gramática tradicional, que jamais teria podido alcançá-la por seus próprios meios (CLG, 122).

Esse breve histórico pode ser resumido assim: tese: gramática tradicional (Port-Royal); antítese: método histórico e comparativo; síntese: linguística saussuriana. Ao expor a sua leitura da história da linguística, Saussure, curiosamente, situa-se num plano que, longe de ser sistêmico ou estrutural, poderia, em nosso entender, ser denominado, adequadamente, dialético.

2.6.3. O primado do ponto de vista sincrônico

Na perspectiva saussuriana, a linguística sincrônica "é muito mais difícil" que a linguística diacrônica (cf. CLG, 141). Seguir a transformação dos fatos diacrônicos — "mais concretos" que os sincrônicos — estimula a imaginação e pode até ser um exercício muito prazeroso. Contudo, "a linguística que se move dentro de valores e relações coexistentes apresenta dificuldades bem maiores" (CLG, 142).

O enfoque sincrônico, no entanto, não é apenas mais difícil que o diacrônico, mas também, sem a menor dúvida, mais importante (CLG, 128). Esta prioridade justifica-se por três principais razões:

1ª) Já sabemos que a análise linguística recorre necessariamente ao sujeito falante para se efetivar, porque é ele que distingue "infalivelmente no discurso" (CLG, 148) o que é significativo daquilo que não o é. Ora,

> a primeira coisa que surpreende quando se estudam os fatos da língua é que, para o sujeito falante, a sucessão deles no tempo é inexistente, ou seja, [o sujeito] está diante de um estado (CLG, 117).

É possível falar perfeitamente o francês moderno ignorando completamente as alterações sofridas pelo latim *calidum* até transformar-se em *chaud* (quente). Do mesmo modo, é supérfluo — tanto para o falante como para o linguista que se empenha para descrever o francês atual — saber que o substantivo *pas* (passo) e o advérbio de negação *pas* derivam historicamente de um mesmo termo. Daí a afirmação de Saussure:

> [O linguista] só consegue entrar na consciência dos sujeitos falantes suprimindo o passado. A intervenção da história só pode falsear seu julgamento (ibid.). Se ele se colocar na perspectiva diacrônica, não é a língua que ele percebe, mas uma série de acontecimentos que a modificam (CLG, 128).

Na análise linguística o que importa, por conseguinte, é "entrar na consciência dos sujeitos falantes" e não dela sair, como se poderia supor num primeiro momento, tendo em vista tudo o que já discutimos anteriormente a propósito do inconsciente sistêmico. Ao explicar em que consiste a "realidade sincrônica" (CLG, 152), Saussure declara:

A sincronia só conhece uma perspectiva, a dos sujeitos falantes, e todo o seu método consiste em recolher seu testemunho; para saber em que medida uma coisa é uma realidade, será necessário e suficiente, pesquisar em que medida ela existe para a consciência dos indivíduos (CLG, 128).

É por isso que, no momento crucial em que define os objetivos das duas abordagens, concluindo de maneira quase solene sua reflexão sobre o "fator tempo" em linguística, Saussure afirma:

> A *linguística sincrônica* se ocupará das relações [...] que unem termos coexistentes e formam um sistema, tal como são percebidas pela consciência coletiva. A *linguística diacrônica*, por sua vez, estudará as relações que unem termos sucessivos não percebidos por uma mesma consciência coletiva e que se substituem uns aos outros, sem formar sistema entre si (CLG, 140).

A consciência, longe de ser excluída da teoria da língua, é uma peça capital dela. E eis a razão: "O fato sincrônico é sempre significativo" (CLG, 122).

Reflitamos por um momento nas relações entre a consciência e o inconsciente na perspectiva do CLG. O falante recorta simultaneamente a substância semântica e a fônica acionando as esferas sintagmáticas e as paradigmáticas do mecanismo da língua. Produzem-se, assim, as unidades significativas que permitem a comunicação inter-humana por meio da fala. A produção das unidades é orientada pela intuição semântica do locutor (consciência), o qual, no entanto, desconhece tanto a existência quanto o funcionamento do mecanismo da língua (inconsciente). A análise desse mecanismo, que requer necessariamente a colaboração do falante — o guia semântico da pesquisa —, constitui, em última análise, o objeto da linguística sincrônica. A reflexão teórica conduz, pois, ao nível da consciência aquilo que habitualmente se mantém na reclusão do inconsciente. Em outros termos: a razão consciente se reúne, no discurso científico, ao *logos* inconsciente da linguagem.

2ª) Outra razão para afirmar o primado do sincrônico sobre o diacrônico se explica pelo fato de a identidade linguística desta última ordem basear-se, como será examinado a seguir, na identidade da primeira ordem.

Já estudamos a identidade sincrônica e verificamos que se trata de uma identidade formal (ou relacional) e não de uma identidade material (cf. supra, cap. I, 2.1). É chegado o momento de indagar: qual a natureza da identidade diacrônica? O que permite ao linguista "afirmar que um elemento tomado de certa época, como, por exemplo, o termo francês *chaud* [calor, em português], é igual a um elemento tomado de outra época, por exemplo, *calidum*, do latim" (CLG, 249)? Segundo Saussure, as filiações históricas, tão procuradas pela linguística do século XIX, dependem, no fundo, das identidades sincrônicas. "A identidade diacrônica de dois termos tão diferentes quanto *calidum* e *chaud* significa simplesmente que se passou de um a outro através de uma série de identidades sincrônicas na fala" (CLG, 250). Em determinado momento, com efeito, *calidum* e *calidu* eram permutáveis e idênticos, do ponto de vista sincrônico. Depois, o segundo termo substituiu o primeiro, passando, num outro momento, a coexistir sincronicamente com *caldu*, o qual, por sua vez, numa segunda etapa, tomou o lugar do anterior (*calidu*), coexistindo com *cald*. O mesmo fenômeno acontece, em outros estados, a *cald* e *calt*, *calt* e *tsalt*, *tsalt* e *tsaut*, *tsaut* e *saut*, *saut* e *sot* e, finalmente, *sot* e *so* (este último termo se escreve "chaud" em francês) (cf. CLG, 209):

> Eis por que [...] é tão interessante saber como *Messieurs!* repetido várias e sucessivas vezes num discurso é idêntico a si mesmo, como saber por que em francês *pas* (negação) é idêntico a *pas* substantivo ou, o que dá no mesmo, por que *chaud* é idêntico a *calidum*. O segundo problema não passa, de fato, senão de um prolongamento e uma complicação do primeiro (CLG, 250).

Em última análise, o que está aqui em questão, como observa De Mauro, é a distinção valor/significação (ou valor/sentido). Se se negligencia essa distinção, as transformações linguísticas tornam-se ininteligíveis:

> A fórmula pela qual [Saussure] resolve [o problema das transformações linguísticas] é a seguinte: uma série de equações idiossincrônicas entre significações divergentes e fonias divergentes, e que, no entanto, em cada estado de língua onde elas coexistem, são variantes do mesmo significado e do mesmo significante, une, de um estado de língua a outro, os pontos extremos de uma série diacrônica (*calidum* e *chaud*) (DE MAURO, VI; adição nossa entre colchetes).

Como a série *calidum/chaud* já desenvolvida o evidencia, as primeiras transformações ocorrem no nível da fala: atingem apenas a substância fônica (o som) e a substância semântica (sentido) dos elementos linguísticos (significantes e significados). Quer dizer, "a modificação não incide sobre o sistema, mas sobre os elementos do sistema" (FM apud De Mauro, 455). Visto que estes são externos ao sistema, Saussure lembra várias vezes que "as mudanças se produzem fora de qualquer intenção" (CLG, 122; cf. CLG, 127), ou, dito de outro modo, que elas não são determinadas pelo sistema "nem de modo causal nem de modo finalista" (De Mauro, 455). Somente num segundo momento as mudanças repercutem no sistema, criando, eventualmente, uma nova configuração dos valores:

> É como se um dos planetas que gravitam ao redor do sol mudasse de dimensão e peso: este fato isolado acarretaria consequências gerais e deslocaria o equilíbrio do sistema solar inteiro (CLG, 121).

Em síntese:

> Não é o conjunto que foi deslocado nem o sistema que engendrou um outro, mas um elemento do primeiro foi alterado, o que bastou para que surgisse outro sistema (ibid.). Na perspectiva diacrônica, deparamos com fenômenos que não têm relação alguma com os sistemas, ainda que os condicionem (CLG, 122). O deslocamento de um sistema se faz sob a ação de acontecimentos que não somente lhe são alheios, mas que são isolados e não formam sistema entre si (CLG, 134).

O que assegura a transição de um sistema para outro são, por conseguinte, as alterações ocorridas eventualmente nas fonias (substância fônica) e nas significações (substância semântica), em todo caso, na fala. "O acaso cria o que se tornará significativo" (FM apud Chiss, 1978, 103; cf. SMCLG, 185), afirma Saussure. Daí a distinção valor/significação fundamentar a inteligibilidade das transformações linguísticas. Ressalte-se, ainda, que as alterações fortuitas, ocorridas no nível da fala, só podem repercutir no sistema — logo, no seu campo semântico — em virtude da analogia. Como nos explica De Mauro,

> As mudanças nascem acidentalmente, sem finalidade, chocam-se cegamente contra uma entidade ou uma classe de entidades, sem o

objetivo de passar para uma organização diferente do sistema; mas, justamente porque a língua, graças à analogia, tende ao sistema, as transformações "condicionam" o sistema, já que a transformação de um elemento pode produzir um outro sistema (De Mauro, 454).

É chegado o momento de precisar o emprego do termo "história" (e seus derivados) por Saussure. Esse termo não tem um sentido unívoco em seu discurso. Frequentemente aparece no sentido positivista e evolucionista, muito comum no século XIX, ou seja, para designar os "fatos empíricos em sua sucessão cronológica" (Lepschy, 1984, 47). Quando Saussure emprega "diacronia", "diacrônico" etc., toma como referência a história nesta primeira acepção. É neste contexto que se deve entender o caráter "anti-histórico" do sistema. Contudo, como nos esclarece De Mauro, "história" possui também um outro sentido no discurso saussuriano:

> O sentido em que se diz, por exemplo, que é histórico um sistema de leis jurídicas, na medida em que se liga às contingências temporais e sociais, independentemente do fato de que tenham tido ou não um desenvolvimento no tempo. Neste sentido, como bem o viu Saussure, um estado de língua é *histórico*, não porque "se desenvolve", mas porque as motivações que o sustentam são de caráter contingente, temporal e socialmente determinado (De Mauro, XIV).

Saussure reconheceu, pois, ao contrário do que se diz frequentemente, "a radical historicidade dos sistemas linguísticos" (De Mauro, 448). E é ele mesmo quem o diz com toda a clareza:

> Quanto mais se estuda a língua, mais se compreende que *tudo* na língua é história, isto é, ela é um objeto de análise histórica e não de análise abstrata, que se compõe de *fatos* e não de leis, que tudo o que parece *orgânico* na linguagem é na verdade *contingente* e totalmente acidental (FM apud De Mauro, 416).

Como nos adverte J. C. Chiss, "a sistematicidade não é [...] uma negação da história, mas somente do evolucionismo" (Chiss, 1978, 99).

É preciso ressaltar, como já vimos, que Saussure elogiou os neogramáticos porque "colocaram na perspectiva histórica todos os resultados da comparação" (CLG, 19). Além disso, apesar da predominância do uso de "história" nos dois sentidos mencionados — o do positivismo, incorporado ao termo "diacronia", e o do historicismo jurídico[31] —, Saussure não rejeitou outras possibilidades de leitura da história fora dos limites da linguística. (Como sugerimos anteriormente, no momento de expor o desenvolvimento das teorias da linguagem desde o século XVII até o século XX, ele adotou um ponto de vista que poderíamos qualificar de dialético.)

3ª) A terceira e última razão do primado da sincronia é de ordem epistemológica. A distinção em causa, como já dissemos, não possui apenas um valor metodológico, mas também teórico. Saussure tem plena consciência da interdependência entre teoria e método: "Não há objeto anterior à análise" (FM apud Chiss, 1978, 100; SMCLG, 47); "o ponto de vista cria o objeto" (CLG, 23), afirma ele. A abordagem sincrônica produz, com efeito, as condições requeridas para a aparição do objeto língua.

Ao considerar a linguagem como realidade empírica, Saussure declara:

> A cada instante ela implica, ao mesmo tempo, um sistema estabelecido e uma evolução; a cada momento, ela é uma instituição atual e um produto do passado. Parece, à primeira vista, muito simples distinguir entre este sistema e sua história, entre o que é e o que foi; na realidade, a relação que une estas duas coisas é tão estreita, que é difícil separá-las (CLG, 24).

Ao mesmo tempo em que o CLG afirma que o sistema é "em si mesmo [...] imutável" (CLG, 21), admite que a "imobilidade absoluta não existe; todas as partes da língua são submetidas à mudança [...]; o rio da língua flui sem interrupção" (CLG, 193). A língua apresenta, pois, uma reação paradoxal diante do tempo:

> O tempo, que assegura a continuidade da língua, tem outro efeito, aparentemente contraditório ao primeiro: o de alterar mais ou

---

31. O termo "historicismo", segundo A. Lalande, "é atribuído especialmente à doutrina que sustenta ser o direito, assim como as línguas e os costumes, o produto de uma criação coletiva, inconsciente e involuntária, que finaliza no momento em que a reflexão se aplica a ele; e que, por conseguinte, só é possível modificá-lo, compreendê-lo e interpretá-lo pelo estudo histórico" (1960, 416). É o caso da doutrina do jurista alemão F. de Savigny (1779-1861).

menos rapidamente os signos linguísticos e, em certo sentido, pode-se falar, ao mesmo tempo, da imutabilidade e mutabilidade do signo (CLG, 108).

O paradoxo da imutabilidade e da mutabilidade do signo (cf. CLG, 104 e 108) é uma consequência do princípio da arbitrariedade. Como o vínculo que une o som ao sentido é totalmente contingente, não há razão nem para alterar, nem para conservar o signo. Mas reflitamos um pouco mais sobre este paradoxo da língua em relação ao tempo.

Os signos resistem a qualquer alteração voluntária (cf. CLG, 34)[32]. Isso se explica pelas seguintes razões (cf. CLG, 106-108): 1ª) como eles são arbitrários, a massa falante tende a conservá-los no estado em que se encontram; não há motivo coercitivo para preferir tal signo a outro; 2ª) uma língua sempre comporta um grande número de signos, o que dificulta sua modificação; 3ª) o sistema da língua é um mecanismo complexo que age inconscientemente sobre o sujeito falante; daí a "incompetência da massa para transformá-lo"; 4ª) os falantes se servem da língua continuamente. Esta, no dizer de Saussure, "forma um todo com a vida da massa social". Ora, a massa é "naturalmente inerte": não tem nenhum interesse em mudar a língua, mas, sim, em conservá-la tal qual é. "Dizemos *homem* e *cachorro* porque antes de nós já se dizia *homem* e *cachorro*" (CLG, 108).

Ao lado dessas razões que justificam a continuidade temporal da língua existem outras que explicam suas mudanças:

> Uma língua é radicalmente impotente para se defender dos fatores que deslocam de instante a instante a relação do significado e do significante. Esta é uma das consequências da arbitrariedade do signo (CLG, 110). O tempo altera todas as coisas; não existe razão para a língua escapar desta lei universal (CLG, 112).

Se "o rio da língua corre sem interrupção" (CLG, 193), se, concretamente, o sistema se confunde com a sua história, se o signo se mantém e

---

32. O esperanto, como se sabe, é uma tentativa de construir uma língua artificial. Caso esta tentativa seja bem-sucedida, "passado o primeiro momento, a língua entrará muito provavelmente na sua vida semiológica; ela se transmitirá por leis que nada têm em comum com as da criação refletida e não se poderá mais voltar atrás" (CLG, 111).

se altera, como é possível uma ciência linguística? Como analisar o que é, simultaneamente, móvel e imóvel? A resposta, na perspectiva saussuriana, requer distinção entre sincronia e diacronia: "Em matéria de análise, não se pode [...] estabelecer um método nem formular definições senão depois de ter-se colocado no plano sincrônico" (CLG, 253).

Em alguns textos, já mencionados, sincronia equivale a estado de língua, noção ligada à abordagem metodológica dos neogramáticos, como já indicamos acima (cf. supra, cap. I, 1.5). Contudo, tal como Saussure a emprega, essa noção recebe um novo sentido. Longe de se submeter ao empírico, o pesquisador, voltando-se para as línguas particulares em sua atualidade, exerce certa violência sobre os fatos:

> A noção de estado de língua só pode ser aproximativa. Em linguística estática, assim como na maioria das ciências, nenhuma demonstração é possível sem uma simplificação convencional dos dados (CLG, 143).

Essa "simplificação convencional" é necessária para o sistema se manifestar:

> Só os fatos sincrônicos formam o sistema; os fatos diacrônicos modificam-no a todo instante, e não formam sistema entre si; cada um está isolado (FM apud CHISS, 1978, 104; cf. SMCLG, 74). A língua é um sistema em que todas as partes podem e devem ser consideradas em sua solidariedade sincrônica (CLG, 124).

Saussure ilustra a oposição entre o fato evolutivo e o fato estático com algumas analogias muito sugestivas: o contraste entre a seção transversal (sincronia) e a longitudinal (diacronia) da haste de um vegetal; a projeção de um corpo sobre um plano. Como nos esclarece J. L. Chiss: "Esta última metáfora mostra que a sincronia não é a realidade, o 'corpo'; ela ilustra a heterogeneidade da diacronia (concreto) e da sincronia (abstração, construção, e não um dado)" (CHISS, 1978, 105).

Mas a melhor comparação aos olhos do próprio Saussure é a que aproxima a língua ao jogo de xadrez:

> Numa partida de xadrez, qualquer posição dada tem como característica singular ser independente de suas antecedentes; é totalmente indiferente que a ela se tenha chegado por um ou outro

caminho; aquele que acompanhou toda a partida não tem a menor vantagem sobre o curioso que vem espiar o estado do jogo no momento crítico; para descrever a posição, é absolutamente inútil relembrar o que ocorreu dez segundos antes. Isso tudo se aplica igualmente à língua e valida a distinção radical do diacrônico e do sincrônico (CLG, 126).

O único ponto discordante da comparação diz respeito "à intenção" dos jogadores "de exercer uma ação sobre o sistema". Para que a analogia fosse perfeita, "seria preciso supor um jogo inconsciente ou sem inteligência" (CLG, 126). É para além da consciência e de sua lógica que o objeto-língua pode ser conquistado. A sincronia é o ponto de partida desta conquista. O pesquisador deve abandonar o passado (diacronia) e "entrar na consciência dos sujeitos falantes" (CLG, 128) (sincronia), para nela descobrir o sistema inconsciente.

Recorrendo ao conceito de sistema, Saussure eleva-se, portanto, acima do plano empírico em que se situava a linguística do século XIX, supera a contradição entre a imutabilidade e a mutabilidade do signo e introduz uma nova maneira de estudar a linguagem, a qual criou condições favoráveis para a emergência da ciência linguística:

> Não existe "língua" nem ciência da língua, senão na condição inicial de fazer abstração do que precedeu, do que religa as épocas entre si. Qualquer generalização é impossível enquanto não se tenha separado o estado de sua gênese (FM apud Chiss, 1978, 101; cf. SMCLG, 46). O único objeto real da linguística é a vida normal e regular de um idioma já constituído (CLG, 105).

Em síntese: a abordagem sincrônica detém as sucessões, isola um estado e dele abstrai o sistema da língua.

* * *

Ao concluir esta reflexão sobre o "mecanismo da língua" (2.5) e sobre o "fator tempo" (2.6) na linguística, parece-nos oportuno apresentar as seguintes observações:

1) Saussure afirma o primado do sincrônico no estudo da linguagem, mas não sua exclusividade. A abordagem sincrônica não monopoliza as pesquisas linguísticas. "O eixo das simultanei-

dades" é ininteligível fora do "eixo das sucessões" e vice-versa. Daí Saussure defender os direitos da linguística diacrônica e contribuir amplamente para sua realização. Não se deve esquecer a distinção que ele estabeleceu entre o objeto da linguística e a sua matéria (cf. supra, cap. I, 2).

2) Como "nada entra na língua sem ter sido experimentado na fala, e todos os fenômenos evolutivos têm sua raiz na esfera do indivíduo" (CLG, 231), estes dois termos — "língua" e "fala" — não se excluem mutuamente, mas mantém entre si, como sugere De Mauro (DE MAURO, 420 e 449; cf. infra, cap. III, 3), relações dialéticas. O suporte desta coordenação entre língua e fala, como já dissemos anteriormente, é a analogia (cf. supra, cap. I, 2.5.8):

> Estes dois objetos estão estreitamente ligados e se supõem mutuamente: a língua é necessária para que a fala seja inteligível e produza todos os seus efeitos, e esta última é necessária para que a língua se estabeleça; historicamente, o fato da fala vem sempre antes (CLG, 34; cf. CLG, 24).

3) "O caráter 'sistêmico' da língua impõe à linguística uma atitude 'sistemática'" (DE MAURO, IV). Essa atitude metodológica manifesta-se de dois modos. Primeiro, na decisão de submeter a diacronia à sincronia, porquanto o sistema só pode ser estudado nesta última perspectiva. Depois, na exigência de tomar o todo como ponto de partida, para obter, em seguida, por análise, os elementos que ele contém. Ainda que se trate de descrever uma unidade mínima, deve-se sempre situá-la na rede das relações paradigmáticas (ou associativas) e no conjunto de combinações sintagmáticas. Qualquer elemento linguístico encontra-se na interseção destes dois eixos. "O valor [de um termo] depende [...] do que está fora e em torno dele" (CLG, 161).

3. Conclusão: o campo semiológico e a função representativa do signo

"Nada está isolado e tudo participa de tudo", afirmava Anaxágoras de Clazômenas. "Não creio nas coisas, mas nas relações entre as coisas", era o *leitmotiv* do cubista Braque (apud UVL, 30; cf. ELG1, 8). Saussure, por sua vez, demonstrou que "o vínculo que estabelecemos entre as coisas preexiste [...] *às próprias coisas* e serve para determiná-las" (FM apud DE MAURO, 361; cf. PLG1, 41). Quer dizer, para que as coisas se unam no plano do real, é preciso, primeiro, que se unam no plano do "espírito". "Em cada estado, o espírito se insufla numa matéria dada e a vivifica" (CLG, 22)[33]. Porém, o agente ou o operador da síntese — o "espírito" — não é mais, na perspectiva saussuriana, o sujeito consciente e livre da filosofia moderna, mas, antes, um sistema anônimo e inconsciente. "O ato linguístico", declara Saussure, "é o menos refletido, o menos premeditado, o mais impessoal de todos" (FM apud GADET, 1987, 122; cf. SMCLG, 38). Com o CLG surgiu nas ciências humanas o que Cl. Lévi-Strauss denominará, posteriormente, "estruturas inconscientes do espírito". O mestre genebrino introduziu, assim, uma nova perspectiva transcendental, a qual substitui o *a priori* kantiano pelo *a priori* sistêmico ou estrutural. Segundo a famosa expressão de P. Ricoeur, endossada por Cl. Lévi-Strauss, "o estruturalismo é um kantismo sem sujeito transcendental" (apud CC, 19).

O tipo de causalidade que opera na linguagem, permitindo a comunicação inter-humana, não é, pois, nem lógico (Aristóteles, Port-Royal), nem biológico (Bopp, Schleicher), nem mecânico (neogramáticos), nem mesmo social (Whitney, Meillet), mas sistemático ou, se quisermos, estrutural.

Essa descoberta instaurou um novo campo de investigação nas ciências humanas, o qual, na esteira de Saussure, pode ser convenientemente nomeado de campo semiológico. O paradigma estruturalista, ao lado do paradigma marxista e do freudiano, questiona o primado da consciência peculiar à compreensão moderna do homem. A obra de Cl. Lévi-Strauss, como será discutida adiante, retoma e reforça esta tendência do pensamento contemporâneo.

Cumpre ressaltar, entretanto, que, apesar do privilégio concedido ao campo semiológico pelo enfoque saussuriano da linguagem, o sistema da língua, como procuramos demonstrar ao longo de nossa leitura do

---

33. Sobre o emprego da palavra "espírito" por Saussure para designar a atividade criadora do sistema, ver CLG, 173, 182 e 311.

GLG, não pode nem funcionar nem ser estudado fora da substância semântica e da substância fônica, ou seja, fazendo-se abstração do "sujeito falante", ou, para empregar uma outra expressão de Saussure, "da massa falante". É a comunidade linguística que, no uso cotidiano dos signos, legitima a língua. "O sistema dos signos é feito para a coletividade, como o navio é feito para o mar" (cf. supra, cap. I, 2.4.4), diz Saussure nas fontes manuscritas, contestando nesta citação e em muitas outras similares, as interpretações reducionistas do CLG, que deixam a consciência, o referente e a história à sombra do sistema, como se a fala — isto é, o lugar onde se encontram o sujeito e o mundo — se reduzisse a uma espécie de apêndice dispensável da língua.

Saussure, ao introduzir o conceito de língua nas ciências humanas, contesta, sem dúvida, as teorias tradicionais da linguagem. Sua crítica ao convencionalismo e ao modelo da língua-nomenclatura evidencia a novidade de seu ponto de vista e a consciência que disso ele tinha. Contudo, na verdade, Saussure não deu as costas à tradição. Com efeito, no momento em que ele formula o conceito-chave de valor, após ter recordado que esse comporta uma relação entre termos heterogêneos (ou dessemelhantes) e uma outra entre termos homogêneos (ou similares), e, também, haver declarado que é esta última espécie de relação que lhe interessa fundamentalmente, faz a seguinte observação a propósito da palavra, termo que emprega no lugar de signo, uma vez que está discutindo com a tradição filosófica, para a qual a unidade linguística é a palavra:

> Seu conteúdo só é verdadeiramente determinado pelo concurso do que existe fora dela. Fazendo parte de um sistema, ela está revestida, *não só de uma significação*, mas também de um valor, e isso é coisa completamente diferente (CLG, 160, itálico nosso).

Esse extrato ressalta, por certo, a originalidade da teoria saussuriana diante das teorias clássicas da significação. Contudo, revela, também, certa continuidade entre o ponto de vista semiológico e o da tradição filosófica. Um signo, ao mesmo tempo, que está em correlação com outros signos do sistema (valor no sentido saussuriano) representa (ou vale por) alguma coisa, isto é, possui uma significação (valor no sentido tradicional). Na perspectiva saussuriana, portanto, o signo só pode representar o real dispondo-se em sistema. A nova concepção do valor linguístico não exclui a anterior, mas a corrige e completa. É possível, portanto, estudar os signos, tanto do ponto de vista semiológico (linguística estrutural) como do ponto de vista semântico (lógica, psicologia e filosofia da linguagem, linguística da enunciação etc.). Na realidade, estas duas perspectivas são complementares.

Não obstante "a língua [ser] um sistema que só conhece a sua própria ordem" (CLG, 43), a teoria da língua não poderia se constituir como tal sem considerar, pelo menos indiretamente, outros domínios de estudo, que ultrapassam efetivamente o sistema, fora dos quais, porém, este último permaneceria inoperante e ininteligível. É preciso insistir na distinção escolástica entre objeto material e objeto formal, tal como Saussure a retomou (cf. supra, cap. I, 2). O objeto formal é, para nos expressarmos como os editores do CLG, "a língua considerada nela mesma e por ela mesma". Entretanto, em oposição a Ch. Bally e A. Sechehaye, cumpre reconhecer que a língua não constitui o "único" e "verdadeiro" objeto da linguística (CLG, 317), porque esta disciplina tem como matéria — ou objeto material — "todas as manifestações da linguagem humana" (CLG, 20). Em outras palavras: o sistema da língua não tem uma autonomia absoluta, mas relativa. O conceito de sistema é, sem dúvida, a grande descoberta de Saussure e o objeto principal da nova linguística que ele fundou. Contudo, se o enfoque saussuriano da linguagem é orientado pela ideia de sistema, ele não deixa de levar em consideração "tudo o que diz respeito a língua sem entrar no seu sistema" (FM apud DE MAURO, 428). De fato, o sistema seria um absurdo total se funcionasse no vazio, isto é, independentemente de qualquer referência externa. Saussure de maneira alguma ignorava que, fora das coisas e dos acontecimentos, das imagens e dos conceitos, dos sons e dos sentidos, da fonação e da audição, enfim, da substância semântica, em seus diferentes aspectos (ontológico, lógico, sociológico, psicológico, histórico etc.) e da substância fônica, a língua se reduziria a uma quimera, e a teoria da língua, a uma ficção.

Daí o papel prioritário atribuído por Saussure ao sujeito falante — logo, à consciência e ao sentido que lhe é correlato — no que se refere ao aspecto metodológico da teoria da língua. De fato, a análise linguística, ao buscar a delimitação das unidades (ou dos elementos) da língua, requer forçosamente o concurso dos interlocutores, porque são eles que "distinguem infalivelmente no discurso" tudo o que nele "é significativo a um grau qualquer" (CLG, 148). O sujeito é, pois, o guia semântico da análise. É por isso que o ponto de vista sincrônico — o único capaz de revelar o sistema — identifica-se com o ponto de vista da consciência. "O fato sincrônico", afirma Saussure justificando sua opção metodológica "é sempre significativo" (CLG, 22). O privilégio atribuído à sincronia não indica, porém, uma depreciação do acontecimento, mas, antes, a instauração de uma nova forma de compreender a história, forma esta que, aliás, não rejeita outras compreensões possíveis. Na realidade, existe uma dialética entre sistema e história, língua e fala, dialética cujo entendimento depende do par conceptual valor/significação, negligenciado pela vulgata e ignorado pelos adversários do estruturalismo, mas, como mostramos, essencial para um entendimento adequado da doutrina saussuriana, como o revela o estudo das fontes manuscritas do CLG.

CAPÍTULO II
Roman Jakobson: da língua à linguagem

Após constatar, referindo-se à linguística do século XIX, que "o estudo dos sons da linguagem, separados de sua função significante [...], corria o risco de se tornar um simples ramo da fisiologia e da acústica", R. Jakobson (1896-1982), tendo em vista a teoria saussuriana da língua, afirmou em 1948:

> O dualismo indissolúvel de qualquer signo linguístico é o ponto de partida da linguística moderna no combate obstinado que ela realiza em duas frentes: a do som e a do sentido. Estes dois domínios devem estar totalmente incorporados ao campo da ciência da linguagem; é preciso analisar sistematicamente os sons da palavra à luz do sentido, e o próprio sentido, em referência à forma física (ELG1, 162).

A obra inteira de Jakobson, como mostraremos a seguir, dá testemunho deste esforço para respeitar escrupulosamente, nas pesquisas linguísticas, a "função significante" — ou a "função semiótica", como ele prefere dizer — da linguagem. Ao mesmo tempo em que aprofundou a perspectiva saussuriana das diferenças, Jakobson sustentou enfaticamente que a análise estrutural exige, em todos os seus níveis, a intenção subjetiva dos interlocutores para se realizar e, ainda, que é possível ao falante criar subcódigos e, deste modo, deixar sua marca pessoal na língua. Não se pode, portanto, acompanhar o percurso teórico e metodológico deste pesquisador sem se considerar o sujeito e o sentido que lhe é correlato. Na medida em que tais elementos integram essencialmente os fatos estudados, não podem, sob pretexto algum, serem afastados da análise linguística.

Jakobson é conhecido, sobretudo, como um dos fundadores da fonologia. Sua obra, todavia, compreende também uma notável reflexão sobre a linguagem, em seu conjunto, ultrapassando, assim, consideravelmente, o estudo dos fonemas. Iniciaremos nossa exposição pelo exame de sua abordagem da fonologia, para considerar, em seguida, alguns dos principais aspectos de sua teoria geral da linguagem.

1. A fonologia

Enquanto a fonética, ciência praticada com desenvoltura pelos neogramáticos, examina os sons da linguagem do ponto de vista empírico (a substância fônica), a fonologia considera esses mesmos sons do ponto de vista funcional e formal, isto é, na medida em que servem para distinguir as unidades significativas da língua. Em outros termos: a fonética tem por objeto os sons da fala, e a fonologia, os sons opositivos da língua, isto é, os fonemas. A distinção saussuriana entre língua e fala está, pois, na origem da fonologia. Esta disciplina, contudo, não foi criada pelo próprio Saussure, mas por um grupo de pesquisadores que, guiados por R. Jakobson e N. Troubetzkoy (1890-1938), reuniu-se a partir de 1926 em Praga, com o objetivo de renovar, à luz dos princípios saussurianos, os estudos linguísticos. Em um congresso realizado em Haia, em 1928, o Círculo Linguístico de Praga introduziu o termo "fonologia" na comunidade científica internacional, marcando, assim, oficialmente o nascimento da nova disciplina (cf. LEROY, 1980, 79).

Antes de discutir o conceito de fonema (1.4), estudaremos os principais precursores da fonologia (1.1), a passagem da fonética à fonologia (1.2) e as noções de fonema e de fonologia transmitidas pelo *Cours de linguistique générale* (1.3). Para completar esta exposição, apresentaremos a distinção entre os conceitos de estrutura e sistema (1.5) e a reavaliação do par sincronia/diacronia proposto pela Escola de Praga (1.6).

1.1. *Os precursores*

Em uma série de comunicações e artigos reunidos no segundo volume dos *Ensaios de linguística geral*, R. Jakobson elabora uma espécie de história da fonologia, na qual se destacam algumas figuras muito expressivas, que podem ser consideradas os precursores desta disciplina (cf. ELG2, 185-317). É muito estimulante seguir com Jakobson esse percurso histórico, entre outros motivos, porque, por um lado, ele revela muito claramente que a linguística, em particular a fonologia, não poderia alcançar o estatuto de cientificidade que lhe é reconhecido se não levasse em conta a função semântica da linguagem e, por outro, porque evidencia a grande dificuldade dos referidos teóricos para constituir o objeto de estudo da nova disciplina, a saber, o fonema, arrancando-o do solo ideológico da época.

R. Jakobson demonstrou, também, neste histórico que alguns dos principais pares opositivos do CLG (lingua/fala, sincronia/diacronia, sintagma/paradigma) já se encontravam, de certo modo, nos precursores da fonologia. Reconhecer esta influência, contudo, não diminui em nada o mérito de Saussure. Obviamente, ele não poderia começar do nada. Uma teoria científica ou uma doutrina filosófica não se produz, jamais, pela iniciativa de um só indivíduo, mas depende de um conjunto de fatores históricos e socioculturais extremamente complexos. Como já mostramos, a grande novidade introduzida por Saussure é, sem dúvida, o seu conceito de sistema, como, aliás, o próprio R. Jakobson o reconhece (cf. ELG1, 237).

1.1.1. *Jan Baudouin de Courtenay*

O jovem F. de Saussure, em seu famoso *Mémoire sur le système primitif des voyelles dans les langues indo-européenes*, editado em Leipzig em 1878, usou o termo "fonema", criado por A. Dufriche-Desgenettes[1], com

---

1. "A. Dufriche-Desgenettes, modesto foneticista setuagenário, cofundador da Sociedade de Linguística de Paris [...], propôs na reunião da Sociedade de 24 de maio de 1873 o emprego de uma só palavra equivalente ao alemão *Sprachlaut* para substituir o incômodo 'som da linguagem'. Ele recomendou o termo 'fonema', adaptação do grego *phonema*, 'son'" (ELG2, 202).

um sentido que não era totalmente estranho a seu valor moderno (cf. DE MAURO, 433). Foi, porém, o polonês J. Baudouin de Courtenay (1845-1929) quem trouxe para a linguística o emprego regular e sistemático de "fonema", para designar os sons distintivos da linguagem. Em 1870, com a idade de vinte e cinco anos, ele percebeu que era preciso acrescentar ao enfoque fisiológico e articulatório dos sons, próprio da fonética, o estudo de suas funções. "Devemos deixar de lado", diz ele, "as diferenças contingentes entre sons isolados e substituí-los por expressões gerais de sons variáveis, expressões que são, por assim dizer, os denominadores comuns dessas variáveis" (apud ELG2, 215). Convém ressaltar que a busca da "invariância na variação" — programa metodológico que Jakobson incorporou a seu pensamento sob a influência, além da doutrina de Baudouin, da fenomenologia transcendental de Ed. Husserl[2] — é o objetivo primeiro não somente do método fonológico, mas do método estrutural em geral[3].

Baudouin concebeu os fonemas como "abstrações" ou "resultados de uma generalização, desprovidos de propriedades positivas inerentes à realização efetiva ou à existência" (apud ELG2, 218). Esta concepção, que muito o distancia dos neogramáticos, corresponde à distinção entre língua e fala, já presente de alguma forma em sua obra. "Para o jovem Baudouin", observa Jakobson, "o fonema, como qualquer outra categoria linguística, pertence à 'língua'" (ELG2, 219).

Deve-se ainda ao linguista polonês a distinção entre dois aspectos essenciais da linguagem, cuja distinção foi retomada posteriormente por Saussure. Como nos explica o próprio Baudouin, o primeiro aspecto tem relação com "[as] leis e [as] forças estáticas, quer dizer, aquelas que agem no estado sincrônico da linguagem"; o segundo, com "[as] leis e [as] forças dinâmicas, que condicionam o desenvolvimento da língua"

---

2. "A invariância na variação, eis o tema dominante, mas também o instrumento metodológico subjacente a meus trabalhos, por certo diversos, mas homogêneos" (UVL, 155). Este tema, na verdade, como reconhece o próprio Jakobson, é "o modelo metodológico para todos os outros campos da análise linguística" (ELG2, 237). E. Holenstein (1974, 10), por sua vez, mostra a dependência do método fonológico em relação ao método da variação eidética criado por Ed. Husserl.
3. Segundo Cl. Lévi-Strauss, o essencial do enfoque estrutural dos fenômenos "é a busca de invariantes ou elementos invariantes entre diferenças superficiais" (MS, 20).

(apud ELG2, 204). Eis a gênese da repartição da linguística em duas disciplinas distintas, mas complementares: uma que trata dos fatos diacrônicos e outra que considera os fatos sincrônicos (ressalte-se que, como o revela o primeiro extrato citado, o termo "sincronia" já aparece no discurso de Baudouin).

No entanto, influenciado pelo positivismo e pelo historicismo, ideologias que tanto marcaram o século XIX, este teórico não pôde seguir, de maneira inteiramente livre, seu caminho rumo à ciência linguística. "Qualquer tentativa para definir um fenômeno linguístico por sua função", observa Jakobson, "era condenada na época como uma heresia inadmissível" (SLSS, 49; cf. ELG2, 222). Daí a decisão de Baudouin de reformular sua teoria e apresentar "uma concepção genética do fonema" (SLSS, 50). Na realização deste projeto, ele se viu obrigado a cumprir uma difícil — se não impossível — tarefa: legitimar empiricamente o conceito funcional e abstrato de fonema. Sua preocupação central tornou-se, então, procurar a determinação do modo de existência desse fenômeno. Em qual domínio da realidade ele se encontra? Para responder a esta pergunta, Baudouin deslocou a análise do plano estritamente linguístico para o plano psicológico, quer dizer, deixou de lado as relações entre o som e o sentido para considerar apenas "o aspecto mental do som". É por esta razão que, na etapa final de seu percurso, Baudouin definiu o fonema, numa fórmula que se tornou célebre, como sendo "o equivalente psíquico do som". "Construiu, deste modo, uma concepção quase genética do fonema, opondo-o, enquanto imagem psíquica (ou intenção), ao som, ou seja, sua realização física" (ELG2, 227). Esta definição, entretanto, como nos explica Jakobson, não se sustenta. Com efeito, "as variáveis fonéticas e os invariantes fonológicos estão ambos presentes na fala interna [...]. Não há, pois, razão alguma para opor um fonema psíquico a um som físico" (ELG2, 228). A unidade do fonema encontra-se, efetivamente, como será determinado mais adiante, num outro plano que não o do psiquismo consciente.

Não obstante haver declarado em sua juventude que "a linguística deve ser reconhecida como uma disciplina autônoma, que não pode ser confundida com a fisiologia ou a psicologia" (apud ELG2, 225), Baudouin, em sua última fase, tendo em vista o que acabamos de expor, criou "a psicofonética", disciplina cujo objetivo é estabelecer uma ponte entre a psicologia e a fonética[4]. Esse "psicologismo ultrapassado", observa Jakobson, "não era no fundo senão uma camuflagem destinada a justificar suas descobertas aos olhos de seus contemporâneos e aos seus próprios olhos: ele, também, era filho de sua época" (ELG2, 228).

1.1.2. Mikolaj Kruszewski

Um outro polonês, M. H. Kruszewski (1851-1887), discípulo de Baudouin, insistiu na distinção entre som e fonema e reconheceu, sem hesitar, "o caráter inconsciente das forças da língua" (apud ELG2, 240). Concebendo a língua como um "todo harmônico" e preocupado em determinar-lhe o "sistema estrutural", Kruszewski buscou em todos os seus trabalhos "a lógica dos processos inconscientes" (apud ELG2, 241).

Ao pretender elaborar uma ciência da língua, ele descobriu "a capacidade de as palavras suscitarem umas às outras" (ELG2, 245), chegando, assim, antes de Saussure, à determinação dos dois eixos da linguagem, a saber, o paradigmático e o sintagmático. "Cada termo tem dois tipos de vínculos: por um lado, inumeráveis laços de afinidade com as palavras da mesma família (pela constituição fônica do léxico, pela forma gramatical, pela significação) [...] e, por outro, os laços de contiguidade igualmente inumeráveis, com termos variados presentes em todas as frases possíveis" (ELG2, 244). Nossa memória, afirma Kruszewski lapidarmente, é capaz de conservar "tipos de palavras independentemente das palavras em si" (apud ELG2, 245).

Foi, portanto, como o próprio linguista polonês afirma, "longe dos centros de pesquisa da Europa Ocidental, na universidade mais a leste da Rússia" (apud ELG2, 222), a saber, na universidade de Kasan, que os citados teóricos publicaram os primeiros trabalhos importantes sobre os fonemas. Se Baudouin de Courtenay, Mikolaj Kruszewski e outros precursores da fonologia tivessem vivido nos centros culturais mais in-

---

4. Explicando-nos a proposta de Baudouin, G. C. Lepschy observa: "A fonética trata de todos os fatos fonéticos e se divide em antropofonética (que estuda os fatos articulatórios e acústicos) e psicofonética (que estuda os fatos psíquicos que são o reflexo dos precedentes)" (1976, 65).

fluentes da Europa, é possível que, absorvidos pelas ideologias de então, sua contribuição científica não fosse sequer mencionada.

1.1.3. *Henry Sweet e Paul Passy*

Houve, no entanto, pesquisadores que, naquele momento, conseguiram se proteger dos "preconceitos estritamente causais, genéticos, de sua época" (ELG2, 262), refugiando-se num lugar não mais geográfica, mas epistemologicamente distante dos centros de pesquisas dominantes. Assim, o inglês H. Sweet (1845-1912) e o francês P. Passy (1859-1939) dedicaram-se "ao estudo prático da linguagem" (apud ELG2, 259), isto é, à linguística aplicada, setor relegado a segundo plano pelos pesquisadores de então. Ressalte-se, porém, que ambos colaboraram para a reforma ortográfica de seus respectivos idiomas.

Segundo Sweet, "a fonologia é a ciência que nos ensina a observar, analisar e descrever os sons de uma língua" (ibid.). Esta tarefa, porém, não pode ser efetuada sem uma referência permanente ao sentido. "A linguagem", diz ele, "repousa essencialmente no dualismo da forma e do sentido" (ibid.). Do ponto de vista prático em que se situa o foneticista inglês, o que interessa são as "distinções sonoras significativas", quer dizer, "suscetíveis de corresponder às diferenças de sentido" (ELG2, 260). O linguista Passy, por sua vez, em perfeita harmonia com seu colega inglês, observou: "distinguiremos dois sons quando eles servirem ou puderem servir para diferenciar duas palavras; por outro lado, ignoraremos as diferenças supérfluas do ponto de vista do sentido" (apud ELG2, 234).

Portanto, Sweet e Passy perceberam claramente a necessidade metodológica de só levar em consideração, no estudo dos sons diferenciais da linguagem, os "elementos da palavra que possuem um valor semântico" (ibid.), o que os colocou, junto com Baudouin de Courtenay, no caminho que conduziria à descoberta do fonema pela Escola de Praga.

1.2. *Da fonética à fonologia*

Os sons da linguagem, enquanto entidades empíricas e naturais, podem ser analisados quer como fenômenos motores, quer como fenômenos acústicos. O aspecto prioritário, aquele que afeta diretamente o falante, porque tem um valor intersubjetivo e social, é o acústico. De fato, falamos antes de tudo para sermos ouvidos. Os neogramáticos, contudo, como já mencionamos (cap. I, 1.4), só se interessavam pela articulação fisiológica dos sons, deixando completamente de lado a dimensão semântica e comunicativa da linguagem. A fonética que praticavam era, assim, essencialmente articulatória e motriz (cf. SLSS, 25).

No final do século XIX, começaram as pesquisas do aspecto físico (ou acústico) dos sons da linguagem. Estes primeiros ensaios não tiveram, contudo, nenhuma repercussão na época. Somente no princípio do século XX — devido, sobretudo, às inovações tecnológicas ocorridas no setor da comunicação: rádio, telefone, fonografia, filme sonoro — a fonética acústica alcançou um notável progresso, tornando-se capaz, por exemplo, de fornecer com extraordinária precisão a imagem micrografada de cada som (cf. SLSS, 34).

Esta análise exaustiva da substância fônica, efetuada tanto no nível fisiológico como acústico, ainda que importante, não constituiu, em si mesma, um avanço científico considerável para a linguística. Do ponto de vista exclusivamente empírico, não é possível, com efeito, alcançar, além das variações, o núcleo invariável dos fenômenos. Sem a solução do problema "das unidades na variedade", observa Jakobson, "não há sistema algum, classificação alguma. A matéria fônica da linguagem reduz-se a pó" (SLSS, 37). Submersas neste caos, "a fonética motora assim como a acústica mostraram-se incapazes [...] de separar os caracteres pertinentes, os elementos constitutivos e imprescritíveis deste ou daquele som" (SLSS, 36). Para libertar a linguística desta multidão opressiva de detalhes sonoros, é necessário que o pesquisador se erga do plano do som para o do sentido. Falamos para ser ouvidos, mas queremos ser ouvidos para ser compreendidos (cf. SLSS, 37). Este caminho do som ao sentido corresponde à passagem da fonética à fonologia.

Há uma diferença fundamental entre estas duas disciplinas. A primeira situa-se no nível da fala: considera os sons que mudam de indivíduo para indivíduo, ou seja, no uso individual das palavras; a segunda situa-se no nível da língua: estuda os sons diferenciais e invariáveis empregados por uma mesma comunidade linguística. A fonética restringe-se à descrição dos sons linguísticos enquanto fenômenos motores e acústicos; a fonologia requer o exame do "valor linguístico dos sons", em vista da determinação dos fonemas, vale dizer, dos elementos sonoros que permitem aos interlocutores distinguir as significações das unidades linguísticas. Comparando-se duas línguas dadas, percebe-se que o inventário dos sons efetuado pela fonologia é muito mais restrito, nítido e preciso do que o da fonética. A fonologia não nos apresenta um caos de detalhes, mas "um sistema coerente e coordenado de sons" distintivos (SLSS, 47). É por isto que destas duas abordagens dos sons somente a fonológica deve ser considerada como científica (cf. SLSS, 59).

Como mostraremos adiante (cap. II, 1.6), graças ao novo enfoque linguístico da Escola de Praga, a fonética histórica transformou-se em história da evolução dos sistemas fonológicos, vale dizer, as duas disciplinas se aproximaram. "Foi, porém, numa data recente", como nos adverte M. Leroy, "que a fonética e a fonologia começaram a ser consideradas como os 'dois lados da mesma coisa', segundo a palavra de Malmberg" (cf. LEROY, 1980, 87)[5]. Um dos principais promotores da reconciliação entre estas duas disciplinas foi A. Martinet. No seu entender, "a fonologia é uma fonética funcional e estrutural" (MARTINET, 1965, 127). "É na fonética", defende, por sua vez, J. Mattoso Câmara, "como estudo natural do que exatamente se pronuncia e se ouve, que tem de apoiar-se a fonêmica para depreender daí o contingente que linguisticamente funciona" (CÂMARA, 1972, 52)[6].

1.3. Saussure e a fonologia

No seu *Mémoire*, o jovem Saussure emprega o termo "fonema" para designar "o elemento de um sistema fonológico que, seja qual for sua articulação exata, é reconhecido como diferente de qualquer outro elemento" (apud DE MAURO, 432). Esta definição, que se aproxima da atual, foi, contudo, abandonada pelo Saussure do CLG. Considerando que

---

5. O autor cita B. Malmberg, *Le système consonantique du français moderne* (LUND-COPENHAGUE, 1943).
6. Este teórico emprega o termo "fonêmica" no lugar de "fonologia", pois assume a tendência terminológica dos linguistas norte-americanos.

naquela época os linguistas franceses empregavam frequentemente "fonema" no sentido que lhe foi dado por seu criador, Dufriche-Degenettes (cf. supra, cap. II, 1.1.1), ele preferiu evitar este termo em suas lições. Justificando seu ponto de vista, Saussure observa que, na medida em que o fonema implica a ideia de ação vocal, "só pode convir à palavra falada, à realização da imagem interior no discurso" (CLG, 98). O que este linguista entende por fonema no CLG é, por conseguinte, como nos explica De Mauro, "uma entidade material e não formal, discernível não no plano da *língua*, mas no plano da *fala* (DE MAURO, 434).

Compreende-se, assim, que na terminologia saussuriana da época, "fonologia" designava "a fisiologia dos sons". Enquanto a fonética tem por objeto o estudo da gênese e da transformação dos sons — sendo, pois, "uma ciência histórica" —, "a fonologia", no dizer de Saussure, "está fora do tempo, já que o mecanismo [fisiológico] da articulação permanece sempre semelhante a si mesmo" (CLG, 56). Convém observar que, para Saussure, a fonética é indiscutivelmente uma ciência linguística (cf. CLG, 195-197).

O vocábulo "fonema" aparece, pois, nas lições do mestre, como o revelam as fontes manuscritas do CLG, com significação bastante diferente daquela que receberá posteriormente na comunidade científica internacional. Entretanto, como nos lembra Jakobson, isso não significa, de modo algum, que Saussure tenha renunciado ao estudo dos "invariantes linguísticos elementares". Ao contrário, ele reconheceu explicitamente a necessidade de erigir, para cada idioma considerado, "o sistema fonológico" correspondente — o termo "fonologia", ressalte-se, recebe, neste contexto, como lembra Jakobson, um sentido próximo ao atual[7] —, sistema cujos componentes são nomeados, por ele mesmo, "unidades fonológicas irredutíveis" ou "elementos fônicos da língua" (FM apud ELG2, 231). Tais unidades ou elementos equivalem, sem dúvida, ao que a Escola de Praga entende por fonema. "A verdadeira maneira de representar os elementos fônicos de uma língua", diz Saussure nas fontes manuscritas,

---

7. Saussure evita o termo "fonema" para indicar as "unidades irredutíveis" da língua, mas emprega "fonologia" e seus derivados num sentido próximo ao atual. Assim, a expressão "sistema fonológico" se refere ao sistema dos "elementos fônicos da língua".

"não é considerá-los como sons dotados de um valor absoluto, mas de um valor puramente opositivo, relativo, negativo" (ibid.)[8].

Entretanto, os editores do CLG, ignorando a exata postura teórica do mestre neste ponto, empregaram "fonema" tanto no sentido da linguística francesa do século XIX, como no sentido "de unidade fonológica irredutível". Esta ambiguidade perturbou os críticos provocando, como nos adverte De Mauro, uma verdadeira "comédia de equívocos"[9] (DE MAURO, 436) na exegese dos textos saussurianos. É certo, contudo, que a teoria da língua, particularmente o princípio de diferenciação[10], está na base da fonologia e do seu conceito de fonema, a saber, "feixe de traços distintivos", que estudaremos a seguir. Como o próprio Jakobson reconhece,

> Saussure nos ensina que o que importa na palavra não é o som em si, mas as diferenças fônicas que permitem distinguir uma palavra de todas as outras, porquanto são [tais diferenças] que portam a significação (SLSS, 55). A necessidade, admitida por Saussure, de atribuir um valor puramente opositivo e relativo aos elementos diferenciais tornou-se o fundamento de qualquer análise em termos de "traços" ou de constituintes "últimos" (UVL, 36).

Saussure insistiu, pois, "[de forma verdadeiramente revolucionária por suas consequências] no caráter puramente relativo dos componentes linguísticos" (ELG2, 236).

1.4. O conceito de fonema

Ao explicar "a originalidade do fonema", Jakobson observa:

> O fonema [...] difere de todos os outros valores linguísticos pelo fato de não ser revestido de nenhuma significação particular [...]. O va-

---

8. Esta passagem se encontra na vulgata, mas de uma maneira adaptada às intenções dos editores, que empregaram o termo "fonemas" no lugar de "elementos fônicos de uma língua" (cf. CLG, 164).
9. Jakobson cometeu este erro, também (cf. SLSS, 60). Mas, posteriormente, reformulou sua posição (cf. ELG2, 230; UVL, 36).
10. Dos três princípios centrais da linguística saussuriana (cf. supra, cap. I, 2.2, 2.3, 2.4), o princípio de diferenciação é o único, segundo Jakobson, que a linguística posterior, em particular a fonologia, manterá. Discutiremos adiante (cf. infra, cap. II, 2.6) esta crítica, a nosso ver injusta, aos princípios saussurianos.

lor linguístico do fonema *a* nasal em francês, e, em geral, de todo fonema de qualquer língua *é poder distinguir a palavra que contém esse fonema de toda palavra que, igual em tudo mais, contenha [na mesma posição] um outro fonema*. Assim *sang* distingue-se de *son, sein, ça, sceau, sou, si, su* etc.; *cachant* distingue-se de *cachons, cacha, cacher cachot, cachou* etc. (SLSS, 73). Sozinho o fonema é um signo diferencial puro e vazio. O único conteúdo linguístico ou, em termos mais amplos, o único conteúdo semiótico do fonema é sua dessemelhança em relação a todos os outros fonemas do sistema dado. Um fonema significa algo diferente de outro fonema na mesma posição; este é seu único valor (SLSS, 78).

Assim, um francês hipotético que desconhecesse as palavras "mec" [mek] e "moque" [mok], ao ouvir um compatriota pronunciá-las, perceberia claramente, devido à diferenciação produzida pelos fonemas /e/ e /o/, que se trata de duas palavras distintas com significações distintas. Os fonemas não indicam significados, mas diferenças entre significados.

Vejamos como procede a análise linguística para isolar, na cadeia falada, o fonema. A análise começa no nível do enunciado e passa, logo, da frase à palavra. Esta, quando já não constitui uma unidade significativa completa, é decomposta em morfemas[11]. Assim, enquanto *tête* (cabeça) é uma unidade semanticamente indivisível — por conseguinte, um morfema —, *travaillons* (trabalhamos) pode ser decomposta em duas unidades significativas (ou dois morfemas): *travail* (trabalho), que designa um determinado tipo de ação, e *-ons* (-amos), que indica o sujeito falante e mais uma ou várias pessoas que exercem a mesma ação. Os morfemas, porém, são subdivididos em elementos sonoros vazios de significação, mas dotados de valor distintivo: os fonemas[12].

---

11. O termo "morfema", como vimos (cf. supra, cap. I, 1.2), era empregado na linguística pré-saussuriana com um sentido diferente daquele proposto por Jakobson e pelos linguistas eslavos, os quais, sob a influência de J. Baudouin de Courtenay (cf. ELG1, 163), utilizavam "geralmente a palavra morfema com o sentido que o termo monema possui para os linguistas de formação genebrina" (Mounin, 1974, 221). Nesta última acepção, que corresponde à terminologia de A. Martinet (1970, 4-20), monema significa "a unidade mínima da primeira articulação, dotada de uma forma (seu significante) e de um sentido (seu significado)" (Mounin, 218). Como se vê, tanto morfema como monema designam a unidade mínima significativa da língua em oposição ao fonema, unidade mínima não significativa.

12. Devemos este exemplo a Martinet (1980, 16).

Ao estudar a teoria saussuriana da língua ou, mais precisamente, o princípio da linearidade do significante, verificamos (cf. supra, cap. I, 2.3) que o sentido linguístico não pode manifestar-se sem a divisão da substância fônica. O som produzido pelo aparelho fonador só se torna "significante" na medida em que é inconscientemente segmentado ou articulado pelo sujeito falante. Vimos, também, que existem dois níveis de articulação: além das unidades significativas da primeira articulação, isto é, os morfemas, encontram-se as unidades não significativas da segunda articulação, os fonemas. De todos os sistemas semiológicos, a linguagem é o único duplamente articulado[13]. "O que há de notável na linguagem", observa Paul Ricoeur, "é que estamos ante duas articulações que não se recobrem e que, no entanto, operam, ao mesmo tempo, incessantemente" (SSL, 105).

Para detectar um fonema, é preciso realizar uma operação que os linguistas denominam *comutação*. Comparam-se pares mínimos significantes em tudo idênticos, exceto em um único segmento fônico, cuja variação permite distinguir os significados (cf. MOUNIN, 1971, 72). Assim, comutando-se em português o segmento inicial da palavra *bala*, primeiro com *pala*, depois com *mala* e, finalmente, com *vala*, verifica-se que o [b] de *bala* é um fonema, isto é, um som com valor distintivo, ou, em outros termos, um som pertinente, porque é nele que se apoia o falante para manter ou alterar o significado (cf. CÂMARA, 1972, 48-52).

No nível da substância fônica, um som pode sofrer várias alterações sem perder o seu valor distintivo. Por exemplo, o árabe que, diferentemente do parisiense, pronuncia *parole* (palavra) com o /r/ rolado não cria, por este procedimento, uma nova palavra. Rolado ou não, o /r/ tem sempre, em francês, o mesmo valor distintivo (em outras línguas, contudo, esta diferença fônica pode servir para distinguir as palavras, constituindo, então, um fonema). "Não se pede a um fonema que esteja rigorosamente em conformidade com o fonema mais comumente usado pela coletividade linguística; pede-se que seja suficientemente diferenciado de outros fonemas empregados por quem fala" (OMBREDANE, 1951[14] apud LEROY, 1980, 85).

---

13. A dupla articulação constitui, como se sabe, o axioma de base da linguística de A. Martinet (cf. 1980, 13-15; ver também PLG2, 119; MOUNIN, 1971, 45-60).
14. OMBREDANE, André, *L'aphasie et l'élaboration de la pensée explicite*, Paris, [s.n.], 1951, 282-283.

É evidente, por conseguinte, que uma análise exclusivamente física dos sons jamais seria capaz de determinar os fonemas. Como nos explica B. Malmberg, "o número de sons [fisicamente diferentes na frequência, intensidade e duração], mesmo no interior de uma única língua, é quase ilimitado". Nenhum locutor "pronuncia, duas vezes seguidas, uma vogal ou uma consoante exatamente do mesmo modo" (MALMBERG, 1962, 103; seguindo uma sugestão de Mounin [1971, 93], introduzimos a observação entre colchetes na primeira citação deste autor). Esse fato comprova, mais uma vez, que a análise fonológica, para se constituir como tal, deve necessariamente recorrer ao sentido (cf. supra, cap. I, 2.5.2; cap. II, 1.2; infra, cap. III, 1.4).

O fonema não é uma unidade simples, mas complexa. Como nos lembra J. Mattoso Câmara, Jakobson "contribuiu decisivamente para afastar o conceito da indivisibilidade unitária do fonema", admitido até 1930 pelo Círculo Linguístico de Praga (CÂMARA, 1970, 166). "O fonema, como um acorde musical, pode ser decomposto em elementos menores e simultâneos". Assim, o /b/ de *bala* é sonoro (provoca a vibração das cordas vocais) em oposição ao /p/ de *pala*, é oral (não provoca ressonância nas fossas nasais) em oposição ao /m/ de *mala* e oclusivo (é articulado exclusivamente com os lábios, sem auxílio da arcada dentária) em oposição ao /v/ de *vala*. O conteúdo linguístico do fonema /b/ pode, então, ser caracterizado, entre outros, pelos seguintes traços distintivos: sonoridade, oclusão, oralidade. Daí a definição de fonema proposta por Jakobson: "um conjunto ou um feixe de traços distintivos [...]. Todas as diferenças existentes entre os fonemas de uma determinada língua podem ser reduzidas a oposições binárias, simples e indecomponíveis de traços distintivos" (ELG1, 165).

Jakobson reduz os traços pertinentes a doze oposições binárias de validade universal. Os critérios segundo os quais se formam estas doze oposições são relativos à sonoridade (por exemplo, compacto/difuso: a/i; sonoro/surdo: b/p; nasal/oral: m/b) e à tonalidade (por exemplo, sombrio/claro: u/i, podendo a descrição de cada oposição ser acústica ou articulatória). Uma análise aprofundada dos traços distintivos encontra-se no capítulo VI dos ELG1, intitulado "fonologia e fonética", o qual reproduz um artigo de Jakobson e Morris Halle publicado, inicialmente, no livro *Fondamentals of language* (LA HAYE, 1956). Importa ressaltar que estes linguistas aplicam o princípio de diferenciação não ao fonema na sua totalidade, mas somente aos traços distintivos. A propósito do binarismo dos traços distintivos, é preciso lembrar que A. Martinet admite a simultaneidade de traços binários, ternários e quaternários etc. Ele critica a teoria binarista por seu "apriorismo, que consiste em precisar os traços pertinentes, baseando-se menos no sistema da língua em estudo do que na referência a um esquema pré-estabelecido cujo valor universal é postulado" (MARTINET, 1965, 128). M. Halle contesta esta crítica esforçando-se para mostrar que a lista dos traços distintivos com suas doze oposições longe de ser apriorística é uma hipótese de trabalho que "deve ser continuamente submetida à prova dos fatos na descrição das línguas particulares" (cf. LEPSCHY, 1976, 135).

    O interesse em considerar os fonemas como um feixe de traços distintivos vincula-se, justamente, à economia de meios fônicos para diferençar as palavras, ou melhor, os morfemas. Com efeito, em toda língua o número de enunciados possíveis é teoricamente infinito. As palavras que um homem civilizado é capaz de empregar ou compreender, hoje, chegam à ordem de dezenas de milhares; no que concerne aos fonemas, contudo, no máximo uma dezena de traços distintivos, diversamente combinados, forma uma trintena de unidades desta ordem (o francês, por exemplo, dispõe de 34 fonemas; o espanhol, de 24). Enquanto o inventário dos enunciados, das palavras e dos morfemas é necessariamente aberto, o inventário do fonema só pode ser fechado (cf. MARTINET, 1980, 195). Tocamos aqui, como lembra P. Ricoeur, "o enigma da linguagem [...], pois a dupla articulação consiste finalmente em produzir uma série infinita ou virtualmente infinita de frases com base em um número finito de elementos" (SSL, 117).

1.5. *Estrutura e sistema*

    Foram os teóricos do Círculo Linguístico de Praga que introduziram os termos "estrutura" e "estruturalismo" na linguística, para designar o novo enfoque da linguagem oriundo da teoria saussuriana da língua. O primeiro Congresso dos Filólogos Eslavos, sediado em Praga em 1929, declarou solenemente:

Se quiséssemos caracterizar brevemente o pensamento norteador da ciência atual em suas mais variadas manifestações, não encontraríamos expressão mais apropriada do que *estruturalismo*. Cada conjunto de fenômenos tratado pela ciência atual é encarado não como um conjunto mecânico, mas como uma unidade estrutural, como um sistema, e a tarefa fundamental é descobrir suas leis intrínsecas — tanto estáticas como dinâmicas [...]. Não é a gênese sob a aparência mecânica, mas a função que [está] no centro do interesse científico atual (apud ELG2, 9).

N. Troubetzkoy, como nos lembra É. Benveniste, por seu lado, dizia em 1933: "A época em que vivemos é caracterizada pela tendência de todas as disciplinas científicas a substituir o atomismo pelo estruturalismo" (apud PLG1, 95).

Como estas declarações o revelam claramente, o estruturalismo nasceu em reação às explicações positivistas e mecanicistas dos fatos sociais, que proliferavam no final do século XIX na comunidade científica. Como já mostramos anteriormente, a abordagem saussuriana da linguagem se opôs à dos neogramáticos, que excluía dos estudos linguísticos a consideração da função, do sentido e do *télos*, limitando-se ao exame do fato bruto, quer dizer, do som enquanto tal.

Saussure, como é sabido, não utiliza o termo "estrutura" no CLG. No entanto, ele introduziu na linguística o conceito de sistema, cujas características principais podem ser resumidas como segue: a) trata-se de um conjunto cujos elementos são interdependentes e as partes ininteligíveis fora do todo; b) o sistema substitui o fato, em sua positividade, pelas relações de oposições (ou de diferenças) entre os fatos; c) os fatos sistêmicos — os sons significantes na linguística — são determinados *a priori* pelas relações que, inconscientemente, estabelecemos entre eles; d) o sistema é dotado de uma racionalidade (ou de uma lógica) interna que condiciona os atos da consciência.

O conceito de sistema, essencial para o desenvolvimento da fonologia, foi adotado pelo Círculo Linguístico de Praga, acrescido, porém, de uma determinação capital que Troubetzkoy explica do seguinte modo:

Definir um fonema é indicar seu lugar no sistema fonológico, o que só é possível levando-se em conta a estrutura desse sistema [...]. A fonologia, universalista por sua natureza, parte do sistema como de um todo orgânico, do qual estuda a estrutura (ibid.).

A fonologia distingue, portanto, a estrutura do sistema. O primeiro termo caracteriza as relações que os elementos do sistema mantêm entre si. A organização desses elementos, pertencentes a "níveis" sistêmicos distintos (fonológico, morfológico, léxico e sintático), determina certa configuração estrutural do sistema (PLG1, 96 e 119-131). Um mesmo sistema tem, por conseguinte, várias estruturas[15].

1.6. A reavaliação do par sincronia/diacronia

A *Proposição 22* do Congresso de Haia (1928), redigida por R. Jakobson e aprovada por N. S. Troubetzkoy e S. Karcevskij, afirma:

A antinomia da fonologia sincrônica e da fonética diacrônica poderia ser suprimida a partir do momento em que as mudanças fonéticas fossem consideradas em função do sistema fonológico que as experimenta [...]. A fonética histórica se [transformaria], assim, numa história da evolução de um sistema fonológico (apud LEROY, 1980, 86).

Os mestres de Praga pretendiam ultrapassar a dicotomia saussuriana entre sincronia e diacronia, já que sustentavam que o conceito de sistema pode ser empregado na análise diacrônica. As transformações linguísticas não resultam nem do acaso nem de causas mecânicas, conforme pensavam os neogramáticos e, também, Saussure, mas tendem para um fim. "Sem admitir este elemento teleológico", afirma Troubetzkoy, "é impossível explicar a evolução fonológica" (apud MOUNIN, 1972, 107; cf. infra, cap. II, 2.6, a nossa discussão desta crítica de Jakobson e da Escola de Praga a Saussure).

Este ponto de vista da Escola de Praga é defendido e aprofundado, com entusiasmo, por R. Jakobson. "A fonologia", afirma, "engloba o estudo histórico dos fonemas" (SLSS, 63). "Toda modificação deve ser tra-

---

15. Discutiremos adiante (cf. cap. IV, 2; 3) o conceito de estrutura tal como se apresenta na obra de Cl. Lévi-Strauss. Verificaremos, então, que este conceito não tem exatamente o mesmo sentido em linguística e em antropologia, embora em ambos os casos a principal referência seja o conceito saussuriano de sistema.

tada em função do sistema no interior do qual ocorreu" (JAKOBSON, 1949, apud HOLENSTEIN, 1974, 45). De acordo com esse teórico, a reavaliação da sincronia e da diacronia não deve limitar-se às estruturas fonológicas, mas estender-se também às transformações linguísticas em geral. Saussure tinha toda a razão em insistir na distinção entre esses dois enfoques, mas, segundo Jakobson, não soube discernir muito bem a especificidade de cada um dos domínios em questão. Daí a censura deste linguista a Saussure:

> Parece-me que o grande erro e a grande confusão de separar radicalmente a sincronia da diacronia [deve-se], em grande parte, à confusão entre duas dicotomias. Uma é a dicotomia entre sincronia e diacronia, e a outra, a dicotomia entre estático e dinâmico. Sincronia não é igual a estático. Se, no cinema eu lhe pergunto, em determinado momento, o que está vendo na tela, você não verá qualquer coisa estática — verá cavalos correrem, pessoas caminharem e outros movimentos. Onde se vê o estático? Nos painéis dos cartazes. Nos cartazes está o estático, mas não necessariamente o sincrônico. Suponhamos que um cartaz permaneça o mesmo durante um ano: isso é o estático. E é perfeitamente legítimo perguntar-se pelo que é estático na linguística diacrônica [...], o que é estático, imutável, no eslavo, desde a Alta Idade Média ou desde o indo-europeu comum até nossos dias. Este é um problema do que é estático e, ao mesmo tempo, um problema do que é diacrônico (ELG1, 36).

Podemos falar, portanto, de uma diacronia estática e de uma sincronia dinâmica. Ao precisar esta última, Jakobson distingue a simultaneidade objetiva da simultaneidade subjetiva (ou vivida). Foi, sem dúvida, esta última que atraiu, sobretudo, a atenção deste linguista. Na perspectiva dos sujeitos falantes, alguns fatos linguísticos associam-se ao presente, mas outros se ligam ou ao passado ou ao futuro (cf. HOLENSTEIN, 1974, 40). O exemplo preferido de Jakobson vem de sua infância:

> Trata-se de uma mudança surpreendente, ocorrida no sistema vocálico do russo corrente. Em posição inacentuada especialmente pré-tônica, os dois fonemas /e/ e /i/ eram diferenciados pela geração de nossos avós em Moscou. No modo de falar de nossa geração e na de nossos filhos, esses dois fonemas fundiram-se num só /i/.

Para a geração intermediária, a de nossos pais, a distinção era facultativa. O que isto quer dizer? O seguinte: a geração intermediária possui um código que contém esta distinção (ELG1, 36).

Essa geração podia utilizar a referida distinção tanto para tornar o discurso mais claro ou mais elíptico, conforme as circunstâncias o exigiam, como para dar a impressão de uma atitude jovial (falando como a nova geração) ou conservadora (fazendo uso de formas mais arcaicas):

> Assim, os dois sistemas sempre coexistem durante certo tempo, e, habitualmente, as duas gerações têm entre si uma forma de comércio [...]. Uma mudança é, então, no início, um fato sincrônico, e [...] a análise sincrônica deve abranger as mudanças linguísticas; de modo inverso, as mudanças linguísticas só podem ser compreendidas à luz da análise sincrônica (ELG1, 37).

Este exemplo indica que "o fator tempo" pode, por si só, tornar-se um valor linguístico da maior importância, permitindo ao falante introduzir subcódigos na língua, isto é, modificá-la segundo suas intenções. "Quando o fator temporal entra em jogo em um sistema de valores simbólicos", afirma Jakobson, "torna-se ele próprio um símbolo e pode ser utilizado como meio estilístico" (ibid.). Em suma, não existe afinidade entre estruturalismo e sincronia estática. Ao contrário, "uma visão compreensiva da sincronia dinâmica da língua, contendo em si as coordenadas espaço-temporais, deve substituir o modelo tradicional das descrições arbitrariamente limitadas ao aspecto *estático*" (ELG1, 92).

1.7. Conclusão: do som ao sentido

O que devemos reter deste trajeto no campo da fonologia que acabamos de empreender? Nosso histórico mostrou, por um lado, que a transição da fonética para a fonologia correspondeu à passagem do som ao sentido no estudo da linguagem e, por outro, que esta última disciplina, na medida em que se empenhava para definir os fenômenos linguísticos por sua função, sofreu uma forte pressão ideológica por parte dos neogramáticos. Estes pesquisadores, aplicando os princípios positivistas à linguística histórica e comparada, limitavam-se à análise da substância fônica enquanto tal, sem levar em consideração o "valor semântico" das palavras. Nosso histórico revelou, ainda, que o método fonológico, desde suas origens, consiste fundamentalmente em buscar, além das variações, o núcleo invariável dos sons linguísticos. Na verdade, este procedimento é essencial à aplicação do método estrutural nas ciências sociais. Assinalemos que Jakobson, nesta busca da "invariância na variação", se inspirou nos precursores da fonologia, mas também no método da variação eidética proposto por Ed. Husserl. Como se vê, o estruturalismo nascente juntou-se à fenomenologia transcendental para combater um inimigo comum: o positivismo. É claro que a fonologia não poderia realizar o inventário dos fonemas de uma língua dada, nem estabelecer a tabela com valor universal das oposições binárias dos traços distintivos, sem considerar o sentido das palavras, ou seja, a função semântica da linguagem. Na medida em que existe, como indicamos na introdução deste estudo, uma solidariedade entre sentido e consciência, referência e autorreferência, temos de admitir que o sujeito constitui uma peça essencial do método fonológico e, na verdade, do método estrutural, em geral. Podemos concebê-lo como o guia semântico do novo gênero de pesquisa introduzido por F. de Saussure e retomado, sob a inspiração de Husserl, pela Escola de Praga[16].

2. Uma teoria geral da linguagem

Até aqui nos limitamos a expor os principais aspectos da fonologia, tal como Jakobson a compreende. É chegado o momento de apresentar e discutir a teoria geral da linguagem desenvolvida, ao longo de numerosos escritos, conferências e comunicações, por este linguista. Percebe-se, em todas as etapas deste percurso, o mesmo respeito à "função significante" da linguagem e ao papel das intenções subjetivas dos interlocu-

---

16. "As ideias de Husserl", afirma Jakobson, "em particular sua conferência memorável de 11 novembro de 1935, *Phänomenologie der Sprache*, foram acolhidas com entusiasmo pelo Círculo de Praga" (UVL, 18). Numa carta de Madame Husserl enviada a Roman Iugarten e transcrita num ensaio de J. M. Brockman (1979, 80), ela se refere, de fato, ao "grande sucesso" da conferência de seu marido em Praga. "Não poderíamos prever uma acolhida tão cordial e entusiasta", diz ela.

tores na análise linguística. Jakobson insiste, ainda, na liberdade desses últimos em face do código linguístico. Sigamos os principais momentos de seu percurso.

2.1. A aquisição e a dissolução da linguagem

No ensaio *Linguagem infantil e afasia* (LEA), publicado pela primeira vez em 1941, Jakobson estuda, sob o ponto de vista da fonologia, os problemas da aquisição e da dissolução da linguagem, revelando que a ordem regular e sistemática da desaparição dos fonemas no afásico é exatamente inversa à de sua aparição na criança. Em toda língua há, pois, elementos primários (ou fundamentais) e elementos secundários (ou derivados), cuja organização e hierarquização rigorosas determinam tanto o desenvolvimento como a deterioração dos fonemas. Observe-se que a análise estrutural dos fatos mencionados seria impraticável se eles não se apresentassem como significativos, ou seja, marcados pela subjetividade dos interlocutores.

As primeiras tentativas da criança para dominar os fonemas são precedidas pelo período do balbucio, no qual, como nos explica A. Grégoire[17], ela é "capaz de produzir todos os sons imagináveis" (GRÉGOIRE apud LEA, 24). Quando a criança começa a pronunciar as primeiras palavras, passando do estado pré-linguístico ao estado linguístico, "os observadores constatam, para sua grande surpresa, [que ela] perde praticamente todas as suas faculdades de emitir sons". Assim, por exemplo, enquanto no período do balbucio a criança articula perfeitamente os sons K e T, no estágio posterior ela perde esta capacidade, ainda que seja capaz de distinguir tais sons no discurso dos adultos.

Como se explica este fenômeno de "deflação" na produção dos sons? A impotência da criança em emitir certos sons no momento em que se inicia no falar linguístico não resulta de problemas de ordem articulatória ou auditiva, mas da nova função adquirida pelos sons. Na fase anterior, a criança voltava-se principalmente para si mesma, e o balbucio satisfazia suas necessidades de natureza emocional e motora. Os sons lin-

---

17. GRÉGOIRE, Antoine, *L'apprentissage du langage: les deux premières années*, [s.l.], Librairie Droz, 1931.

guísticos, todavia, supõem na criança uma orientação social, ou melhor, "uma intenção de comunicação":

> A criancinha aprende, primeiramente, a reconhecer como idêntico o fenômeno sonoro que ela produz e aquele que ela ouve produzir, guardando-o na memória, para reproduzi-lo, inicialmente de modo imediato e depois, mediato [...]. Ela o distingue do resto dos fenômenos sonoros que ouviu, que reteve e repetiu, e esta distinção — vivida como valor intersubjetivo e estável — tende para uma significação. Ao desejo de participar de uma conversa vem juntar-se a capacidade de comunicar alguma coisa: o que era apenas uma aparência de fala se transforma, assim, em verdadeiro diálogo. Tão logo a produção de sons se faz "numa firme intenção de designação", o estado de formação efetiva da linguagem é alcançado, como já observara Wundt (LEA, 27). A perenidade do som, o caráter intencionalmente significante da construção na qual ele aparece e o alcance social da expressão constituem os principais critérios que permitem distinguir o som linguístico do som do balbucio (LEA, 32).

É evidente, portanto, que a seleção de sons que surge na passagem da fase pré-linguística à fase linguística "está indissoluvelmente ligada à natureza semiótica da linguagem" (ibid.). As estruturas fonológicas constituem uma espécie de instrumento que estabelece a mediação entre a subjetividade nascente da criança e seu meio sociocultural, permitindo-lhe a designação das coisas e da comunicação inter-humana.

Ao comentar essas descobertas, M. Merleau-Ponty observa: "A originalidade da teoria de Jakobson consiste em estabelecer uma estreita correlação entre a adoção do sistema fonemático em si e sua função de comunicação". Revertendo de antemão algumas fórmulas de Cl. Lévi-Strauss que se tornaram célebres — "a significação é sempre fenomenal"; "*o fato da estrutura* é primeiro" (cf. supra, Intr., 1; cf. infra, cap. VI, 7) —, Merleau-Ponty acrescenta: "A estrutura desse sistema tal como é empregado já exige a significação" (MERLEAU-PONTY, 1990, 32).

Durante o período de balbucio não se constata nenhuma ordem na aparição dos sons. Contudo, logo que a criança atinge o primeiro estágio de formação da linguagem, iniciando a seleção dos sons e a construção do sistema fonológico, uma ordem de sucessão rígida e universal se revela. A aquisição das consoantes dentais sempre precede a das palatais (a criança sueca diz *tata* antes de *kaka*, e a inglesa diz *tut* antes de *cut*). A primeira vogal pronunciada é, invariavelmente, *a*, e uma oclusiva labial aparece em geral como a primeira consoante. Referindo-se ao *consonantismo mínimo*, pelo qual se inicia a linguagem infantil, Jakobson assevera: "A primeira oposição consonantal produz-se entre uma labial e uma nasal (assim, por exemplo, *papa-mama*); ela é seguida pelas labiais e dentais (tais como, por exemplo, *papa-tata* e *mama-nana*)" (LEA, 30-52). Essas oposições consonantais são seguidas pela primeira oposição vocálica: uma vogal estreita se opõe à vogal larga básica *a* (por exemplo, *papa-pipi*) (cf. LEA, 53):

> A etapa seguinte do vocalismo infantil traduz-se, seja pela explosão da vogal estreita numa palatal e numa velar, como *papa-pipipupu*; seja por um terceiro grau de abertura média como *papa-pipipepe* (ibid.).

Ao relevar, mais uma vez, a universalidade da ordem de aquisição dos fonemas, Jakobson introduz um novo conceito correlativo ao anterior. "Cada um desses dois processos", diz ele, "conduz a um sistema de três vogais que constituem o *vocalismo mínimo* de todas as línguas vivas do mundo" (ibid., itálico nosso). Esse vocalismo mínimo apresenta duas variedades: a primeira, chamado triângulo *de base*, "é particularmente frequente na linguagem infantil e em certas línguas (tais como o persa e o árabe)"; a segunda, nomeada *vocalismo linear*, "está igualmente presente na linguagem infantil e nas línguas naturais" (LEA, 53).

É oportuno observar, como insiste Jakobson ressaltando o binarismo fonológico, que tanto o consonantismo mínimo (em suas duas variedades) como o vocalismo mínimo "se caracterizam fundamentalmente pela existência de fonemas que combinam duas qualidades distintivas" (LEA, 54).

Ao examinar as aquisições consonantais e vocálicas que ultrapassam o sistema mínimo que acabamos de explicar, Jakobson formula as leis de fundação que estão na base da estratificação hierárquica das estruturas fonológicas. Segundo Ed. Husserl, citado pelo linguista (cf. LEA, 55), uma fundação pode ser "bilateral ou unilateral, conforme sua relação seja reversível ou não". Estes dois tipos de fundação podem receber a seguinte expressão lógica: "Fundação recíproca: se *a*, então *b*, e, se *b*, então *a*. Fundação unilateral: se *a*, então *b*, mas não, se *b*, então *a*" (HOLENSTEIN, 1974, 50). As leis da fundação unilateral, aplicadas aos fenômenos concretos, ganham uma interpretação histórica e temporal. "Se *a* se apresenta, *b* deve ter se apresentado *anteriormente*. Se *a* desaparece, *b* deve ter desaparecido *anteriormente*" (ibid.).

Em suma: a ordem de aquisição e de estratificação dos sistemas fonológicos, em todas as línguas vivas, é invariável e universal. Pode-se dizer o mesmo da ordem de sua dissolução. A perda afásica dos fonemas segue, na realidade, o caminho exatamente inverso ao de sua aparição. "As estruturas iniciais são recobertas pelas seguintes, e a dissolução afeta, em primeiro lugar, os estratos mais elevados" (LEA, 70). A aquisição da linguagem vai do simples ao complexo, e a regressão, no sentido contrário. São, portanto, as mesmas leis que presidem os dois processos (cf. LEA, 64).

Para concluir, recordemos que o exame tanto da formação quanto da destruição patológica dos sistemas fonológicos requer a consideração da função semântica da linguagem. "Nos distúrbios afásicos, não há lesão nem do aparelho articulatório nem dos órgãos auditivos, e tampouco do aparelho bulbar do qual depende a formação dos sons". Tal como ocorre na transição do período de balbucio para o da fala, o que está em questão no processo de dissolução da linguagem não é "a capacidade de produzir ou de perceber os sons", mas a "função distintiva" dos sons (cf. LEA, 36).

2.2. A estrutura bipolar da linguagem

Retomando e repensando a distinção saussuriana entre as relações sintagmáticas e paradigmáticas (associativas), Jakobson afirma: "Falar implica a *seleção* de certas entidades linguísticas e sua *combinação* em unidades linguísticas de um mais alto grau de complexidade" (ELG1, 45, itálicos nossos). Todo signo linguístico na posição de fala supõe, pois, estes dois modos de organização, que são definidos pelo linguista do seguinte modo:

1) A combinação. Todo signo é composto de signos constituintes e/ou aparece em combinação com outros signos. Isso significa que toda unidade linguística serve ao mesmo tempo de contexto para as unidades mais simples e/ou encontra seu próprio contexto numa unidade linguística mais complexa.

2) A seleção. A seleção entre os termos alternativos implica a possibilidade de substituir um dos termos por outro, equivalente ao primeiro sob um aspecto e diferente sob outro. De fato, seleção e substituição são as duas faces de uma mesma operação (ELG1, 48).

Esses dois eixos operam em todos os níveis da língua, a saber, fonológico, morfológico e sintático. É por meio de um exemplo curioso, extraído de *Alice no país das maravilhas*, de Lewis Carroll, que Jakobson nos explica a conjunção da combinação e da seleção no plano dos fonemas:

"Você disse *cochon* (/koSõ/) ou *cocon* (/kokõ/)"?, diz o gato. "Eu disse *cochon*", respondeu Alice [...]. [Ela] fez uso do traço distintivo "contínuo/descontínuo", rejeitando o segundo para escolher o primeiro dos dois termos opostos; e no mesmo ato de fala ela combinou esta solução com outros traços simultâneos, /S/, sendo compacto por oposição a /s/, difuso e tenso por oposição a /3/, frouxo. Assim, todos esses atributos foram combinados num feixe de traços distintivos: é o que se denomina fonema (ELG1, 46; inserimos entre parênteses as transposições fonéticas de *cochon* ["porco", em francês] e de *cocon* ["casulo", em francês]).

Ao ressaltar que o fonema em questão, para formar a palavra *cochon*, é precedido e seguido por outros, Jakobson conclui:

Pode-se, então, dizer que a concorrência de entidades simultâneas e a concatenação de entidades sucessivas são os dois modos pelos quais nós, sujeitos falantes, combinamos os constituintes linguísticos (ibid.).

Tendo em vista o que foi exposto, Jakobson critica Saussure, que, levado pela "crença tradicional do caráter linear do significante", entre as duas variedades de combinação — a concorrência e a concatenação — só admitia, supostamente, a segunda, quer dizer, a sequência temporal (cf. ELG1, 48; cf. SLSS, 97-113). Mas deixaremos para depois a discussão dessa crítica (cf. infra, cap. II, 2.6).

Baseando-se no pensador americano Ch. Sanders Peirce (1839-1914), Jakobson afirma que as duas formas de operação mencionadas "fornecem para cada signo linguístico dois grupos de interpretantes" (ELG1, 49;

cf. infra, cap. II, 2.5, nossa apresentação da teoria semiótica de Ch. Sanders Pierce), isto é, cada signo pode ser interpretado segundo dois tipos de referência: o código e o contexto, conforme se trate, respectivamente, do eixo de seleção ou o da combinação[18].
Precisando sua argumentação, Jakobson retoma, a sua maneira, a reflexão de M. H. Kruszewski acerca dos dois eixos da língua (cf. supra, cap. II, 1.1.2):

> Os constituintes de um contexto têm um estatuto de contiguidade, enquanto, num grupo de substituição, os signos se unem entre si por diferentes graus de similaridade, os quais oscilam da equivalência dos sinônimos ao núcleo comum dos antônimos (ELG1, 48).

Os distúrbios da fala podem ocorrer nos dois eixos (seleção/similaridade e combinação/contiguidade), e saber qual deles é o mais afetado é uma questão central na descrição, análise e classificação das diferentes formas de afasia. Seguindo a via aberta por Head[19] (apud ELG1, 50, n. 1), Jakobson distingue "dois tipos fundamentais de afasia": a que altera o eixo da similaridade, mantendo as operações de combinação; e a que altera o eixo da contiguidade, conservando as operações de seleção e substituição. No primeiro caso ocorre "o distúrbio da similaridade"; no segundo, "o distúrbio da contiguidade".

Para os afásicos afetados pelo primeiro tipo de deficiência, "o contexto constitui um fator indispensável e decisivo" (ELG1, 50). Eles se mostram aptos para completar fragmentos de frases e palavras, podem continuar sem dificuldade uma conversa já iniciada, mas não sabem mais como iniciar um diálogo. Empregam corretamente as palavras relativas ao contexto (por exemplo, os pronomes e os advérbios pronominais) ou as necessárias para construí-lo (os conectivos e auxiliares), mas são incapazes de recorrer a sinônimos e antônimos, bem como à função metalinguística da linguagem, que concerne, como veremos adiante (cap. II, 2.4), à interpretação de um signo linguístico por outro da mesma

---

18. Examinaremos adiante (cf. infra, cap. II, 2.3) a relação entre linguística estrutural e teoria da comunicação.
19. HEAD, Henry, *Aphasia and kindred of speech*, New York, Cambridge University Press, 1926.

língua. Inaptos para pronunciar metáforas, recorrem, com frequência, à metonímia, quer dizer, procedem por "deslocamento" de um termo a outro contíguo. Por exemplo, "*garfo* é substituído por *faca*, *mesa* por *lâmpada*, *fumaça* por *cachimbo*" e assim por diante. "Tais metonímias podem ser caracterizadas como projeções da linha do contexto habitual sobre a linha da substituição e da seleção" (ELG1, 56).

No segundo tipo de afasia, ao contrário do anterior, a deficiência diz respeito ao contexto. O distúrbio não é mais de similaridade, mas de contiguidade. O paciente é incapaz de "construir proposições ou, em termos mais gerais, de combinar entidades linguísticas simples em unidades mais complexas". Desconhece "as regras sintáticas que organizam as palavras em unidades mais altas" e não consegue usar palavras dotadas de função puramente gramatical, tais como conjunções, preposições, pronomes e artigos. Consequentemente, as frases se tornam incoerentes, reduzindo-se a um "aglomerado de palavras" (JACKSON, 1868[20] apud ELG1, 57). Daí o estilo "telegráfico" característico desse gênero de afasia. Não obstante, enquanto o contexto se desagrega, as operações de seleção e substituição se mantêm inalteradas. Para estes pacientes, "dizer o que é uma coisa é dizer com o que ela se parece" (ELG1, 57). Empregam *óculos* no lugar de *microscópio*, *fogo* no lugar de *luz a gás* (ibid.) e assim por diante. Trata-se de expressões "quase metafóricas", para empregar uma expressão de H. Jackson, "já que, em oposição às metáforas retóricas ou poéticas, elas não apresentam nenhuma transferência deliberada de sentido" (ibid.). Esse tipo de afasia não atinge apenas as unidades significativas superiores, mas, igualmente, as unidades significativas e não significativas inferiores. Assim, é característica destas afecções a eliminação das flexões verbais, quer dizer, o enfermo não emprega o verbo senão no infinitivo. Por motivos semelhantes ele se mostra incapaz de "decompor a palavra em seus constituintes fonológicos".

Os distúrbios afásicos nos trazem, por conseguinte, uma informação capital a propósito da linguagem: "o desenvolvimento de um discurso pode ser feito ao longo de duas linhas semânticas diferentes: um

---

20. JACKSON, John Huglings, Notes on the physiology and pathology of the nervous system, Med Times Gaz, v. 2, 696, 1868.

tema leva a outro ou por similaridade ou por contiguidade" (ELG1, 61). A expressão mais condensada do primeiro procedimento é a metáfora, e do segundo, a metonímia.

Aplicada em poética pelo próprio Jakobson (cf. infra, cap. II, 2.4), a concepção bipolar da linguagem teve, como se sabe, uma imensa repercussão no campo das ciências humanas, em particular na psicanálise (cf. LACAN, 1966, 493-528), na antropologia (cf. LÉVI-STRAUSS, PS, 270) e na semiologia (cf. BARTHES, 1964, 114-121).

2.3. Análise linguística e teoria da comunicação

R. Jakobson, a certo momento de seu percurso, reconhece a necessidade de aproximar a linguística estrutural da teoria da comunicação. Ele sugere, então, a substituição do par saussuriano língua/fala pelo par código/mensagem. Ressalte-se que, neste empenho para aproximar essas duas disciplinas, Jakobson defende a liberdade do sujeito falante perante o código, a distinção entre significação geral e significação contextual, que corresponde, como veremos, à distinção entre sentido (*Sinn*) e referência (*Bedeutung*) do lógico Frege, e, por fim, a necessária participação do observador nos fatos observados.

2.3.1. Código e mensagem na linguística

Pode-se detectar, por trás da antinomia saussuriana língua/fala, pelo menos três outras antinomias latentes, a saber:

Língua
1) Norma linguística
2) Linguagem enquanto bem supraindividual e social.
3) O aspecto unificante, centrípeto da linguagem.

Fala
a) Enunciado Linguístico
b) Linguagem enquanto propriedade individual, privada.
c) O aspecto individualizante, centrífugo da linguagem (JAKOBSON, "Zur Struktur des Phonems", 1971, apud HOLENSTEIN, 1974, 188).

R. Jakobson, ao denunciar a imprecisão dos termos saussurianos e a impossibilidade de separá-los rigidamente, observa: a) um enunciado individual não requer apenas uma norma linguística social, mas também uma norma individual permanente. De fato, "o locutor modifica, em graus variáveis, a norma linguística social e marca-a com suas próprias exigências, preferências, hábitos e interdições". A norma linguística não é, pois, necessariamente supraindividual; b) os enunciados córicos demonstram, por sua vez, que o ato da fala nem sempre é individual; c) a linguagem, considerada tanto como ato individual quanto como um bem social, contém os componentes particulares e comunitários mencionados, os quais podem ser concebidos, por outro lado, como as forças centrífugas e centrípetas da linguagem, respectivamente. Aliás, o próprio Saussure percebeu este fenômeno, já que ele se refere à "força unificante" e ao "espírito particularista" como inerentes a toda atividade linguística (cf. JAKOBSON, ibid., apud HOLENSTEIN, 1974, 189).

É esta ambiguidade que leva Jakobson a estabelecer uma relação interdisciplinar entre a linguística estrutural e a teoria da comunicação. Os conceitos de código e mensagem são, no seu entender, "muito mais claros, muito menos ambíguos, muito mais operacionais" que os tradicionais conceitos de língua e fala (ELG1, 32). Daí o esforço do "pensamento linguístico internacional", como sublinha Jakobson,

> para ultrapassar o modelo saussuriano da língua, considerada como um sistema estático e uniforme de regras obrigatórias, e substituir esta construção simplista e artificial com a ideia dinâmica de um código diversificado, conversível e adaptável às diferentes funções da linguagem e aos fatores do espaço e do tempo, ambos excluídos da concepção saussuriana (ELG2, 39).

Nesta nova perspectiva,

> a realidade fundamental que interessa ao linguista é a interlocução — a troca de mensagens entre emissor e receptor, remetente e destinatário, codificador e decodificador (ELG1, 32).

Portanto, a linguística é, basicamente, como diz o próprio Jakobson, uma "análise do discurso", cujo

> problema essencial [...] é o do código comum ao emissor e ao receptor e subjacente à troca de mensagens. Toda e qualquer comunica-

ção seria impossível na ausência de um determinado repertório de "possibilidades preconcebidas" ou de "representações pré-fabricadas", como dizem os engenheiros [da comunicação] (ELG1, 31; adição nossa entre colchetes).

2.3.2. *A liberdade do sujeito falante em face do código*

Cabe, pois, ao linguista confrontar continuamente o código com as mensagens. É por meio deste procedimento que ele toma consciência do "poder criador da linguagem" (ELG1, 19). Jakobson condena, assim, aqueles que reduzem o objeto de sua disciplina ou bem ao discurso individual (cf. ELG1, 32) ou bem ao código linguístico — a língua, na terminologia saussuriana[21] —, negligenciando a abordagem da linguagem no seu conjunto:

> A propriedade privada, no domínio da linguagem, não existe: tudo é socializado. A troca verbal, como qualquer forma de relação humana, requer ao menos dois interlocutores; o idioleto, afinal de contas, não é mais do que uma ficção um tanto quanto perversa (ELG1, 33). As tentativas que foram feitas para construir um modelo de linguagem sem nenhuma relação com o interlocutor ou auditor e que, desta forma, hipostasiam um código separado da *comunicação efetiva*, correm o risco de reduzir a linguagem a uma ficção escolástica (ELG1, 95, itálico nosso).

O estudo das relações de reciprocidade entre o código e as mensagens revela

> a existência de um código pessoal que suprime a descontinuidade temporal dos fatos da fala isolados e que confirma a preservação

---

21. Apoiando-se na conclusão do CLG (317), Jakobson afirma, equivocadamente, que Saussure reduz o objeto da linguística à língua (cf. ELG2, 19). Como já vimos, a frase final do CLG não é de Saussure, mas dos editores. Saussure adota, como defende De Mauro, a distinção escolástica entre objeto material e objeto formal. A língua é objeto formal da linguística, e o objeto material são as línguas (CLG, 354, 414, 476; cf. supra, cap. I, 2). Jakobson condena, também, certos engenheiros da comunicação que se limitam a estudar a linguagem em termos de informação física, sem levar em conta "a comunicação efetiva", ou seja, a comunicação realmente vivida pelo locutor e pelo destinatário, num contexto determinado (cf. ELG1, 95).

do indivíduo, a permanência e a identidade de seu eu (ELG2, 19). Descurou-se, com frequência, o fato de que, ao lado do aspecto interpessoal, mais tangível, da comunicação, seu aspecto intrapessoal é também pertinente. Assim sendo, o discurso interior, no qual Peirce finamente percebeu um "diálogo interno", até pouco tempo bastante negligenciado pela linguística, é um ponto cardeal da rede da linguagem e serve de conexão entre o passado e o futuro da pessoa (ELG2, 33).

O código não é, portanto, como a língua, supraindividual. Cada locutor forma seus próprios hábitos linguísticos, suas normas individuais e, ainda, seu estilo particular, quer dizer, deixa sua marca pessoal no código, ou, melhor, cria subcódigos. E como poderia ser de outro modo se é o código que faz, a todo momento, a mediação entre a consciência e ela mesma?

Considerar a linguagem em termos de código e mensagem foi o que permitiu a Jakobson, como será mostrado na seção seguinte, detectar, na comunicação linguística, seis funções distintas, a saber, a emotiva (ou expressiva), a conativa, a fática, a metalinguística, a poética e a cognitiva (ou referencial). "A linguagem nunca é monolítica", afirma o linguista (ELG2, 92):

> Todo código geral é multiforme e compreende uma hierarquia de diversos subcódigos livremente escolhidos pelo sujeito falante, considerando a função das mensagens, o indivíduo ao qual se dirige e a relação entre os interlocutores [...]. Quando deixamos de nos ocupar exclusivamente da função cognitiva, estritamente referencial, da linguagem, para examinar suas outras funções igualmente primordiais e não deriváveis, os problemas postos pela relação entre o código e a mensagem mostraram-se muito mais sutis e suas facetas muito mais numerosas (ELG2, 20).

Mais uma vez, Jakobson contesta equivocadamente Saussure, que teria limitado o objeto da linguística à língua, entidade fictícia à qual os sujeitos falantes não têm acesso:

> Os progressos rápidos e recentes da linguística aplicada nos domínios como o da planificação e da política linguística, do ensino das línguas, da regulamentação da comunicação etc., decorrem natural

e logicamente do pensamento linguístico moderno, orientado para a questão da *intencionalidade*, mas ele permanece alheio à linguística de Saussure e à ideologia dominante dos meios científicos de sua época (ELG2, 20, itálico nosso).

O código, insiste Jakobson, é "conversível" (cf. ELG1, 92; ELG2, 39). Esse termo faz alusão ao que em inglês se chama *a convertible car*. Como nos explica E. Holenstein,

> trata-se de um carro que pode ser utilizado seja fechado seja aberto (*cabriolet*) e também como carro particular ou caminhonete (*break*). Assim como se pode, sem dificuldade, passar com tal carro de um sistema a outro, pode-se passar numa língua de um subcódigo a outro (HOLENSTEIN, 1974, 55).

Ampliando a comparação, pode-se dizer que a comunicação inter-humana requer "um sentido transformacional com a ajuda do qual uma mensagem pode ser traduzida de um subcódigo a outro [e] de um sistema de signos a outro sistema de signos" (ibid.). A descrição sistemática do código deve, portanto, levar em consideração "todas suas flutuações de subcódigos a subcódigos e todas as mudanças que ele sofre continuamente" (ELG1, 92).

Todavia, esta liberdade do sujeito falante diante do código não se apresenta da mesma forma em todos os níveis linguísticos. No que concerne à seleção e à combinação de traços distintivos em fonemas, "a liberdade do locutor [...] é nula": todas as possibilidades estão previstas no código. A liberdade de combinar fonemas e morfemas em palavras é muito limitada. A significação do morfema decorre exclusivamente do contexto, e, em geral, o locutor limita-se a empregar as palavras disponíveis no código. Ainda que pré-estabelecidas do ponto de vista da forma gramatical, as frases são relativamente livres na composição lexical. "Enfim, na combinação das frases em enunciados, a ação das regras coercitivas da sintaxe se interrompe e a liberdade de qualquer locutor particular cresce substancialmente, embora não se deva subestimar o número de enunciados estereotipados" (ELG1, 47)[22].

---

22. Segundo C. Kerbrat-Orecchioni, Jakobson enuncia, nesta citação, "uma contraverdade", pois ele silencia sobre as "leis de organização estrutural do enunciado". "Um

Cabe assinalar, no entanto, que, mesmo nos casos em que todas as possibilidades sejam previamente estabelecidas pelo código, a liberdade do sujeito falante não desaparece pura e simplesmente. "A intenção de comunicação", que está, como já observamos (cf. supra, cap. II, 2.1), na base da aquisição da linguagem pela criança, continua, sem dúvida, presente na vida dos adultos. Evidentemente, o código não poderia ser atualizado em mensagens, sem a *intenção* de designação e comunicação de seus usuários. "A emissão vocal", diz Jakobson, "é um movimento *intencional* cujo fim é o valor distintivo do som" (LEA, 47, itálico nosso).

Até aqui concentramos nossa atenção no emissor da mensagem. Agora, é preciso considerar o outro polo da comunicação, a saber, o destinatário:

A linguagem apresenta dois aspectos muito diferentes, conforme nos coloquemos do ponto de vista do emissor ou do destinatário, conforme a linguagem seja vista de uma ou de outra extremidade do canal de comunicação. *Grosso modo*, o processo de codificação vai do sentido ao som e do nível léxico-gramatical ao nível fonológico, enquanto o processo de decodificação segue a direção inversa — do som ao sentido e dos elementos aos símbolos. Enquanto a orientação (*Einstellung, set*) para os constituintes imediatos está em primeiro plano na produção do discurso, no que se refere à percepção, a mensagem é *inicialmente* um processo estocástico. O aspecto probabilístico do discurso encontra uma expressão digna de nota no problema que os homônimos propõem ao auditor, embora para o locutor a homonímia não exista. Quando ele diz [em francês]: /por/, sabe de antemão se quer dizer "porc" [porco] ou "port" [porta], enquanto o auditor deve recorrer às probabilidades condicionais oferecidas pelo contexto. Para o receptor, a mensagem apresenta inúmeras ambiguidades lá onde não há equívocos para o emissor (ELG1, 93).

'texto'", afirma esta autora, "não é uma justaposição aleatória de frases. Existem regras de combinatória transfrásticas [...] cujo domínio de aplicação está bem longe de se restringir ao caso dos 'enunciados estereotipados'" (KERBRAT-ORECCHIONI, 1980, 7). F. Tinland, por sua vez, lembrando a teoria dos atos da linguagem (cf. AUSTIN, 1962), observa que não é apenas a compreensão do sentido das frases que requer o respeito ao código da língua, mas "o conjunto dos atos pelos quais a fala se realiza" (1977, 351).

Em suma, Jakobson assinala, em primeiro lugar, que a análise linguística não deve se limitar ao código excluindo a mensagem, ou vice-versa, mas deve, ao contrário, considerar, para empregar uma expressão já citada, a "comunicação efetiva"[23]. Além disso, ele acentua o caráter social e semiótico (ou significante) da linguagem, ao reconhecer o papel prioritário das intenções subjetivas, tanto dos emissores quanto dos receptores, nas trocas de mensagens[24]. De fato, as estruturas linguísticas não podem ser nem acionadas pelos locutores nem explicadas pelos pesquisadores fora da situação concreta em que se encontram. Estão "submetidas ao contexto", ou, em outras palavras, "elas mudam de significação de acordo com a variação dos contextos imediatos" (ELG2, 286).

2.3.3. Significação geral e significação contextual

O termo "contexto", além da acepção já mencionada, possui no discurso de R. Jakobson um outro sentido que será examinado a seguir. Já apresentamos a distinção proposta por G. Frege entre "sentido" (*Sinn*) e "referência" (*Bedeutung*) (cf. supra, cap. I, 2.4.5), a qual, aliás, não é estranha ao pensamento de Edmund Husserl, como o próprio Jakobson constatou (cf. LEA, 47; HUSSERL, 1969, 54; HOLENSTEIN, 1974, 106). Sabemos também que o par saussuriano valor/significação, como defende De Mauro, corresponde à exigência formulada pelo lógico alemão (cf. supra, cap. I, 2.4.5). Jakobson, todavia, critica essa distinção, procurando enriquecê-la com uma nova abordagem. Segundo ele, as expressões "estrela da manhã" e "estrela da noite", à diferença do que pretende Frege, não têm o mesmo objeto, mas se referem a duas fases de aparição do planeta Vênus. Não é possível substituir em toda e qualquer situação uma expressão pela outra. A aparição do objeto depende, em cada caso, de "um sistema relacional determinado pelo tempo, espaço ou pela

---
23. P. Ricœur acrescenta aos fatos mencionados por Jakobson a metáfora, que ele considera como "um magnífico exemplo de troca entre código e mensagem" (cf. 1975, 156).
24. Importa ressaltar que Jakobson emprega, recorrentemente, o termo alemão *Einstellung* ("visada"), que pertence ao aparelho conceptual da fenomenologia husserliana, para indicar a diferença entre a intenção do emissor e a do destinatário, ou, simplesmente, para designar a intenção do locutor (cf., por exemplo, ELG1, 218).

matéria que é preciso considerar quando da determinação do referente" (HOLENSTEIN, 1974, 107). Se eu digo "5 horas e 45 minutos" estou empregando um sistema de referência retrospectivo; porém, se digo "15 para as 6", o sistema passa a ser prospectivo. O último admite certa imprecisão, enquanto o primeiro é rigoroso e preciso. "Podemos desenvolver, ainda mais, as constatações de Jakobson", afirma E. Holenstein, "e dizer que não existe coisa alguma 'em si' e absoluta, um X que pudéssemos separar completamente de seus modos de doação" (ibid.). Daí Jakobson preferir empregar "contexto" no lugar de "referência":

> Não há referentes isolados, sem contexto no qual sua designação mutável esteja enraizada. Este contexto não é necessariamente de natureza linguística, mas sempre semiótica e suscetível de ser verbalizada [...]. É certamente possível remeter, pela linguagem, a alguma coisa que seja (de fato) extralinguística. É, no entanto, totalmente impossível referir-se pela linguagem a alguma coisa de absolutamente extrassemiótica, alguma coisa que já não esteja, por sua vez, delimitada sob forma de signos (HOLENSTEIN, 1974, 186).

Fazendo alusão à crítica da linguística estrutural originária da reflexão hermenêutica de P. Ricoeur (cf. supra, Intr., 2), E. Holenstein completa sua interpretação do pensamento de Jakobson com esta observação:

> Não é o universo da linguagem que é fechado, mas o universo dos signos [...]. A clausura semiótica não passa de uma reformulação do fato inelutável de que o mundo está encerrado em nossa consciência, como ensina a filosofia transcendental (HOLENSTEIN, 1974, 187)[25].

---

25. Convém lembrar que P. Ricoeur emprega a expressão "clausura do universo dos signos" para criticar o estruturalismo etnológico e linguístico, e não apenas este último, como sugere E. Holenstein. Esta crítica, além das razões já consideradas anteriormente (cf. supra, Intr., 3), provavelmente se fundamenta no pensamento do último Husserl, ou seja, do autor de *A crise das ciências europeias e a fenomenologia transcendental*, obra cujo conceito central é "mundo da vida", o qual será apresentado e discutido na conclusão deste estudo (cf. infra, Concl., 2.1). Limitamo-nos a observar que P. Ricoeur se empenha para oferecer uma nova interpretação da redução fenomenológica (cf. supra, Intr., n. 1), aproximando-a do que Cl. Lévi-Strauss denomina "função simbólica" (cf. infra, cap. VI, 3). "A redução, afirma o filósofo francês, "é o começo de uma vida significante; e este começo não é cronológico nem histórico; é um começo transcendental, assim como o contrato é o começo da vida em sociedade. Os dois começos, assim compreendidos em sua radicalidade, não são

É compreensível, portanto, que Jakobson tenha assumido a perspectiva semântica de Ch. S. Peirce, segundo a qual "o sentido de um signo é um outro signo pelo qual ele pode ser traduzido" (ELG1, 41). Para ser compreendido, um signo requer não somente dois protagonistas, mas um "interpretante", o qual é, igualmente, um signo ou um conjunto de signos (ELG1, 40; cf. infra, cap. II, 2.5 sobre o conceito de interpretante).

De acordo com Jakobson, a interpretação (ou a tradução) de um signo linguístico por outro pode ser de três tipos: intralingual, interlingual ou intersemiótico, conforme se trate, respectivamente, de uma "interpretação de signos linguísticos por meio de outros signos da mesma língua", de uma "interpretação de signos linguísticos por meio de uma outra língua" e, enfim, de uma "interpretação de signos linguísticos por meio de sistemas de signos não linguísticos" (ELG1, 79). Em todos esses casos, o sentido de um signo revela-se sempre por meio de um "outro signo mais explícito" (ELG1, 42), isto é, ele não depende da relação do signo com a coisa, mas das relações que o signo mantém com outros signos.

Tanto a linguística — em particular o distribucionalismo do americano L. Bloomfield, principal representante do behaviorismo em linguística — como a teoria da comunicação descuidaram por muito tempo do enfoque semântico das mensagens verbais, tratando o sentido como um fenômeno linguístico marginal. O desenvolvimento dessas duas disciplinas, contudo, acabou por reintroduzir a questão do sentido no estudo da linguagem, lançando alguma luz sobre este fenômeno que a teo-

---

mais que um só e mesmo começo, já que, segundo a observação de Lévi-Strauss, a função simbólica é a origem e não o resultado da vida social" (CI, 254; cf. IOMM, 23 e 42). Como defende ainda P. Ricoeur, Husserl adotou na obra mencionada um caminho próximo ao que seguiram M. Heidegger, J.-P. Sartre e M. Merleau-Ponty, entre outros pensadores, para transformar a fenomenologia transcendental em fenomenologia existencial. "Foi através desta impressionante mutação que a fenomenologia se preparou para o encontro com a meditação existencial, oriunda de um horizonte muito estranho a Husserl" (RICOEUR, 1993, 20). Seguindo este mesmo caminho, P. Ricoeur, na elaboração de sua fenomenologia hermenêutica, rejeitou "o sujeito idealista encerrado no seu sistema de significações", peculiar ao primeiro Husserl, substituindo-o por "um ser vivo que possui, desde sempre, como horizonte de todas as suas visadas, um mundo, o mundo" (CI, 13). De acordo com P. Ricoeur, foi esta orientação existencial e ontológica assumida pelo movimento fenomenológico que provocou a explosão da consciência transcendental compreendida como "clausura semiótica", para empregarmos a expressão de E. Holenstein.

ria da comunicação chamava pejorativamente de "ruído semântico" (cf. ELG1, 95; ELG2, 16; sobre L. Bloomfield, o principal representante do behaviorismo em linguística, cf. seu ensaio *Language*, New York, 1933). Nesta nova perspectiva, os problemas suscitados pela distinção entre "significação geral" e "significação contextual" são os que mais atraem a atenção dos teóricos. Assim, por exemplo, o termo "Napoleão" não pode se submeter à análise linguística, entendida como "análise do discurso", sem que seu contexto seja determinado:

> O contexto indica se falamos de Napoleão na sua infância, em Austerlitz, no seu cativeiro, em Moscou, no seu leito de morte ou em suas lendas póstumas, enquanto seu nome compreende, em sua significação geral, todas estas etapas de sua vida (JAKOBSON apud HOLENSTEIN, 1974, 191).

Desde que se admita que as estruturas "mudam de significação de acordo com a variação das circunstâncias", como sustenta Jakobson, é claro que, além do significado geral e diferencial, os signos linguísticos possuem, também, uma significação contextual (ou referencial), a qual, aliás, como nos adverte este linguista, deve ser tratada como "um tema intrinsecamente linguístico, nitidamente distinto dos problemas ontológicos da denotação" (ELG1, 96). O estudo linguístico deste tipo de significação provocou, como será examinado mais adiante (cf. infra, cap. III, 2), o surgimento de uma nova disciplina: a linguística da enunciação. Tanto Saussure (cf. supra, cap. I, 2.4.5) como Jakobson, como se vê, respeitaram, no estudo da linguagem, a exigência lógica formulada por Frege.

2.3.4. *A participação do observador na observação*

Jakobson, admirador de Ed. Husserl (cf. ELG2, 12; UVL, 18)[26] e discípulo de Saussure (cf. supra, cap. II, 1.3), sempre admitiu, contrariando a epistemologia positivista e a estética realista, que o que se dá como reali-

---

26. Segundo E. Holenstein, "não há, por assim dizer, nenhuma noção fundamental teórica e metodológica da linguística estrutural ou das ciências literárias que não tenha sido submetida por Jakobson a uma definição e uma interpretação fenomenológicas explícitas ou implícitas" (1974, 9).

dade "depende do ponto de vista de quem julga" (HOLENSTEIN, 1974, 67). É impossível separar completamente o objeto estudado das *intenções* subjetivas do pesquisador. Colaborador e amigo de Niels Bohr, Jakobson transpôs a fórmula da física quântica para sua disciplina. Segundo este físico[27], como se sabe, a premissa de todo conhecimento bem definido é "o caráter inseparável entre o conteúdo objetivo e o sujeito que observa" (BOHR, 1958 apud ELG1, 93). Na perspectiva linguística isso quer dizer: "a posição do observador em relação à língua observada e descrita deve ser exatamente identificada" (ELG1, 93). O pesquisador pode situar-se tanto no exterior quanto no interior da comunidade linguística considerada. Neste último caso, que é o mais comum, deve-se identificar de qual lado da comunicação ele se encontra, porquanto o ponto de vista daquele que codifica a mensagem (o emissor) não coincide com o daquele que a decodifica (destinatário). Quando o investigador se coloca no exterior da língua observada, ele se comporta como um criptoanalista, quer dizer, não sendo um decodificador habitual da língua, ele é forçado a "deduzir o código da mensagem"[28]. Contudo, este procedimento metodológico tem um papel secundário em linguística. Ele constitui, no máximo, um momento preliminar da análise, o qual deve ser ultrapassado o mais rápido possível por "uma abordagem interna" da língua (ELG1, 93). De fato, o ideal para o observador "é tornar-se semelhante a um membro da comunidade linguística estudada" (ELG1, 33).

Com base nas considerações precedentes, as etapas do método estrutural, tal como praticado em linguística, podem ser resumidas do seguinte modo: o pesquisador toma como ponto de partida de sua análise a *compreensão* da linguagem-objeto (ele participa tanto quanto possível da comunidade linguística estudada); em seguida, emprega uma metalinguagem para *explicar* essa linguagem-objeto; enfim, compara seus modelos teóri-

---

27. BOHR, Niels, *Atomic physics and human knowledge*, New York, [s.n.], 1958.
28. "É a partir do código que o receptor compreende a mensagem. A posição do linguista que decifra uma língua que ele não conhece é diferente. Ele procura deduzir o código da mensagem. Ele também não é um decodificador, mas o que se denomina criptoanalista. O decodificador é um destinatário virtual da mensagem. Os criptoanalistas americanos que durante a guerra liam as mensagens secretas dos japoneses não eram os destinatários destas mensagens. É evidente que os linguistas devem explorar a técnica dos criptoanalistas" (ELG1, 33).

cos com os usos linguísticos estabelecidos e vividos pela comunidade ou, em outros termos, ele retorna ao nível da *compreensão* para verificar se os modelos são operacionais (cf. ELG1, 91)[29]. O estruturalismo quer apreender o objeto tanto do exterior quanto do interior e afirma que essas duas apreensões devem se tornar coincidentes (cf. HOLENSTEIN, 1974, 64 e 76).

É incontestável, por conseguinte, que aos olhos de Jakobson, a análise linguística requer necessariamente a participação do sujeito na observação, tanto no que se refere aos fatos observados (as *intenções* dos interlocutores e o contexto em que se encontram não podem ser afastados da pesquisa) quanto no que se refere ao próprio ato de observar: "as teorias linguísticas", diz Jakobson, "sofrem modificações segundo a circunstância histórica e a ideologia pessoal de seus intérpretes" (ELG2, 286). Em suma: longe de ser neutralizado ou anulado, o sujeito é uma peça essencial da análise estrutural em linguística (cf. HOLENSTEIN, 1974, 61-87).

2.4. As funções da linguagem

Jakobson, ampliando e modificando substancialmente o "circuito da fala" de Saussure, distingue na comunicação linguística seis "fatores" (ou "elementos"), a cada um dos quais atribui uma função específica. Examinaremos, a seguir, os componentes do ato da fala e suas respectivas funções. As reflexões de Jakobson sobre este aspecto da comunicação linguística revelam, uma vez mais, a ação do sujeito falante sobre o código, e, consequentemente, a necessidade de incluir as "intenções" dos interlocutores na análise linguística.

Retomando e completando um esquema elaborado por K. Bühler para explicar a comunicação linguística[30], Jakobson descreve da seguinte maneira os fatores mencionados:

---

29. Jakobson não emprega os termos "compreensão" e "explicação". Contudo, baseando-nos em Cl. Lévi-Strauss, que, como mostraremos adiante (cf. infra, Concl., 2.3), a certo momento de seu trajeto, para indicar as etapas do método estrutural, toma por empréstimo da hermenêutica esse par conceitual (cf. AS II, 17), julgamos oportuno e pertinente empregá-lo, também, para explicitar o procedimento metodológico adotado por Jakobson. Sobre "linguagem-objeto" e "metalinguagem", cf. ELG1, 53.
30. K. Bühler (*Sprachtheorie*, Iena, 1934) concebe o ato da comunicação como um drama com três personagens, a saber, o "mundo" (o conteúdo objetivo do qual se fala), o

O remetente envia uma mensagem ao destinatário. Para ser operante, a mensagem requer antes de tudo um contexto ao qual ela remete (é o que se chama também, numa terminologia um tanto ambígua, de "referente"), contexto apreensível pelo destinatário e que é ou verbal ou suscetível de ser verbalizado; em seguida, a mensagem requer um código comum no todo ou, pelo menos, em parte ao emissor e ao destinatário (ou, em outros termos, ao codificador e ao decodificador da mensagem); enfim, a mensagem requer um contato, um canal físico e uma conexão psicológica entre o emissor e o destinatário, contato esse que lhes permite estabelecer e manter a comunicação (ELG1, 213).

A função centrada no remetente é nomeada "expressiva" ou "emotiva". Ela exprime a atitude do locutor relativamente àquilo de que fala, dando "a impressão de uma determinada emoção, verdadeira ou dissimulada" (ELG1, 214). Essa função, que aparece, sobretudo nas interjeições, está presente em todos os níveis da linguagem (fonemático, léxico, gramatical). Como declara Jakobson, "[ela] colore em algum grau todos os nossos propósitos". Os elementos expressivos, convém precisar, são de natureza semiótica e compõem o código linguístico. Assim, "a diferença, em francês, entre [si] e [si:], com alongamento enfático da vogal, é um elemento linguístico convencional, codificado" (ELG1, 215).

Quando a comunicação se orienta para o destinatário, é a função "conativa" que se manifesta. A mais pura expressão gramatical desta função se encontra no vocativo e no imperativo. Como Aristóteles já nos tinha mostrado, as frases imperativas, ao contrário das declarativas, "não podem se submeter a uma prova de verdade" (ELG1, 216). As fórmulas má-

---

locutor e o destinatário. Em suma: "alguém fala para alguém de algo". Daí a tríplice orientação do ato de significar. Ele pode remeter: 1) ao próprio conteúdo comunicado; 2) ao destinatário, enquanto afetado por este conteúdo; 3) ao locutor, do qual revela a atitude psicológica e moral. A linguagem tem, portanto, três funções, conforme vise a "representação" (*Darstellung*) do mundo, o "apelo" (*Appell*) ao destinatário ou "expressão" (*Ausdruck*) do locutor. Além da representação, há, pois, outras maneiras de significar, cujo caráter linguístico é sublinhado por K. Bühler. Este esquema foi retomado e completado por Jakobson, que, conforme examinaremos a seguir, acrescenta às três funções mencionadas (renomeadas, respectivamente, funções "referencial", "conativa" e "expressiva") três outras, a saber, metalinguística, fática e poética (cf. DESL, 426).

gicas ou encantatórias constituem um bom exemplo dessa função. Com efeito, elas sempre se dirigem a uma "terceira pessoa", ausente ou inanimada, que se torna, assim, a destinatária da mensagem. "Ó Sol, detém-te sobre Gabão, e tu, lua, sobre o vale de Ayyalôn! E o sol se deteve e a lua ficou imóvel", diz uma famosa passagem bíblica (Josué 10,12; cf. ELG1, 217).

Uma terceira função da linguagem surge quando a comunicação está centrada no contato. Esse tipo de mensagem serve, sobretudo, "para estabelecer, prolongar ou interromper a comunicação, para verificar se o circuito funciona ('Alô, você me ouve?'), para chamar a atenção do interlocutor ou para assegurar que ela [a comunicação] não se perdeu ('Diga, você me escuta!'...)" (ELG1, 217). Trata-se da primeira função adquirida pela criança e única que os homens compartilham com os animais. "O esforço para estabelecer e manter a comunicação", esclarece-nos o linguista, "é típica da linguagem dos pássaros falantes". Adotando uma sugestão do etnólogo B. Malinowski, Jakobson a chama de função "fática"[31].

Nossos discursos podem ainda dirigir-se ao contexto. Quando o que está em questão na comunicação é "a visada do referente", a função se chama "denotativa", "cognitiva" ou "referencial" (ELG1, 214). E. Sapir insiste na prioridade dessa função, essencialmente intelectiva, sobre as funções afetiva e volitiva, consideradas por ele secundárias (SAPIR, 1967, 40; cf. ELG1, 213). Contestando esta concepção, que exprime, aliás, a posição das filosofias tradicionais da linguagem, e indicando de que maneira suas reflexões se aproximam dos resultados obtidos por outros linguistas, Jakobson observa:

> Este acento posto pela mensagem sobre o referente está longe de ser a única possibilidade. Há pouco tempo, nos Estados Unidos, bem como no estrangeiro, os linguistas começaram a dar mais atenção às possibilidades de a mensagem exibir outros fatores, em particular os dois protagonistas do ato da comunicação, o emissor e o receptor. É assim que acolhemos com prazer às observações penetrantes

---

31. F. Tinland sublinha a importância da função fática, ao lembrar que ela é a primeira a aparecer na criança e a última a desaparecer em certas afasias. "Todo uso da fala se inscreve sobre o fundo deste esforço para 'normalizar' [...] o encontro com o outro, e é a partir desta entrada dos interlocutores num jogo regrado que a linguagem pode assumir as outras funções" (1977, 352).

de Smith a respeito dos elementos linguísticos que servem para caracterizar o sujeito falante, sua atitude em relação àquilo que ele fala e em relação a seu auditor (ELG1, 29)[32].

A lógica contemporânea distingue dois níveis de linguagem: a "linguagem-objeto" e a "metalinguagem", ou seja, a linguagem que fala dos objetos e a linguagem que fala de si mesma (ELG1, 217). "A faculdade de falar uma língua dada implica a de falar *sobre* essa língua" (ELG1, 81). O que está, no fundo, em questão nas operações metalinguísticas é o código. Segundo Jakobson, tais operações não constituem um instrumento disponível apenas aos especialistas (lógicos e linguistas), mas integram o uso ordinário e cotidiano da linguagem:

> Toda vez que o remetente e/ou destinatário julgarem necessário verificar se utilizam bem o mesmo código, o discurso está centrado no código: ele exerce uma função metalinguística (ou de glosa). "Não consigo acompanhá-lo — o que você quer dizer?" [...]. E o locutor, por antecipação se pergunta: "Você compreende o que quero dizer?" [...]. Qualquer processo de aprendizagem da linguagem, em particular a aquisição da língua materna pela criança, recorre abundantemente a semelhantes operações metalinguísticas; e a afasia pode frequentemente se definir como a perda da aptidão para as operações metalinguísticas (ELG1, 217).

Consideramos até aqui todos os fatores que compõem a comunicação linguística, com exceção de um único: a mensagem. Ora, como nos adverte Jakobson, "a visada (*Einstellung*) da mensagem enquanto tal, o acento posto na mensagem por sua própria conta, é o que caracteriza a função poética da linguagem" (ELG1, 217). Tal função, apesar de se encontrar principalmente na poesia, não se limita a esta, mas é usada em outros tipos de comunicação (por exemplo, em ensaios filosóficos, textos publicitários, narrativas romanescas etc.). Por outro lado, as outras funções mencionadas não estão necessariamente ausentes dos textos poéticos (a poesia épica centrada na terceira pessoa ressalta a função referencial da linguagem, e a poesia lírica, direcionada à primeira pessoa, res-

---

32. Jakobson cita Smith Jr. (1952).

salta a função emotiva). É por isto que "o estudo linguístico da função poética deve ultrapassar os limites da poesia, e [...] a análise linguística da poesia não pode se limitar à função poética" (ELG1, 219).

Qual é o critério fundamental para reconhecer a função poética de um discurso? Já conhecemos a estrutura bipolar da linguagem ou, mais precisamente, os dois tipos de organização do comportamento verbal: a seleção e a combinação. Segundo Jakobson, "a função poética projeta o princípio da equivalência do eixo da seleção sobre o eixo da combinação. A equivalência é promovida ao nível de procedimento constitutivo da sequência" (ELG1, 220).

Ao destacar "o lado palpável dos signos", a função poética "aprofunda [...] a dicotomia fundamental dos signos e dos objetos" (ELG1, 218). A poesia é, pois, apta a revelar o acentuado caráter estrutural da linguagem (a primazia do todo em relação às partes), o papel essencial da "visada" dos interlocutores na comunicação linguística e a interdependência do som e do sentido (cf. HOLENSTEIN, 1974, 193). É compreensível, portanto, que Jakobson sempre tenha considerado a poesia como um campo privilegiado dos estudos linguísticos (cf. JAKOBSON, 1973, 288; LEA, 143; cf. HOLENSTEIN, 1974, 177).

Notemos que as mensagens não se limitam a uma única das funções mencionadas. "A diversidade das mensagens reside não no monopólio de uma ou de outra função, mas nas diferenças de hierarquia entre elas" (ELG1, 214). A estrutura da mensagem é determinada, em cada caso, pela função predominante. A poética, diga-se de passagem, é definida, nesta perspectiva, como a disciplina linguística que estuda "a função poética em suas relações com as outras funções da linguagem" (ELG1, 222).

A guisa de conclusão, lembremos que este estudo das funções da linguagem aproximou a linguística estrutural da filosofia analítica, preparando-a, assim, para acolher um dos principais temas do pensamento linguístico posterior: a enunciação[33].

---

33. Limitando-nos a um importante exemplo, lembramos que Catherine Kerbrat-Orecchini, no seu ensaio já mencionado *L'énonciation de la subjectivité dans le langage* (1980), adota como ponto de partida de sua hipótese e de seu método de trabalho uma aguda reflexão sobre o esquema jakobsoniano da comunicação linguística, enriquecendo-o, aliás, consideravelmente (cf. 11-33).

2.5. Os aspectos indiciais e icônicos da linguagem

Segundo Ch. S. Peirce, o signo institui uma relação triádica cujos termos são: o *representamen*, o *objeto* e o *interpretante*. O *representamen* — o signo propriamente dito — ocupa o lugar de alguma coisa para alguém. Ocupa o lugar dessa coisa — ou desse objeto — não em todas as relações possíveis, mas em referência a uma espécie de ideia permanente (no sentido platônico), que se pode chamar "fundamento" do *representamen*. "[O signo] dirige-se a qualquer um", observa Peirce. Isso significa que ele "cria no espírito desta pessoa um signo equivalente ou, talvez, um signo mais desenvolvido" (PEIRCE, 1978, 121). Em outros termos, o signo remete sempre a outro signo, e é esta remissão que lhe permite ser interpretado. O segundo signo é, com efeito, o interpretante do primeiro[34].

Na ótica do pensador americano, "os signos se dividem [...] em *ícones, índices e símbolos*" (ibid., 148). Enquanto o ícone "ocupa o lugar de alguma coisa simplesmente porque se lhe assemelha" (ibid., 144), o índice é "realmente afetado" pelo objeto e, por isto mesmo, possui "alguma qualidade em comum com o objeto" (ibid., 140) ou, em outros termos, "está em conexão dinâmica" com ele (ibid., 158). O símbolo, por sua vez, é um signo convencional, cujo vínculo entre o representamen, o objeto e o interpretante obedece a uma regra. Um símbolo, diz Peirce, "é um signo que remete ao objeto que ele denota em virtude de uma lei, habitualmente uma associação de ideias gerais, que determina a interpretação do símbolo pela referência a este objeto" (ibid., 140). Um autorretrato de Van Gogh, assim como toda a pintura figurativa, deve ser classificado como ícone; os sintomas de uma gripe (febre, tosse, coriza etc.), na medida em que anunciam a doença e, ao mesmo tempo, a integram, são, seguramente, índices; os signos linguísticos, da mesma forma que as imagens gráficas que os representam, devem ser considerados como símbolos, já que a relação deles com o objeto é, segundo Peirce, convencional e arbitrária (cf. ibid., 161).

---

34. Como nos explica G. Deledalle, que traduziu e comentou os *Écrits sur le signe* de Ch. S. Peirce, o interpretante não é um intérprete. Este "é, no melhor dos casos, o lugar dos interpretantes". De fato, o intérprete na teoria de Peirce exerce apenas "uma função de suporte de signos" (G. DELEDALLE, comentário aos *Écrits sur le signe*, 226; cf. 216-218).

Peirce distingue dois tipos de ícones: as imagens e os diagramas. Empregando, como sugere Jakobson, a terminologia de Saussure, podemos dizer que os significantes das imagens correspondem às "qualidades simples" do objeto, enquanto os significantes dos diagramas correspondem parcialmente — isto é, sob alguns aspectos apenas — aos significados (cf. ibid., 150). Não obstante pertencerem à classe dos ícones, os diagramas precisam ser ratificados por uma convenção para se tornarem eficazes. Eles possuem, pois, dupla característica: são, ao mesmo tempo, icônicos e simbólicos. É por esta razão que, na sua utilização, esquecemos frequentemente o seu caráter arbitrário e tendemos a tratá-los, não como uma representação, mas como a própria coisa (cf. ibid., 144).

Jakobson aproxima a classificação de Peirce da teoria da associação[35]. O ícone se baseia numa "similaridade de fato", o índice numa "contiguidade de fato" e o símbolo numa "contiguidade instituída, adquirida" entre significante e significado (cf. EL, 100). O que importa nessa classificação, como nossas considerações precedentes sobre o diagrama já o indicam, não é, rigorosamente, a tripartição dos signos, mas a proporção desses três fatores na composição dos signos (cf. EL, 103). Os signos mais perfeitos são aqueles cujas características icônicas, indiciais e simbólicas se acham misturadas em proporções mais ou menos equivalentes. Este é justamente o caso dos signos linguísticos. Jakobson examina os elementos indiciais e os elementos icônicos da linguagem, respectivamente, nos artigos *Os embreadores, as categorias verbais e o verbo russo* e *A Procura da essência da linguagem*. Começaremos pela discussão do primeiro artigo, para tratar em seguida do segundo.

Ao considerar a função metalinguística da comunicação, Jakobson observa:

> A mensagem (M) e o código subjacente (C) são ambos os suportes da comunicação linguística, mas funcionam de maneira desdobrada: um e outro sempre podem ser tratados, seja como objetos de

---

[35]. "Aristóteles já tinha formulado as três leis da associação de ideias por contiguidade, semelhança e contraste, as quais suscitaram em psicologia numerosos trabalhos e discussões insistentes sobre sua irredutibilidade fundamental ou a possibilidade de reduzi-las a uma só (contiguidade ou similaridade)" (PIERON, 1957, 29).

emprego, seja como objetos de referência. É assim que uma mensagem pode remeter ao código ou a outra mensagem, e, por outro lado, a significação geral de uma unidade do código pode implicar um envio seja ao código, seja à mensagem (ELG1, 176).

Portanto, as referências da linguagem a si mesma não são apenas referências da mensagem para o código. Os dois suportes de comunicação (M e C) podem remeter, de fato, tanto a si mesmos como ao outro. No primeiro caso, Jakobson fala de "circularidade" e no segundo, de "imbricação". Obtêm-se, assim, quatro tipos possíveis de relações: a) circularidade: uma mensagem remetendo à mensagem (M/M) (por exemplo, as citações) ou o código remetendo ao código (C/C) (é o caso dos nomes próprios, cuja significação geral não pode se definir fora de uma referência ao código: "'Fido' designa, exatamente, um cão chamado 'Fido'"); b) imbricação: a mensagem remetendo ao código (M/C) ("toda interpretação tendo por objeto a elucidação de palavras e de frases — seja ela intralingual [circunlocuções, sinônimos] ou interlingual [tradução] — é uma mensagem remetendo ao código") ou o código remetendo à mensagem (C/M). Este último tipo de imbricação é o que particularmente nos interessa, pois o seu exame permite compreender a dimensão indicial da linguagem (cf. ELG1, 176-178). Como diz Jakobson,

> Todo código linguístico contém uma classe especial de unidades gramaticais que podemos chamar de embreador (*embrayeur*, em francês; *shifters*, em inglês); a significação geral de um embreador não pode ser definida fora de uma referência à mensagem (ELG1, 178; adição nossa entre parênteses).

A. W. Burks (1949, apud ELG1, 178), analisando a natureza semiótica dos embreadores, concluiu que convém considerá-los como "símbolos-índices", já que eles se associam ao objeto representado, simultaneamente, por uma regra convencional (símbolo) e por uma relação existencial (índice). Um exemplo muito importante desse gênero de signo é o pronome pessoal:

> "Eu" designa a pessoa que enuncia "Eu". Assim, por um lado, o signo "eu" não pode representar seu objeto sem lhe estar associado "por uma regra convencional" e, em códigos diferentes, o mesmo

sentido é atribuído a sequências diferentes, tais como "eu", "ego", "ich", "I" etc.: portanto, "eu" é um símbolo. Por outro lado, o signo "eu" não pode representar seu objeto se não estiver "numa relação existencial" com este objeto: a palavra "eu", ao designar o enunciador, está numa relação existencial com a enunciação, logo, funciona como um indicador (ELG1, 179).

Alguns filósofos da linguagem admitem que o caráter particular do pronome pessoal e de outros embreadores reside na ausência de uma significação geral única e constante. É o caso de Ed. Husserl e de B. Russel[36]. O primeiro afirma: "A palavra 'eu' designa, conforme o caso, pessoas diferentes e retira desse fato uma significação sempre nova" (HUSSERL, 1972 apud ELG1, 179). O segundo, por sua vez, define os embreadores (ou, em sua terminologia, "as partículas egocêntricas"), "pelo fato de que nunca se aplicam a mais de uma coisa ao mesmo tempo" (RUSSEL, 1940 apud ELG1, 178). Jakobson, todavia, sustenta que, além da significação particular ou indicial, "cada embreador [...] possui uma significação geral própria. Assim, 'eu' designa o remetente (e 'tu' o destinatário) da mensagem à qual pertence" (ELG1, 179)[37].

Empregando a terminologia de É. Benveniste — linguista, aliás, citado por Jakobson —, podemos dizer que os embreadores são os "indicadores" da linguagem. Sua principal função, como veremos adiante (cf. infra, cap. III, 2.1), não é nomear, mas indicar o *eu*, o *aqui*, o *agora*, o *isso*, em outras palavras, "a relação de um sujeito falante com uma audiência e uma situação" (CI, 251)[38].

---

36. RUSSEL, Bertrand, *An inquiry into meaning and truth*, 1940.
37. Convém lembrar que um dos principais representantes atuais da filosofia analítica, o pensador alemão Ernst Tugendhat, apresenta uma importante reflexão sobre a questão do eu (cf. TUGENDHAT, 1993, 9-23).
38. É preciso reconhecer, no entanto, que os filósofos da linguagem admitem há longo tempo a existência de uma "diferença notável entre o signo em si mesmo e o emprego individual que se faz dele" (DESL, 138). Assim, Peirce distingue o "signo-tipo" do "signo-ocorrência" (cf. ibid.). P. F. Strawson ("On Referring", MIND, 1950) retoma esta discussão, encaminhando-a numa direção que vai ao encontro das reflexões de Jakobson e sobretudo Benveniste sobre o mesmo tema (cf. infra, cap. III, 2.1). "Quando se fala de um signo, é preciso, com efeito, sempre precisar se se fala de uma ocorrência particular deste signo, do acontecimento único que foi seu emprego por tal pessoa, em tal ponto do espaço e do tempo (em inglês *sign-token*), ou antes do signo considerado em si mesmo, independente-

Consideremos agora, o aspecto icônico da linguagem. Em seu artigo *A procura da essência da linguagem* (EL), Jakobson apresenta uma crítica radical ao princípio saussuriano da arbitrariedade do signo. Estudando os elementos icônicos da linguagem, ele se empenha em demonstrar a existência de uma analogia entre a ordem dos significantes e a dos significados. Os signos linguísticos não seriam "radicalmente arbitrários", como pensava Saussure, mas admitiriam sempre certo grau de motivação entre seus elementos. Sigamos a argumentação de Jakobson.

J. H. Greenberg[39] (apud EL, 106), ao inventariar os "universais" e os "quase universais" da linguagem, observou que, "nas frases enunciativas que admitem um sujeito e um objeto", o sujeito (ponto de partida da ação) precede invariavelmente o objeto (o ponto final da ação). "Não importa qual seja sua posição [...], o agente é necessariamente erigido em herói da mensagem, logo que assume o papel de sujeito". Jakobson observa: "É incontestável que tal procedimento gramatical reflita a hierarquia dos conceitos gramaticais" (EL, 106). Eis o exemplo de um fato extralinguístico (uma hierarquia de posições ou de funções) que determina um procedimento linguístico universal. Vejamos outros.

Como a teoria dos gráficos[40] revelou, é possível transcrever, com exatidão, estruturas gramaticais inteiras para gráficos, em particular sistemas sintáticos. No entanto, o caráter diagramático da linguagem não se manifesta somente na combinação de palavras em frases, mas igualmente na combinação de morfemas em palavras. Apresentaremos, a seguir, alguns exemplos extraídos do nível morfológico da linguagem, os

---

mente do fato de ser ou não utilizado (*sign-type*). Ora, o signo, tomado em si mesmo, não tem, em geral, referente assinalável. (A que se referem 'eu', 'tu', 'este garoto', 'João', 'o carro que sobe uma rua'?) Salvo exceção, somente a ocorrência de um signo tem valor referencial, seu emprego por um dado locutor em circunstâncias dadas. Quanto ao próprio signo, só é possível reconhecer-lhe um 'sentido'. O que é, então, compreender o sentido de um signo? É possuir um método para determinar, em cada ocorrência deste signo, a que se refere essa ocorrência (conhecer o sentido de Eu é ser capaz de saber, quando uma pessoa diz Eu, a quem ela se refere)" (Ducrot e Todorov, interpretando o pensamento de P. F. Strawson no artigo citado, cf. DESL, 318).

39. GREENBERG, Joseph Harold, *Universals of language*, Cambridge, MA, MIT Press, 1963.
40. HARARY, Frank; NORMAN, Robert Z.; CASTURIGHT, Dorwin, *Structural models. An introduction to the theory of directed graphs*, [s.l.], John Wiley & Sons, 1965, apud El, 107.

quais revelam claramente, aos olhos de Jakobson, a correspondência analógica entre o significante e o significado.

Nas línguas indo-europeias, os graus de comparação dos adjetivos (positivo, comparativo, superlativo) aumentam progressivamente o número de fonemas. Aproximando *high-higher-highest* (inglês) de *altus-altior-altissimus* (latim), verifica-se, imediatamente, que "os significantes refletem a gama de graduação dos significados" (EL, 108). Em todas as línguas, sem exceção, as formas do plural se distinguem das do singular pela adição de um ou mais fonemas. Verifica-se este procedimento, por exemplo, nas formas verbais pessoais: o plural tende a ser representado por desinências mais longas que às das formas singulares. É o que ocorre na conjugação do verbo *finir*, em francês *(Je finis — nous finissons; tu finis — vous finissez; il finit — ils finissent)* ou do verbo *terminar*, em português *(Eu termino — nós terminamos; tu terminas — vós terminais; ele termina — eles terminam)*.

Saussure faz a distinção, como já vimos (cf. supra, cap. I, 2.5.7), entre o "arbitrário relativo" e o "arbitrário absoluto". *Vingt* [vinte] e *neuf* [nove/novo] são termos completamente imotivados; porém, *vingt-neuf* [vinte e nove], na medida em que resulta da combinação dos dois outros, é parcialmente motivado (ou relativamente arbitrário). Ora, palavras da língua francesa, como *berger* (pastor) e *ennemi* (inimigo), classificadas por Saussure como absolutamente arbitrárias, são na verdade, como sustenta Jakobson, relativamente motivadas. De fato, o segmento *er* de *berger*, por exemplo, associa-se "a outras espécies desse sufixo que indica o agente e ocupa o mesmo lugar em outras palavras da série paradigmática, tais como *vacher* [vaqueiro] etc." (EL, 109). *Ennemi*, por sua vez, rima com *ami* (amigo), e o sujeito falante não fica indiferente a este fato. Analogamente, "*father, mother* e *brother* não se dividem em raiz e sufixo; contudo, a identidade fônica desses termos de parentesco — na segunda sílaba — é percebida como uma espécie de alusão fonológica de sua proximidade semântica" (EL, 111).

Segundo Jakobson, todos esses exemplos, extraídos de diferentes níveis de articulação linguística (morfológica, sintática etc.) destroem "o dogma saussuriano do caráter arbitrário do signo" (EL, 102), na medida em que eles justificam, respondem e explicam uma antiga interrogação formulada por Platão no *Crátilo*: "Graças a que espécie de imitação (*mimesis*) a língua une o significante ao significado?" (EL, 105).

Cabe observar que os artigos de Jakobson estudados nesta seção têm o mérito de ressaltar dois elementos fundamentais da linguagem, que, frequentemente, são considerados como excluídos da linguística estrutural, a saber, o sujeito (analisado pela teoria dos embreadores) e o referente (recuperado, como será mostrado a seguir, pela crítica do linguista ao princípio saussuriano da arbitrariedade do signo).

2.6. O exame das críticas de Jakobson a Saussure

À refutação do princípio da arbitrariedade do signo que acabamos de estudar, juntam-se duas outras graves censuras — assinaladas, também, ao longo de nossa exposição — dirigidas por Jakobson à linguística saussuriana, a saber, "a crença tradicional no caráter linear do significante" e a presunção de que as transformações linguísticas se explicam por acaso, isto é, fora de qualquer referência teleológica. A admissão dessas críticas, notadamente das duas primeiras, significaria, em nosso entender, a destruição da teoria da língua. Sentimo-nos, portanto, forçados a discuti-las antes de abandonar o terreno linguístico explorado por Jakobson.

a) A argumentação de Jakobson contra o princípio da arbitrariedade do signo fundamenta-se, ao que parece, num equívoco do próprio Saussure. Ao nos apresentar seu conceito de símbolo, o qual equivale ao que Peirce denomina ícone, o genebrino afirma: "O símbolo tem como característica não ser jamais completamente arbitrário; ele não é vazio, há um rudimento de vínculo natural entre o significante e o significado" (CLG, 101). O símbolo seria, pois, uma classe de signo que comportaria uma motivação e uma homogeneidade entre o significante e o significado. Assim, por exemplo, o uso da balança para representar a justiça ou, no campo dos signos linguísticos, as onomatopeias e exclamações[41].

É evidente que o termo "significado", tal como Saussure o emprega no extrato citado, na medida em que designa a realidade extrassistêmica, não possui um sentido puramente diferencial e opositivo, quer dizer, não

---

41. Saussure, contudo, não deixa de ressaltar: "As onomatopeias e as exclamações têm importância secundária, e sua origem simbólica é em parte contestável" (CLG, 102).

constitui um valor linguístico. Esta forma de considerar o "significado" — sem dúvida, legítima em outros contextos — permanece completamente à margem da contribuição fundamental do CLG: o enfoque semiológico da linguagem e da cultura.

Na perspectiva saussuriana não pode haver correspondência nem semelhança entre o significante e o significado, porque, como já vimos (cf. supra, cap. I, 2.2.1), esses dois elementos não são autônomos, e sim interdependentes: eles surgem simultaneamente[42] e toda alteração de um provoca, necessariamente, uma alteração no outro. Este, aliás, é o sentido de uma famosa metáfora de Saussure: "A língua", diz ele, "é comparável a uma folha de papel: o pensamento é o anverso, e o som, o verso; não se pode recortar um sem, ao mesmo tempo, recortar o outro" (cf. CLG, 157).

Na realidade, tanto a concepção saussuriana do símbolo quanto a argumentação de Jakobson no artigo que estamos analisando fazem, em nossa entender, uma confusão entre o significado e o que o lógico Frege denomina "referente". Se a relação entre significante e significado é sempre imotivada, a relação "que se estabelece entre signo e referente, entre signo e representação pode ser motivada. Há uma semelhança entre o som 'cuco' e o canto do pássaro (o referente ou a representação auditiva)" (DESL, 135). A contribuição de Jakobson foi demonstrar que a analogia entre o significante e o referente é muito mais frequente e importante do que pensava Saussure, podendo até justificar a suspeita de que ela constitua "a essência da linguagem".

Entretanto, se entre o significante e o referente pode existir uma relação de analogia, é preciso admitir também que o signo linguístico não é necessariamente imotivado, como muitas vezes afirma Saussure. Em outros termos: o princípio da arbitrariedade do signo não impede que este mantenha uma relação de homogeneidade e de semelhança com uma ordem externa. Motivação e arbitrariedade não são termos incompatíveis, mutuamente exclusivos. O signo linguístico é sempre arbitrário, mas nem sempre imotivado. O que é, então, essencial ao princípio

---

42. "O significado, diríamos tautologicamente, não existe fora de sua relação com o significante nem antes, nem depois, nem alhures; é o mesmo gesto que cria o significante e o significado, conceitos que não podem ser pensados um sem o outro" (DESL, 132).

da arbitrariedade não é, apesar das afirmações de Saussure, o caráter imotivado dos signos linguísticos, mas a autonomia da língua em relação a toda ordem externa. Se Saussure insistiu nesse ponto, foi provavelmente porque sua discussão do princípio da arbitrariedade do signo se desenvolveu em oposição às teorias tradicionais da linguagem, as quais, como já foi mencionado (cf. supra, cap. I, 1), afirmam frequentemente a existência de uma analogia entre a ordem linguística e a ordem lógica. Sob esta perspectiva, deve-se reconhecer a pertinência e a oportunidade da crítica de Jakobson, a qual requer não a rejeição do princípio da arbitrariedade, mas — o que é totalmente diferente — sua retificação.

b) Aos olhos de Jakobson, a definição de fonema como "feixe de traços distintivos" simultâneos provoca a destruição do princípio saussuriano da linearidade do significante. A nosso ver, essa crítica repousa sobre um equívoco. De fato, na medida em que não possui significado, o fonema, evidentemente, não pode ser considerado, na perspectiva do CLG, como um signo. Por esta mesma razão, ele também não possui significante (cf. DE MAURO, 447). Na realidade, não há incompatibilidade alguma entre a sucessão temporal dos fonemas, que se conforma ao princípio da linearidade, e a simultaneidade de seus traços distintivos, a qual não se submete a esse princípio. Aliás, é o que uma comparação já mencionada de Jakobson o sugere claramente: "O fonema, como um acorde musical, pode ser decomposto em elementos menores e simultâneos". A sucessão temporal dos acordes não impede, absolutamente, sua decomposição em unidades mínimas simultâneas.

c) O exame atento de várias declarações de Saussure, tanto no CLG como nas fontes manuscritas (cf. supra, cap. I, 2.6.3), revela que as divergências entre sua posição e a da Escola de Praga, no que diz respeito à questão da "teleologia" das transformações linguísticas, podem ser atenuadas de maneira considerável. Se denominarmos *télos* (o objetivo, a finalidade, a direção) da evolução linguística, a ação de uma entidade qualquer extrassistêmica, que orienta intencionalmente as transformações num sentido predeterminado, parece-nos evidente que tanto Saussure como os linguistas de Praga rejeitariam tal hipótese. Mas, se chamarmos de *télos* a incorporação do acaso ao sistema, a fim de restaurar um equilíbrio perdido, então o próprio Saussure aceitaria a "teleologia" de seus discípulos de Praga. "O acaso", diz Saussure nas fontes manuscritas do *CLG*, "cria o que se tornará significativo" (FM apud Chiss, *Langages*, 1978, 103). O genebrino sublinha em sua análise o papel do acaso nas alterações linguísticas precisamente porque elas não têm nenhum sentido fora do sistema. Os praguenses, ao contrário, insistiram no sentido que o sistema oferece posteriormente às mudanças. Seja como for, o acaso constitui apenas uma face da evolução linguística. As combinações fortuitas, como disse Saussure diversas vezes (cf. supra, cap. I, 2.6.3), tendem a constituir um sistema estável.

As divergências entre os dois linguistas são, por conseguinte, superficiais. A estrutura da teoria saussuriana permaneceu intacta após os ataques vigorosos, mas, na realidade, inconsistentes, de Jakobson. E como poderia ser diferente se a teoria da língua é a base da fonologia? Não há fonema fora da língua nem língua fora dos três princípios.

3. Conclusão: a análise estrutural e a função semântica da linguagem

Estudaremos, na segunda parte deste trabalho, o papel essencial que a fonologia exerceu na transposição por Cl. Lévi-Strauss do modelo linguístico para a etnologia, do que resultou o surgimento da antropologia estrutural. As reflexões de Jakobson sobre a linguagem, como nossa exposição o mostrou, estão longe, contudo, de se restringir ao exame dos sons diferenciais da língua. Ao meditar sobre o "fator tempo" em linguística, ao analisar a aquisição e a dissolução das estruturas fonológicas, ao descrever os eixos da seleção e da combinação, ao aproximar a linguística estrutural da teoria da comunicação, ao isolar os elementos indiciais e icônicos da linguagem, Jakobson, sob a influência de Husserl, ressaltou: a possibilidade de uma sincronia dinâmica e de uma diacronia estática; a distinção entre simultaneidade objetiva e simultaneidade subjetiva; a ação do sujeito falante sobre código, para criar subcódigos; a especificidade das intenções dos interlocutores, de acordo com sua posição no circuito da comunicação; as duas linhas semânticas de nossos discursos (similaridade/metáfora; contiguidade/metonímia); a necessária participação do observador nos fatos observados; a dimensão subjetiva e referencial dos fenômenos linguísticos; em suma, a função significante (ou semântica) da linguagem, com suas implicações metodológicas, epistemológicas e a antropológicas.

Na verdade, as estruturas fonológicas, assim como as estruturas linguísticas em geral, não podem ser nem acionadas nem explicadas fora do sujeito, da referência e da história. Se a filosofia estruturalista, oriunda das reflexões de Cl. Lévi-Strauss sobre a antropologia estrutural, tende a excluir tais elementos de sua abordagem da cultura e da linguagem, a aplicação do método estrutural em linguística, como esperamos ter demonstrado ao longo de nossa exposição das teorias de Saussure e Jakobson no campo da linguagem, os supõe a todo momento.

Antes de analisar a antropologia estrutural, apresentaremos, no próximo capítulo, a distinção elaborada por É. Benveniste entre as ordens semiótica e semântica. Esta distinção, por um lado, permite-nos criticar e ultrapassar certos aspectos das teorias de Saussure e de Jakobson, conservando, porém, o essencial da contribuição desses grandes teóricos para a renovação dos estudos linguísticos; por outro lado, esclarece a articulação entre o sistema (com suas estruturas) e o sentido, revelando que a ordem semiológica (ou semiótica, como Benveniste prefere se expressar) depende da ordem semântica, a qual pode ser considerada como a condição de possibilidade daquela.

CAPÍTULO III
Émile Benveniste:
do enunciado à enunciação

Cl. Lévi-Strauss disse certa vez em carta a C. Clément: "Na França há três estruturalistas autênticos: Benveniste, Dumézil e eu" (CLÉMENT, 1974, 14). É, pois, incontestável a filiação de Benveniste ao movimento estruturalista. O linguista francês, porém, não se limitou a retomar as ideias de Saussure para aplicá-las a novos campos de estudo de sua disciplina. Na verdade, ele se esforçou para ultrapassar Saussure. Como nos lembra Cl. Normand, Benveniste elaborou

> a partir 1946, ao longo de artigos que se tornaram célebres, o que [seria] mais tarde retomado e designado sob o termo geral de *teoria da enunciação*. Esse trabalho, cujos primeiros e principais momentos se situam entre 1946 e 1970, foi marcado por uma relação discreta, porém explícita, com a filosofia anglo-saxônica e, simultaneamente, com a tradição linguística de Praga, representada por Jakobson, cujas visões teóricas, a esse tempo, caminhavam na mesma direção (NORMAND, 1985, 7).

Embora Benveniste possa ser considerado como o pai da nova linguística[1], suas reflexões sobre a enunciação eram pouco conhecidas na França antes de 1970[2]. Os linguistas, imersos na análise estrutural, limitavam-se a citar confusamente os artigos mencionados, negligenciando o que eles continham de mais importante do ponto de vista teórico (cf. ibid., 10-14). Os psicanalistas, por sua vez, ao discutir a questão do sujeito, puseram-se no caminho da enunciação, o que, aliás, foi salutar para o desenvolvimento da linguística. Contudo, eles não souberam avaliar, de maneira adequada, a contribuição de Benveniste. Assim, como nos lembra Cl. Normand, J. Lacan,

> na lição inaugural do seminário do ENS sobre o *Objet de la Psychanalyse*, sublinha explicitamente "a diferença do enunciado e da enunciação", [evocando] Jakobson para contrapô-lo a Chomsky, mas não cita Benveniste (*Écrits*, 860). As raras alusões feitas explicitamente a este último, nos *Écrits*, jamais se referem à teoria da enunciação como tal (ibid., 14).

No que concerne à filosofia, a obra de P. Ricoeur, como ressalta ainda oportunamente Cl. Normand, constitui uma notável exceção a este silêncio acerca da teoria em causa. No artigo intitulado *La structure, le mot et l'évenement*, publicado em 1967 (Ricoeur também publicou esse artigo em CI, 80-97), esse filósofo apresenta um resumo "admiravelmente claro" das ideias de Benveniste. "Não se trata mais de um conjunto de conhecimentos com referências difusas, mas, sim, da utilização filosófica de textos linguísticos precisos" (Cl. Normand, ibid., 16). Ricoeur interpelou, a partir da fenomenologia husserliana, a linguística estrutural e incorporou a sua reflexão hermenêutica, buscando apreender a dialética entre a estrutura e o sentido, o conceito de "instância do discurso", vinculado à teoria dos "indicadores" de Benveniste. "O filósofo", afirma Cl. Normand, "parece armado para melhor e mais rapidamente compreen-

---

1. Como nos lembra ainda Cl. Normand, os textos de Benveniste permitiram "a emergência de uma corrente linguística, particularmente na Franca, que sob diversas formas resultou na teoria da enunciação ou na análise do discurso" (ibid., 9).
2. "Benveniste era mal conhecido (mais do que desconhecido) antes de 1970, embora Jakobson, quando citado a propósito dos embreadores (*embrayeurs*), parecia tê-lo lido" (ibid., 9).

der o alcance de algumas novas teorias linguísticas do que os próprios linguistas, demasiado ocupados em readaptar seus procedimentos tradicionais ou recentes sem desejar subvertê-los" (ibid., 42).

A crítica de Benveniste à teoria saussuriana da língua — crítica que está na raiz da "linguística da enunciação" — consiste, basicamente, em distinguir a ordem semiótica, a única considerada pela linguística estrutural, da ordem semântica, ignorada pela "vulgata", mas necessária para tornar plenamente inteligível as descobertas saussurianas e fazer avançar os estudos linguísticos que tratam a linguagem, para nos expressarmos ainda como P. Ricoeur, "como ato de fala, como *dizer*" (CI, 85), mais do que como objeto.

Abordaremos, inicialmente, a distinção entre as duas ordens mencionadas, para em seguida discutirmos a teoria dos indicadores da linguagem, a qual foi o ponto de partida das reflexões de Benveniste sobre a "instância do discurso" e sobre o ato da "enunciação". Convém ressaltar que este teórico, graças a este remanejamento da teoria saussuriana, se empenhou em recuperar para a linguística o sujeito, o referente e o acontecimento, vale dizer, os elementos que, segundo a opinião corrente — endossada, aliás, por P. Ricoeur —, foram excluídos sumariamente do método estrutural. Contudo, na conclusão deste estudo, questionaremos esta suposta exclusão. Trataremos de mostrar que, ao menos no que diz respeito às teorias de Saussure e de Jakobson, pelas razões já expostas, e ainda por outras, esses elementos estão presentes.

1. **A distinção entre as ordens semiótica e semântica**

1.1. O estatuto da linguagem entre os sistemas de signos

Dois pesquisadores na mesma época, mas independentemente um do outro, projetaram uma ciência dos signos e se empenharam para que ela se tornasse efetiva: F. de Saussure e Ch. Sanders Peirce. Este, buscando durante toda a sua vida a realização dessa ciência, que denominava, sob a influência de Locke, "semiótica", criou um aparelho "complexo de definições visando a distribuir a totalidade do real, do concebido e do vivido nas diferentes ordens de signos" (PLG2, 44). A construção desta "álgebra universal de relações" (ibid.) motivou-lhe a famosa análise triádica do signo, de cujo conteúdo já tratamos no capítulo precedente (cf. cap. II, 2.5).

Peirce, no juízo de Benveniste, nada disse de preciso e específico a respeito da língua. "Para ele, a língua está em toda parte e em parte alguma" (ibid.). Na verdade, afora a tripartição dos signos em ícone, índice e símbolo, os conceitos peircianos não têm aplicação particular em linguística. Segundo Benveniste, a falha principal do filósofo americano é a generalização do conceito de signo:

> O homem inteiro é um signo, seu pensamento é um signo, sua emoção é um signo. Mas, afinal, esses signos, sendo todos signos uns dos outros, de que poderão ser signos que *não seja* signo? Encontraremos o ponto fixo onde amarrar a *primeira* relação de signo? O edifício semiótico construído por Pierce não pode ser incluído na sua definição. Para que a noção de signo não seja abolida desta multiplicação ao infinito, é preciso que, em alguma parte, o universo admita uma diferença entre o signo e o significado (PLG2, 45).

Peirce, porém, compreendeu muito bem que "os signos não podem funcionar de maneira idêntica nem depender de um sistema único". Existem, portanto, muitos sistemas de signos e é necessário explicar as relações de diferença e analogia entre eles. Essa é a tarefa capital da semiótica.

Bem diverso foi o caminho de Saussure em direção à ciência dos signos. "Nele a reflexão procede da língua e toma a língua como objeto exclusivo" (ibid.). Saussure distingue a língua da linguagem, já que este objeto lhe fornece um princípio de unidade que faltava à linguística anterior e, por isso mesmo, lhe permite inserir sua disciplina numa futura ciência, cujo domínio é o conjunto dos fatos humanos. É assim que ele passa da linguística à semiologia, fazendo daquela uma ramificação desta, ainda que uma ramificação privilegiada, porque a língua é "o mais importante" dos sistemas semiológicos (CLG, 33). Refletindo acerca dos sistemas mencionados por Saussure, constata-se, efetivamente, que "eles só se mantêm numa relação semiológica por intermédio de um discurso" (PLG2, 50). O *rito* requer o *mito*, as regras de *cortesia* exigem o *protocolo* e assim por diante. É a língua, pois, que produz e interpreta todos esses sistemas. É por isso que, na perspectiva saussuriana, "a linguística poderá tornar-se o modelo geral de toda a semiologia, embora a língua seja apenas um sistema particular" (CLG, 101).

Saussure, que já havia declarado no início do CLG que uma das principais tarefas da linguística é "se delimitar e se definir" (CLG, 20) a si mesma, não hesita em afirmar, no momento em que aproxima sua disciplina da semiologia, que "a tarefa do linguista é definir o que faz da língua um sistema especial dentro do conjunto dos fatos semiológicos" (CLG, 33). A própria linguística só pode ser entendida ao situar seu objeto no campo dos signos. "O problema linguístico é antes de tudo semiológico" (CLG, 34).

É nesse ponto que intervém a reflexão de Émile Benveniste. Saussure não conseguiu concluir essa tarefa, apesar de nos haver deixado os instrumentos para realizá-la. Além disso,

> quando [ele] introduziu a ideia do signo linguístico, pensava ter dito tudo sobre a natureza da língua; não parece ter considerado que ela pudesse ser ao mesmo tempo outra coisa, senão no quadro da bem conhecida oposição que ele estabeleceu entre língua e fala (PLG2, 219).

Permanecendo fiel a Saussure no que se refere ao aspecto semiológico da língua, (ou semiótico, como ele prefere se expressar), Benveniste vai além de seu mestre ao tematizar o aspecto semântico da língua. A descoberta da dialética entre as ordens semiótica e semântica permitiu ao linguista francês, como mostraremos a seguir, a realização daquilo que para Saussure não passava de um desejo, a saber, determinar o "estatuto da língua entre os sistemas de signos" (PLG2, 50).

1.2. Sistema e representação

"O papel do signo", diz Benveniste, "é representar, tomar o lugar de outra coisa evocando-a a título de substituto" (PLG2, 51). Esse modo de conceber o signo está em perfeita harmonia e continuidade com a tradição filosófica ocidental. "É. Benveniste", afirma P. Ricoeur, "revela um tato extraordinário e um senso agudo da tradição filosófica, quando aproxima 'dizer alguma coisa', 'significar', 'representar'" (CI, 248). Contudo, como já tivemos oportunidade de assinalar, Jakobson também chamou nossa atenção para esse fato. Em um de seus *Essais de linguistique générale*, reportando-se explicitamente a Saussure, declara:

A definição medieval do signo — *aliquid stat pro aliquo* — que nossa época ressuscitou se mostrou sempre válida e fecunda. É assim que a marca constitutiva de todo signo em geral, do signo linguístico em particular, reside no seu caráter duplo: cada unidade linguística é bipartida e comporta dois aspectos, um sensível e outro inteligível — de um lado o *signans* (o *significante* de Saussure), e de outro o *signatum* (o *significado*). Esses dois elementos constitutivos do signo linguístico (e do signo em geral) se supõem e um chama necessariamente o outro (ELG1, 162).

No entanto, não se pode dizer, em hipótese alguma, que Saussure, Jakobson e Benveniste tenham apenas retomado tal qual a concepção tradicional do signo. Conforme procuramos demonstrar anteriormente, a grande novidade que o enfoque estrutural da linguagem trouxe para as ciências humanas reside no conceito de sistema, o qual permitiu a abertura deste setor de pesquisa que constitui, justamente, o tema principal do presente estudo, ou seja, o campo semiológico. Em uma passagem já citada, Saussure adverte: "É uma grande ilusão considerar um termo somente como a união de certo som com certo conceito. Defini-lo assim seria isolá-lo do sistema do qual faz parte" (CLG, 157).

Seja como for, por razões que serão expostas mais adiante (cf. infra, cap. III, 3), é muito importante aproximar, como o fez Benveniste, o conceito saussuriano de signo deste termo capital da tradição filosófica, a saber, "representação", termo, aliás, que não é de modo algum estranho ao pensamento de Cl. Lévi-Strauss (cf., por exemplo, IOMM, XX; AS, 61 e 391).

F. Tinland também ressalta a relação entre "sistema" e "representação". Ao comentar uma célebre reflexão do pai da antropologia estrutural a respeito da aquisição da linguagem — Cl. Lévi-Strauss afirma que o acesso à significação não é progressivo, mas brusco e descontínuo (cf. IOMM, XLVII) —, observa:

> A partir do momento em que se encontra instalado este reenvio, pelo qual o que é apresentado se torna signo de um além de si mesmo — *aliquid stat pro aliquo* —, esse jogo de reenvio cobre o campo inteiro do que constitui "o universo" próprio daquele que assim "entrou em significação". Aí está o correlato necessário do

caráter sistemático dos signos tais como eles se entrelaçam e se determinam entre si, no interior e a partir dos significantes privilegiados que o homem pode emitir à vontade pela modulação da voz (TINLAND, 1977, 383; cf. 365).

Essa articulação entre sistema e representação nos põe, segundo Ricoeur, no limiar da distinção entre o semiótico (ou semiológico) e o semântico. Como esse pensador afirma, de uma forma lapidar, mas igualmente discutível, "opor o signo ao signo é a função *semiológica*; representar o real pelo signo é a função *semântica*" (CI, 248). Mas examinemos mais de perto a argumentação de Benveniste.

1.3. A *dupla "significância" da língua*

Após haver enumerado os sistemas de signos que operam em nossa vida cotidiana (a linguagem, a escrita, a arte, os cultos, os ritos, as trocas econômicas e ainda os signos de cortesia, de reconhecimento, de reunião, entre outros) e ter observado que eles parecem responder "a uma necessidade de nossa organização mental" — em outra passagem o autor sustenta que todos estes sistemas supõem no homem uma "faculdade semiótica" (PLG2, 223) —, Benveniste se pergunta: "Nessas numerosas e tão diversas maneiras que têm os signos de se configurar, qual princípio introduzir que ordene as relações e delimite os conjuntos?" A resposta vem de imediato: "O caráter comum a todos os sistemas e o critério de sua pertença à semiologia é a sua propriedade de significar, ou *significância*, e a sua composição em unidades de significância, ou *signos*" (PLG2, 51). Caso se queira definir um sistema semiótico, é preciso, pois, determinar seu "modo de significação" (PLG2, 57).

Benveniste examina sob esse aspecto os signos da sociedade, os da arte (música e artes plásticas), comparando-os com a língua. Suas principais conclusões podem ser resumidas do seguinte modo (cf. PLG2, 51-53):

1º) Um sistema semiológico caracteriza-se: a) por seu modo de operar (a maneira como o sistema age, em particular pelo sentido [visão, audição etc.] ao qual se dirige); b) por seu domínio de validade (aquele onde o sistema se impõe e deve ser reconhecido e obedecido); c) pela natureza e o número de signos; d) pelo tipo de funcionamento (a relação que une os signos e lhes confere uma função distintiva); e) pela binariedade, que é "a característica semiológica por excelência" (PLG2, 223; cf. PLG2, 53). As duas primeiras condições (a e b), que comportam certo grau de acomodação, são *externas* (ou empíricas); as duas seguintes (c e d), que não admitem variações ou acomodações, são *internas* (ou semióticas) (PLG2, 52).

2º) Os sistemas semióticos não são mundos fechados, mas mantêm relações entre si. Importa, no entanto, precisar: a relação estabelecida entre os sistemas semióticos é ela mesma de natureza semiótica. Essa relação é determinada por dois fatores, a saber, a ação de um mesmo meio cultural e o tipo de interpretação que é realizado. De fato, um dado sistema semiótico pode ou ser interpretado por ele mesmo ou ser interpretado por outro sistema.

Reflitamos um momento sobre o último ponto, porque é ele que nos revela a originalidade da língua. Segundo Benveniste, "a língua é o interpretante de todos os sistemas semióticos", tanto linguísticos como não linguísticos (PLG2, 60). Assim, "os signos da sociedade podem ser integralmente interpretados pelos da língua, não o inverso" (PLG2, 54). Ocorre o mesmo com os signos musicais e os das artes plásticas: "nenhuma semiologia do som, da cor, da imagem formular-se-á em sons, em cores, em imagens. Qualquer semiologia de um sistema não linguístico deve servir-se da mediação da língua, só podendo existir, portanto, pela e na semiologia da língua" (PLG2, 60). É incontestável, por conseguinte, que a língua — e só a língua — confere "a outros conjuntos a qualidade do sistema significante". Em outras palavras: a língua exerce "uma modelagem semiótica" sobre os outros sistemas (PLG2, 63) e, nesta condição, ela é "a organização semiótica por excelência" (PLG2, 62).

A que se deve este privilégio? "A língua", responde Benveniste, "significa de um modo que nenhum outro sistema é capaz de reproduzir" (PLG2, 63). Na realidade, a significação é o ser mesmo da língua e não algo que lhe venha por acréscimo:

> A linguagem é a atividade significante por excelência, a própria imagem daquilo que pode ser a significação; qualquer outro modelo significativo que pudermos construir será aceito na medida em que

se assemelhar, por alguns de seus aspectos, ao modelo da língua. Efetivamente, a partir do momento em que uma atividade é concebida como representação de alguma coisa, como "significando" alguma coisa, fica-se tentado a chamá-la de linguagem (PLG2, 218).

Por esse motivo, o linguista que se ocupa da língua por ela mesma não pode afastar a significação de suas pesquisas ou tratá-la como se ela fosse um fenômeno marginal ou simplesmente pressuposto (cf. PLG2, 216). Na verdade, é vão buscar as unidades linguísticas fora do sentido.

Mas como a língua significa? Qual é a especificidade da significância da língua em relação à significância dos demais sistemas semióticos? Segundo Benveniste — e alcançamos aqui o cerne de sua análise —, a língua "é investida de *dupla significância*" ou, mais precisamente, ela combina dois modos distintos de significância, a saber, "o modo *semiótico*, por um lado, e o modo *semântico*, por outro" (PLG2, 63).

1.4. Forma e sentido

A compreensão adequada desses dois modos de significância requer o estudo preliminar da distinção entre forma e sentido, tal como Benveniste a retoma para criticar o método estrutural. Reinterpretada no funcionamento da língua, esta distinção, aparentemente banal, "retoma", como assegura o autor, "toda a sua força e necessidade" (PLG2, 217).

A análise estrutural consiste, basicamente, em duas operações complementares: a segmentação e a substituição:

> Seja qual for a extensão do texto considerado, é preciso, antes de tudo, segmentá-lo em porções cada vez mais reduzidas, até chegar aos elementos não decomponíveis. Simultaneamente, identificam-se estes elementos pelas substituições que eles admitem (PLG1, 120).

Como se vê, a primeira operação diz respeito às relações sintagmáticas, e a outra, às relações paradigmáticas. No nível fonológico, a análise revela duas classes de elementos mínimos: "aqueles que são ao mesmo tempo segmentáveis e substituíveis, os fonemas; e aqueles que são apenas substituíveis, os traços distintivos dos fonemas [merismas]" (PLG1, 121; adição nossa entre colchetes). Mas qual o critério para reconhecer que a combinação dos merismas produz o fonema ou, vice-versa, que o fonema se decompõe em merismas? Em outras palavras: "qual é a condição *linguística* desta relação?" Já conhecemos a resposta a esta pergunta capital: a análise linguística é irrealizável fora de uma referência permanente ao sentido (cf. supra, cap. I, 2.5.2; cap. II, 1.2). Como assinala Benveniste,

> o *sentido* é [...] a condição fundamental que deve preencher toda e qualquer unidade de todo e qualquer nível para obter estatuto linguístico. Dizemos bem, de todo e qualquer nível: o fonema só tem valor como discriminador dos signos linguísticos, e o traço distintivo, por sua vez, só o tem como discriminador dos fonemas (PLG1, 122).

Por conseguinte, deve-se verificar de que forma o sentido intervém na análise e de qual de seus níveis depende. É justamente nesse ponto que a reflexão de Benveniste começa a se separar daquela dos outros estruturalistas. O fonema, unidade não significante, só pode definir-se como constituinte de uma unidade mais alta, o morfema, cujo caráter significante já foi suficientemente discutido acima (cf. cap. II, 1.4). Chega-se, assim, a um outro nível de análise, ou seja, a do signo (ou da unidade significante). Por comodidade metodológica, convém omitir a distinção entre forma livre e forma conjunta (morfema) e classificar os signos como uma única espécie, isto é, a palavra. Esta se acha, de fato, numa situação privilegiada: por um lado, ela se decompõe em unidades de nível inferior (os fonemas) e, por outro, entra, enquanto unidade significante, numa unidade de nível superior (a frase). Examinemos de perto esta última propriedade.

Aparentemente formam-se as frases com grupos de palavras. Esta constatação empírica não exprime, contudo, senão o aspecto externo da frase, silenciando o papel fundamental que ela exerce na linguagem. A frase, na verdade, por razões que ainda serão estudadas, não é uma realidade mais longa ou mais complexa que a palavra, embora de mesma natureza, mas uma unidade que resulta de noções de outra ordem.

Para bem apreender a transição do nível inferior ao superior, isto é, da palavra à frase, é preciso considerar as unidades segundo dois tipos de relações, ou seja, as relações constituintes e as relações integrantes:

> Quando uma unidade é decomposta, obtém-se não unidades de nível inferior, mas segmentos formais da unidade em questão (PLG1,

124). Mesmo na mais alta unidade, a frase, a dissociação em constituintes não faz aparecer senão uma estrutura formal, como acontece cada vez que um todo é fracionado em partes. Pode-se encontrar alguma coisa de análogo na escrita, o que nos ajuda a formar essa representação. Quanto à unidade da palavra escrita, as letras que a compõem, tomadas uma a uma, são apenas segmentos materiais que não retêm nenhuma porção da unidade (PLG1, 126).

O que se deve fazer para identificar esses segmentos formais como se fossem unidades de um nível definido?

É preciso praticar a operação no sentido inverso e ver se esses constituintes possuem função integrante no nível superior. Tudo está aí: a dissociação nos dá a constituição formal; a integração nos dá as unidades significantes. O fonema, discriminador, é, com outros fonemas, o integrante das unidades significantes que o condicionam. Os signos, por sua vez, vão se incluir como integrantes das unidades mais altas, as quais são informadas de significação (ibid.).

Esta é a razão pela qual a distinção entre forma e sentido se impõe. A capacidade da unidade de se dissociar em constituintes materiais de nível inferior é sua forma; a capacidade da unidade de integrar uma unidade de nível superior é seu sentido (ibid.). Uma vez que a decomposição formal das unidades supõe sua integração semântica, forma e sentido são termos que, ao mesmo tempo, se opõem e se completam. Examinaremos, a seguir, como Benveniste emprega a mencionada distinção para criticar e ultrapassar a linguística saussuriana.

1.5. Do semiótico ao semântico

Ao nos explicar a novidade de seu ponto de vista relativamente ao do *Cours de linguistique générale*, Benveniste observa:

> Instauramos na língua uma divisão fundamental, inteiramente diferente daquela que Saussure buscou entre língua e fala. Parece-nos que se deve traçar através da língua inteira uma linha que separe duas espécies e dois domínios do sentido e da forma, se bem que, e eis aí mais um dos paradoxos da linguagem, sejam esses mesmos elementos que se encontram tanto num como noutro lado, dotados,

no entanto, de um estatuto diferente. Há para a língua duas maneiras de ser língua: no sentido e na forma (PLG2, 224).

Nosso linguista chama de *semântica* a primeira maneira e de *semiótica*, a segunda. Examinemos estes dois campos de conhecimento, a começar pelo primeiro, o qual corresponde, justamente, à linguística estrutural.

Os linguistas usam, frequentemente, o termo *signo* de um modo ingênuo, sem se darem conta do quanto isso implica em comprometimento teórico. "Dizer que a linguagem é feita de signos é dizer antes de tudo que o *signo é a unidade semiótica*" (PLG2, 219). Esta proposição, que "não é de Saussure", sublinha Benveniste, encerra uma dupla relação: a) a noção de signo como unidade; b) a noção de signo como dependendo da ordem semiótica. A unidade-signo tem por critério um limite inferior, o qual já foi mencionado diversas vezes: a significação. "Não podemos descer mais do que o signo", diz Benveniste, "sem lesar a significação". Pode-se, portanto, definir essa unidade como "a entidade livre, mínima em sua ordem, não decomponível numa unidade inferior, que seja ela também um signo livre" (PLG2, 220).

Consideremos, agora, o signo sob a dupla perspectiva da forma e do sentido. Aquela não é o som (ou uma sucessão de sons), mas "a forma sonora que condiciona e determina o significado" (ibid.), ou seja, o significante. No que se refere ao significado observemos que,

> em semiologia, não há como ser definido o que um signo significa (PLG2, 222). O único problema que um signo suscita para ser reconhecido é o de sua existência, e essa se decide por um sim ou por um não (PLG2, 64). E esse sim ou esse não somente podem ser pronunciados por aqueles que utilizam a língua, aqueles para quem esta língua é nada mais que *a língua* (PLG2, 222).

Dito de outro modo, um signo "existe quando é reconhecido como significante por todos os membros da comunidade linguística" (assim, *arbre* [árvore] e *chanson* [canção] existem para os usuários do francês, mas não *orbre* e *vanson*) (PLG2, 64). Precisando seu pensamento, Benveniste afirma:

> Elevemos [...] a noção de uso e de compreensão da língua à altura de um princípio de discriminação, de um critério. É no uso da língua

que um signo tem existência; o que não entra no uso da língua não é signo e, a rigor, não existe (PLG2, 222).

Estamos, portanto, em condições de enunciar o princípio semiótico por excelência, o qual poderia ser chamado de princípio do reconhecimento:

> Tudo aquilo que depende do semiológico tem por critério necessário e suficiente que se possa identificá-lo no seio e no uso da língua. Todo signo entra numa rede de relações e de oposições com outros signos que o definem, que o delimitam no interior da língua. Quem diz "semiótico", diz "intralinguístico". Todo signo tem como condição particular aquilo que o distingue de outros signos. Ser distinguível, ser significativo, é a mesma coisa (PLG2, 223).

Deste princípio resultam três consequências (cf. ibid.): a) em momento algum na semiótica a relação do signo com as coisas denotadas (ou a relação língua/mundo) é considerada; b) "o signo possui sempre e unicamente valor genérico e conceitual"; ele não comporta significado particular ou ocasional; as circunstâncias estão, portanto, excluídas da abordagem semiótica da língua; c) as oposições semióticas são do tipo binário.

Passemos, agora, ao exame do aspecto semântico da língua.

A exemplo de Frege, Benveniste observa que se pode empregar o termo "sentido" (ou "significação") sob dois aspectos diferentes. Do ponto de vista semiótico, "o sentido de uma unidade", como acabamos de explicar, "é o fato de que ela possui um sentido" (PLG1, 127), ou melhor, de que ela é reconhecida como significante pela comunidade linguística que a utiliza. No entanto, além dessa acepção do sentido como uma propriedade das unidades distintivas e opositivas, pode-se considerá-lo na acepção de "referência" ou "designação". "A linguagem porta referência ao mundo dos objetos" (PLG1, 128) e é precisamente no nível semântico que ela se encarrega do conjunto dos referentes (PLG2, 64):

> A noção do semântico nos introduz no domínio da língua como emprego e ação; neste caso, vemos na língua sua função de mediadora entre o homem e o homem, entre o homem e o mundo, entre o espírito e as coisas, transmitindo a informação, comunicando a experiência, impondo a adesão, suscitando a resposta, implorando, coagindo; em suma, organizando toda a vida dos homens. É a língua

como instrumento de descrição e de raciocínio. Só o funcionamento semântico da língua permite a integração da sociedade e a adequação ao mundo, por conseguinte, a regulação do pensamento e o desenvolvimento da consciência (PLG2, 224).

Deve-se falar, portanto, de "duas modalidades fundamentais da função linguística, a de significar, para a semiótica, e a de comunicar, para a semântica" (ibid.). Mas como passar da ordem semiótica para a ordem semântica? De que forma a língua utiliza a semântica? De acordo com Benveniste, a frase é "a expressão semântica por excelência" (ibid.). "Com a frase abandona-se o domínio da língua como sistema de signos e entra-se em outro universo, aquele da língua como instrumento de comunicação, cuja expressão é o discurso" (PLG1, 129).

Como se explica esta propriedade da frase? Observemos, inicialmente, que, embora ela seja, como já havíamos assinalado, segmentável em duas unidades de nível inferior, a frase não se integra em nenhuma unidade de nível superior. Isso quer dizer que

> a frase contém signos, porém, ela não é um signo (PLG1, 129). Contrariamente à ideia de que a frase possa constituir um signo no sentido saussuriano ou de que se possa, por simples adição ou extensão do signo, passar à proposição, em seguida aos diversos tipos de construção sintáxica, pensamos que o signo e a frase são dois mundos distintos e que pedem descrições distintas (PLG2, 224).

O que nos impede de tratar a frase como um signo ou como uma associação de signos? A frase pertence ao discurso. Ela é "a unidade do discurso" e uma unidade completa. Ao contrário do signo, "ela carrega, ao mesmo tempo, sentido e referência", ou melhor, ela está "informada de significação" e "ela se refere a uma dada situação" (PLG2, 130):

> O signo semiótico existe em si, funda a realidade da língua, mas não comporta aplicações particulares; a frase, expressão do semântico, é *apenas* particular. Com o signo, atingimos a realidade intrínseca da língua; com a frase, ligamo-nos às coisas fora da língua; e, enquanto o signo tem como parte constituinte o significado que lhe é inerente, o sentido da frase implica referência à situação de discurso e à atitude do locutor (PLG2, 225).

Nesse ponto de seu percurso, Benveniste reexamina as noções de forma e sentido, agora, no quadro da ordem semântica. Eis suas conclusões (PLG2, 225-227):

1º) "O sentido da frase é [...] a ideia que ela exprime". Essa ideia só alcança forma na esfera sintagmática da língua (ela requer a ordenação das palavras, sua organização sintática, a ação exercida de umas sobre as outras etc.). É assim que se reconhece a condição primeira da linguagem. "O linguista encontra-se, aqui, diante de um problema que lhe escapa; ele pode somente conjecturar que esta condição sempre necessária reflita uma necessidade de nossa organização cerebral" (PLG2, 226).

2º) A unidade semiótica, como vimos, é o signo; a unidade semântica é a palavra, ou seja, no dizer de Benveniste, "a unidade mínima da mensagem", "a unidade necessária da codificação do pensamento". Deve-se distinguir sentido e referência no nível da palavra e no nível da frase. "O sentido de uma frase é sua ideia; o sentido de uma palavra é seu emprego". Na medida em que o "referente" da palavra "é o objeto particular ao qual [ele] corresponde na concretude da circunstância ou do uso [...], a 'referência' da frase é o estado de coisas que a provoca, a situação do discurso à qual ela se reporta". Essa situação é uma condição única, impossível de ser prevista ou adivinhada. "A frase é [...] sempre um acontecimento diferente; ela só existe no instante em que é proferida e logo em seguida se apaga; é um acontecimento evanescente" (PLG2, 225).

Comparemos, agora, a unidade semântica com a unidade semiótica. Na realidade, palavra e signo são uma mesma entidade léxica com um estatuto linguístico diferente, segundo a consideremos no sistema ou no discurso[3]:

> As palavras, instrumentos de expressão semântica, são, materialmente, os "signos" do repertório semiótico. No entanto, estes

---

3. Como nos esclarece P. Ricoeur, "as palavras são os signos em posição de fala" (CI, 93).

"signos", em si conceituais, genéricos, não circunstanciais, devem ser utilizados como "palavras" para as noções sempre particularizadas, específicas, circunstanciais, nas acepções contingentes do discurso (PLG2, 228).

Duas consequências opostas resultam do que dissemos:

1º) Dispomos de uma grande variedade de expressões para enunciar "a mesma ideia" (é possível, por exemplo, convidar de diferentes maneiras alguém para sentar-se). Esta característica pode ser observada no interior de uma mesma língua, como também nas relações entre línguas diferentes. Se, como Saussure muitas vezes enfatizou, é impossível transpor "o semiotismo de uma língua para o de outra", é perfeitamente possível

> transpor o semantismo de uma língua para o de outra [...]. Este fato revela a possibilidade que temos de nos elevar acima da língua, de nos abstrair dela, de contemplá-la enquanto a utilizamos em nossas reflexões e observações. A faculdade metalinguística, à qual os lógicos estiveram mais atentos do que os linguistas, é a prova da situação transcendente do espírito em relação à língua na sua capacidade semântica (ibid.).

2º) As palavras, tais como são empregadas na frase, adquirem valores que não possuem enquanto signos. Assim, no processo de formação dos auxiliares inerente ao verbo, "veem-se conceitos logicamente opostos aliarem-se, e até mesmo reforçarem-se quando conjugados" (PLG2, 227). Esse fato é tão comum que nem nos damos conta dele [por exemplo, a união de *avoir* (ter) e de *perdre* (perder) em *j'ai perdu* (eu perdi), ou ainda, de *aller* (ir) e de *venir* (vir) em *il va venir* (ele virá)]. Isto evidencia, mais uma vez, que "o *sentido* da frase está na totalidade da ideia percebida por meio de uma compreensão global" (PLG2, 228)[4]. A *forma*, do ponto de vista semântico, "é obtida pela dissociação analítica do enunciado buscada até [alcançar] às unidades semânticas, as palavras. Para além disso, as

---

[4]. "Não é uma adição de signos que produz o sentido, mas, ao contrário, é o sentido (visado), concebido globalmente, que se realiza e se divide em 'signos' particulares, que são as palavras" (PLG2, 64).

unidades não podem mais ser dissociadas sem deixar de preencher sua função. Tal é a articulação semântica" (ibid.).

Para concluir, convém apresentar duas observações acerca da distinção entre as ordens semiótica e semântica. Em primeiro lugar, ela "remete a duas faculdades diferentes do espírito": a de reconhecer e a de compreender, ou melhor, "a de perceber a identidade entre o anterior e o atual [...] e a de perceber a significação de uma nova enunciação" (PLG2, 65). Em segundo lugar, a referida distinção lança uma nova luz a respeito da significância da língua, comparada com a significância de outros sistemas de signos. Enquanto estes têm "uma significância unidimensional" (ou exclusivamente semiótica [gestos de cortesia, por exemplo,] ou exclusivamente semântica [expressões artísticas]), aquela comporta "ao mesmo tempo a significância dos signos e a significância da enunciação". Daí provem seu "maior poder", a saber, "a faculdade metalinguística", graças a qual se forma "um segundo nível de enunciação", que possibilita "manter propósitos significantes a respeito da significância" (ibid.).

Saussure, como já vimos (cf. supra, cap. I, 2.5.1), teve o mérito de perceber nitidamente a impossibilidade de dissociar o método de seu objeto[5]. Ora, Benveniste revelou, ao lado do semiótico, um outro domínio de pesquisa: o semântico. Cada um destes domínios "exige seu próprio aparelho conceitual". No que se refere à semiótica, "a teoria saussuriana do signo linguístico servirá de base", afirma Benveniste. "O domínio semântico, em compensação", continua ele, "deve ser reconhecido de forma isolada. Será preciso um novo aparelho de conceitos e de definições" (cf. PLG2, 65). Surge, assim, o anúncio oficial de uma nova disciplina: a linguística da enunciação.

2. Uma teoria da enunciação

O que foi exposto indica que a linguagem pode ser estudada segundo duas grandes perspectivas: "A língua como repertório de signos e como sistema de suas combinações, por um lado, e, por outro, a língua como

---

5. "A realidade do objeto não é separável do método próprio para defini-lo", afirma Benveniste referindo-se a Saussure (PLG1, 119).

atividade que se manifesta nas instâncias do discurso" (PLG1, 257), isto é, nos "atos discretos e sempre únicos pelos quais a língua é atualizada como fala por um locutor" (PLG1, 251). Para assegurar "a conversão da linguagem em discurso" (PLG1, 254), a língua dispõe de uma classe particular de signos equivalentes aos embreadores (*shifters*) de Jakobson, os quais Benveniste prefere chamar de "indicadores" (*indicateurs*). Já sabemos que, empregando o aparelho conceitual de Peirce, podemos definir esses signos, segundo a sugestão de A. W. Burks retomada por Jakobson, como "símbolos-índices" (eles se associam ao objeto representado, ao mesmo tempo por uma regra convencional [símbolo] e por uma relação existencial [índice]) (cf. supra, cap. II, 2.5). Benveniste, contudo, sente-se em débito com outro teórico americano. "O enunciado contendo *eu*", diz ele, "pertence a este nível ou tipo de linguagem que Charles Morris chama de pragmático, o qual inclui, junto com os signos, aqueles que deles se utilizam" (PLG1, 252). Como nos explica P. Ricoeur, "esses signos não conotam uma classe de objetos, mas designam a presente instância do discurso; eles não nomeiam, mas indicam o *eu*, o *aqui*, e o *agora*, o *isto*, em resumo, a relação de um sujeito falante com uma audiência e uma situação" (CI, 251). Ao estudar os indicadores da linguagem, Benveniste preparou o caminho que o conduziria ao estabelecimento da teoria da enunciação.

Tendo em vista determinar os elementos essenciais desta teoria, trataremos, inicialmente, dos indicadores da linguagem, em seguida, da passagem do enunciado à enunciação, e, finalmente, do enfoque linguístico da questão do sujeito.

2.1. *Os indicadores da linguagem*

É. Benveniste foi o primeiro linguista a propor uma teoria geral dos signos indiciais e a elaborar descrições rigorosas de formas francesas de muitos deles. Com este objetivo, distinguiu na língua os índices de pessoa (a relação *eu — tu*), de "ostensão" (tipo *isto, este, aqui* etc.) e de tempo (as formas temporais dos verbos, por exemplo). Examinemos cada um desses tipos de indicadores.

Uma teoria linguística da pessoa verbal deve apoiar-se nas oposições que diferenciam as pessoas. As definições que os gramáticos árabes apresentam sobre o assunto são úteis para revelar a estrutura dessas oposições. Para eles, a primeira pessoa designa "aquele que fala"; a segunda, "aquele a quem nos dirigimos"; e a terceira, "aquele que está ausente". Tais denominações revelam claramente a disparidade da terceira pessoa em relação às duas primeiras (PLG1, 228). "A pessoa só é adequada para as posições *eu* e *tu*". A terceira pessoa não deve, na verdade, ser considerada como "pessoa". Ela é, pelo contrário, "a forma não pessoal da flexão verbal" (PLG1, 230). Procuremos caracterizar melhor as diferenças entre estes três indicadores.

Uma primeira característica do *eu* e *tu* é sua *"unicidade* específica". Enquanto o *ele* pode referir-se a uma infinidade de indivíduos, *eu* e *tu* são sempre únicos (cf. ibid.). Uma segunda característica: as duas primeiras pessoas são *"invertíveis*: aquele que o *tu* define como *tu* se pensa como *eu* e se pode inverter em *eu*, e o *eu* se torna um *tu*". Nada disso é possível entre essas duas pessoas e o *ele*. Na verdade — e aqui alcançamos a terceira característica —, uma coisa (quer dizer, "tudo o que está fora da pessoa", por conseguinte, fora da relação *eu* — *tu*) não pode ser predicada verbalmente senão pela terceira pessoa (PLG1, 231).

Contudo, se *eu* e *tu* trazem consigo "a marca da pessoa", também se percebe que eles se opõem um ao outro no interior da categoria que constituem. *Eu* representa, efetivamente, a "pessoa subjetiva" que toma a iniciativa de se dirigir ao *tu*, o qual, por sua vez, não pode participar no discurso do *eu* senão a título de "pessoa não subjetiva" (cf. PLG1, 232).

Em suma, a análise estrutural dos pronomes pessoais verifica que eles se organizam conforme dois tipos de correlações, a saber, a *"correlação de personalidade*, opondo as pessoas *eu/tu* à não pessoa *ele*", e a *"correlação de subjetividade*, interior à precedente e opondo *eu* a *tu*" (PLG1, 235).

Entretanto, como nos adverte P. Ricoeur, este estudo estrutural dos pronomes pessoais não esgota o entendimento de suas relações. "Ele constitui apenas o seu prefácio" (CI, 251). Importa ainda elucidar o processo pelo qual esses pronomes, ao abandonar o sistema, convertem-se em discursos:

> Em qualquer língua e em qualquer momento, aquele que fala apropria-se do *eu*, este *eu* que, no inventário das formas da língua, não é senão um dado lexical semelhante a outro, mas que, posto em ação

no discurso, nele introduz a presença da pessoa, sem a qual não há linguagem possível. A partir do momento em que o pronome *eu* aparece em um enunciado e evoca — explicitamente ou não — o pronome *tu*, para juntos se oporem ao *ele*, uma experiência humana se instaura renovada e revela o instrumento linguístico que a fundamenta (PLG2, 67). *Eu* é o indivíduo que enuncia a presente instância do discurso contendo a instância linguística *eu*. Por conseguinte, ao introduzir a situação de "alocução", obtém-se uma definição simétrica para o *tu*, como "o indivíduo alocutário na presente instância do discurso contendo a instância linguística *tu*" (PLG1, 252).

Quando Pedro diz "estou cansado", o pronome *eu* tem como referência Pedro na situação concreta do discurso. Se Felipe também diz "estou cansado", a significação do *eu* muda completamente, porque agora ela não tem mais Pedro, e sim Felipe — igualmente na situação concreta do discurso — como referência. "Todo *eu* tem sua própria referência e corresponde cada vez a um ser único, situado como tal" (ibid.). Daí a conveniência da observação de P. Ricoeur:

> Fora desta referência a um indivíduo particular que designa a si mesmo dizendo *eu*, o pronome pessoal é um signo vazio do qual qualquer um pode se apossar; o pronome aguarda lá, na minha língua, como um instrumento disponível para converter esta língua em discurso, pela apropriação que o *eu* faz deste signo vazio (CI, 251).

Segundo Benveniste, os pronomes pessoais apresentam uma característica que os distinguem de todas as outras designações linguísticas: "*eles não remetem nem a um conceito nem a um indivíduo*" (PLG1, 261). Com efeito, não existe o conceito "*eu*" abrangendo todos os *eus* pronunciados a todo momento pelos locutores[6], como tampouco existe um indivíduo particular ao qual o *eu* se refere ("de que modo um mesmo termo poderia se referir indistintamente a qualquer indivíduo e ao mesmo tempo identificá-lo em sua particularidade?"). *Eu* refere-se, pois, como acabamos de explicar, a algo muito singular: "o ato do discurso individual no qual ele é pronunciado e no qual ele designa o locutor". Ele só pode ser identifi-

---

6. Esta não é, contudo, a posição de Jakobson, que admite, como já mostramos (cap. II, 2.5), um significado geral para o pronome "*eu*".

cado na "instância do discurso", cuja referência é obrigatoriamente atual. "A linguagem está, assim, organizada, de modo a permitir a cada locutor *apropriar-se* da língua inteira ao se designar como *eu*" (PLG1, 262).

Os demonstrativos, os adjetivos, os advérbios de tempo e lugar que organizam as relações espaciais e temporais em torno dos indicadores de pessoa são chamados por Benveniste de indicadores da *dêixis* (ou "*de ostensão*") (cf. PLG1, 253 e 262)[7]. "Eles têm em comum a característica de se definirem somente em relação à instância do discurso em que são produzidos, isto é, sob a dependência do *eu* que ali se enuncia" (PLG1, 262). Assim, "os demonstrativos ordenam o espaço a partir de um ponto central, que é o Ego, segundo categorias variáveis" (PLG2, 69). O objeto pode, efetivamente, estar perto ou longe de mim (ou de ti), diante ou atrás de mim (ou de ti), acima ou abaixo, visível ou invisível, conhecido ou desconhecido, e assim por diante. Em resumo, "a *dêixis* é contemporânea da instância do discurso que traz consigo o indicador de pessoa" (PLG1, 253).

Consideremos agora os indicadores de tempo. Todas as línguas possuem recursos para organizar linguisticamente a noção de tempo. "Pouco importa que essa noção apareça na flexão de um verbo ou mediante palavras de outras classes (partículas, advérbios, variações léxicas etc.). É uma questão de estrutura formal" (PLG1, 262). Pode-se separar o passado do futuro, pelo presente, como no francês; pode-se também opor um presente-passado a um futuro ou um presente-futuro a um passado, como em várias línguas ameríndias. O importante é que a linha divisória seja sempre uma referência ao "presente". Mas esse presente formal

---

7. Procurando precisar o termo "dêitico", derivado de *dêixis*, J. Roggero afirma: "A definição etimológica ('o que designa, o que mostra') faz deste termo um sinônimo de demonstrativo. Ele corresponde também à palavra inglesa *shifter* (Jakobson), às vezes traduzida por *embreador*, que designa uma classe de formas sem denotação concreta, com referência variável, classe que só pode ser apreendida numa relação estreita com a situação; se a situação não é conhecida, a referência não pode ser identificada: Veja *isto*! Venha *aqui*! Assim definida, a classe dos dêiticos compreende não apenas os demonstrativos, mas também pronomes como *eu* ou *tu*, advérbios como *aqui* e *agora*" (apud MOUNIN, 1974, 98). Curiosamente, nesta definição de Roggero, não há qualquer menção aos indicadores de Benveniste. Ducrot e Todorov, no entanto, explicando-nos o mesmo termo, observam: "É. Benveniste mostrou que os dêiticos constituem uma irrupção do discurso no interior da língua, já que o sentido mesmo deles (o método empregado para encontrar seu referente) ainda que dependa da língua, só pode ser definido em alusão ao seu emprego" (DESL, 323).

"só tem como referência temporal um dado linguístico: a coincidência do acontecimento descrito com a instância do discurso que o descreve" (ibid.). Dito de outro modo,

> o presente formal não faz mais que explicitar o presente inerente à enunciação, o qual se renova a cada produção de discurso, e, a partir desse presente contínuo, coextensivo a nossa própria presença, imprime-se na consciência o sentimento de uma continuidade que chamamos "tempo"; continuidade e temporalidade engendram-se no presente incessante da enunciação, que é o presente do próprio ser, e delimitam-se por referência interna ao que vai se tornar presente e ao que acabou de sê-lo (PLG2, 83).

As duas outras referências temporais (passado e futuro) são, efetivamente, determinadas pelo "presente axial do discurso" (PLG2, 75). A língua não pode ordenar o tempo senão a partir da "instância presente do discurso" (cf. PLG2, 74)[8]. Daí a observação de Benveniste:

> Poder-se-ia crer que a temporalidade é um quadro inato do pensamento. Ela é produzida na realidade e pela enunciação. Da enunciação procede a instauração da categoria do presente, e da categoria do presente nasce a categoria do tempo. Ele é esta presença no mundo que somente o ato da enunciação torna possível, visto que, e devemos refletir muito sobre isso, o homem não dispõe de nenhum outro meio de viver o "agora" e de fazê-lo atual senão realizando-o pela inserção do discurso no mundo (PLG2, 83).

Em suma, a língua oferece aos falantes um mesmo "sistema de referências pessoais" de que cada um se apropria no ato do discurso, trazendo-o para sua "pessoa", a qual se torna, assim, um *eu* diante de um *tu* e de um mundo determinado. Fora do discurso efetivo, o pronome pessoal "eu" — o indicador principal que permite a cada locutor apoderar-se da totalidade da língua ao pronunciá-lo — é apenas uma "forma vazia" destituída de conceito e objeto. A realidade e a substância do *eu* dependem completamente da "instância do discurso" (cf. PLG2, 68; PLG1, 262).

---

8. Como afirma P. Ricoeur comentando Benveniste, "é esta enunciação que se designa a si mesma pelo tempo presente [que] põe em perspectiva todos os outros tempos" (CI, 251).

2.2. Do enunciado à enunciação

Procurando ultrapassar a abordagem semiótica da língua, Benveniste se empenha para apreender "a língua em uso", isto é, a enunciação. Esta põe "a língua em funcionamento por meio de um ato individual de utilização" (PLG2, 80). É preciso distinguir o ato da enunciação do resultado deste ato, isto é, do enunciado. Enquanto a linguística anterior se restringia ao enunciado, a nova linguística volta-se para a enunciação.

Os principais elementos do processo de enunciação podem ser definidos como segue: o *locutor*, aquele que enuncia; o *alocutário*, aquele a quem se dirige o discurso; a *alocução*, a enunciação de um discurso dirigido a alguém; o *interlocutor*, um dos participantes de uma alocução (cf. DESL, 406; TODOROV, 1970, 4). O objeto da linguística da enunciação não é, como nos explicam Ducrot e Todorov,

> nem o fenômeno físico da emissão ou da recepção da fala, que é da competência da psicolinguística ou de uma de suas subdivisões, nem as modificações trazidas ao sentido global do enunciado pela situação, mas os elementos pertencentes ao código da língua cujo sentido, no entanto, depende de fatores que variam de uma enunciação a outra; por exemplo *eu, tu, aqui, agora* etc. Dito de outro modo, aquilo que a linguística retém é a *marca do processo de enunciação no enunciado* (DESL, 405)[9].

"O aparelho formal da enunciação" é constituído, basicamente, segundo Benveniste, pelos indicadores de pessoa, de *ostensão* e de tempo, já estudados, e ainda de um grupo de funções sintáxicas de que "o enunciador se serve [...] para influenciar de algum modo o comportamento do alocutário"; a saber: a *interrogação* (a enunciação construída para provocar uma resposta), a *intimação* ("ordens, chamadas concebidas nas categorias tais como o imperativo, o vocativo") e a *asserção* (a enunciação que visa comunicar uma certeza, utilizando para isso, instrumentos específicos, como as palavras *sim* ou *não*) (cf. PLG2, 84).

---

9. T. Todorov, no artigo que acabamos de citar, indica três direções seguidas pela linguística da enunciação: "O estudo da força ilocucionária, do aspecto indicial da linguagem, enfim a coloração que a enunciação oferece aos diferentes enunciados" (1970, 4).

Lembremos, para concluir, que Benveniste propõe a distinção entre o sujeito do enunciado e o sujeito da enunciação. Aquele é o pronome pessoal "eu" enquanto "forma vazia" na língua; e este é o "eu" que surge na "instância do discurso" cada vez que alguém diz "eu".

2.3. *Linguagem e subjetividade*

Do ponto de vista linguístico, a subjetividade "é a capacidade do locutor de se colocar como *sujeito*" (PLG1, 259). Este não se confunde com o sentimento de si (ou a consciência de si), que é apenas o seu reflexo. Podemos defini-lo como "a unidade psíquica que transcende a totalidade das experiências vividas" (PLG1, 260). É o sujeito, portanto, que elabora a síntese das experiências, garantindo, assim, a permanência da consciência. No dizer de Benveniste,

> esta *subjetividade*, tal como é concebida na fenomenologia ou na psicologia [...], equivale à emergência no ser de uma propriedade fundamental da linguagem. É *ego* quem *diz ego*. Encontramos aí o fundamento da *subjetividade* que se determina pelo estatuto linguístico da *pessoa* (ibid.). É na e pela linguagem que o homem se constitui como sujeito, porque somente a linguagem cria na realidade, na *sua* realidade que é a do ser, o conceito do *ego* (PLG1, 259).

A consciência de si só pode manter-se por contraste. Eu me nomeio *eu* ao me dirigir a alguém que, em minha alocução, chamo de *tu*:

> A linguagem só é possível porque cada locutor se põe como *sujeito*, remetendo-se a si mesmo como *eu*, em seu discurso. Por isso, *eu* põe uma outra pessoa, a qual, por mais exterior que seja a "mim", torna-se meu eco, a quem digo *tu* e que me diz *tu* (PLG1, 260).

A comunicação, que pretende ser a propriedade fundamental da linguagem, deve ser concebida, na verdade, como uma consequência desta "polaridade de pessoas" que acabamos de mencionar. É possível, de fato, afirmar, na esteira de Benveniste, que a linguagem é "a possibilidade da subjetividade" ou, inversamente, que a subjetividade só se manifesta na linguagem? Seria o *eu*, efetivamente, uma criação da língua em ato, na instância de discurso? Preferimos seguir neste ponto o caminho indicado por P. Ricoeur. Contestando Benveniste e colocando-se na perspectiva fenomenológica, este pensador sustenta que

> a capacidade do locutor de se colocar como sujeito e a de se opor a um outro como interlocutor é o pressuposto extralinguístico do pronome pessoal [...]. Por certo, a posição *eu* e a expressão *eu* são coexistentes; mas, assim como o demonstrativo *isto* não cria o espetáculo deste mundo para o qual aponta o indicador dêitico, tampouco a expressão eu cria a posição *eu* (CI, 252).

Na realidade, pronomes pessoais e demonstrativos estão a serviço da "posição" do sujeito e da "manifestação" do mundo. A linguagem não é nem fundamento nem objeto, mas mediação. "Ela é o *medium*, o meio no qual e pelo qual o sujeito se põe e o mundo se mostra" (ibid.).

* * *

Por mais importante que seja a distinção entre as duas ordens e por mais oportuna que seja a recuperação hermenêutica dela, parece-nos conveniente, à guisa de conclusão deste capítulo, interrogar certos aspectos da crítica de Benveniste e, sobretudo, de Ricoeur à linguística estrutural, disciplina que, segundo estes teóricos, só consideraria na língua a articulação semiótica, negligenciando por completo a articulação semântica.

3. Conclusão: Saussure e Jakobson em face de Benveniste

Depois de nos explicar o princípio semiológico por excelência — "tudo o que pertence ao semiológico tem por critério necessário e suficiente que ele possa ser identificado no seio e no uso da língua" —, Benveniste, como mostramos (cf. supra, cap. III, 1.5), apresenta as consequências desse princípio. A primeira é a expulsão do referente da ordem semiótica e a segunda, que dela decorre, a consideração exclusiva do significado geral, porquanto o signo não comporta, do ponto de vista semiótico, significado particular e ocasional. O estudo semiótico da língua se limita, assim, à determinação das oposições binárias que os signos mantêm entre si no interior do sistema, sem se ocupar jamais quer "das relações entre a língua e o mundo" quer dos acontecimentos contingentes que se realizam na instância do discurso (cf. PLG2, 223). Benveniste, por conseguinte, se propõe explicitamente a ultrapassar Saussure, acrescentando à abordagem semiótica da língua a abordagem semântica, a qual requer, como vimos (cf. supra, cap. III, 2.2), "um aparelho novo de conceitos e de definições" ou, mais precisamente, uma nova linguística.

Será que efetivamente o enfoque semiótico (ou semiológico) da linguagem afasta o sujeito, o referente e o acontecimento da análise linguística? Em outros termos: pode-se sustentar, na esteira de Ricoeur, leitor de Benveniste e intérprete de Saussure e Jakobson, que a linguística estrutural é uma "linguística puramente semiótica"[10]? Nossa resposta é negativa. Não acreditamos que tal linguística seja realizável. Paradoxalmente, é sobre a própria argumentação de Benveniste e Ricoeur que nos apoiamos para defender nosso ponto de vista.

Como já sabemos, Ricoeur enaltece Benveniste porque ele define o signo recorrendo ao conceito filosófico tradicional de "representação". Aliás, é este conceito que, segundo nosso filósofo, serve de critério para distinguir as duas ordens: "opor o signo ao signo", diz ele, "é *a função semiológica*; representar o real pelo signo é *a função semântica*" (CI, 248; cf. supra, cap. III, 1.2). Ora, ocorre que a definição de signo em discussão — "a função do signo é representar, tomar o lugar de outra coisa evocando-a a título de substituto" (PLG2, 51) — foi nitidamente formulada por Benveniste para caracterizar a função essencial do signo tanto na ordem semiótica quanto na ordem semântica. Assim, na mesma página em que aparece esta definição, o linguista, ao apresentar o seu conceito de *significância*, escreve: "O caráter comum a todos os sistemas e o critério de sua pertença à semiologia é a sua propriedade de significar ou *significância* e sua composição em unidades de significação ou *signos*" (ibid.). Em outra passagem, já citada, ele aproxima "significância" de "representação", confirmando nossa interpretação: "Logo que uma atividade é concebida como representação de alguma coisa, como *significância* de alguma coisa, fica-se tentado a chamá-la de linguagem" (PLG2, 218; cf.

---

10. Citaremos adiante, nesta mesma seção (3), a crítica integral de P. Ricoeur a R. Jakobson.

supra, cap. III, 1.3). É possível acrescentar a essas citações ainda uma terceira: "A natureza da língua, sua função representativa, seu poder dinâmico, seu papel na vida de relação fazem dela a grande matriz semiótica, a estrutura modeladora de que as outras estruturas reproduzem os traços e o modo de ação" (PLG2, 63).

Essas observações desaprovam claramente, o emprego do termo *representação* para caracterizar exclusivamente a significância inerente à ordem semântica. Aliás, é esta a razão pela qual, como já foi dito, R. Jakobson retoma a definição medieval de signo — *aliquid stat pro aliquo* — e Cl. Lévi-Strauss não hesita em utilizar o termo *representação* para explicar a função simbólica. P. Ricoeur, curiosamente, tem plena consciência do que acabamos de dizer, pois no artigo *Structure et herméneutique*, apresenta várias citações do antropólogo nas quais o termo considerado ("representação") aparece recorrentemente no sentido indicado (cf. CI, 39-41).

O caráter representativo do signo, por conseguinte, não pode servir de critério para distinguir as duas ordens. O signo é sempre e fundamentalmente representação. É impossível defini-lo sem mencionar essa propriedade fundamental que se manifesta, quer na articulação semiótica quer na articulação semântica da língua.

Contudo, se o ato de representar é constitutivo do signo, não se pode entendê-lo separando-o do referente, como, aliás, a definição de Benveniste já o indica. É também o que se percebe claramente na crítica que o linguista dirigiu a Peirce. Segundo ele, o que é condenável na teoria do filósofo americano, como vimos (cf. supra, cap. III, 1.1), é a extensão infinita do conceito de signo. Referindo-se à definição de Peirce, Benveniste indaga: "Sendo todos signos uns dos outros, de que poderão ser signos que *não seja* signo?", acrescentando em seguida: "para que a noção de signo não se elimine nesta multiplicação ao infinito, é preciso que em alguma parte o universo admita uma diferença entre o signo e o significado" (cf. PLG2, 45). Como o "significado", nessa passagem, está fora do signo, ele só pode designar o referente. É significativo que, para reforçar sua argumentação, Benveniste recorra a Saussure. Este linguista, como se sabe, concebe os sistemas de signos segundo o modelo da língua. Ele acrescenta, assim, ao referente uma outra condição para que a significação ocorra: a sistematicidade dos signos. Situando-se agora, na perspectiva de Saussure, Benveniste afirma: "É preciso [...] que todo signo seja apreendido e compreendido em um *sistema* de signos. Esta é a condição da *significância*" (ibid.). É evidente, portanto, que para Benveniste o signo, no sentido semiótico, comporta ao mesmo tempo a representação de alguma coisa ausente e a união sistêmica dos signos.

Não nos parece justo, portanto, afirmar como o fez recorrentemente Ricoeur, que o estruturalismo "rompe totalmente com a ideia [supostamente] ingênua de que o signo fica no lugar de alguma coisa" (CI, 83; cf. SSL, 115). O que é inaceitável do ponto de vista estruturalista não é conceber o signo como representação, mas sustentar que a representação possa efetuar-se fora do sistema, ou melhor, fora da ordem semiótica.

Mas insistamos na relação entre o signo e o referente. O. Ducrot, aproximando a teoria saussuriana da língua, por um lado, ao *terminismo* medieval de Pedro de Espanha, que distingue *significatio*[11] e *suppositio*[12], e, por outro, ao par conceptual *Sinn/Bedeutung* de Frege, afirma:

> O significado de Saussure, fazendo parte do signo, não é, manifestamente, aquilo de que o signo é signo. É necessário, portanto, distinguir o significado, parte do signo, daquilo que se designa ao utilizar as palavras, isto é, na terminologia medieval, daquilo que os termos supõem. A principal diferença entre Saussure, por um lado, e Frege e Pedro de Espanha, por outro, é que estes últimos, enquanto lógicos, têm de se interessar pelo referente, que desempenha um papel importante nos problemas da verdade. Saussure, que se considera como um puro linguista, julga, ao contrário, ser possível desprezá-lo. Assim, se o referente aparece no CLG, é apenas de forma negativa, como entidade vazia, como uma coisa com a qual o significado não pode se confundir. Entretanto, apesar desta maneira indireta de se apresentar, ele *é absolutamente necessário ao sistema*: a teoria do signo como entidade dupla impõe a distinção entre dois níveis semânticos, um interno, parte do signo, e que se pode aproximar da

---

11. "Há uma relação de significação (*significatio*) entre as palavras e as representações intelectuais (em latim: *res*) correspondentes: assim 'branco' ou 'homem' significando a ideia de brancura ou humanidade" (DESL, 319).
12. "Chama-se suposição (*suppositio*) a relação que une a palavra com o objeto exterior (em latim *aliquid*) que ele serve para designar" (DESL, 319).

significatio ou do *Sinn*, e o outro, externo, relacionado com a *suppositio* e a *Bedeutung* (DUCROT, 1984, 423, itálico nosso).

Esta reflexão de Ducrot situa-se ainda no plano da vulgata. Se considerarmos as fontes manuscritas e a interpretação que, na esteira de De Mauro, propusemos do CLG, devemos reconhecer que o referente aparece na teoria da língua, não apenas de maneira negativa, mas também com sentido positivo, como o indica a distinção saussuriana entre valor e significação, já estudada (cf. supra, cap. I, 2.4.5).

Mas, se o referente não foi excluído da linguística saussuriana, o sujeito, implícita ou explicitamente, também está presente nela. Como nos indica com precisão P. Ricoeur, "o sujeito [...] é aquele que tem referência a si na referência ao real; retro-referência e referência ao real se constituem simetricamente" (CI, 253). Existe, portanto, uma "solidariedade" entre o sujeito e a referência: se esta última é afastada, o sujeito vai junto; mas, se é conservada, o sujeito permanece[13].

O sujeito é um componente da linguística saussuriana tanto do ponto de vista teórico como do ponto de vista metodológico. Conforme nossa leitura do CLG mostrou, a abordagem sincrônica surpreende o falante no ato de recortar a substância semântica e fônica pelo acionamento das esferas sintagmáticas e paradigmáticas do mecanismo da língua. Assim, são produzidas as unidades significativas (os signos linguísticos), cuja composição em palavras e frases possibilita a comunicação inter-humana. Este procedimento tem um lado consciente e outro inconsciente. A produção das unidades é orientada pela sensibilidade ou intuição semântica do locutor (consciência). Contudo, este último ignora completamente tanto a existência como o funcionamento do mecanismo da língua (inconsciente). O estudo desse mecanismo, que recorre necessariamente ao sujeito falante — o guia semântico da pesquisa —, constitui, em última análise, o objeto da linguística sincrônica (cf. supra, cap. I, 2.5.6).

Depois de nos lembrar que na linguística estrutural o que importa na língua é a forma e não a substância, Ricoeur, numa fórmula que já

---

13. O reconhecimento desta interdependência entre o sujeito e a referência se fundamenta, em última análise, na fenomenologia transcendental. De fato, a *constituição* do sentido pela consciência é o outro lado da *redução* do mundo à consciência (cf. HUSSERL, 1950, XVI; cf. CI, 242).

conhecemos, define a "substância semântica" como "o conteúdo intuitivo, o conteúdo vivido, aquilo que cada um de nós representa para si quando pronuncia uma palavra" (SSL, 114). Esta definição exprime de forma muito justa e precisa o que foi discutido anteriormente a respeito das significações extrassistêmicas inerentes aos nossos discursos. Mas, ao mesmo tempo, o filósofo afirma que a linguística estrutural situa "a noção de significação [...] em outro campo que o das visadas intencionais do sujeito" (CI, 246). Saussure teria provocado uma verdadeira "revolução" no interior da descrição tradicional da significação. Enquanto a descrição filosófica, particularmente aquela originária da fenomenologia, "se coloca sob o ponto de vista do sujeito falante [...], a análise chamada estrutural é oriunda de um ponto de vista exatamente oposto e que consiste em colocar, desde o início, entre parênteses o sujeito falante, sua intenção, sua experiência vivida" (SSL, 111; cf. supra, Intr., 2).

O que se torna a significação nesta perspectiva? Ricoeur responde: "A significação de uma palavra não está nesta palavra, mas [...] na sua diferença em relação às outras palavras" (SSL, 113). Vale dizer, "as significações vinculadas aos signos" são "valores relativos, negativos, opositivos desses signos uns em relação aos outros" (CI, 82).

Estas citações evidenciam que Ricoeur, limitando-se à vulgata, confunde o significado, que se encontra no plano dos valores — portanto, da língua — com a significação, que se encontra no plano da fala (cf. supra, cap. I, 2.4.5). As implicações filosóficas desta confusão são graves: como entender este significado (ou esta significação, como diz Ricoeur) que é pura diferença e nada representa? De onde vem seu poder de significância? E o que deveria ser seu contrapeso natural, o sujeito, não se torna totalmente dispensável nesta perspectiva? Uma vez separados o sujeito e a referência da linguagem, ela não se reduziria a um sistema anônimo, impessoal, enclausurado em si mesmo (cf. CI, 250)? O que é, afinal, este sistema que se mantém miraculosamente em equilíbrio, graças a um jogo de diferenças, mas que não se enraíza nem no mundo, nem na história, nem no discurso? Em tal quadro teórico, a língua não perderia "toda a inteligibilidade", como sustenta o pensador francês (CI, 249)? Certamente, mas o que está em questão aqui remete às imprecisões da vulgata e não propriamente ao pensamento de Saussure. Ricoeur oferece-nos, por outro lado, uma pista para distinguir valor e significação, quando identifica a substância semântica ao "conteúdo vivido" da consciência, o qual, como nos mostra a fenomenologia, tem necessariamente um sentido (ou uma significação)[14], que, longe de coincidir com o significado da língua, só pode ser sua condição de possibilidade. A decisão metodológica de considerar na linguagem prioritariamente — mas não exclusivamente (cf. supra, cap. I, 2, a distinção entre objeto formal e objeto material adotada pela linguística saussuriana) — a língua exige, sem dúvida, como reconhece Ricoeur, que se "[coloque] entre parênteses" a substância semântica que pertence à fala. Porém, esta decisão — necessária, como assevera este filósofo, para a constituição de "uma ciência dos signos digna deste nome" (CI, 246) — não exclui de modo algum o sujeito, a referência e o acontecimento, porque o semiótico se subordina ao semântico ou, em termos saussurianos, não há valores sem significação:

> A ordem semiológica, considerada isoladamente, não passa de um conjunto de condições de *articulação*, sem a qual a linguagem não existiria. Mas o *articulado* como tal não é ainda a linguagem com seu poder de significância (CI, 250). É em vista da função significante ou representativa que a linguagem é articulada (CI, 249).

Ricoeur, como já sabemos e essas citações o confirmam, limita a significação à ordem semântica, ao passo que Benveniste refere-se explicitamente a dois tipos de significância, admitindo mesmo que a língua difere de todos os outros sistemas de signos, justamente porque "é dotada de dupla significância", a saber, semântica e semiótica (cf. supra, cap. III, 1.3). É por isso que Benveniste faz, recorrentemente, alusão ao sentido dos signos, quer dizer, ao sentido das unidades semióticas; ao passo que Ricoeur, ao contestar o pretenso "significado" linguístico de Saussure, sustenta que o "signo, enquanto diferenças no sistema", não "têm ainda significação", ou, em outros termos, não é "uma entidade semântica" (CI, 92). Benveniste, todavia, admite que o sentido das unidades semióticas, ainda que

---

14. "Tudo é significação, já que todo ser é visado como sentido de uma vivência através da qual um sujeito irrompe em transcendências" (CI, 243; cf. supra, Intr., 3, a).

geral e nunca ocasional ou referencial — o signo só pode ter referência na frase enquanto palavra —, surge necessariamente do uso da língua pela comunidade linguística. Ele chega mesmo a elevar noção de uso "à altura de um princípio de discriminação, de um critério" (PLG2, 222). Ricoeur, por sua vez, citando Hjelmslev (1971, 78-90; 1984, 98-108), afirma:

> Se se afasta da semiologia a substância dos sons e a das significações, tais como são, ambas, acessíveis ao sentimento dos locutores, deve-se dizer que a fonética e a semântica não pertencem à semiologia. Uma e outra dependem do *uso* ou do *emprego* e não do *schéma*. Ora, só o esquema é essencial à língua. O uso ou emprego está no cruzamento da língua e da fala (CI, 92).

Se, como afirma Benveniste, "a noção de semântica nos introduz no domínio da língua como emprego e como ação" (PLG2, 224), chega-se ao seguinte paradoxo: o princípio de discriminação mencionado, que é, como vimos (cf. supra, cap. III, 1.5), o princípio semiótico por excelência, fundamenta-se inteiramente na ordem semântica.

Nossa reflexão leva-nos, portanto, a um impasse. Contra Ricoeur e a favor de Benveniste deve-se assumir a dupla significância da língua, uma vez que, por um lado, o signo no sentido semiótico já exerce uma função representativa e, por outro, a análise estrutural não pode ser efetuada fora do critério do sentido ("o sentido", diz Benveniste, "é a condição fundamental que deve preencher qualquer unidade de qualquer nível para obter estatuto linguístico" [PLG1, 122; cf. supra, cap. III, 1.4]). Mas, a favor de Ricoeur, deve-se reconhecer que a significância semiótica não tem consistência interna ou, em outros termos, que ela depende inteiramente da ordem semântica, como, aliás, paradoxalmente, Benveniste também admite. Talvez, esse dilema possa se desfazer se considerarmos um ponto em que o filósofo e o linguista estão plenamente de acordo: a relação entre as duas ordens deve ser pensada em termos de virtualidade (ou potencialidade) e realização (ou atividade). E, assim, Benveniste escreve:

> A semiótica se caracteriza como uma propriedade da língua, a semântica resulta de uma atividade do locutor que põe em ação a língua (PLG2, 222). A enunciação [põe] em funcionamento a língua mediante um ato individual de utilização (PLG2, 80).

Ricoeur, por sua vez, afirma:

> Fora da função semântica na qual se atualizam, os sistemas semiológicos perdem toda a inteligibilidade; pode-se até perguntar se a distinção do significante e do significado guardaria algum sentido fora da função referencial (CI, 249). Para pensar verdadeiramente a autonomia da língua e da fala, seria preciso poder produzir o ato de fala no centro da língua, à maneira de uma produção de sentido, de uma produção dialética, que fizesse advir o sistema como ato e a estrutura como acontecimento (CI, 86).

Essas declarações indicam claramente que o semiótico não pode nem existir nem ser pensado em estado puro. O semântico está sempre presente em potência no semiótico, e a análise estrutural, como defendem Saussure e Jakobson, deve, necessariamente, tomar como ponto de partida o sistema em ato, o qual é, também, o ponto de chegada, porque a comunidade linguística, que utiliza os signos e os reconhece, deve, necessariamente, ser consultada para indicar se o modelo funciona ou não. É o próprio Ricoeur, aliás, que, ao ressaltar a distinção entre as duas ordens, insiste no seu caráter complementar e inseparável:

> Não se devem [...] opor duas definições do signo, uma como diferença interna do significante ou significado, a outra, como referência externa do signo à coisa. Não é necessário escolher entre essas duas ordens. Uma diz respeito à estrutura do signo no sistema, a outra, a sua função na frase (CI, 88). Não se [...] eliminou o problema da significação ao substituí-lo pelo da diferença de signo a signo; os dois problemas são de níveis distintos; não temos de escolher entre uma filosofia do signo e uma filosofia da representação: a primeira articula o signo no nível dos sistemas virtuais oferecidos à performance do discurso; a segunda é contemporânea da efetivação do discurso (CI, 248).

Mas, em nosso entendimento, as reflexões de Ricoeur sobre a *dialética* entre as duas ordens não se afastam, essencialmente, da perspectiva saussuriana. Como nos lembra De Mauro (apud CLG, VII), o genebrino recorre aos "velhos termos escolásticos de *potência* e *ato*" para pensar a relação entre língua e fala. Os valores linguísticos, em si mesmos, possuem apenas uma significação virtual (ou potencial), que para ser atualizada exige o exercício da fala. É o que se evidencia numa famosa metáfora do CLG: "pode-se comparar a língua a uma sinfonia, cuja realidade é independente da maneira como ela é executada" (CLG, 36). Além disso, é preciso lembrar que Saussure admite uma interdependência entre o social e o semiológico. Como já estudamos (cf. supra, cap. I, 2.4.4), a comunidade linguística, ao atualizar os valores, oferece-lhes uma configuração determinada. "O sistema de signos é feito para a coletividade, como o navio é feito para o mar" (FM apud DE MAURO em CLG, XIII), afirma Saussure, ressaltando, assim, claramente, que o semiológico não tem sentido fora do social ou, em outros termos, que a língua é ininteligível fora da "massa falante" que a utiliza. Longe de "ser uma espécie de apêndice da linguagem" (SSL, 112) ou uma manifestação secundária "que nada acrescenta à língua" (SSL, 118), como pretende P. Ricoeur, a fala, aos olhos de Saussure, é o que preenche semanticamente os signos vazios da língua, vivificando-os. Na óptica saussuriana, não se pode conceber a língua dissociando-a da fala, assim como não se pode conceber a fala separando-a da língua. "Esses dois objetos estão estreitamente ligados e um supõe o outro" (CLG, 37). Daí a observação de T. De Mauro:

> A distinção entre *língua* e *fala* tem um caráter evidentemente dialético: a língua [...] é o sistema de limites (naturalmente arbitrário e por isso mesmo de origem social e histórica [...]) no qual se encontram e se identificam funcionalmente [...] as "significações" e as realizações fônicas do falar, isto é, as significações e as fonias dos atos particulares de *fala*; tal sistema governa a *fala*, existe acima dela; e é nisso que reside sua única razão de ser (seus limites, isto é, a distinção entre um significado e outro, entre uma entidade significante e outra, não dependem de nenhuma causa determinante inerente à natureza do mundo e do espírito, ou à dos sons) (DE MAURO, 420).

Até aqui procuramos mostrar que a distinção entre o semiótico e o semântico, desde que consideremos as fontes manuscritas do CLG, não é estranha à linguística saussuriana, mas, ao contrário, ela se anuncia de alguma forma no par conceitual valor/significação. Será que se pode dizer o mesmo da linguística de Jakobson? Teria este teórico pressentido, também, a articulação entre as duas ordens? Para responder a essa pergunta, retomemos na íntegra a crítica de Ricoeur ao mestre de Praga:

A análise de Jakobson deixa inteiramente de lado a distinção introduzida por Benveniste entre a semiótica e a semântica, entre os signos e as frases. Esse monismo do signo é característico de uma linguística puramente semiótica.

Depois de sublinhar que o modelo linguístico de Jakobson

> não conhece da palavra senão seu caráter de signo lexical, e da frase senão o duplo caráter de combinação e de seleção que ela tem em comum com todos os signos, desde o traço distintivo até o texto, passando pelos fonemas, pelas palavras, pelas frases, pelos enunciados,

Ricoeur observa:

> A combinação dessas unidades linguísticas apresenta uma escala ascendente de liberdade: mas ela não comporta nenhuma descontinuidade do gênero daquela reconhecida por Benveniste entre a ordem do signo e a ordem do discurso; a palavra é, simplesmente, a mais alta entre as unidades linguísticas obrigatoriamente codificadas, e a frase é, apenas, mais livremente composta do que as palavras. A noção de contexto pode, portanto, ser empregada indiferentemente para designar a relação do morfema ao fonema e a relação da frase ao morfema (RICOEUR, 1975, 224).

Esta crítica se apoia totalmente numa passagem do artigo *Deux aspects du langage et deux types d'aphasie*, que já tivemos a oportunidade de examinar (cf. supra, cap. II, 2.1, 2.2). Ela é válida e oportuna, desde que se limite a esse texto. Contudo, importa ressaltar, mais uma vez, tendo em vista as razões que acabamos de expor, defendidas pelos próprios Ricoeur e Benveniste, que o semiótico não pode existir em estado puro. Se o sistema, como diz o filósofo, nada mais é que "um par transversal numa operação viva", se ele só pode existir em um "ato de fala" (cf. CI, 246), como seria possível estudar o semiótico em si mesmo, fora de qualquer referência ao semântico? Este "monismo do signo" seria de fato sustentável? Não nos parece. A análise estrutural, que se situa sobretudo no plano semiótico, não pode efetuar-se fora do critério de sentido, ainda que esta condição fique, eventualmente, apenas implícita — o que, aliás, como já mostramos (cf. supra, cap. II, 1.2), não corresponde ao procedimento adotado por Jakobson. É o semântico que anima e possibilita a todo momento e em cada uma de suas etapas a análise estrutural, quer os pesquisadores o percebam ou não.

Mas é preciso ainda acrescentar que Ricoeur se restringe ao exame do termo "contexto" tal como é definido no extrato citado, omitindo um outro modo de conceber esse mesmo termo, o qual também se acha no discurso de Jakobson, como, aliás, já foi discutido anteriormente neste estudo (cf. supra, cap. II, 2.3.3). Se se leva em conta a distinção entre significação geral e significação contextual, não nos parece correto afirmar, como faz Ricoeur, que Jakobson "não conhece da palavra senão seu caráter de signo lexical". Na verdade, como já vimos, este linguista, em sua discussão com o lógico Frege, procurou incorporar a seu pensamento o par conceptual *Sinn/Bedeutung*, e, quase ao mesmo tempo em que Benveniste elaborava sua teoria dos indicadores, isolou os elementos indiciais (*shifters*) da linguagem. Além disso, como também já mostramos, Jakobson sempre atribuiu um papel fundamental à função semântica em suas pesquisas linguísticas. É verdade que ele a chama indistintamente de "função semiótica" e "função significante". O importante, contudo, é que, apesar desta imprecisão terminológica, Jakobson enfatizou o "dualismo indissolúvel de todo o signo linguístico", ou seja, o dualismo do som e do sentido. "É preciso analisar sistematicamente os sons da fala à luz do sentido e o próprio sentido em referência à forma fônica" (ELG1, 162), afirma ele, antecipando, assim, a distinção entre forma e sentido de Benveniste.

Tendo em vista o que foi exposto, não nos parece que uma "linguística puramente semiótica", para usarmos a expressão de Ricoeur, seja concebível e realizável. Nem Saussure nem Jakobson reivindicaram tal ciência. O que, aliás, não diminui em nada o mérito de Benveniste. Na verdade, este pensador abriu o caminho da nova linguística, que, sem negar a anterior, a completa e ultrapassa.

SEGUNDA PARTE

A antropologia estrutural:
a função simbólica

Graças aos esforços de F. de Saussure e R. Jakobson, a linguística, entre as disciplinas que se ocupam dos fenômenos sociais, foi a única que chegou, segundo Cl. Lévi-Strauss, "a formular um método positivo e a conhecer a natureza dos fatos submetidos a sua análise", a única, portanto, a merecer o título de ciência (AS, 37). A fonologia, em particular, exerce nesta área do conhecimento um papel semelhante ao da física atômica no campo das ciências exatas[1] (cf. AS, 39). Ao ressaltar o caráter revolucionário desta disciplina, Cl. Lévi-Strauss lembra as quatro etapas do método fonológico indicadas por N. Troubetzkoy: 1ª) é preciso explicar os fenômenos conscientes por meio de uma "infraestrutura inconsciente"; 2ª) os termos não devem ser considerados isoladamente, pois o que importa são "as relações entre os termos"; 3ª) os termos constituem os elementos de um sistema, cuja estrutura deve ser

---

1. R. Jakobson, em 1948, num congresso realizado em Paris, afirmou: "O sistema dos fonemas (ou, como dizia Sapir, 'o sistema dos átomos simbólicos') é redutível a uma rede de alguns traços distintivos (a um sistema, poderíamos dizer, das partículas elementares); o paralelismo é completo com a evolução recente dos conceitos em física" (ELG1, 165).

explicitada; 4ª) urge estabelecer, seja por dedução seja por indução, leis gerais (cf. AS, 40).

Entusiasmado por tais conquistas da linguística, Cl. Lévi-Strauss, observando que, "pela primeira vez, uma ciência social conseguiu formular relações necessárias", declara:

> Quando um acontecimento desta importância ocorre numa das ciências do homem, não é somente permitido, mas exigido dos representantes das disciplinas vizinhas, que verifiquem imediatamente as suas consequências e sua possível aplicação a fatos de outra ordem (ibid.).

A obra *Les structures élémentaires de la parenté* (SEP), cujo conteúdo será exposto e discutido nesta segunda parte de nosso percurso pelo estruturalismo, pode ser considerada como a primeira etapa da resposta monumental que Cl. Lévi-Strauss ofereceu a esta exigência metodológica e epistemológica. Ela constitui, pois, fora da linguística, a primeira exploração do novo campo de pesquisa criado por Saussure, isto é, o campo semiológico.

Mas, ao lado das possibilidades do modelo linguístico, que serão consideradas ao longo de nossa exposição da antropologia estrutural, é preciso indicar, também, seus limites. Cl. Lévi-Strauss insistiu várias vezes no caráter analógico desse modelo (cf., por exemplo, AS, 41). Sua intenção não é, de modo algum, reduzir todos os fenômenos sociais e culturais à linguagem, mas elaborar um método análogo ao da linguística, para estudar realidades não linguísticas, ainda que ordenadas à linguagem.

Num exame retrospectivo de sua obra, o antropólogo declara não ter pedido muito à linguística. "Além de uma inspiração geral", que ele admite "enorme", sua dívida em relação a esta disciplina limita-se ao reconhecimento da função essencial da "atividade inconsciente do espírito na produção de estruturas lógicas" (PL, 158) — o que, aliás, F. Boas assinalou antes mesmo de Saussure (PL, 59) — e o "princípio fundamental" que afirma que a significação dos elementos constitutivos não lhes é intrínseca, mas dependente da sua posição no sistema. E advertindo-nos, mais uma vez, acerca do modo correto de compreender seus empréstimos da linguística, Cl. Lévi-Strauss observa: "Jakobson, no curso

Segunda Parte

de nossas conversas, foi o primeiro a reconhecer que, em outro domínio, eu fazia um uso original dessas noções" (PL, 158)[2].

Seja como for, a aplicação do método estrutural aos fatos estudados pela etnologia contribuiu amplamente para dissolução da imagem que o homem moderno criou para si mesmo, cujo núcleo é a figura do *cogito*, tal como foi concebido, pela maioria dos filósofos, de Descartes até nossos dias. Ao enunciar a "categoria" do inconsciente estrutural — órgão por excelência da função simbólica (cf. AS, 224) —, o movimento estruturalista nas ciências humanas juntou-se às correntes filosóficas contemporâneas que, conduzidas por F. Nietzsche e particularmente por M. Heidegger (cf. Frank, 1988), opondo-se ao primado do *cogito* na compreensão do homem, repensam, ou melhor, "desconstroem" o sujeito.

No entanto, como já foi discutido em nossa introdução (cf. supra, Intr., 1, 2), importa distinguir o método estrutural da filosofia estruturalista. Enquanto esta, sem dúvida, reforçou a crise contemporânea da subjetividade, aquele, não obstante o seu projeto de explicar os fatos sociais recorrendo ao inconsciente estrutural, de modo algum expulsou o sujeito de suas pesquisas. Assim como a linguística estrutural apela para o ponto de vista sincrônico, correspondente à consciência dos interlocutores, para detectar o sistema inconsciente da língua, a antropologia estrutural, como procuraremos demonstrar nos próximos capítulos, não pode elaborar seus modelos sem levar em consideração os relatos — portanto, a consciência — dos membros das sociedades e grupos estudados. Nas duas disciplinas, a consciência e o sentido que lhe é correlato constituem o ponto de partida e o ponto de chegada das pesquisas.

Iniciaremos nossa exposição pelo estudo das principais correntes etnológicas pré-estruturalistas, tendo em vista elucidar a gênese da antropologia estrutural; em seguida, examinaremos a obra *Les structures élémentaires de la parenté*, realçando a dialética entre a compreensão do sentido dos fatos sociais e a explicação dos mesmos pelos modelos estruturais construídos por Cl. Lévi-Strauss; finalmente, discutiremos o

---

2. G. Mounin, contudo, cobrou equivocadamente de Cl. Lévi-Strauss (e de outros teóricos "estruturalistas") uma fidelidade *ipsis litteris* às noções linguísticas (cf. Mounin, 1971, 7-11; 1970, 199-214).

enraizamento da cultura na "função simbólica" ou, em outros termos, trataremos do enfoque semiológico da cultura, esforçando-nos para apreender a função do sujeito na análise estrutural.

CAPÍTULO IV
A gênese da antropologia estrutural

As pesquisas antropológicas orientam-se em dois sentidos fundamentais: um histórico e outro a-histórico. À primeira orientação pertencem o *evolucionismo* e o *difusionismo*; à segunda, o *funcionalismo* e o *estruturalismo*. As duas últimas tendências se interessam, sobretudo, pelo modo como uma sociedade, concebida como um conjunto mais ou menos integrado, funciona. Trata-se de estudar as relações sociais para lhes determinar a *estrutura* e as *funções*. A abordagem, nesse caso, é eminentemente sincrônica: em lugar de se perguntar como tal sociedade se tornou aquilo que é, atualmente, do ponto de vista cultural, interroga-se acerca daquilo que ela é, aqui e agora, do ponto de vista social

A explicação inerente ao evolucionismo e ao difusionismo, correntes anteriores às demais, é substancialmente diversa. Na perspectiva dos estudiosos dessas escolas, o que interessa é a sucessão dos fatos e não sua simultaneidade. Busca-se o parentesco ou a ausência de parentesco histórico entre os elementos que constituem uma cultura, sem levar em consideração o funcionamento de tais elementos na vida social. A abordagem, neste caso, é fundamentalmente diacrônica.

1. O desenvolvimento do pensamento etnológico pré-estruturalista

1.1. *O evolucionismo*

O postulado de base do evolucionismo do século XIX é a unidade psíquica da humanidade. Desde que o espírito humano se submeta às mesmas condições, ele opera, em qualquer parte, da mesma maneira. Se todos os homens pensam de um único modo e "inventam as mesmas coisas culturais na mesma ordem, a evolução cultural deve ser uma série *linear* de etapas [...] que são, essencialmente, as mesmas em todas as regiões do mundo" (HERTEFELT, 1973, 72). Além de ser linear, o evolucionismo é também *paralelo*, porque admite que todas as sociedades, embora afastadas umas das outras, seguem as mesmas etapas de desenvolvimento cultural. O que importa, portanto, do ponto de vista evolucionista, é a *convergência* dos fatos culturais e não sua *difusão*, como os adeptos do difusionismo defenderão posteriormente.

Ao aplicar suas teorias e métodos a aspectos diferentes da cultura, em particular ao parentesco e à religião, os etnólogos evolucionistas procederam de forma semelhante à dos foneticistas, que, na mesma época, examinavam os sons da linguagem sob um ponto de vista estritamente diacrônico. Nos dois casos manifesta-se a mesma atitude metodológica, quer dizer, o "atomismo" (cf. supra, cap. I, 1.5; cap. II, 1). Na perspectiva etnológica, esta atitude consiste em estudar os elementos provenientes de sociedades diferentes, fazendo-se abstração de seu contexto social, ou seja, sem nenhuma preocupação de compreender a significação que possuem no conjunto. Tal erro metodológico pode ser imputado, em última análise, à ausência do trabalho de campo (*fieldwork*).

Uma consequência imediata deste modo de considerar os fatos sociais é o caráter "artificial e irreal" dos trabalhos dos teóricos evolucionistas (cf. HERTEFELT, 1973, 80). De fato, eles estabeleceram sequências lógicas de desenvolvimento cultural *in abstracto*, procurando mais tarde, na literatura etnográfica, exemplos para ilustrar e confirmar os esquemas evolucionistas. É o caso, por exemplo, da sequência promiscuidade, casamento em grupo, matrilinearidade com poliandria, patrilinearidade com poliginia e, finalmente, monogamia, criada por J. F. Mclennan (*Primitive marriage*, 1865), para explicar a evolução das instituições matrimoniais.

Os etnólogos desta escola produziram, assim, "uma história refletida do desenvolvimento cultural da humanidade, de preferência a uma reconstrução histórica factual" (HERTEFELT, 1973, 4).

Todos os teóricos evolucionistas estavam convencidos de que a civilização ocidental do século XIX havia alcançado, em todos os domínios (tecnologia, parentesco, religião etc.), o ponto mais alto do desenvolvimento cultural da humanidade. As sociedades menos desenvolvidas daquela época eram, por sua vez, consideradas como antecessoras das sociedades contemporâneas desenvolvidas (cf. ibid., 77). Assim, L. H. Morgan (*Ancient society*, 1877, apud HERTEFELT, 1973, 32) reduziu a história a três fases pelas quais passam necessariamente todas as sociedades, a saber: selvageria, barbárie e civilização. A primeira caracteriza-se pela colheita de frutos (estado inferior), a pesca e a utilização do fogo (estado médio) e, também, pelo uso do arco e da flecha (estado superior); a segunda, pela invenção da cerâmica (estado inferior), pela agricultura e domesticação dos animais (estado médio) e pela invenção da metalurgia do ferro (estado superior); a terceira — a civilização — começa com a invenção da escrita alfabética.

Os evolucionistas, como já lembramos, aplicaram suas teorias, sobretudo, aos domínios do parentesco e da religião. No primeiro caso, situam-se os trabalhos de J. J. Bachofen (1815-1887), J. F. Mclennan (1827-1881) e L. H. Morgan (1818-1881). No segundo, destacam-se as pesquisas de E. B. Tylor (1832-1917) e J. G. Frazer (1854-1941). Apesar das críticas frequentes e justificadas dirigidas a esta escola, é preciso reconhecer que seus teóricos e pesquisadores lançaram as bases da antropologia e formularam alguns dos principais conceitos dessa ciência, a saber: matrilinearidade (Bachofen); exogamia, endogamia, totemismo, poliandria, regras de residência (Mclennan); terminologia de parentesco (Morgan); cultura, animismo, tecnonímia, exogamia local, casamento com prima cruzada (Tylor); magia, religião, realeza sagrada (Frazer) (cf. HERTEFELT, 1973, 78).

1.2. O *difusionismo*

Esta corrente do pensamento antropológico, diferentemente da anterior, explica as semelhanças culturais entre sociedades diversas "pela *difusão* de elementos culturais, de preferência a sua invenção independente e paralela" (cf. ibid., 90; itálico nosso).

Importa distinguir a *difusão primária* (ou aculturação) da difusão *secundária*. No primeiro caso, trata-se da dispersão de elementos culturais por migração. As colonizações fornecem os melhores exemplos desse gênero de difusão. No segundo caso, o mais frequente, a difusão produz-se pelo empréstimo direto de um elemento cultural. Esse processo supõe um contato histórico (não necessariamente contínuo) entre grupos culturalmente diferentes. Foi assim que se produziu, no neolítico, a difusão da agricultura e dos metais e, entre os índios da América do Norte, a difusão do cavalo (cf. ibid.).

Pode-se falar ainda de *difusão por estimulação* (ou difusão de uma ideia). De fato, por vezes basta sugerir uma ideia para que uma cultura se pareça com outra. É este precisamente o caso da difusão da escrita.

O difusionismo pode ser considerado como uma espécie de evolucionismo. Entretanto, não se trata de um evolucionismo linear e paralelo, mas de um desenvolvimento multilinear, isto é, resultante de mudanças culturais produzidas a partir de um número restrito de centros criadores. Ao contrário do evolucionismo linear, "o difusionismo é cético no que se refere à inventividade do homem" (ibid., 92). O que explica as semelhanças e as diferenças entre as culturas não é a unidade e o engenho do espírito humano, mas a difusão e a mistura de *traços culturais* a partir de certo número de centros criadores. Entende-se por *traço cultural* "a unidade mínima significante da cultura capaz de ser isolada pela observação no tempo e no espaço" (KEESING, 1958, 145, apud ibid.). Uma *área cultural*, por sua vez, pode ser definida, como "uma região na qual se acham os mesmos traços fundamentais" (HERTEFELT, 1973, 107). É a comparação entre traços culturais de diferentes áreas que permite estabelecer o parentesco histórico existente entre várias culturas.

O principal representante desta tendência é Franz Boas (1859-1942), o fundador do historicismo americano. Docente da Universidade de Colúmbia (Nova York) durante quarenta anos, este teórico formou muitos antropólogos ilustres como: R. H. Lowie, R. Benedict, A. L. Kroeber, R. Linton, E. Sapir, M. Mead. Convém lembrar que F. Boas inaugurou o trabalho intensivo de campo (*fieldwork*), o qual se tornou a principal característica da pesquisa antropológica. Algumas de suas principais obras são: *The mind of primitive man* (1911); *Primitive art* (1927); *Anthropology and modern life* (1928); *Race, language and culture* (1940). F. Boas rejeita as construções fantasiosas do evolucionismo linear, as quais se fundamentam, como já observamos, no postulado de que o espírito humano obedece em toda parte às mesmas leis:

> O objetivo do historicismo, como seu próprio nome indica, é fazer a história da cultura. Esta deve basear-se nas análises aprofundadas e específicas das culturas particulares, e não nos esquemas apriorísticos dos evolucionismos lineares (HERTEFELT, 1973, 101).

F. Boas propõe, assim, um novo método de pesquisa, cujas principais características podem ser resumidas como segue: a) o pesquisador deve relacionar o estudo dos "costumes" com a cultura *total* do povo que os pratica; "Um elemento cultural ou um comportamento social só tem sentido no contexto da cultura total ou da estrutura social global" (ibid., 97); esta perspectiva, hoje chamada *holística*, se opõe radicalmente ao procedimento evolucionista tradicional e antecipa a abordagem funcionalista e estruturalista dos fatos etnológicos; b) o novo método requer *fieldwork* intensivo e prolongado; c) três fatores devem necessariamente entrar na explicação de uma cultura, a saber: o meio ambiente físico, a história e a psicologia. O primeiro fator, que hoje se poderia chamar de ecológico, é ao mesmo tempo estimulante (oferece certas possibilidades a um grupo humano) e limitante (impõe certas restrições a esse mesmo grupo). O segundo indica "que nenhuma cultura pode ser compreendida apenas pela referência à situação presente". Com efeito, "toda cultura teve contatos com uma série de outras culturas", as quais lhe ofereceram "uma variedade de elementos culturais suscetíveis de serem tomados por empréstimo". Contudo, como se explica que determinado elemento seja apreendido e outro, rejeitado? Esta pergunta introduz a questão das *causas* do desenvolvimento cultural por difusão. O terceiro fator explica, precisamente, tais causas. Segundo F. Boas, são "as tendências psicológicas gerais do homem ou as atitudes específicas próprias dos membros de uma cultura" que explicam a razão pela qual certos elementos culturais são tomados por empréstimo e outros não. As causas da difusão cultural são, portanto, em última análise, de ordem psicológica. "As leis da cultura", sustenta Boas, "são [...] leis psicológicas" (apud HERTEFELT, 1973, 99).

Os principais antropólogos que retomaram, cada um a seu modo, o historicalismo de F. Boas são: A. L. Kroeber (1876-1960), R. Linton (1893-1953) e R. H. Lowie (1883-1957).

1.3. O funcionalismo

Enquanto o historicalismo, a principal corrente do difusionismo, desenvolveu-se nos Estados Unidos, os teóricos do funcionalismo, e também fundadores da antropologia social — disciplina que ocupou o lugar da etnologia evolucionista no século XIX — realizaram suas pesquisas na Grã-Bretanha e nos países da *Commonwealth*. Referimo-nos a B. Malinowski (1884-1942), o criador da "Escola Funcionalista" (*Functional School*) e A. R. Radcliffe-Brown (1885-1995). A antropologia social moderna deve ao primeiro o desenvolvimento das técnicas da pesquisa de campo e, ao segundo, a elaboração de um quadro conceitual claro e sistemático.

No ensaio *Argonauts of Western Pacific* (LONDON, 1922), B. Malinowski transmite-nos observações concernentes a um tipo de troca intertribal das ilhas Trobriand (Melanésia), denominada *Kula* pelos próprios indígenas. Curiosamente, a troca só se refere a dois objetos: pulseiras (brancas) e colares (vermelhos) feitos de conchas. Os últimos seguem na direção dos ponteiros de um relógio, e os outros, no sentido contrário. Passam de tribo em tribo e de mão em mão e levam de dois a dez anos para perfazer a volta completa do arquipélago. Os participantes desta grande festa devem-se mutuamente hospitalidade, proteção e assistência. As suas relações são impregnadas de atenções e amabilidades. Ao lado das trocas "nobres", realizam-se também as operações comerciais chamadas *ginwali*. Esses dois tipos de transações são, no entanto, rigorosamente separadas pelos indígenas, e o pior insulto é acusar alguém de conduzir o *Kula* com a mesquinhez do *ginwali*. Rivalidade, concorrência, busca de grandeza e de interesse tampouco estão ausentes desse tipo de transação (cf. PANOFF, 1972, 47-71, em particular 48).

Ao lembrar que a palavra *Kula* significa "círculo", M. Mauss sintetiza o essencial da descrição de B. Malinowski:

É como se todas estas tribos, estas expedições marítimas, estas coisas preciosas e estes objetos de uso, estes alimentos e estas festas, estes serviços de todo tipo, rituais e sexuais, estes homens e estas mulheres, estivessem presos dentro de um círculo e percorressem em torno a esse círculo, no tempo e no espaço, um movimento regular (ED, 176).

Como se vê, trata-se de fatos multidimensionais que não podem ser reduzidos ao registro econômico. Foram, por certo, a riqueza e a acuidade das descrições de B. Malinowski que conduziram M. Mauss, como estudaremos na próxima seção, à noção de "fato social total", que antecipa a de estrutura social, tal como será formulada por Cl. Lévi-Strauss (cf. infra, cap. IV, 2).

Com a obra de B. Malinowski, a etnologia, opondo-se ao evolucionismo e ao difusionismo, passa a "[dedicar-se] ao estudo das lógicas particulares características de cada cultura", tornando-se, assim, "uma 'ciência' da alteridade" (LAPLANTINE, 1987, 77). M. Mauss e B. Malinowski, como observa Cl. Lévi-Strauss, ofereceram "à teoria etnológica [...] algumas das mais belas regularidades de que temos notícia" (AS, 322).

No entanto, deve-se convir também com este antropólogo que B. Malinowski "foi melhor observador que teórico" (IOMM, XXXV) ou, em outros termos, que seu trabalho é mais descritivo que explicativo. A obra de Radcliffe-Brown, que examinaremos a seguir, se orienta na direção contrária. Sem negligenciar a importância da descrição precisa dos fatos, este pesquisador compreendeu

> que é impossível saber o que deve ser buscado se não se tem uma teoria a respeito do que interessa conhecer. A pesquisa de campo não pode, pois, ser feita ao acaso: ela deve partir de uma *hipótese* teórica (HERTEFELT, 1973, 145).

A. R. Radcliffe-Brown tinha o projeto, transmitido a outros antropólogos influentes, de fazer da antropologia social um ramo das ciências naturais, projeto este, aliás, que não é estranho, como se sabe, ao de Cl. Lévi-Strauss. Convém lembrar, todavia, que grande parte dos antropólogos não compartilha deste ideal teórico (cf. ibid., 158)[1].

---

1. E. E. Evans-Pritchard é um dos principais antropólogos que contesta esta tendência a aplicar o modelo das ciências experimentais na antropologia. No seu entender,

Enquanto os teóricos evolucionistas se situavam numa perspectiva francamente diacrônica, A. R. Radcliffe-Brown, sob a influência de Émile Durkheim e também do fisiologista francês Claude Bernard, admitia "que uma ciência da sociedade só pode se constituir fundamentando-se na aplicação do método experimental ao estudo *sincrônico* dos fenômenos sociais" (ibid.). Cl. Bernard (*Introduction à la médecine expérimentale*, Paris: Sertillanges, 1900) mostrou-lhe que os fatos, longe de se oferecerem espontaneamente ao pesquisador, devem ser interrogados, ou seja, analisados à luz de uma ideia diretriz, de uma hipótese, para se tornarem significativos. É. Durkheim (*Les règles de la méthode sociologique*, Paris: Alcan, 1895), por sua vez, ensinou-lhe que as causas dos fatos sociais devem ser buscadas em outros fatos sociais e não em estados da consciência.

Resumindo a contribuição de B. Malinowski e a de A. R. Radcliffe-Brown, pode-se dizer que, ao introduzir a orientação sincrônica no estudo dos fatos etnológicos, estes pesquisadores lançaram as bases teóricas e metodológicas da antropologia, tal como é praticada ainda hoje. Conforme nos explica M. d'Hertefelt,

> a antropologia social herdou, de Radcliffe-Brown e mais ainda de Malinowski, sem esquecer de Boas, técnicas de *observação* precisas. O antropólogo social é acima de tudo um *fieldworker*. Ele não parte para a pesquisa de campo sem uma *hipótese* que trata de verificar (rejeitar ou substituir). Seu postulado de base é que existem *regularidades* (quer se chame ao conjunto dessas regularidades de "determinismo social" ou não). Se não houvesse regularidades, não haveria meios de dizer o que quer que seja a respeito de uma sociedade, e a própria vida social seria impossível. O passo seguinte é a *comparação* dos dados de uma sociedade com os dados de outras sociedades. O objetivo desta etapa é estabelecer regularidades mais gerais [...]. [Estas] tornam-se hipóteses de partida, mais gerais igualmente, para outras pesquisas de campo, isto é, para outras verificações [...]. A antropologia social aparece, assim, como uma disciplina científica *cumulativa*: hipóteses são formuladas, verificadas em uma

---

os procedimentos dos antropólogos devem ser comparados aos do historiador e não aos do físico ou do químico (cf. EVANS-PRITCHARD, *Essays in social anthropology*, 1962, 26, apud HERTEFELT, 1973, 167).

sociedade, depois em outras, incorporadas dentro de uma hipótese mais geral, que é, por sua vez, submetida ao teste da realidade e modificada eventualmente. Se a antropologia social tornou-se uma ciência cumulativa, nós o devemos, sem dúvida, ao modelo ideal rigoroso que Radcliffe-Brown lhe propôs. Mas isso não significa que as "regularidades" descobertas pela antropologia social sejam comparáveis às leis da física, da química, nem mesmo às da biologia. Se restam, do ponto de vista metodológico, idealistas e utopistas radcliffe-brownianos, muitos antropólogos sociais estimam que o modelo das ciências experimentais não seja aplicável em antropologia (HERTEFELT, 1973, 166).

Entretanto, ainda não examinamos adequadamente os dois principais conceitos da escola funcionalista, a saber, *função* e *estrutura social*. O primeiro corresponde ao pensamento de B. Malinowski, e o segundo, ao de A. R. Radcliffe-Brown. Na perspectiva do autor dos *Argonauts of Western Pacific*, indicar a função de um fato cultural é mostrar à qual necessidade humana ele satisfaz[2]. Sua teoria da cultura é uma teoria das necessidades humanas, principalmente das necessidades biológicas, que são as fundamentais. Diferentemente dos animais, o homem satisfaz as necessidades biológicas pela cultura. Esta é um instrumento de sobrevivência biológica. As coisas culturais só podem receber um sentido, portanto, na medida em que se referem às necessidades biológicas do homem.

Deve-se reconhecer, no entanto, que a obra de B. Malinowski comporta, também, outro conceito de função. Este que acabamos de apresentar, graças ao seu caráter extremamente reducionista, é, sem dúvida, contestável. Contudo, não podemos deixar de louvar B. Malinowski quando afirma que a análise funcional tem por objeto

> a explicação dos fatos antropológicos, em todos os níveis de desenvolvimento, por sua *função*, pelo papel que desempenham dentro do sistema total da cultura, pela maneira como estão unidos uns aos outros no interior deste sistema e ligados ao meio físico [...]. A

---

2. "A função exprime sempre a satisfação de uma necessidade" (MALINOWSKI, *A scientific theory of culture*, 1944, 159, apud PANOFF, 1972, 150).

identidade real de uma cultura parece repousar na conexão orgânica de todas as suas partes, na *função* que determinado detalhe preenche no interior de seu sistema, nas relações entre o sistema, o meio e as necessidades humanas (MALINOWSKI, *Coral gardens and their magic*, 1935, apud HERTEFELT, 1973, 215).

De acordo com B. Malinowski, como se vê, todos os aspectos da cultura (familiar, econômico, político, jurídico, religioso, estético) estão unidos entre si, formando um todo significativo. Não se pode estudar nenhum desses aspectos sem relacioná-los uns com os outros.

Se se considera o primeiro conceito de função, que é, aliás, o mais conhecido, a análise funcionalista diz respeito à questão de saber *por que* os fatos culturais existem. No entanto, se se emprega o segundo conceito indicado, a análise responde à questão de saber *como funciona* um sistema cultural. É apenas nesta última acepção que a análise funcionalista interessa à antropologia atual (cf. HERTEFELT, 1973, 215).

Se Malinowski introduziu o conceito de função na antropologia, foi A. R. Radcliffe-Brown quem, pela primeira vez, empregou de um modo sistemático o conceito de estrutura para estudar a realidade social sob o ponto de vista etnológico. Ele define *estrutura social*, ressaltando que este conceito

> diz respeito ao arranjo das partes ou dos componentes ligados uns aos outros numa espécie de unidade superior [...]. Na estrutura social, os componentes fundamentais são os seres humanos concebidos como atores da vida social, isto é, como *pessoas*, e a estrutura consiste no arranjo das pessoas ao se relacionarem umas às outras (RADCLIFFE-BROWN, *Method in social anthropology*, 1958, 168, apud HERTEFELT, 1973, 200).

Em suma, pode-se dizer que para A. R. Radcliffe-Brown "o termo estrutura social exprime a ideia — ou a hipótese de trabalho — segundo a qual os diferentes elementos institucionais de uma sociedade estão ordenados como partes relacionadas a um todo" (HERTEFELT, 1973, 201).

É oportuno assinalar, entretanto, que o termo *estrutura* não tem um sentido unívoco no discurso do antropólogo inglês. De fato, ele designa ora uma "rede de relações realmente existentes", ora "a forma da estrutura" (RADCLIFFE-BROWN, 1972, 274 e 277). Vale dizer, o termo aparece tanto em sentido realista, como em sentido abstrato.

Observemos, enfim, que A. R. Radcliffe-Brown também utiliza o conceito de função, se bem que numa acepção diferente da de B. Malinowski. Como ele próprio nos esclarece,

> Empregando esta palavra no sentido durkheimiano, eu definiria a função social de um modo de atividade ou de pensamento socialmente normalizado como sua relação à estrutura social, relação esta que contribui para assegurar a existência e a permanência da mesma (RADCLIFFE-BROWN, 1972, 287).

Se se entende por vida social da comunidade "o funcionamento da estrutura social", pode-se dizer que

> a *função* de qualquer atividade recorrente, tal como a punição de um crime ou uma cerimônia funerária, consiste no papel que ela desempenha na vida social e, por conseguinte, na contribuição que fornece à manutenção da permanência estrutural (ibid., 264).

É evidente que o conceito radcliffe-browniano de função depende inteiramente do de estrutura social.

Tanto o funcionalismo de B. Malinowski quanto o de A. R. Radcliffe-Brown abriram uma nova perspectiva teórica e metodológica nas ciências sociais. Segundo a oportuna observação do antropólogo Roberto da Matta,

> quando consigo compreender um costume desconhecido sem submetê-lo necessariamente ao eixo de uma temporalidade postulada por minha sociedade, permito-me alcançar a lógica social daquele costume como sendo outra alternativa social. Isso me conduz ao respeito pela inventividade humana, à humildade diante de uma outra possibilidade que não a minha de ordenar a realidade humana, e diante de outra espécie de desenvolvimento histórico, aquele que formou o referido costume e que é bastante diferente do meu (MATTA, 1981, 101).

A perspectiva sincrônica instaurada pelo funcionalismo e retomada pelo estruturalismo etnológico permitiu a superação do etnocentrismo europeu e a conquista do verdadeiro objeto da antropologia: o estudo de uma cultura *diferente* daquela originária do observador.

2. Do "fato social total" à estrutura social: o estruturalismo etnológico

Em sua *Introdução à obra de Marcel Mauss* (1950), Cl. Lévi-Strauss analisa o *Essai sur le don* (1923-1924), revelando que a noção de "fato social total" contém em germe a de estrutura social e que, por esta razão, Marcel Mauss quase realizou "o *novum organum* das ciências sócias do século XX" (IOMM, XXXVII). Se não atingiu plenamente este objetivo, foi porque se equivocou num ponto crucial, que consideraremos adiante. Ao expor o pensamento etnológico de M. Mauss, Cl. Lévi-Strauss indica, na verdade, como veremos, a gênese da antropologia estrutural.

O *Essai sur le don* estuda os "sistemas de prestações e de contraprestações" (ou de "dons e contradons", como se expressa Cl. Lévi-Strauss) que caracterizam várias sociedades arcaicas. O mecanismo desses sistemas regula tanto a circulação de bens materiais como a de direitos e pessoas (cf. IOMM, 227). Tudo se apresenta como um pretexto para dar presentes e receber outros em troca. "Alimentos, mulheres, bens, talismãs, solo, trabalho, serviços, ofícios sacerdotais e posição social, tudo é objeto de transmissão e recepção. Tudo vai e vem" (IOMM, 163).

Nas sociedades arcaicas, por conseguinte, as trocas econômicas não constituem uma esfera autônoma, dotada de mecanismos particulares, mas uma categoria entre outras do sistema de prestações e contraprestações. Os fenômenos estudados por M. Mauss são certamente econômicos, mas também jurídicos, religiosos, morais, estéticos etc. (cf. IOMM, 147 e 274). Em síntese, são "fatos sociais totais" (IOMM, 274), isto é, fatos que atingem a totalidade da vida social e das instituições. "É bem mais que o útil o que circula nessas sociedades", exclama M. Mauss (IOMM, 267). Como nos explica Cl. Lévi-Strauss,

> os bens não são apenas comodidades econômicas, mas veículos e instrumentos de realidades de outra ordem: potência, poder, simpatia, posição, emoção... (SEP, 130).

Na verdade, o *hommo oeconomicus* é uma invenção bem recente. O homem viveu longamente na "atmosfera do dom" antes de se tornar o que é hoje: "uma máquina, acoplada a uma calculadora" (ED, 272). Ao se afastar tanto dos reducionismos como dos dualismos, M. Mauss quer unir, por um lado, o individual e o social e, por outro, o físico (ou fisiológico) e o psíquico. Trata-se de estudar "o comportamento humano total, a vida social inteira" (ED, 279). Com este objetivo, M. Mauss opera, conforme nos explica Cl. Lévi-Strauss (cf. IOMM, XXV; AS II, 15), uma análise do fato social que revela sua tríplice dimensão: *sincrônica* (os diferentes aspectos já mencionados da vida social: jurídicos, econômicos, religiosos, estéticos etc.); *diacrônica* (os diferentes momentos da história pessoal: o nascimento, a infância, a adolescência, o casamento etc.); *físico-psicológica* (as diferentes formas de expressão: dos fenômenos fisiológicos, como os reflexos, às "categorias" inconscientes e às representações conscientes individuais e coletivas). Onde se pode encontrar realizada esta tríplice dimensão senão numa experiência concreta? Vale dizer, na experiência de "uma sociedade localizada no espaço e no tempo, Roma, Atenas"; mas também na experiência de um indivíduo qualquer de uma dessas sociedades: o melanésio desta ou daquela ilha, por exemplo (ED, 276; cf. IOMM, XXVI). No entender de M. Mauss, portanto, todo fenômeno social é psíquico, e todo fenômeno psíquico é social. Essa perspectiva permite superar com vantagem, como lembra Cl. Lévi-Strauss, as teorias culturalistas da escola antropológica americana (R. Benedict, por exemplo), cujos representantes se perdem numa discussão interminável para saber qual dos dois fatores em causa — o social ou o psíquico — é o decisivo para a compreensão da personalidade e da cultura (cf. IOMM, X-XVIII). Na verdade, as articulações entre as duas ordens não podem ser compreendidas em termos mecânicos — tal causa provoca tal efeito —, mas, antes, em termos dialéticos. Há um movimento do individual em direção ao social, e outro do social em direção ao individual, e a reunião desses dois polos — isto é, o fato social total — é dada na experiência subjetiva concreta (cf. IOMM, XXVI).

O fato social total, como se vê, tem um polo objetivo e outro subjetivo. Como nos esclarece Cl. Lévi-Strauss, expondo e endossando o ponto de vista de M. Mauss,

Para compreender convenientemente um fato social, é preciso apreendê-lo totalmente, quer dizer, pelo exterior como uma coisa, mas como uma coisa da qual é, todavia, parte integrante a apreensão subjetiva (consciente e inconsciente) que dela tomaríamos se, inelutavelmente homens, vivêssemos o fato como um indígena, em vez de observá-lo como etnógrafo (IOMM, XXVIII).

O conhecimento inerente à antropologia e às ciências humanas, em geral, é o do "observador-sujeito", vale dizer, do observador que "se esforça por viver em si a experiência [do objeto], o que só é possível porque este objeto é, como ele, um sujeito" (LAPLANTINE, 1987, 87). Em suma, como sintetiza Cl. Lévi-Strauss, nas ciências do homem, "o observador é também parte de sua observação" (IOMM, XVIII).

O sistema arcaico de distribuição de riqueza, chamado por M. Mauss de "sistema de prestações totais" (ED, 151), encontra sua expressão mais característica e sua forma mais típica na instituição do *potlatch* dos índios do Alasca e da região de Vancouver. Por este termo da língua chinook, que significa "consumir", "alimentar", designa-se uma espécie de cerimônia periódica, muito longa, que inclui banquetes, festas e diversas espécies de rituais (casamentos, sessões de xamanismo, de culto aos deuses e aos totens, de ritos de iniciação etc.), durante a qual os clãs e os chefes rivalizam em prodigalidade, oferecendo ostensivamente a seu adversário riquezas — e até mesmo as destruindo —, a fim de o desafiar, humilhar e dominar (cf. ED, 152; 201). O objetivo dos concorrentes é ultrapassar e, se possível, arruinar o seu rival, na expectativa de que ele não tenha condições de satisfazer as obrigações recíprocas (cf. SEP, 62).

Outro exemplo muito importante do sistema de dons e contradons nos é fornecido por B. Malinowski na sua descrição do *Kula*, isto é, deste gênero muito particular de permuta praticado nas ilhas Trobriand, cujos principais elementos já foram anteriormente assinalados (cf. supra, cap. IV, 1.3). Segundo M. Mauss, "o *Kula* é uma espécie de grande *potlatch*" (ED, 176). Cl. Lévi-Strauss, por sua vez, defende que todo "o *Essai sur le don* provém de modo direto dos *Argonauts of Western Pacific*" (IOMM, XXXII).

Ao buscar o "todo", o "fato social total", M. Mauss nos aconselha a abandonar as distinções, oposições e as dicotomias que determinam em grande parte nossa concepção ocidental de mundo. O estudo das sociedades arcaicas revela-nos, com efeito, que liberalidade e obrigatoriedade, generosidade e interesse, luxo e poupança, hostilidade e amizade, individualidade e sociabilidade etc. não são qualidades incompatíveis que se excluem mutuamente, mas termos que, de certa forma e em algum lugar, se encontram (cf. ED, 152, 161, 177, 193, 267 e 277). Este "lugar" é concebido por M. Mauss como "fato social total" e por Cl. Lévi-Strauss, como "estrutura social".

Parece que M. Mauss compreendeu — ou estava próximo a compreender — que, em vez de dissociar os termos dessas oposições, cumpre pensá-los de modo integrado. Para nos expressar como os linguistas, o que está aqui em questão são "pares de oposição" (AS, 50) e não elementos isolados. Com efeito, tais disposições antagônicas, na medida em que dividem a sociedade em grupos rivais, criam, graças aos casamentos, condições para as *alianças*, e, portanto, para as trocas, cuja generosidade aparente oculta uma necessidade que desde já podemos qualificar de estrutural. Na verdade, o *Essai sur le don* permite pensar as relações sociais como um "campo de gravitação" (cf. SEP, 553), isto é, como um lugar invisível, mas realíssimo, onde forças antagônicas em equilíbrio suportam e dinamizam o fluxo contínuo das trocas. Os acontecimentos cotidianos em sua historicidade e facticidade constituem apenas a manifestação visível deste campo invisível, cuja lógica — ou mais precisamente a estrutura — cabe ao antropólogo detectar. "Toda a teoria [de M. Mauss]", afirma Cl. Lévi-Strauss, "requer [...] a existência de uma *estrutura*" (IOMM, XXXVIII, itálico nosso), isto é, de "um sistema de oposições e de correlações que integra todos os elementos de uma situação total" (AS, 200), e isto de tal forma que a modificação de um só destes elementos provoca a modificação de todos os outros (cf. AS, 306). M. Mauss, no entanto, não chegou à formulação desse conceito.

Já sabemos que o fato social é, ao mesmo tempo, objetivo e subjetivo ou, em outros termos, "coisa" e "representação". O sistema de dons e contradons é, também, um sistema de representações. É por esta razão que a vida social é definida por M. Mauss como "um mundo de relações simbólicas" (Mauss apud IOMM, XV). Este teórico, contudo, não reconheceu, como o fez posteriormente Cl. Lévi-Strauss, a existência de uma "função de base" ou, mais precisamente, de uma "função simbólica" (cf. infra, cap. VI, 3) capaz de explicar as produções culturais. "Mauss [achava] possível elaborar uma teoria sociológica do simbolismo, quando o que se deve procurar, evidentemente, é uma origem simbólica da sociedade" (IOMM, XXII), observa Cl. Lévi-Strauss, anunciando, assim, o seu próprio caminho.

Embora M. Mauss tenha estudado com admirável sagacidade o fenômeno das trocas nas sociedades arcaicas, não soube determinar adequadamente sua causa. Em determinado momento ele se pergunta: "Qual é a força que existe na coisa ofertada que faz com que o donatário a retribua?" (ED, 148), e, fazendo alusão a uma concepção criada pela consciência primitiva, responde: o *hau*, "o espírito das coisas" (ED, 158). Apropriar-se de um presente é aprisionar seu *hau*, portanto é atrair para si mesmo a maldição espiritual. Estamos aqui diante de um desses casos relativamente frequentes em que o etnólogo se deixa conduzir pelas "teorias" indígenas[3]. Essas, ainda que não raro inventivas e interessantes, na medida em que se situam no plano da consciência, não atingem o verdadeiro sentido dos fenômenos considerados, o qual não se revela nas descrições conscientes, mas sim nos modelos elaborados pela "interpretação" etnológica, para detectar o inconsciente social[4]. Daí a crítica de Cl. Lévi-Strauss a Mauss:

> Depois de ter apreendido a concepção indígena, era preciso reduzi-la mediante uma crítica objetiva que permitisse atingir a realidade subjacente. Ora, esta tem muito menor probabilidade de ser encontrada nas elaborações conscientes do que nas estruturas mentais inconscientes que podemos alcançar através das instituições e, melhor ainda, na linguagem (IOMM, XXXIX).

Sentimentos, volições, crenças etc. "não são noções científicas". Na medida em que participam dos fenômenos estudados, tais disposições

---
3. Cl. Lévi-Strauss valoriza as "teorias" indígenas, atribuindo-lhes a mesma dignidade das teorias antropológicas (cf. AS, 309; IOMM, XV).
4. No entanto, nosso antropólogo não deixa de nos advertir: "as representações conscientes dos indígenas, por mais interessantes que sejam [...], podem permanecer objetivamente tão distantes da realidade inconsciente quanto as outras" (AS, 310).

não podem nos esclarecer a respeito deles (cf. IOMM, XLV). Na verdade, elas não constituem o ponto de chegada, mas apenas o ponto de partida das pesquisas, ainda que a explicação estrutural, como veremos, recorra à compreensão da "experiência vivida" como "uma forma suplementar de prova" (cf. PS, 298; AS II, 17).

No *Essai sur la magie*, M. Mauss formulou um preceito capital: "a unidade do todo é ainda mais real do que cada uma das partes" (cf. IOMM, XXXVIII). No *Essai sur le don*, entretanto, seu caminho se desenvolve no sentido contrário ao indicado por este princípio, já que, depois de ter descoberto os elementos discretos do todo (dons e contradons), ele se esforça por reuni-los artificialmente, remanejando a noção indígena do *hau*. M. Mauss, porém, como sustenta Cl. Lévi-Strauss, chegou bem perto do enfoque estrutural dos fatos sociais ao lembrar que certas línguas indígenas "possuem apenas uma única palavra para designar a compra e a venda, o empréstimo e o retorno. As operações antitéticas são expressas pela mesma palavra"[5]. Este dado linguístico, bem compreendido, revela que os dons e os contradons, longe de implicar operações antitéticas, "são apenas modos de uma mesma realidade". Não é necessário que o *hau* cimente os elementos dispersos descobertos por M. Mauss, já que a antítese não existe; o que temos, desde sempre, é uma síntese, ou melhor, para empregar um conceito fundamental de Cl. Lévi-Strauss, que será estudada adiante, uma "estrutura de reciprocidade". Esta, porém, não é dada à observação, mas deve ser construída pelo pesquisador. "A relação de troca é dada anteriormente às coisas trocadas e independentemente delas" (SEP, 160).

Levando às últimas consequências o pensamento etnológico de M. Mauss, Cl. Lévi-Strauss criou uma nova abordagem das instituições sociais. Estas podem ser concebidas como "*estruturas* cujo todo, quer dizer, o princípio regulador, pode ser dado antes das partes" (SEP, 117). Recorrendo a modelos estruturais e sistêmicos, o fundador da antropologia estrutural investigou, na primeira etapa de sua obra — a qual constitui, justamente, o nosso objeto de estudo no momento — os sistemas ele-

---

5. Afirmação de M. Holmes (*In primitive New-Guinea*, 1924, 294) é citada por M. Mauss (ED, 193) e retomada por Cl. Lévi-Strauss (IOMM, XL).

mentares de parentesco, e, na segunda, a mitologia ameríndia. Ele deu, assim, uma contribuição notável para a formação de uma teoria semiológica da cultura.

3. Conclusão: os conceitos de função e estrutura no discurso de Cl. Lévi-Strauss

Para concluir esta exposição da gênese da antropologia estrutural, convém apresentar, a título de esclarecimento, algumas observações referentes ao emprego dos termos "função" e "estrutura" nesta disciplina: 1ª) ao contestar o autor dos *Argonauts*, Cl. Lévi-Strauss afirma: "Lá onde Mauss considerava uma *relação constante* entre os fenômenos [...], Malinowski se pergunta *para que eles servem*" (IOMM, XXXV). Se o primeiro concebia a função segundo o modelo algébrico, o qual implica uma interdependência e uma equivalência dos elementos sociais, o segundo adotava um "empirismo ingênuo", segundo o qual "a função exprime sempre a satisfação de uma necessidade". Evidentemente, é o primeiro conceito que interessa a Cl. Lévi-Strauss; 2º) o termo "estrutura" não tem exatamente o mesmo sentido em linguística e em antropologia estrutural; diferentemente do que ocorreu na primeira disciplina, este termo já circulava nos meios etnológicos antes da introdução do método estrutural na antropologia. Ao rejeitar o uso corrente do termo, Cl. Lévi-Strauss, fazendo eco à distinção saussuriana entre substância e forma, assevera:

> A noção de estrutura social não remete à realidade empírica, mas aos modelos construídos em conformidade com ela. Assim, aparece a diferença entre duas noções muito próximas, que, frequentemente, foram confundidas. Refiro-me às noções de *estrutura social* e *relações sociais*. As *relações sociais* são a matéria-prima para a construção de modelos que manifestam a própria *estrutura social*. Em nenhum caso, portanto, esta pode ser remetida ao conjunto das relações sociais, observáveis numa dada sociedade (AS, 305).

Prevenindo-nos do uso incorreto do termo "estrutura", Cl. Lévi-Strauss o define, conforme já foi exposto, como "um sistema de oposições e de correlações que integra todos os elementos de uma situação total". Explicando a primeira condição para que um modelo mereça o nome de estrutura, o antropólogo acrescenta: "uma estrutura oferece um caráter de sistema". Por isso ele não afirma, conforme o uso corrente do termo em fonologia, que o sistema possui esta ou aquela configuração estrutural, mas que a estrutura social tem um "caráter de sistema". Ou seja, opondo-se ao emprego predominante do termo "estrutura" em etnologia e diferençando, também, a sua concepção da fonológica, Cl. Lévi-Strauss declara categoricamente: a estrutura deve ser concebida como um sistema.

Ao aproximar o *Essai sur le don* do *Cours de linguistique générale*, Cl. Lévi-Strauss acendeu a faísca que provocou a explosão dos quadros teóricos limitados do século XIX e desencadeou uma verdadeira revolução metodológica nas ciências humanas. Esta faísca se chama "estrutura de reciprocidade". Ao formular este conceito, o antropólogo, como mostraremos no próximo capítulo, resolveu brilhante e, quiçá, definitivamente, o enigma da proibição do incesto.

CAPÍTULO V
A análise estrutural do parentesco

A obra *Les structures élémentaires de la parenté* (SEP), logo após sua publicação em 1949, foi saudada por Simone de Beauvoir como um "acontecimento" nas ciências sociais[1], e a passagem dos anos só tem confirmado esta primeira impressão[2]. Trata-se de "um trabalho que [...] exigiu o exame de mais de sete mil livros e artigos" (SEP, XV), relembra o autor no prefácio da segunda edição. A transposição do modelo linguístico para a antropologia ou, mais precisamente, para a sociologia do parentesco foi, portanto, o resultado de um esforço gigantesco de pesquisa e reflexão. Que a moda estruturalista dos anos sessenta não nos deixe

---

1. Num artigo publicado em novembro de 1949 na revista *Les temps modernes*, Simone de Beauvoir afirma: "Havia muito tempo que a sociologia francesa dormia; é preciso saldar como um acontecimento o livro de Cl. Lévi-Strauss, que anuncia um brilhante despertar" (*Magazine littéraire*, 1985, 36).
2. "Há cerca de quarenta anos surgiu *Les structures élémentaires de la parenté* [...]. Era um monumento. E sempre será" (JORION, 1985, 34). R. Georgin, depois de observar que ainda não foram formulados argumentos sérios contra a hipótese central desta obra, afirma: "Talvez Lévi-Strauss pertença a esta categoria raríssima de pesquisadores que descobrem alguns axiomas fundamentais" (GEORGIN, 1983, 12).

perder de vista a envergadura de tal projeto e a engenhosidade que o tornaram possível[3].

No entanto, Cl. Lévi-Strauss insiste modestamente no caráter provisório e até mesmo propedêutico de suas pesquisas (cf. SEP, X). Tal atitude se harmoniza com a abordagem epistemológica dos fatos sociais inerente a seu pensamento. Ainda que pretendesse oferecer à antropologia modelos de cientificidade análogos aos das ciências da natureza, os resultados de seus esforços sempre lhe pareceram insuficientes. Ele mesmo nos explica as razões de sua insatisfação:

> Não creio que eu faça ciência no sentido rigoroso do termo nem que as denominadas ciências humanas ou sociais sejam ciências. Pretendê-lo seria uma impostura. Por isso, a reflexão científica, tal como se manifesta em toda a sua grandeza — na biologia ou na física —, me serve de guia. Contemplo-a, avalio minha infinita falta de habilidade, infeliz especialista das pretensas ciências humanas, e digo-me que é preciso tender para ela tanto quanto possível, estando, porém, certo de que não a alcançarei jamais (Lévi-Strauss, 1985a, 27; cf. PL, 146; AS II, 29).

O problema central de SEP é a proibição do incesto. Cl. Lévi-Strauss inicia sua exposição refletindo sobre a distinção tradicional entre o "estado de natureza" e o "estado de sociedade". Depois de mostrar como as diferentes tentativas para isolar cada um desses estados fracassaram, propõe que se substitua uma "análise real", que pretenda determinar o que é natureza e cultura no homem, por uma "análise ideal", que estabeleça, como critério do cultural, a relatividade das regras e, do natural, a universalidade dos comportamentos espontâneos (ou não domesticados) dependentes da hereditariedade biológica. Ora, a proibição do incesto é um fenômeno que apresenta a característica paradoxal de ser uma regra, mas universal, vale dizer, ela está, ao mesmo tempo, do lado da natureza e do lado da cultura. A partir dessa constatação, Cl. Lévi-Strauss levanta a hipótese que o guia ao longo de sua exposição: a proibição do incesto

---

3. Talvez seja conveniente lembrar que o próprio Cl. Lévi-Strauss condenou asperamente o "estruturalismo-ficção" que sucedeu à sua obra (cf. HN, 573; ver também PL, 100-108).

é o processo pelo qual se opera a passagem da natureza à cultura. A demonstração desta hipótese requer a aplicação do modelo linguístico ou, mais precisamente, fonológico ao estudo dos sistemas de parentesco. Ao considerar tais sistemas, que realizam a proibição do incesto no seio da vida social, como análogos aos sistemas linguísticos — logo, como sistemas simbólicos produzidos pelas "estruturas inconscientes do espírito", as quais continuam e completam as estruturas biológicas e físicas —, a antropologia revela a articulação entre a ordem natural e a ordem simbólica ou, em outros termos, detecta o momento, sempre renovado, no qual as estruturas sociais se reúnem às estruturas naturais, possibilitando a emergência do homem no universo.

Ao se debruçar sobre os sistemas de parentesco, problema capital de sua disciplina[4], Cl. Lévi-Strauss descobriu, pois, um fenômeno social, ou melhor, uma lei social cujo interesse ultrapassa consideravelmente os domínios limitados de sua disciplina e interroga particularmente a filosofia.

1. O problema da relação entre natureza e cultura

Embora a distinção clássica entre "estado de natureza" e "estado de sociedade" (ou "estado de cultura", como se diria hoje) não seja mais aceita pela maioria dos sociólogos, pois é inadmissível um estágio da evolução em que o homem fosse apenas um ser natural, ela guarda, contudo, um valor metodológico (cf. SEP, 3)[5]. De fato, longe de excluir o biológico, a determinação cultural da existência humana integra-o numa "síntese dinâmica". Nossas respostas aos estímulos internos e externos vêm tanto de nossa natureza quanto de nossa situação e, em geral, reúnem uma e outra. Se o homem é, ao mesmo tempo, um ser biológico e social, os estudos antropológicos devem assumir e explicar esta ambiguidade, evitando as dicotomias ou os reducionismos.

---

4. De fato, os sistemas de parentesco são a base da coesão social nas sociedades primitivas (cf. infra, cap. V, 3.1).
5. Na última etapa de seu percurso, como já indicamos (Intr., 1), Cl. Lévi-Strauss insiste no aspecto puramente metodológico desta distinção e defende que, para adquirir o estatuo de ciência, a antropologia deve "reintegrar a cultura na natureza" (PS, 294).

Contudo, não é fácil distinguir essas duas dimensões do ser humano quando se sai da ordem dos princípios para operar a análise dos dados. "Onde acaba a natureza? Onde começa a cultura?" (SEP, 4). Todos os meios empregados até agora para responder a esta pergunta mostraram-se ineficazes e decepcionantes.

Tem-se a impressão, num primeiro momento, de que o método mais simples para resolver "o problema da passagem entre as duas ordens" consistiria em isolar um recém-nascido, a fim de observar suas reações fora da influência do meio cultural. Entretanto, tal experiência, na verdade, não pode ser realizada tanto por razões éticas como por técnicas. Por um lado, nas primeiras semanas e até mesmo nos primeiros dias de existência, os condicionamentos já são suscetíveis de se manifestar e, por outro, a ausência de certas respostas não indica necessariamente que elas sejam de ordem cultural, mas antes que os mecanismos fisiológicos que condicionam seu aparecimento não foram ainda constituídos. Ademais, no caso de prolongamento da observação, o meio criado para satisfazer as exigências do isolamento seria tão artificial quanto o meio cultural. Na verdade, não se tem nem o direito nem a possibilidade de separar o recém-nascido de sua mãe.

Convém lembrar o exemplo das "crianças selvagens", que instigou a imaginação dos pesquisadores dos séculos XVIII e XIX[6]. Teria o acaso realizado o que a ciência não conseguiu produzir? Ora, sabe-se hoje que "a maioria dessas crianças [eram] anormais congênitos" (SEP, 5), o que revela que a deficiência intelectual que demonstravam não resultava de seu abandono, como se supunha, mas, ao contrário, era a causa inicial deste.

Na realidade, por trás dessas narrativas referentes às "crianças selvagens", o que se percebe é a ideia sub-reptícia de que o comportamento humano passaria, em virtude de um trabalho de domesticação, do estágio puramente natural ao estágio cultural. Ora, "se o homem é um animal doméstico, ele é o único que se domesticou a si mesmo". Esta fina observação de J. F. Blumenbach[7], retomada por Cl. Lévi-Strauss, é uma

---

6. Cl. Lévi-Strauss faz alusão às crianças abandonadas por seus pais e criadas por animais, como, por exemplo, as "crianças-lobo" de Midnapore na Índia.

7. Trata-se de um teórico que publicou em 1813 um estudo sobre um caso de "crianças selvagens" (cf. SEP, 5).

maneira de dizer que no domínio humano "não existe comportamento natural da espécie ao qual o indivíduo possa voltar por regressão". Não convém, portanto, considerar as "crianças selvagens" como "testemunhas fidedignas de um estado anterior". Elas são antes, como assevera o antropólogo, "monstruosidades culturais" (SEP, 6).

Em vez de procurar um estado natural ou pré-cultural no comportamento humano, outros teóricos seguiram o caminho inverso, ou seja, detectaram na vida animal alguns indícios que prefiguram a cultura. Uma primeira tentativa neste sentido foi o estudo de certas "supostas sociedades" de insetos (formigas, abelhas etc.). Contudo, o que tais pesquisas verificaram é que o comportamento animal, hipoteticamente considerado como portador do humano, é, na realidade, puramente instintivo, quer dizer, não apresenta nada de inventivo, mas resulta do equipamento anatômico e da transmissão hereditária de condutas essenciais à sobrevivência do indivíduo e da espécie. Nada nessas "estruturas coletivas" anuncia "o modelo cultural universal", a saber, "linguagem, instrumentos, instituições sociais, sistemas de valores estéticos, morais e religiosos" (ibid.). É a natureza, portanto, que se exibe plenamente no comportamento dos insetos[8].

A investigação da vida dos mamíferos superiores, particularmente dos símios antropoides, oferece, aparentemente, resultados mais positivos nesta busca de uma prefiguração da cultura no mundo animal. A partir dos estudos de J. Guillaume, I. Meyerson, W. Köhler, M. Koht, entre outros, descobriu-se, efetivamente, que, "à custa de cuidados extremos", certos símios se mostraram capazes de: 1°) articular alguns monossílabos ou dissílabos; 2°) utilizar ou até improvisar, dentro de certos limites, instrumentos elementares; 3°) adotar atitudes de solidariedade e de subordinação no interior de um grupo; 4°) esboçar "formas desinteressadas de ativi-

---

8. Para ficar apenas com um exemplo, convém lembrar que É. Benveniste, analisando os estudos de K. von Frisch sobre a vida das abelhas, concluiu que a comunicação entre estes insetos não constitui uma linguagem no sentido rigoroso, isto é, articulada — "a mensagem das abelhas não se deixa analisar", diz ele —, mas antes um "código de sinais. Todas as [suas] características decorrem disso: a fixidez do conteúdo, a invariabilidade da mensagem, a relação a uma situação única, a natureza indecomponível do enunciado, sua transmissão unilateral" (PLG1, 62).

dade ou de contemplação" (SEP, 6). Porém, essas tentativas, apesar de seu aparente sucesso, são, de fato, como pondera Cl. Lévi-Strauss, "particularmente desencorajadoras". Com efeito, o que impressiona o observador não é a capacidade de esboçar o comportamento humano própria desses animais, mas, antes, a impossibilidade que demonstram de conduzir tais esforços "além de sua expressão mais primitiva".

Como ressalta com muita pertinência nosso autor,

> quando se demonstrou que nenhum obstáculo anatômico impede o símio de articular os sons da linguagem e mesmo conjuntos silábicos, fica-se ainda mais admirado pela ausência irremediável da linguagem [neste animal] e pela [sua] total incapacidade de atribuir aos sons emitidos ou ouvidos o caráter de signos (SEP, 7).

Por tais razões, N. Koht[9], depois de anos de estudo e experimentação neste domínio, sentiu-se forçado a considerar o chimpanzé como um ser "regressivo" e "endurecido" (Конт, 1937, 531 apud SEP, 7).

Mais surpreendente ainda do que o fracasso de experiências tão precisas é a constatação, em todos os domínios (alimentação, sexualidade etc.), de uma completa ausência de normas no comportamento dos símios antropoides, razão pela qual, aliás, não se podem tirar conclusões gerais das experiências[10]. Se, por um lado, esta individuação do comportamento, sobretudo no que diz respeito ao campo privilegiado da sexualidade[11], distancia o orangotango, o gorila e o chimpanzé do

---

9. Конт, N., La conduite du petit du chimpanzé et l'enfant de l'homme, *Journal de psychologie*, v. 34, 1937.
10. Todavia, como lembra F. Tinland, deve-se levar em conta que o observador, ao introduzir o fator humano no observado, altera o meio natural e sobretudo as estruturas do grupo. A dissociação do comportamento específico e a deficiência das regulações naturais devem ser consideradas, neste caso, não como fatos biológicos, mas como um tipo de *artefato* produzido pela experimentação. É perfeitamente admissível que, fora da intervenção humana, "a falta de regularidade das condutas nos antropomorfos" não se manifeste, já que a regularidade é um fenômeno que exige a presença do grupo como grupo para se tornar efetiva. "Independentemente do que ocorra com os chimpanzés", acrescenta F. Tinland, "a separação do homem do comportamento específico é um fato inegável, que se enraíza profundamente no conjunto da herança natural do homem, mas só pôde se desenvolver sob a guarda das mediações culturais e de sua transmissão pela educação" (Tinland, 1977, 223).
11. "É no terreno da vida sexual, de preferência a qualquer outro, que a passagem de uma ordem a outra pode e deve necessariamente se realizar" (SEP, 14). Como mostra-

resto dos animais e os aproxima dos homens, cuja sexualidade é sempre capaz de perversão, por outro lado, na medida em que não significa oposição à norma, mas ausência de norma, esta individuação diferencia radicalmente o comportamento dos símios do comportamento humano, o qual, desde as origens, é regulado "por nítidas distinções":

Tudo parece indicar que os grandes símios, embora capazes de se afastar de um comportamento específico, não possam chegar a restabelecer uma norma em novo plano. O comportamento instintivo perde a nitidez e a precisão que se encontram na maioria dos mamíferos; mas a diferença é puramente negativa, e o domínio abandonado pela natureza permanece território desocupado (SEP, 9).

Os símios encontram-se, pois, numa posição intermediária entre a natureza e a cultura. Através deles a natureza parece aguardar o advento da regra e o salto para a ordem simbólica. Esse salto se chama "homem".

Fazendo o balanço do que vimos até aqui, pode-se concluir que "nenhuma análise real permite [...] apreender o ponto de passagem entre os fatos da natureza e os fatos da cultura e o mecanismo de sua articulação". Todavia, seria um engano considerar esta conclusão negativa como a última palavra da discussão anterior. Na realidade, ao verificar que o comportamento instintivamente indeterminado pode tanto subtrair-se às normas (símios antropoides) como a elas se submeter (o homem), enunciou-se, implicitamente, o critério mais seguro para reconhecer as atitudes sociais. "Onde quer que a regra se manifeste, sabemos com certeza que estamos no estágio da cultura". Inversamente, onde se percebe no homem apenas a espontaneidade, sabe-se que a natureza ali se impõe (cf. SEP, 10).

Na impossibilidade de operar uma "análise real" que determine a passagem da natureza à cultura, pode-se realizar uma "análise ideal" que permita, dentro de certos limites, "isolar os elementos naturais dos elementos culturais"[12]. Em outros termos: se a linha divisória entre o

---

remos adiante (cap. VI, 6), a sexualidade deve ser considerada como o lugar de emergência do simbólico.
12. Cl. Lévi-Strauss se inspirou em Descartes (cf. 1950, artigos 60, 61, 62 e páginas 96-100), para formular esta distinção entre a "análise ideal" e a "análise real".

natural e o cultural não pode ser objetivamente verificada no homem, deve-se traçá-la ideal ou metodologicamente, como um instrumento de trabalho. Neste sentido, pode-se dizer com Cl. Lévi-Strauss que

> tudo o que é universal no homem depende da ordem da natureza e se caracteriza pela espontaneidade, e tudo o que está ligado a uma norma pertence à cultura e apresenta os atributos do relativo e do particular (SEP, 10)[13].

Diante deste fenômeno paradoxal, ao mesmo tempo natural e cultural, não se pode deixar de indagar: "De onde vem, então, a proibição do incesto? E qual é seu lugar e sua significação?" (SEP, 12). Cl. Lévi-Strauss escreveu SEP, em grande parte, para responder a essas interrogações.

2. A hipótese de Cl. Lévi-Strauss: a proibição do incesto é a passagem da natureza à cultura

As teorias que procuram explicar a proibição do incesto mascaram, em geral, a ambiguidade que acabamos de mencionar. Algumas mantêm a dualidade, dissociando seus termos; outras, eliminam um dos polos da antinomia para explicar a interdição pelo outro polo, quer dizer, ou pela natureza, ou pelo social. Examinaremos, a seguir, cada uma destas teorias, para apresentar, no final, a posição de Cl. Lévi-Strauss.

Para L. H. Morgan e H. Maine, a proibição do incesto "resulta de uma reflexão social *sobre* um fenômeno natural" (SEP, 15). O homem social te-

---

13. F. Tinland sublinha o caráter "vago" desta distinção proposta por Cl. Lévi-Strauss. A espontaneidade, com efeito, não se situa somente do lado da natureza. Para o homem, o desejo — logo a espontaneidade — em todas as suas manifestações, é, sempre, "desejo humano", ou, como afirma Cl. Lévi-Strauss, uma "resposta social" (SEP, 100). A norma cultural, por seu lado, é frequentemente recebida como óbvia, ou seja, "como expressão da própria ordem natural". Contudo, como nos esclarece ainda F. Tinland, esta observação nada retira da pertinência dos critérios sugeridos por Cl. Lévi-Strauss. "Por si só, a incapacidade da dupla oposição universalidade-particularidade, espontaneidade-normatividade precisar sem equivocidade o estatuto da proibição do incesto não condena nem tal critério, nem a distinção do natural e do cultural, mas ainda chama a nossa atenção para este tipo de instituição. Ela deixa pressentir que se trata de um lugar privilegiado em que se opera a conversão de uma ordem para a outra e ocorre a articulação da universalidade específica e as produções diferenciadas que remetem às práticas humanas" (cf. TINLAND, 1977, 204).

ria instituído conscientemente esta proibição, para se proteger das consequências funestas das uniões consanguíneas[14]. Mas como explicar esta suposta "clarividência eugênica" da consciência arcaica, se ela ignorava completamente as leis genéticas? E mais ainda: na medida em que utilizavam, regularmente, procedimentos endogâmicos de reprodução, para aperfeiçoar as espécies cultivadas ou domésticas, não teriam os homens primitivos mais tendência a adotar do que a rejeitar o casamento endogâmico? Ademais — e isto é fundamental —, a interdição do incesto, longe de se limitar a impedir os casamentos consanguíneos, frequentemente os favorece e até os prescreve, como ocorre, por exemplo, na instituição do casamento entre primos cruzados, que estudaremos adiante.

Todavia, o pensamento moderno, ideologicamente motivado[15], continua a admitir que a proibição do incesto se fundamenta em razões de natureza eugênica. Cl. Lévi-Strauss, no entanto, fundamentando-se, sobretudo, nos estudos de E. M. East (*Heredity and human affairs*, New York, 1938 apud SEP, 17), opõe-se resolutamente a essa tendência e observa: "O perigo temporário das uniões endogâmicas, supondo-se que exista, resulta claramente de uma tradição de exogamia ou de *pangamia*; ele não pode ser a sua causa" (SEP, 17)[16].

As outras teorias sobre a proibição do incesto tendem, como já dissemos, a negar um dos termos da antinomia. Quer dizer, a explicação proposta ora recorre a motivos de ordem natural, ora a motivos exclusivamente sociais. No primeiro caso, encontram-se os autores que concebem

---

14. "A hipótese segundo a qual a proibição do incesto prolonga as regulações naturais pelas quais se assegura a conservação dos indivíduos e das espécies e tem por função prevenir as alterações do patrimônio genético que resultaria das uniões consanguíneas foi contemporânea da etnologia moderna. Contudo, ela suscita dificuldades tais que seu crédito se apagou ao longo dos últimos anos" (Tinland, 1977, 205).
15. "É nos conceitos biológicos que se situam os últimos vestígios de transcendência de que dispõe o pensamento moderno" (SEP, 17).
16. No prefácio da segunda edição de SEP, mais moderado, Cl. Lévi-Strauss afirma: "Uma apreciação mais justa da taxa muito elevada das mutações e da proporção das que são nocivas recomendaria afirmações mais nuançadas". No entanto, ele acrescenta em seguida: "No que concerne à causalidade biológica, eu me limitaria agora a dizer [...] que, para explicar as proibições do casamento, a etnologia não tem necessidade desta hipótese". Sua posição permanece então, substancialmente, a mesma: "Eu continuo a acreditar que a proibição do incesto se explica inteiramente por causas sociológicas" (SEP, XVI).

a interdição como oriunda do horror natural do incesto (E. Westermarck, H. Havellock Ellis); no segundo, situam-se os que oferecem uma interpretação sociológica à exogamia, ou afirmando que a proibição do incesto resulta dessa instituição (É. Durkheim), ou deixando em aberto essa possibilidade (J. F. McLennan, H. Spencer e J. Lubbock) (cf. SEP, 22).

A tese segundo a qual a intimidade familiar reduziria a excitabilidade erótica dos contatos, provocando um horror fisiológico ou uma repulsa psicológica ao incesto, não resiste à reflexão crítica. Deve, de fato, ser rejeitada pelas seguintes razões (cf. SEP, 20): 1°) este pretenso horror natural não pode ter raízes instintivas, porque ele supõe o conhecimento da relação de parentesco para se manifestar; 2°) o incesto, apesar da interdição, existe, e com uma frequência maior do "que uma convenção coletiva de silêncio poderia deixar supor". Como um ato buscado com tanta força e frequência pode ser, simultaneamente, objeto de uma repulsa natural? 3°) o argumento é uma petição de princípio. Na ausência de qualquer verificação experimental, não há critério para saber se o horror provoca a proibição ou dela decorre. Na realidade, o que se quer explicar — o horror do incesto — está pressuposto na explicação; 4°) finalmente, por que interditar o que a natureza já teria se encarregado de impedir por seus próprios meios? "Não existe nenhuma razão para defender o que, sem defesa, não correria risco algum de ser praticado". Na verdade, como nos ensina a psicanálise, o "fenômeno universal" que motiva sempre e em toda parte a proibição não é a repugnância ao incesto, mas, ao contrário, o impulso para realizá-lo[17]. Como reza um provérbio azande, "o desejo da mulher começa pela irmã".

Um outro grupo de teorias segue duas direções que se complementam: uma explica a interdição do incesto por razões sociais, e a outra considera a formação das condições de tal explicação.

Considerada como instituição social, a proibição do incesto pode ou se restringir à interdição de uniões matrimoniais entre um número

---

17. Há uma clara convergência entre o enfoque da psicanálise e o da antropologia estrutural neste ponto preciso. "Tanto *As estruturas elementares do parentesco* como *Totem e tabu* sublinham, por um lado, a realidade do desejo incestuoso e, por outro, sobretudo a função central que exerce, na junção da natureza e da cultura, a proibição que o atinge" (TINLAND, 1977, 196).

restrito de parentes consanguíneos e colaterais (cf. infra, cap. V, 3.1 as noções de *consanguinidade* e *colateralidade*), ou se estender a categorias sociais que incluem, além dos parentes próximos, um número considerável de indivíduos sem nenhuma ligação biológica com o interessado[18] (o parentesco que justifica a proibição parece decorrer, neste caso, de uma espécie de capricho da nomenclatura) (cf. infra, cap. V, 3.1 o conceito de *nomenclatura de parentesco*). Se, no primeiro caso, a interdição se assenta, ao menos aparentemente, sobre critérios biológicos (é o que ocorre, por exemplo, na nossa sociedade), no segundo, tais critérios estão totalmente ausentes (é o que se verifica nos sistemas exogâmicos das sociedades primitivas). Como observa oportunamente Cl. Lévi-Strauss, é precisamente "o edifício atravancador das regras exogâmicas" (SEP, 23) que intriga os teóricos e provoca a sua interrogação[19].

J. F. Mclennan, H. Spencer e J. Lubbock conceberam a exogamia como a consequência de um hábito próprio das tribos guerreiras, a saber, a obtenção das esposas por captura. Cl. Lévi-Strauss, entretanto, observa que, se tal concepção pretende explicar não apenas certas regras de exogamia, mas a própria proibição do incesto — e somente nesse caso nos interessaria —, ela é inadmissível, já que não se pode compreender uma lei geral a partir de um fenômeno secundário e particular (cf. SEP, 23).

Bem mais interessante, tendo em vista a perspectiva em que nos situamos, é a teoria de É. Durkheim, cujos principais aspectos resumiremos a seguir.

Segundo o sociólogo francês, pode-se encontrar a solução do problema do incesto no estudo das sociedades primitivas da Austrália, as quais ilustram "um tipo [...] de organização outrora comum a todas as sociedades humanas". As crenças religiosas dos australianos afirmam, com efeito, a identidade substancial entre o clã e seu totem, identidade

---

18. *Ego* na terminologia antropológica.
19. Antes de anunciar o exame das teorias que interpretam sociologicamente a exogamia, é conveniente lembrar que L. H. Morgan e J. G. Frazer tentaram explicar os sistemas exogâmicos como uma espécie de método para prevenir o incesto: proíbe-se o máximo de uniões para evitar, com segurança, um mínimo de relações consanguíneas indesejáveis. Tal teoria, contudo, não resiste à uma análise crítica. Qual a razão, com efeito, para obter de modo tão complicado o que se poderia alcançar de modo muito mais eficaz com a simples proibição das uniões consanguíneas?

essa que se expressa de modo visível no sangue, elemento considerado como "o símbolo e a origem da comunidade mágico-biológica que une os membros de um mesmo clã" (ibid.). Daí o temor e os tabus ligados ao sangue do clã, em particular ao sangue menstrual, através do qual as mulheres podem expor o sangue do totem ao contato dos outros membros do grupo. Segundo É. Durkheim, tais tabus constituiriam a origem das regras exogâmicas, cuja função arcaica seria interditar aos homens o contato com o sangue totêmico.

A interpretação de Durkheim tem o mérito de reunir de maneira orgânica e sistemática, fenômenos em si mesmos heterogêneos (cf. SEP, 24). Contudo, não se percebe nenhuma necessidade lógica que possa ligar as diferentes etapas da demonstração ao postulado inicial. A simples possibilidade da ocorrência de um fato não implica sua realização concreta. Na verdade,

> Durkheim não propõe nenhuma *lei* que explique a passagem necessária, para o espírito humano, da crença na substancialidade totêmica ao horror do sangue, do horror do sangue ao temor supersticioso das mulheres, e deste último sentimento à instauração das regras exogâmicas (SEP, 26).

Todas as interpretações sociológicas mencionadas — em particular a de É. Durkheim, mais complexa e, por isso mesmo, mais exposta a erros — apresentam uma falha de base: pretendem explicar um fenômeno universal — a interdição do incesto — mediante uma série de acontecimentos contingentes. Fatos desta natureza podem estar na origem de instituições singulares pertencentes a determinadas sociedades, mas não de instituições com características análogas, que se repetem nos mais diferentes recantos do mundo, como é o caso, justamente, da exogamia. Estes "fenômenos de convergência", como nos esclarece Cl. Lévi-Strauss, "manifestam a existência de uma *lei*, na qual apenas reside a [sua] explicação" (ibid., itálico nosso). Na realidade, uma interpretação adequada da proibição do incesto deve procurar as "causas profundas e onipresentes" que, "em todas as sociedades e em todas as épocas", fazem com que "exista uma regulamentação entre os sexos" (SEP, 27). A falha mais notável das teorias sociológicas do incesto não diz respeito, por conseguinte, apenas à manipulação dos fatos invocados, mas à própria concepção da proibição como uma espécie de resíduo de um passado que não apresenta mais qualquer relação com as "atuais condições da vida social". Tal explicação esquece a universalidade da proibição e sua intensa vitalidade nas sociedades modernas.

Alguns autores, como R. Lowie, diante de tais resultados decepcionantes preferiram transferir o problema para outras disciplinas, admitindo, assim, explicitamente a incompetência da antropologia neste campo de investigação. Cl. Lévi-Strauss, porém, em seu esforço tenaz para alcançar o cerne mesmo da questão, teve a coragem de enfrentar o desafio pelo lado mais árduo: uma gigantesca revisão de princípios e métodos. Foi desta decisão que emergiu esta obra monumental, que constitui o nosso presente objeto de estudo: *Les structures élémentaires de la parenté*. Como poderia o antropólogo analisar e interpretar as regras — tarefa maior das ciências sociais — se, diante da *Regra* por excelência, a única universal e capaz de assegurar o domínio da natureza pela cultura, devesse confessar sua incompetência?

Eis, então, nosso tranquilo D. Quixote decidido a "passar da análise estatística à síntese dinâmica", quer dizer, a se lançar no caminho que o conduziria a conceber a proibição do incesto como "o processo graças ao qual, pelo qual, mas acima de tudo no qual, se realiza a passagem da natureza à cultura" (SEP, 29).

3. A demonstração da hipótese: a análise estrutural do parentesco

Cl. Lévi-Strauss insiste na metáfora da "passagem" para pensar a relação entre a natureza e a cultura. Este termo contém, ao mesmo tempo, a ideia de união e de transformação. Sob certo aspecto há continuidade entre a natureza e a cultura, sob outro, há ruptura. Pode-se falar de continuidade, porque "a estrutura cultural" sobrepõe-se às estruturas naturais, integrando-as; contudo, pode-se falar também de ruptura, porque se trata de uma estrutura do "novo tipo" que permite a emergência do pensamento simbólico — logo, da ordem humana em sua especificidade — no universo.

Por trás dos dois termos da relação, encontra-se, pois, um elemento comum que garante a transição harmoniosa entre eles: as estruturas.

A hipótese formulada em SEP afirma, com precisão, que a proibição do incesto constitui o momento, continuamente renovado, em que as estruturas sociais se encontram com as estruturas naturais, continuando-as e ultrapassando-as ao mesmo tempo, para permitir a emergência do "fenômeno humano" (cf. SEP, 29) no universo[20]. Em nosso entender, o objetivo último de Cl. Lévi-Strauss é mostrar a profunda inserção do homem na natureza, não obstante a novidade que a ordem simbólica possa representar em relação à ordem natural (cf. AS II, 53). Em síntese, "a proibição do incesto é o processo pelo qual a natureza, ela própria, se ultrapassa" (SEP, 29), fazendo-se cultura (cf. SEP, XVII). A demonstração desta hipótese exige a aplicação do modelo linguístico ao estudo dos sistemas elementares (cf. infra, cap. V, 3.1 a noção de *sistema elementar de parentesco*), os quais, na medida em que recortam uma categoria de parentes rigorosamente intercambiáveis, do ponto de vista do grau de proximidade biológica (cf. SEP, 142), revelam, de modo mais nítido do que os sistemas complexos (cf. infra, cap. V, 3.1 a noção de *sistema complexo de parentesco*), o caráter social das relações de parentesco e da proibição de incesto.

Convém ressaltar que, ao conceber tais relações como sistemas de oposições análogas aos sistemas fonológicos, Cl. Lévi-Strauss não se limita a mostrar que a proibição do incesto é a condição de possibilidade do aparecimento da cultura — o que já é muito —, mas abre, também, um largo caminho que lhe permite pensar a cultura como "um conjunto de sistemas simbólicos" e a antropologia como uma ciência semiológica (cf. infra, cap. VI). Na verdade, a obra *Les structures élémentaires de la parenté* constitui a primeira etapa do ambicioso projeto semiológico de Cl. Lévi-Strauss, que segue com admirável tenacidade e perfeita coerência seu percurso rumo à ciência antropológica.

O tema principal da obra que analisamos, no momento, é, pois, a proibição do incesto (cf. SEP, 29). Para demonstrar que essa proibição constitui a passagem da natureza à cultura, Cl. Lévi-Strauss segue uma trajetória, cujos principais momentos indicaremos a seguir:

---

20. É preciso orientar a análise para a maneira como estas duas estruturas se articulam entre si. Trata-se de mostrar como o que é ao mesmo tempo organização e diferenciação biológica permite a emergência do simbolismo e fornece a este os primeiros materiais de seus "jogos" (cf. infra, cap. V, 3.5.2, b).

- Apresenta-nos, em primeiro lugar, o sentido formal e puramente negativo da proibição ("a Regra como Regra"), verificando, nesta abordagem inicial e ainda provisória, que tal "intervenção" é necessária para impedir a divisão da sociedade ou, mais precisamente, sua desagregação em pequenos grupos familiares independentes.
- Em seguida, redefine as noções de exogamia e endogamia, mostrando que esta jamais se encontra em estado puro, mas existe sempre em função daquela. Graças a este remanejamento conceitual, nosso autor consegue passar da noção puramente formal e negativa da proibição do incesto à sua realização social positiva, ou seja, à exogamia.
- Prosseguindo sua exposição, Cl. Lévi-Strauss introduz o principal suporte de sua demonstração: o princípio de reciprocidade. Baseando-se no pensamento de M. Mauss, ele articula a proibição do incesto com as trocas de dons das sociedades primitivas ou, em outros termos, demonstra que a proibição é o ato que instaura e mantém a troca de mulheres, a qual constitui, por assim dizer, a própria substância da vida social.
- Contudo, não basta verificar a onipresença do fenômeno da reciprocidade: é preciso ainda explicá-lo. Com este objetivo, Cl. Lévi-Strauss recorre ao modelo linguístico, dando início, assim, à aplicação do método estrutural em etnologia. Examina, em primeiro lugar, o fracasso das explicações evolucionistas e difusionistas de certas instituições-chave das sociedades arcaicas (organização dualista, casamento entre primos cruzados, casamento por troca), relevando, assim, a oportunidade e o interesse da "interpretação estrutural". A transferência desta última ao estudo do fenômeno privilegiado do casamento entre primos cruzados não conduz apenas à elucidação de um problema capital da sociologia do parentesco, mas à resolução do próprio enigma da proibição do incesto.
- Em SEP, Cl. Lévi-Strauss estuda os sistemas elementares de parentesco (no prefácio, ele promete um outro ensaio sobre os sistemas complexos, o qual, porém, nunca escreveu). Dedica-se, então, à tarefa hercúlea de interpretar as trocas matrimoniais

dos sistemas elementares (*trocas restritas e trocas generalizadas*), reduzindo-as a um pequeno número de elementos estruturais. Ao final de seu longo percurso, estimulado pelos resultados obtidos, o antropólogo compara a troca de mulheres com a troca de mensagens linguísticas, ou melhor, a universalidade da proibição do incesto com a universalidade da linguagem, concluindo pela apresentação de sua famosa tese sobre a mulher-signo. Demonstra, assim, que a proibição do incesto é a condição de possibilidade das trocas simbólicas, em geral, logo, da vida cultural em seu conjunto. As estruturas inconscientes do espírito operam incessantemente, permitindo, sempre e em todo lugar, a emergência do humano no homem.

Procuraremos a seguir reproduzir a trajetória de Cl. Lévi-Strauss em SEP, tendo em vista nosso objetivo, a saber, mostrar a presença do sujeito na aplicação do método estrutural aos fatos etnológicos.

3.1. *Definições preliminares*

Não se pode acompanhar a argumentação central de *Les structures élémentaires de la parenté* sem que se defina com precisão alguns termos essenciais de antropologia. A elaboração do aparelho conceitual desta ciência, ressalte-se, deve muito às inovações de Cl. Lévi-Strauss. Nossas definições se basearão, portanto, quer na obra deste antropólogo quer na terminologia clássica, tal como ele a retoma.

Convém iniciar nossas considerações lembrando a importância fundamental dos sistemas de parentesco nas sociedades primitivas. Se para nós, ocidentais dos denominados "países desenvolvidos", as relações de parentesco, como o próprio Cl. Lévi Strauss reconheceu, provavelmente não exerçam mais "uma função pertinente" (apud TINLAND, 1977, 211), em compensação, nas "sociedades de fraco desenvolvimento técnico-econômico", o edifício social está estruturado na base dessas relações. Como observa F. Tinland, parafraseando W. Kroeber, "tudo se passa como se o gênio inventivo e o interesse apaixonado que os primitivos atribuem às construções fundadas no parentesco se achassem, nas sociedades mais desenvolvidas, remetidas ao terreno da tecnologia e das instituições políticas". O progresso das forças produtivas teria transferido, portanto, "a base da coesão social das estruturas de parentesco para os mecanismos que asseguram a transferência dos bens materiais" (TINLAND, 1977, 210; cf. 234)[21]. Contudo, urge ressaltar que tanto nos *sistemas elementares* de parentesco, isto é, os que determinam positivamente os cônjuges possíveis, quanto nos *sistemas complexos* de parentesco, que "se limitam a definir os círculos de parentes, entregando a outros mecanismos (econômicos ou psicológicos) o cuidado de proceder à determinação do cônjuge" (SEP, IX), logo, tanto nos sistemas apropriados às sociedades de fraco desenvolvimento tecnológico (sistemas elementares) quanto nos sistemas de nossas sociedades civilizadas contemporâneas (sistemas complexos)[22], a proibição do incesto, que é "parte integrante" (cf. TINLAND, 1977, 217) de tais sistemas, exerce, por razões que serão estudadas adiante, a mesma função fundamental, a saber, permitir a circulação e a justa distribuição das mulheres, criando, simultaneamente, as condições exigidas para o aparecimento e a conservação da cultura.

Uma relação de parentesco depende tanto dos fatos de *consanguinidade* como dos fatos de *aliança*. A consanguinidade caracteriza a relação social das pessoas que têm, ao menos, um ancestral comum, enquanto a aliança é a relação estabelecida por um casamento. A consanguinidade não se refere essencialmente ao biológico, mas ao social. Não se deve jamais esquecer que "as relações biológicas não são pertinentes enquanto tais no domínio do parentesco" (TORNAY, 1971, 60). Diferentemente do animal, o homem dispõe do biológico para fins sociais:

> Os grupos animais incluem quase sempre indivíduos ligados entre si por laços de sangue e, em certos casos, o conjunto da sociedade animal é formado pelos membros de uma mesma "família" biológica: é o caso, como precisa Kroeber, dos insetos altamente socializados. A colmeia ou o cupinzeiro oferecem, assim, exemplos de sociedades fundadas inteiramente na descendência de seus membros, a partir de um único par originário [...]. No entanto, essa consti-

---

21. F. Tinland faz uma referência a KROEBER, Alfred, The societies of primitive men, *The Nature of Culture*, Chicago, Univ. Chicago Press, 1952, 222.
22. Cl. Lévi-Strauss situa na categoria das estruturas complexas "os sistemas fundados na transferência de riqueza ou na livre escolha, como vários sistemas africanos e o de nossa sociedade contemporânea" (SEP, IX). Como se vê, os sistemas complexos podem existir, também, nas sociedades primitivas (cf. SEP, 123).

tuição do grupo a partir dos efeitos de uma dada situação biológica nada tem de essencial no que se refere à sociabilidade animal, porquanto esse parentesco não é vivido pelos indivíduos. Os fenômenos de reconhecimento que asseguram a coesão do grupo são fundados, por exemplo, sobre estímulos objetivos que garantem a aceitação ou a rejeição de um indivíduo por seus congêneres, mas não há, evidentemente, consciência alguma da relação de parentesco que os une [...]. Em comparação com os fenômenos que asseguram a integração social dos grupos animais, a descoberta das relações de parentesco — que [...] implicam o pensamento simbólico — marca uma profunda mutação e introduz uma verdadeira descontinuidade no fundamento da sociabilidade (TINLAND, 1977, 212).

Os fenômenos do parentesco, no nível humano, são, portanto, da ordem da representação ou, se quisermos, da ordem simbólica. Assim, *o vínculo genealógico*, isto é, a relação que existe entre os indivíduos nascidos em linha direta, de pai para filho (o que se chama de *pedigree* no nível animal), é reinterpretado socialmente como *filiação*. Por intermédio desse gênero de relação, a criança pode ligar-se, social e juridicamente, ou exclusivamente à sua mãe (*filiação matrilinear*) ou exclusivamente a seu pai (*filiação patrilinear*) ou ainda aos dois simultaneamente (*filiação bilinear*) ou aos dois indiferentemente (*filiação indiferenciada*)[23]. Chama-se, portanto, de filiação o conjunto de regras que determina a *estatuto*[24] de uma criança em relação a seus ascendentes, privilegiando certos laços entre ela e cada um dos pais (cf. TORNAY, 1971, 61).

"Entre filiação unilinear, filiação bilinear e filiação indiferenciada não há, sem dúvida, compartimento estanque", esclarece Cl. Lévi-Strauss. E continua:

---

23. A noção de filiação indiferenciada foi criada por Cl. Lévi-Strauss (cf. SEP, 22).
24. A. R. Radcliffe-Brown define "o estatuto de um indivíduo em um dado momento como a totalidade dos direitos e deveres que lhe são reconhecidos nas leis e nos costumes da sociedade à qual ele pertence". O antropólogo inglês completa sua conceituação com este esclarecimento: "em sua grande maioria, as sociedades humanas resolvem o problema da determinação do estatuto pela transmissão de certos direitos e deveres do pai e da mãe à criança. Quando os direitos e deveres transmitidos pelo pai são socialmente mais importantes do que os vindos da mãe, temos o que se chama comumente de um sistema patrilinear. No caso inverso, há um sistema matrilinear" (RADCLIFFE-BROWN, 1972, 99; 101).

Todo sistema possui um coeficiente de indiferenciação difuso que resulta da existência universal da família conjugal. Além disso, um sistema unilinear sempre reconhece, em certa medida, a existência de outra descendência. Inversamente, é raro encontrar um exemplo de filiação rigorosamente indiferenciada (SEP, 123).

Assim, na sociedade francesa contemporânea, onde a filiação é basicamente indiferenciada (a posição, o prestígio, a herança, podem vir do pai ou da mãe), a transmissão do nome de família é patrilinear.

A noção de filiação se articula com as de *clã* e *linhagem*. Estes dois últimos termos designam "verdadeiros grupos de filiação" (TORNAY, 1971, 61), isto é, grupos oriundos "de um único ancestral, cujo vínculo de descendência é genealogicamente demonstrável e não miticamente pressuposto" (BERNARDI, 1974, 293). Deve-se observar que esses grupos existem de um modo independente das pessoas que os compõem em determinado momento — têm, pois, uma permanência temporal — e que seus membros são possuidores de direitos. Em nossa sociedade, os indivíduos consanguíneos reconhecidos como parentes são chamados de *parentela*. Ao contrário do clã e da linhagem, a parentela não pode ser reconhecida por sinais externos e possui realidade e extensão precisas apenas no que se refere às pessoas que a compõem, desaparecendo, então, com elas.

No curso da história da antropologia, frequentemente se exagerou o papel *unilinear* da maioria dos sistemas exóticos de filiação. Assim, no século XIX, era comum opor às "sociedades matriarcais" as "sociedades patriarcais", considerando, frequentemente, estas como derivadas daquelas. Hoje sabemos que o matriarcado nunca existiu[25]. Além disso, em

---

25. A. R. Radcliffe-Brown lembra-nos que a *sociedade patriarcal* se define teoricamente como aquela em que a descendência e a sucessão são patrilineares e o casamento, *patrilocal* (a mulher reside no grupo do marido). Na *sociedade matriarcal*, ao contrário, a descendência e a sucessão só ocorrem na linha feminina, e a residência é *matrilocal* (o homem reside no grupo de sua mulher). Mas ele nos adverte em seguida: "A maioria das sociedades primitivas não são nem matriarcais nem patriarcais, embora algumas tendam mais para um ou outro tipo [...]. Mesmo na sociedade mais rigorosamente patriarcal, certa importância social é atribuída ao parentesco com a mãe; e, de modo equivalente, na sociedade mais fortemente matriarcal, o pai e seus parentes continuam sempre importantes na vida dos indivíduos" (RADCLIFFE-BROWN, 1972, 82). O antropólogo inglês nos apresenta, em seguida, alguns exemplos de sociedades consideradas como matriarcais, nas quais, en-

grande número de sociedades o vínculo principal não é o de filiação e sim o de fraternidade (vínculo entre irmão e irmã) ou o de aliança.

No entanto, apesar das interpretações inadequadas provocadas pelo *método genealógico*[26], ele é necessário ao estudo do parentesco. Continuaremos, pois, a apresentar nossas definições básicas ligadas à pesquisa genealógica.

Chamamos *paternais* e *maternais* os consanguíneos ligados, respectivamente, ao pai e a mãe de *Ego* (o indivíduo-referência numa rede de relações). A expressão *linha direta* designa os parentes de descendência direta, de pai para filho, e em *linha colateral* aqueles que não apresentam essa característica, mas possuem um ancestral comum (cf. TORNAY, 1971, 62.64). Assim, o pai de *Ego* é seu parente em linha direta, e o irmão do pai, parente em linha colateral.

A distinção entre *parentes paralelos* (nascidos de irmãos do mesmo sexo dos pais de ego) e de *parentes cruzados* (nascidos de irmãos do sexo oposto) recebe uma interpretação social muito importante em numerosas sociedades. O irmão do pai e a irmã da mãe (tio e tia paralelos) são nomeados por termos equivalentes respectivamente a "pai" e "mãe", o que não acontece com o irmão da mãe e a irmã do pai (tio e tia cruzados), que recebem nomes especiais. Os membros de uma mesma geração se dividem, também, em dois grupos: de um lado estão os *primos paralelos*, parentes por intermédio de colaterais do mesmo sexo, e que são chamados de "irmãos" e "irmãs", e, de outro, os primos nascidos de colaterais de sexos diferentes (seja qual for o grau), e que se chamam por termos especiais (eles não se consideram como irmãos e irmãs) (cf. SEP, 114). Estes últimos são os *primos cruzados*.

L. H. Morgan (1871 apud TINLAND, 1977, 253) estabeleceu uma importante distinção entre dois tipos de sistemas de parentesco: *classifica-*

---

tretanto, o casamento é patrilocal e a autoridade é exercida tanto pelo pai como pelo tio materno. Cl. Lévi-Strauss, por sua vez, observa: "a autoridade política, ou simplesmente social, pertence sempre aos homens, e esta prioridade masculina apresenta um caráter constante, quer se adapte a um modo de filiação bilinear ou matrilinear, na maioria das sociedades mais primitivas, quer imponha seu modelo a todos os aspectos da vida social, como ocorre nos grupos mais desenvolvidos" (SEP, 136).

26. Este método foi criado por V. H. R. Rivers (1864-1922).

tório e descritivo. Essa distinção é mantida por Cl. Lévi-Strauss (cf. SEP, IX, 53; 159. Ressalte-se que na página 83 o autor apresenta a definição de *sistema classificatório de parentesco*). O parentesco descritivo é próprio de nossa cultura. Ele opera descrevendo de forma precisa a situação de uns indivíduos em relação aos outros: Pedro, filho de Paulo e de Maria, primo descendente do primo-irmão de Felipe etc. "Acrescentamos, assim, termos secundários aos termos primários de modo a cercar com precisão a posição singular de um indivíduo em relação a outros indivíduos". Os sistemas classificatórios, por sua vez, reúnem um conjunto de indivíduos em "uma classe que mantém globalmente uma relação definida com outra classe determinada: a pertença à classe se funda, então, sobre as regras da linhagem associadas à ordem das gerações" (TINLAND, 1977, 253; para outros esclarecimentos sobre a distinção de L. M. Morgan, cf. HERTEFELT, 1973, 37-40). É o caso dos sistemas de parentesco que distinguem os parentes cruzados dos parentes paralelos.

Qual é o sentido desta última distinção, que parece a nós, "civilizados", tão absurda? Cl. Lévi-Strauss em SEP compara sua explicação estrutural a outras de caráter evolucionista e difusionista. Teremos oportunidade de discorrer sobre esta questão adiante. Por ora, convém lembrar que, onde existe uma regra de filiação unilinear, atribui-se "a grupos de filiação distintos os primos cruzados, enquanto os primos paralelos — quer patrilaterais, quer matrilaterais, segundo a regra de filiação — caem no mesmo grupo de *Ego*" (TORNAY, 1971, 65). Ora, como será exposto nas próximas seções, uma regra sociológica fundamental é a que prescreve o casamento com outro, isto é, a regra da *exogamia*. A divisão entre primos cruzados e primos paralelos cria, desta forma, as condições apropriadas para o casamento intergrupal ou, em outras palavras, para a troca das mulheres e a comunicação entre os grupos. Agora estamos em condições de retomar a argumentação de Cl. Lévi-Strauss em SEP.

3.2. O sentido formal da proibição do incesto ("A Regra como Regra")

Embora a proibição do incesto se enraíze na natureza, só podemos apreendê-la como regra social. Acabamos de mencionar a instituição matrimonial que prescreve o casamento entre primos cruzados e interdita o casamento entre primos paralelos, os quais, no entanto, possuem o mesmo grau de parentesco com *Ego* do que os outros. Observe-se, ainda, que algumas instituições classificam como "irmãos" e "irmãs", ou como "pais" e "filhos", indivíduos sem nenhum vínculo real de consanguinidade. Tais fenômenos revelam que o essencial na proibição do incesto, tal como ela se manifesta no seio da vida social, não é o parentesco natural, mas o fato de os indivíduos "se dirigirem uns aos outros por meio de certos termos". Na verdade, como veremos a seguir, "a proibição do incesto exprime a passagem do fato natural da consanguinidade ao fato cultural da aliança" (SEP, 35).

O fenômeno da hereditariedade revela que, no plano da natureza, só se dá o que se recebe. O fenômeno da educação manifesta, entretanto, que no plano da cultura o indivíduo recebe mais do que dá, embora possa, também, dar mais do que recebe, caso desenvolva sua capacidade de invenção. Nessa perspectiva, o problema da passagem da natureza à cultura pode ser considerado como o da "introdução do processo de acumulação no interior do processo de repetição" (ibid.). Como é possível passar da monotonia dos dados naturais, por hipótese os únicos presentes, ao processo de acumulação instituído pela cultura? Em outros termos: por qual brecha a cultura se introduz na natureza? A reflexão sobre a relação entre filiação e aliança é fundamental para esclarecer essa questão. Em face do parentesco biológico, pressuposto pela filiação, a cultura é completamente impotente. Quer dizer, geneticamente a criança é o que seus pais são. No que se refere à aliança, porém, tudo muda: "se a relação entre pais e filhos é rigorosamente determinada pela natureza dos primeiros, a relação entre macho e fêmea resulta apenas do acaso e da probabilidade" (SEP, 36).

Temos, pois, que concluir com Cl. Lévi-Strauss que na natureza só há um "princípio de indeterminação", o qual se manifesta no "caráter arbitrário da aliança". Eis a brecha que procurávamos:

> A cultura, impotente diante da filiação, toma consciência de seus direitos e, ao mesmo tempo, de si mesma, diante do fenômeno, inteiramente diferente, da aliança, o único sobre o qual a natureza já não disse tudo (SEP, 36). A natureza impõe a aliança sem deter-

miná-la; e a cultura só a recebe para definir-lhe, imediatamente, as modalidades (SEP, 37).

Dissipa-se, assim, a aparente contradição entre a relatividade das regras e a universalidade da proibição do incesto. Esta, com efeito, pode ser pensada como uma forma vazia e universal que recorre às diferentes modalidades de regras para preenchê-la.

Se há uma indeterminação na natureza relativamente à aliança, se o acaso e o arbitrário reinam sobre a união entre os sexos, é porque com o aparecimento do homem no universo "a emergência de certas *estruturas cerebrais*, que dependem elas próprias da natureza" (SEP, XVII, itálico nosso), possibilitou a instauração de uma ordem lá onde o caos ameaçava impor-se[27]. O essencial da proibição do incesto é, portanto, sua condição de *Regra* — "a Regra como Regra", segundo a expressão de Cl. Lévi-Strauss —, independentemente das diferentes modalidades de regras que ela possa assumir em tal ou tal situação. Neste sentido, podemos considerá-la como um modo de intervenção ou, mais precisamente, como "a Intervenção" (SEP, 37).

Longe de ser uma invenção contemporânea, o controle da distribuição de valores é um procedimento habitual nas sociedades primitivas. Na falta de um bem essencial, o grupo intervém para garantir sua existência física e espiritual. Na realidade, como sustenta S. de Beauvoir interpretando Cl. Lévi-Strauss,

contrariamente aos mitos e às mentiras liberais, a intervenção não está apenas vinculada a certos regimes econômicos: ela é tão original quanto a própria humanidade. A distribuição de valores entre os membros da coletividade sempre foi e só poderia ser um fenômeno cultural (BEAUVOIR, 1985, 36; cf. SEP, 38).

---

27. F. Tinland, comentando e precisando o pensamento de Cl. Lévi-Strauss, observa: "A indeterminação natural que permite à cultura ter acesso à existência é, na realidade, dupla. Ela se apresenta tanto como indeterminação da aliança, na medida em que a seu propósito as estruturas biológicas ainda não disseram tudo, quanto também como o encobrimento desta ordem dos comportamentos que encontra seu princípio no ajuste entre as exigências biológicas e as condições ecológicas vinculadas a um meio de muito lentas flutuações. Este ocultamento provoca uma ameaça permanente de desordem, de disrupção dos equilíbrios necessários à manutenção dos indivíduos e da espécie, e é nesta ameaça que se deve buscar o enraizamento do esforço constantemente renovado para produzir a ordem" (1977, 228).

Ora, nas sociedades primitivas, a mulher é um bem essencial e escasso. Seu destino, como vários antropólogos afirmam, está vinculado ao de outros valores fundamentais, em particular a alimentação. De acordo com a observação lapidar de R. Thurnwald, "a mulher alimenta os porcos, os parentes lhes tomam e as aldeias os trocam pelas mulheres" ("Pigs and currency in Buin", Oceania, v. 5, n. 2, 1934 apud SEP, 38). Os próprios primitivos têm uma nítida percepção desse fenômeno, como o seguinte ditado dos pigmeus o revela: "quanto mais mulheres há, mais há o que comer". Na realidade, nos povos selvagens, "a satisfação das necessidades econômicas repousa inteiramente sobre a sociedade conjugal e sobre a divisão do trabalho entre os sexos" (SEP, 45).

Na medida em que o casamento é essencial à sobrevivência dos grupos, o destino dos celibatários assume nestas sociedades uma dimensão dolorosa e até mesmo trágica. "Um adulto celibatário inspira um desprezo geral. É um inútil, um preguiçoso, um vagabundo que se arrasta de acampamento em acampamento" (BOGORAS, *The chukchee*, 1909 apud SEP, 47).

Contudo, apesar de sua condição de bem essencial, a mulher também é, como já dissemos, um valor escasso. Seria possível argumentar contra esta assertiva lembrando o equilíbrio biológico que regula os nascimentos masculinos e femininos, em virtude do qual, normalmente, todo indivíduo macho tem grande probabilidade de encontrar uma fêmea. Que significaria, então, a escassez de mulheres a que se refere Cl. Lévi-Strauss? A resposta a esta objeção introduz o problema da poligamia. A biologia e a sociologia demonstram que as tendências poligâmicas "são naturais e universais no homem" (SEP, 44). A monogamia não é de modo algum originária, mas um comportamento resultante da repressão das tendências poligâmicas por razões econômicas e sociais. Se acrescentarmos a essa observação o fato psicológico de que as mulheres mais desejáveis constituem sempre uma minoria — "se tudo fosse excelente, nada haveria de excelente", lembra-nos oportunamente Diderot —, só nos resta admitir, na esteira de Cl. Lévi-Strauss, que "a demanda de mulheres está [...] sempre, atual ou virtualmente, em estado de desequilíbrio e tensão" (SEP, 45).

Há, como se vê, um choque entre o interesse social de distribuir as mulheres e o desejo individual de monopolizá-las. A resolução deste conflito requer A *Intervenção* do grupo. O casamento, como observa com

A análise estrutural do parentesco

perspicácia Cl. Lévi-Strauss, é sempre "uma instituição a três" (SEP, 50). Os grupos aliados e os grupos mais vastos que os contêm vigiam para que as trocas de mulheres sejam convenientes a todos. "O acontecimento mais íntimo para cada um — a união sexual — é também um acontecimento público; ele põe em questão, ao mesmo tempo, o indivíduo e a sociedade inteira" (BEAUVOIR, 1985, 37), esclarece-nos S. Beauvoir comentando SEP. A proibição do incesto tem, pois, — ainda que se considere apenas o seu aspecto formal de regra — uma função fundamentalmente positiva. Ela constitui, já nesse nível, como assevera Cl. Lévi-Strauss, "um início de organização" (SEP, 50).

Entretanto, alguém poderia lembrar, contrariando os argumentos que acabamos de apresentar, que muitas sociedades adotam efetivamente o casamento poligâmico. Nosso antropólogo observa, porém, que esta instituição não é jamais um direito concedido a todos, mas um privilégio dos chefes. Ao estabelecer esse privilégio, o grupo permuta alguns elementos de sua segurança individual, garantidos pela regra monogâmica, pela segurança coletiva, exigida pela organização política:

> A poligamia não contradiz a exigência de uma equitativa distribuição das mulheres; ela apenas sobrepõe uma regra de distribuição à outra. De fato, monogamia e poligamia correspondem a dois tipos de relações complementares: de um lado, o sistema de prestações e de contraprestações que une entre si os membros individuais do grupo; de outro lado, o sistema de prestações e de contraprestações que une entre si o conjunto do grupo e seu chefe (SEP, 51).

Na sociedade nambiquara, por exemplo, o chefe não poderia enfrentar as suas obrigações sem o trabalho artesanal e agrícola de suas numerosas esposas. "A pluralidade das mulheres é, ao mesmo tempo, recompensa do poder e seu instrumento" (ibid.), resume Cl. Lévi-Strauss.

Em suma: a intervenção opera, por um lado, no sentido de estimular o casamento monogâmico, que é o selo e a garantia da aliança, e por outro, no sentido de impedir a generalização do celibato e o monopólio poligâmico das mulheres. Estes dois desvios são, contudo, tolerados: o primeiro como expressão de infelicidade e castigo, o segundo, como expressão de privilégio e graça.

Para concluir, imaginemos uma sociedade hipotética, onde a proibição do incesto não existisse. Nesta sociedade, "a viscosidade específica da aglomeração familiar agiria" no sentido de uma monopolização familiar das mulheres, o que é, como já vimos, "incompatível com as exigências vitais da sociedade primitiva, e mesmo da sociedade enquanto tal" (SEP, 48).

Até aqui consideramos a proibição do incesto sob o aspecto negativo e formal de "Regra como Regra". Já sabemos "que é somente sobre a base da distribuição natural que as mulheres devem receber sua utilização social. Resta-nos, então, definir sobre qual base" (SEP, 52). É chegado o momento, pois, de passar do estudo da "Regra como Regra" para o do conteúdo positivo da Regra, o que nos conduz às noções de endogamia e de exogamia.

3.3. O sentido positivo da proibição do incesto (o remanejamento das noções de endogamia e exogamia)

As regras de parentesco, tal como se encontram concretizadas na vida social, não apresentam apenas um caráter negativo, isto é, não se restringem à interdição de certos tipos de casamento, mas com frequência determinam também um círculo de parentes no interior do qual o casamento deve realizar-se, sob pena de provocar um escândalo comparável ao que decorreria da violação da própria proibição. Tradicionalmente, os antropólogos distinguem aqui dois casos: *a endogamia* e *a união preferencial* (cf. SEP, 53). O primeiro termo se opõe ao de *exogamia*. Enquanto as regras exogâmicas interditam o casamento no interior do grupo (família e clã), as regras endogâmicas operam no sentido exatamente contrário, quer dizer, obrigam a procurar o cônjuge no interior do grupo ao qual o sujeito pertence (cf. SEP, 52s). A união preferencial, por sua vez, pode ser definida como "a obrigação de escolher como cônjuge um indivíduo que apresente uma relação de parentesco determinada com o sujeito" (SEP, 53). Cl. Lévi-Strauss, ao procurar a proibição do incesto no âmago da própria realidade social[28], remaneja tais noções e propõe novas distinções mais apropriadas a seus objetivos.

---

28. "Se a raiz da proibição do incesto está na natureza, só podemos apreendê-la, contudo, por seu termo, isto é, como regra social" (SEP, 34).

Deve-se observar, inicialmente, que nos "sistemas classificatórios de parentesco" (cf. supra, cap. V, 3.1) é difícil distinguir a união preferencial da endogamia. Assim, na instituição do casamento entre primos cruzados, a classe dos cônjuges possíveis (primos cruzados) pode ser concebida como endogâmica. Essa confusão ocorre, efetivamente, em nível prático, provocando interpretações equivocadas de certos sistemas de parentesco, como é o caso, por exemplo, dos sistemas australianos (cf. SEP, 53). Ao considerar esta dificuldade, Cl. Lévi-Strauss desmembra a noção de endogamia em outras duas e identifica a união preferencial a uma delas.

Em lugar de considerar a "endogamia" e a "exogamia" segundo a concepção corrente, a saber, como duas instituições matrimoniais do mesmo tipo — a primeira unindo cônjuges do mesmo grupo social, e a segunda, cônjuges de grupos diferentes —, Cl. Lévi-Strauss concebe a "endogamia verdadeira" como uma instituição de natureza diferente da exogamia, mas compatível com ela, e pensa a união preferencial como "endogamia funcional", ou seja, uma espécie de endogamia que se associa à exogamia como seu complemento. Nos dois casos, não existe endogamia pura: ou ela está em função da exogamia ou coexiste necessariamente com ela. Em outras palavras, "a endogamia não se opõe à exogamia, mas a supõe" (SEP, 549). Consideremos, contudo, mais atentamente este tema fundamental.

A noção de "endogamia funcional" revela que à *proibição* de casar com indivíduos do mesmo grupo corresponde a *prescrição* de buscar o cônjuge em outro grupo ou classe. A endogamia assim concebida não tem valor absoluto; ela é "o reverso da regra da exogamia" (SEP, 53), ou, mais precisamente, não existe senão em função da exogamia, constituindo o seu lado positivo. Assim, no exemplo privilegiado do casamento entre primos, encontra-se, de um lado, a interdição das uniões entre primos paralelos (exogamia) e, do outro, a necessidade — transformada em obrigação[29] — de Ego se casar com uma prima cruzada (endogamia funcional).

---

29. "Os primos cruzados são menos parentes que devem se casar entre si do que os primeiros entre os parentes para os quais o casamento é possível, já que os primos paralelos são assimilados a irmãos e irmãs. Esta característica essencial foi frequentemente ignorada, uma vez que os casamentos entre primos cruzados — em certos casos — não são apenas autorizados, mas obrigatórios. Ele é obrigatório desde que seja possível, pois fornece o sistema mais simples de reciprocidade concebível" (SEP, 56).

O termo "endogamia", no sentido mais próximo do usual, está reservado a um fenômeno de outro tipo:

> De modo geral, a endogamia "*verdadeira*" manifesta simplesmente a exclusão do casamento fora dos limites da cultura, cujo conceito está sujeito a toda espécie de contradições e dilatações (SEP, 55, itálico nosso).

Assim, por exemplo, numerosas sociedades primitivas proíbem o casamento com os estranhos, porque a seus olhos "um atributo essencial da humanidade desaparece quando se sai dos limites do grupo" (SEP, 54). A endogamia, nesse caso, exprime "a presença de um limite conceitual, traduz apenas uma realidade negativa" (SEP, 55). Em certas sociedades altamente diferenciadas "esta forma negativa pode receber um conteúdo positivo" tendo em vista a conservação dos privilégios sociais ou econômicos (é o caso do sistema de castas). Sob o ponto de vista da endogamia verdadeira, toda sociedade é, ao mesmo tempo, exogâmica e endogâmica. Assim, os australianos são exogâmicos quanto ao clã, mas endogâmicos no que se refere à tribo; por sua vez, os americanos modernos são exogâmicos quanto à família, mas endogâmicos do ponto de vista racial (SEP, 53). Em resumo:

> Categorias exógamas e categorias endógamas não constituem entidades independentes e dotadas de existência objetiva. Devem ser consideradas, antes de tudo, como pontos de vista, ou perspectivas diferentes, mas solidárias, em um sistema de relações fundamentais, no qual cada termo se define por sua posição no interior do sistema (SEP, 58).

Quais as implicações desse remanejamento conceitual? O que se ganha com essas novas definições? Por um lado, não se pode mais admitir um sistema endogâmico puro. Onde quer que se manifeste e sob qualquer modalidade, a endogamia pressupõe sempre a exogamia e com ela coexiste. Por outro lado, esta não mais designa um sistema de regras matrimoniais puramente negativas. "A endogamia complementar [ou funcional] está aí para lembrar que o aspecto negativo é apenas o aspecto superficial da proibição" (SEP, 59; a adição entre colchetes é nossa). Na realidade, "toda interdição é, ao mesmo tempo, e sob outra relação, uma prescrição" (SEP, 52). Concretamente, isto significa que a proibição do uso sexual da filha ou da irmã obriga a dar em casamento a filha ou a irmã a outro homem e, ao mesmo tempo, cria um direito sobre a filha ou a irmã desse outro homem [...]. A partir do momento em que me proíbo o uso de uma mulher, que dessa forma se torna disponível para outro homem, há, em algum lugar, um homem que renuncia a uma mulher, a qual, por esse motivo, se torna disponível para mim. O conteúdo da proibição não se esgota no fato da proibição; esta só se instaura para garantir e fundar, direta ou indiretamente, imediata ou mediatamente, uma troca (SEP, 60).

Estamos já, portanto, no cerne de nosso tema. Mas ainda é preciso mostrar "como e por que" a proibição torna possível a troca de mulheres, o que faremos nas páginas seguintes. Por enquanto, basta notar que, no ponto em que nos encontramos, não existe mais diferença fundamental entre a proibição e a exogamia[30]. Esta, à luz do que se acaba de explicar, pode ser pensada como a "expressão social ampliada" daquela.

"A proibição do incesto e a exogamia constituem regras substancialmente idênticas" (SEP, 72). Cl. Lévi-Strauss conseguiu, portanto, passar do aspecto puramente formal e negativo da proibição ("A Regra como Regra") a sua realização social positiva: a exogamia. Em outros termos, ele reencontrou a proibição, no interior mesmo da vida social, como realidade positiva. Agora, estamos em condições de situar a proibição do incesto no horizonte das trocas sociais, introduzindo, assim, *o princípio de reciprocidade* que as explica.

3.4. *O princípio de reciprocidade*

Uma das principais noções desenvolvidas em SEP é a de "reciprocidade". Trata-se do cerne mesmo da proibição do incesto e do suporte da aplicação do método estrutural na sociologia do parentesco. Como já vimos, Cl. Lévi-Strauss se inspirou fundamentalmente no *Essai sur le don* (cf. supra, cap. IV, 2) de M. Mauss para elaborá-la. Esta obra demonstra que, nas sociedades arcaicas, as trocas não possuem um cará-

---

30. "Nesta etapa de nossa pesquisa, acreditamos ser possível negligenciar as diferenças entre a proibição do incesto e a exogamia" (SEP, 60).

ter exclusivamente econômico e comercial, mas pertencem a um sistema de dons e contradons. Elas constituem um "fato social total", isto é, são econômicas, mas também religiosas, mágicas, sentimentais, utilitárias, jurídicas, morais etc. M. Mauss, baseando-se numa "teoria" criada pela consciência primitiva, afirma que o movimento incessante das dádivas se explica pelo medo dos indígenas de aprisionarem o *hau*, ou seja, "o espírito das coisas". Cl. Lévi-Strauss, contudo, não se contenta de forma alguma com essa explicação e, seguindo outras indicações de Mauss, afirma que acima das trocas, sustentando-as e dinamizando-as, é preciso admitir uma "estrutura de reciprocidade" (SEP, 160). Todavia, ainda não é chegado o momento de aprofundar esse conceito. Preparando-nos para a abordagem estrutural dos fenômenos de parentesco e casamento, limitemo-nos, por ora, a registrar a presença das trocas não econômicas nas sociedades "civilizadas"[31] e a ação do princípio de reciprocidade no comportamento infantil. Em outros termos: trataremos, inicialmente, da descrição do "fenômeno da reciprocidade", deixando para mais tarde sua explicação estrutural.

3.4.1. *A reciprocidade na vida social contemporânea*

Cl. Lévi-Strauss apresenta uma série de exemplos atuais que revelam a existência de uma circulação de dons semelhante à das sociedades arcaicas em nosso mundo "civilizado" (cf. SEP, 65-71). Assim, temos o hábito de dar presentes que não possuem valor utilitário (existem até lojas especializadas em objetos de luxo) e oferecemos festas e jantares, nos quais são servidos alimentos estilizados em baixelas finas, reservadas para estas ocasiões especiais. Presentes e convites, aliás, devem ser retribuídos, sob pena

---

31. Vamos nos referir, sobretudo, às análises de Cl. Lévi-Strauss, para apresentar a troca recíproca de dons característica de nossa civilização. No entanto, convém lembrar que M. Mauss já admitia que "uma parte considerável de nossa moral e de nossa própria vida permanece nesta mesma atmosfera que reúne o dom, a obrigação e a liberdade" (ED, 258). A seus olhos, "esta moral e esta economia" devem ser concebidas como "uma destas rochas humanas sobre as quais nossas sociedades são construídas" (ED, 148). "Felizmente, nem tudo é classificado exclusivamente em termos de compra e venda", afirma M. Mauss (ED, 258).

de ruptura de amizade ou de laços sociais. Positivamente, no domínio das "prestações alimentares", do Alasca arcaico até nossas sociedades tecnocratas contemporâneas, "receber é dar"[32] (SEP, 67), e consumir sozinho o que está destinado à festa e à partilha (alimentos finos e luxuosos) é considerado pela comunidade como uma espécie de "incesto social", provocando no transgressor "um vago sentimento de culpa". Estamos aqui, sem dúvida alguma, no terreno da reciprocidade dos dons.

Mas temos, também, nossos *potlatch*[33]. O jogo é uma espécie de microdestruição de riqueza, e o Natal, uma cerimônia gigantesca de consumo e de troca de objetos supérfluos, capaz até de arruinar os orçamentos domésticos. Na verdade, os presentes têm, tanto para o primitivo como para nós, "civilizados", acima do valor material e econômico, uma dimensão mágica e sedutora. "Há muito mais na troca do que as coisas trocadas" (SEP, 69).

Ao descrever um acontecimento banal do Midi, no sul da França, Cl. Lévi-Strauss confirma sua reflexão anterior e apresenta um "fato social total" em plena efervescência (cf. SEP, 68-71). Trata-se de um relato referente ao encontro de dois estranhos que, como é comum nesta região, se sentam, por acaso, à mesma mesa de um restaurante popular. Um deles, movido pela ansiedade provocada por esta situação constrangedora, toma a iniciativa de quebrar o silêncio disponibilizando o seu jarro de vinho para o seu parceiro. Com esse gesto espera, é claro, uma reação similar de seu interlocutor para iniciar um diálogo. "O vinho oferecido pede a sua retribuição, a cordialidade exige a cordialidade [...]. Adquire-se um direito ao oferecer e uma obrigação ao receber" (SEP, 70). Estamos diante do fenômeno da reciprocidade e, também, do que Mauss denomina "fato social total" (cf. supra, cap. IV, 2), embora "em escala microscópica". Com efeito, tal situação possui implicações de ordem psicológica, sociológica e econômica. Psicológica, pelas razões já expostas; sociológica, porque ela "substitui um vínculo à justaposição", vale dizer,

---

32. É o que já se manifesta no nível da língua. De fato, ainda hoje "se 'oferece' um jantar [...] para 'retribuir' uma gentileza".
33. Como já vimos, o "potlatch" é uma espécie de festival em que riquezas são ostensivamente destruídas (cf. supra, cap. IV, 2).

cria uma microaliança com toda a radicalidade das relações primitivas[34]; econômica, porque o conviva que toma a iniciativa de oferecer o vinho arrisca perder ou reduzir a sua porção.

Em resumo: o fenômeno da reciprocidade, com suas múltiplas dimensões (sociais, psicológicas, econômicas, religiosas, mágicas etc.), pode ser abundantemente constatado nas sociedades primitivas, conforme revelou o *Essai sur le don* de M. Mauss, mas também em nossas sociedades civilizadas, como Cl. Lévi-Strauss acaba de nos mostrar.

M. Mauss, entretanto, sustentou, também, que os dons em movimento não se restringem a objetos materiais, ainda que impregnados de "valor simbólico"[35], mas incluem pessoas, sobretudo mulheres, as quais, no dizer de Cl. Lévi-Strauss, constituem "o bem por excelência":

> A inclusão das mulheres no número de prestações de serviços recíprocos de grupo a grupo, e de tribo a tribo, é um costume tão generalizado que um só volume não bastaria para enumerar os exemplos [...]. O casamento é considerado em toda parte uma oportunidade particularmente favorável à abertura ou ao desenvolvimento de um ciclo de trocas (SEP, 73).

E o antropólogo acrescenta: não se trata de trocar paralelamente aos presentes as mulheres. Na realidade, "a mulher, também ela, é um dos presentes, o supremo presente" (SEP, 76).

Esta concepção de mulher-presente existiria ainda em nossas sociedades contemporâneas? Certamente, responde Cl. Lévi-Strauss, ilustrando sua posição com o exemplo citado do encontro casual dos dois desconhecidos no restaurante. A repulsa dos convivas em beber o vinho de sua

---

34. "A relação de indiferença, a partir do momento em que um dos convivas decide abandoná-la, não pode jamais se reconstituir tal como era; de agora em diante, ela só pode ser ou de cordialidade ou de hostilidade [...]. A atitude respectiva dos estranhos no restaurante nos aparece como a projeção infinitamente longínqua, dificilmente perceptível, no entanto reconhecível, de uma situação fundamental: aquela em que se encontram indivíduos ou grupos primitivos que entram em contato, pela primeira vez ou excepcionalmente, com desconhecidos [...]. Os primitivos só conhecem duas maneiras de classificar grupos de estranhos: ou são 'bons' ou são 'maus'" (SEP, 70; cf. ED, 277).

35. Esta expressão é empregada por Cl. Lévi-Strauss para designar os aspectos dos objetos de troca que excedem "infinitamente ao trabalho e à matéria-prima" (SEP, 65).

própria garrafa e a proibição do incesto são "fenômenos do mesmo tipo". Ou melhor, "elementos [...] da complexidade fundamental da cultura" (SEP, 71). Quer dizer, assim como os dois estranhos devem trocar o vinho para que a hostilidade potencial presente em cada um deles se transforme em amizade e colaboração, os homens devem ceder as mulheres sob sua proteção (irmãs ou filhas) para que as alianças necessárias à vida social e à formação da cultura possam ser estabelecidas.

Alguém poderia, no entanto, objetar: não haveria um exagero nesta análise? Não se trataria de um emprego abusivo de um fato característico das sociedades primitivas — os dons recíprocos —, válido no seu contexto original, mas hoje secundário e arcaico, sem nenhum poder de corroborar a argumentação? A tese proposta por Cl. Lévi-Strauss pode explicar os sistemas exogâmicos das sociedades primitivas, mas não a proibição do incesto própria de nossas sociedades ocidentais.

Nosso antropólogo responde lembrando o que foi discutido na seção anterior: "A proibição do incesto e a exogamia constituem regras substancialmente idênticas" (SEP, 72). A diferença entre elas é secundária: a reciprocidade na primeira é inorgânica e, na segunda, organizada. Em outras palavras: enquanto os sistemas exogâmicos indicam, explícita ou implicitamente, a classe dos cônjuges possíveis, a proibição do incesto *tout court* não diz quem se beneficia com a renúncia às mulheres proibidas (cf. infra, cap. V, 3.5.2, c). O importante é que, em ambos os casos, não se pode obter uma mulher sem que haja a cessão de outra (irmã ou filha) em algum ponto do todo social. Tanto nos sistemas exogâmicos como na proibição do incesto há, pois, necessariamente, reciprocidade.

Cl. Lévi-Strauss, contudo, não rejeita a ideia de que a reciprocidade seja um fenômeno arcaico. Tudo depende da maneira como se compreenda esse termo. "Arcaico" não deve significar "resíduo histórico" inútil, mas uma sobrevivência que resiste à passagem do tempo, justamente porque continua a exercer uma função essencial. É certamente o caso da troca. É verdade que ela não tem hoje o mesmo papel relevante que possuía nas sociedades primitivas. As trocas de mercadorias são muito mais importantes que as dos dons recíprocos. No que se refere às mulheres, no entanto, a troca conserva ainda sua "função fundamental". E isso por dois motivos principais: em primeiro lugar, porque a mulher é o bem por excelência, em segundo — e eis aqui a razão decisiva — por causa do caráter bipolar inerente à sexualidade humana, ou melhor, das diferenças de papéis entre o homem e a mulher no exercício da sexualidade:

As mulheres não são, prioritariamente, um signo de valor social, mas um estimulante natural; e o estimulante do único instinto cuja satisfação pode ser adiada: o único, por conseguinte, para o qual, no ato da troca, e pela apercepção da reciprocidade, possa operar-se a transformação do estimulante em signo, e, ao definir por meio desse procedimento fundamental a passagem da natureza à cultura, desabrochar em uma instituição (SEP, 73).

A sexualidade humana, na medida em que implica a assimetria masculino/feminino — o homem, em todas as sociedades conhecidas, ressalte-se, é quem efetua a troca das mulheres[36] (cf. AS, 57) — ordena-se para a reciprocidade e atrai sobre si a Regra (a proibição do incesto), tornando-se, sempre e em toda parte, o lugar de emergência do simbólico (cf. SEP, 569; AS, 70; cf. infra, cap. VI, 6).

3.4.2. A reciprocidade no comportamento infantil

A compreensão da reciprocidade como uma espécie de forma ou quadro da vida social e a comprovação do fracasso da abordagem evolucionista e difusionista do parentesco — tema que estudaremos adiante (cf. infra, cap. V, 3.5.1) — levaram Cl. Lévi-Strauss a adotar, naturalmente, o método estrutural, como sendo o mais apropriado para explicar a instituição universal da proibição do incesto e "os diferentes sistemas de regulamentação do casamento que constituem suas modalidades" (SEP, 98).

---

36. Ao argumentar contra uma teoria que tenta explicar de maneira excessivamente formalista a instituição do casamento entre primos cruzados, Cl. Lévi-Strauss pondera: "[O] caráter, aparentemente formal, dos fenômenos de reciprocidade, que se exprime pelo primado das relações sobre os termos que os unem, não deve jamais nos fazer esquecer que estes termos são seres humanos, que estes seres humanos são indivíduos de sexo diferente e que a relação entre os sexos não é jamais simétrica. O vício essencial da interpretação criticada [...] reside, a nosso ver, num tratamento puramente abstrato dos problemas que não podem ser dissociados de seu conteúdo [...]. Esquecê-lo seria desconhecer o fato fundamental de que são os homens que trocam as mulheres, e não o contrário" (SEP, 134).

Contudo, o nosso intento, por ora, não é apresentar a aplicação do modelo linguístico à antropologia, mas ampliar a rede de fatos que atestam a existência e a generalidade do fenômeno da reciprocidade e, recorrendo a alguns dados da psicologia e da fonologia, revelar o enraizamento desse fenômeno nas estruturas inconscientes do espírito humano[37]. Mais precisamente: já tendo comprovado a ação do princípio de reciprocidade nas sociedades arcaicas e civilizadas, consideraremos agora o comportamento infantil, que oferece, de modo acessível e em expressões de valor universal, os mesmos mecanismos que aprendemos, com dificuldade, na observação dos usos e costumes.

Continuemos, pois, a seguir o percurso de Cl. Lévi-Strauss, que, nessa etapa, deve muito a Susan Isaacs (1933, apud SEP, 99-101; 106). Esta psicóloga ressalta o caráter vigoroso e insistente do desejo infantil. Na ótica da criança, como ela nos explica, "é uma imensa satisfação possuir tudo para si, e uma amarga tristeza constatar que os outros possuem mais". No início da vida humana nada é mais intolerável do que "esperar sua vez". A ausência do objeto desejado é, pois, uma situação insuportável. Analisando o conflito entre duas crianças que reivindicam, simultaneamente, o uso exclusivo do mesmo velocípede, S. Isaacs conclui que a percepção da impossibilidade prática de alcançar o objeto com a voracidade inicial e o medo de perdê-lo definitivamente levam os dois seres em conflito à aceitação da arbitragem e intervenção do adulto. Tudo se passa como se cada um dissesse a si mesmo: "Uma vez que não posso obter tudo, porque existe o desejo do outro, que eu possua ao menos com igualdade". Esta, como observa S. Isaacs, "é o menor múltiplo comum de todos estes desejos e medos contraditórios". Mas é preciso admitir que o que as crianças temem não é propriamente a perda do objeto em si, mas a sua perda para o outro. O que ameaça a criança — e o ser humano em geral

---

37. A aplicação do modelo linguístico à antropologia se fundamenta na hipótese das estruturas inconscientes do espírito humano. Na presente etapa de seu percurso, Cl. Lévi-Strauss procura ampliar a base empírica (a extensão do fenômeno da reciprocidade) e teórica (os dados da psicologia, da psicanálise e, sobretudo, da fonologia) que lhe permitem formular esta hipótese. Contudo, não se pode afirmar, apesar do inegável progresso de suas pesquisas, que a antropologia estrutural já tenha conseguido demonstrar esta hipótese, como o reconhece o próprio Cl. Lévi-Strauss (cf. SHA, 1979, 225).

— é que o outro possua o que eu não possuo, logo, que o outro possua mais do que eu. Dito de outro modo: eu só desejo o que o outro deseja. O desejo, portanto, como defende S. Isaacs, não é um instinto, mas uma "resposta social" (SEP, 100).

O outro surge, em primeiro lugar, sob a forma de opositor a meu desejo. Estamos aqui no domínio do arbitrário. Este conflito de desejos, porém, encontra sua solução espontânea na aceitação, pelos interessados, da arbitragem social, a qual impõe a igualdade da posse. Essa aceitação, entretanto, não seria possível sem a intuição da reciprocidade e a atuação do mecanismo psicológico da identificação com o outro. A "necessidade de segurança", isto é, a certeza quanto à posse do objeto desejado, afasta o arbitrário e impõe a norma. Propriedade e comunidade, monopólio e partilha, arbitrário e arbitragem encontram sua conciliação no âmago da cultura[38].

S. Isaacs observa, também, que, na ótica infantil, o mais importante na troca não são os objetos trocados, mas o amor que eles veiculam. Para a criança, o prazer se acha mais no ato de dar que no ato de receber. Os presentes são signos de amor, e a ausência de presentes, ao contrário, signo de ódio e rejeição. Mas a generosidade infantil é muito ambivalente: "ama-se, mas odeia-se; ou, mais precisamente, ama-se porque se odeia [...]. A relação de amizade estável só começa com a instauração de um ódio estável por alguma outra pessoa [...]. A hostilidade continua

---

38. Com o aparecimento do homem na natureza, surge "a dissociação entre normalidade vital e normatividade cultural". Isto significa que "o homem é um vivente que tem necessidade do outro — compartilhando, aliás, a sociabilidade de quase todos os primatas —, mas que, por programa natural, 'não sabe como fazer isto' no encontro com seu parceiro. Os diversos códigos pelos quais é ditada a conduta asseguram, até em sua eventual insignificância, a regulação de um comportamento deixado à incerteza pelas duas partes simultaneamente, quando ele só pode encontrar o seu equilíbrio na possibilidade de uma antecipação dos gestos do outro. Os sistemas de prescrições e proibições asseguram a função mediadora que permite a ordem do comportamento em função das atitudes esperadas do parceiro. As diversas formas de ritualização social têm aqui, sem dúvida, o mesmo efeito [...]. É, pois, numa necessidade de ordem, fundamental em todo vivente, mas dissociada no *homo sapiens* das vias imediatas de sua satisfação, que se enraíza profundamente a produção da regra [...]. São os homens que produzem as condições da cultura ao produzirem as regulações de sua relação ao outro num esforço para suprimir as tensões insuportáveis, e, desta forma, exteriorizam a regra, condição de toda ordem, como exteriorizam o instrumento, condição da eficácia" (TINLAND, 1977, 229-231).

sendo sempre a atitude primitiva e fundamental" (Isaacs, interpretada por Lévi-Strauss em SEP, 100).

As considerações precedentes revelam grande semelhança entre a psicologia da criança e o comportamento dos povos primitivos. Tal analogia, entretanto, deve ser bem entendida. Na verdade, "o problema das relações entre pensamento primitivo e pensamento infantil não é novo". Vários teóricos — S. Freud, Cl. Blondel, J. Piaget, entre outros —, inclinando-se sobre esse problema, foram tentados a ver

> nas sociedades primitivas uma imagem aproximada de uma mais ou menos metafórica infância da humanidade, cujos estágios principais seriam reproduzidos também, por seu lado e no plano individual, pela criança em seu desenvolvimento intelectual (SEP, 102).

Não raro, acrescenta-se um terceiro termo neste debate, a saber, os doentes mentais, concluindo-se que eles, também, pensam regressivamente. Põe-se, assim, no mesmo nível "a consciência primitiva, a consciência infantil e a consciência mórbida" (ibid.).

Cl. Lévi-Strauss, entretanto, introduz uma nova perspectiva nesta discussão. Ele observa, inicialmente, que as sociedades primitivas possuem, também, crianças e doentes mentais, que se comportam de maneira diferente da dos adultos (SEP, 103). Em seguida, opondo-se ao evolucionismo filogenético e ontogenético[39], que concebe a proximidade entre o pensamento adulto e o pensamento infantil como indício de anormalidade psíquica ou subdesenvolvimento mental e cultural, ele prioriza não as diferenças entre os dois tipos de pensamento, mas sim a forte semelhança de estrutura que os une. Na verdade, como nos revela, entre outros teóricos, S. Isaacs (cf. SEP, 104-106), as atitudes cognitivas da criança são parecidas às dos adultos, e todos os elementos que compõem a vida social já são dados desde o início da existência humana e não apenas por volta dos sete ou oito anos, numa suposta fase social, como pensa J. Piaget (*La formation du symbole chez l'enfant*, Paris: Neuchâ-

---

39. Segundo Freud, "por detrás da infância individual [a infância ontogenética], entrevemos a infância filogenética, o desenvolvimento do gênero humano, do qual o desenvolvimento do indivíduo é, na realidade, apenas uma repetição abreviada, influenciada pelas circunstâncias fortuitas da vida" (FREUD, 1980, 467. É nossa a adição entre colchetes).

tel, 1945 apud SEP, 106). Cl. Lévi-Strauss postula, assim, a existência de uma matriz estrutural inerente à natureza humana, que estaria na origem das mais diferentes formas do pensamento adulto, tanto nas sociedades primitivas quanto nas do mundo civilizado. Mais precisamente: não obstante os desacordos que se possam notar, nas inúmeras culturas conhecidas, entre os esquemas mentais dos adultos,

> todos são elaborados a partir de um fundo universal, infinitamente mais rico do que aquele de que dispõe cada sociedade particular [...]. Cada criança traz ao nascer, em forma de estruturas mentais esboçadas, a integralidade dos meios de que a humanidade dispõe desde toda a eternidade para definir suas relações com o Mundo e com o Outro (SEP, 108).

Cada cultura só retém e atualiza, por conseguinte, algumas das infinitas possibilidades estruturais originariamente oferecidas ao pensamento infantil[40]. Tendo em vista o exposto, Cl. Lévi-Strauss critica a noção de "sincretismo" proposta por J. Piaget. Se esta noção significa uma fase na qual a criança seria incapaz de se distinguir de seu meio, confundindo as coisas entre si e as pessoas com as coisas, urge rejeitá-la, pois essa aparente indiferenciação constitui, na verdade, "um sistema de diferenciação diferente do nosso", ou melhor, "o resultado da coexistência de vários sistemas e da passagem constante de uns aos outros" (SEP, 110).

Para reforçar e ilustrar sua hipótese, Cl. Lévi-Strauss busca o suporte da psicanálise e da fonologia. Esta última ciência nos ensina que toda língua opera uma seleção irreversível na diversidade ilimitada de sons que a criança, na fase do balbucio, é capaz de emitir (SEP, 109; cf. supra, cap. II, 2.1). A psicanálise, por sua vez, revela-nos que a criança é um "perverso polimorfo", ou seja, que ela apresenta inicialmente todos os tipos de erotismo, os quais, em função da resolução do complexo de Édipo, diversificam-se nestas ou naquelas formas particulares, seja patológicas seja integradas (SEP, 110; cf. FREUD, 1971).

Pode-se, então, afirmar, parafraseando Freud, que a criança é um "social polimorfo". No entanto, quando o adulto compara seu pensamento

---

40. Importa ressaltar que na obra *La pensée sauvage* (1962), Cl. Lévi-Strauss se opõe decisivamente a esta aproximação entre a criança e o "primitivo".

com o da criança, é tomado por uma ilusão: por ser menos especializada que a sua, a maneira infantil de se aproximar do mundo lhe parece confusa, informe e sem unidade. Ora, o que adulto vê como uma espécie de caos é, na verdade, uma organização diferente da sua. Por extensão, perante culturas primitivas aparentemente sem medida comum à sua, o adulto civilizado é vítima de uma ilusão análoga, que o leva a conceber o pensamento primitivo como pueril. A isso Cl. Lévi-Strauss denomina "ilusão arcaica" (esse é o título do capítulo VII de SEP).

Em suma: o pensamento adulto e o pensamento infantil se distinguem do mesmo modo em todas as culturas e organizações sociais, o que desautoriza toda pretensão a fazer coincidir, em determinadas circunstâncias, um com o outro, seja para sustentar a tese do infantilismo da mentalidade primitiva, seja para afirmar o caráter "regressivo" da doença mental[41]. O pensamento infantil deve ser considerado como "um fundo comum e indiferenciado das estruturas mentais e de esquemas de sociabilidade", no qual cada cultura seleciona os elementos que lhe permitem construir seu modelo particular (SEP, 99).

3.5. O método estrutural na sociologia do parentesco

O fenômeno da reciprocidade não pode ser explicado, segundo Cl. Lévi-Strauss, sem que se recorra à noção de *estrutura*, cujo esboço, como vimos, já se encontra no enfoque do fato social como fato total, característico do pensamento de M. Mauss (cf. supra, cap. IV, 2, 3). O autor de SEP situa a proibição do incesto e as regras da exogamia no horizonte da reciprocidade dos dons. É chegado o momento, pois, de aplicar o método estrutural na sociologia do parentesco. Esse método, contudo, como foi exposto na primeira parte deste estudo, surgiu no domínio da linguagem. Sigamos, pois, o caminho aberto por Cl. Lévi-Strauss para

---

41. Cl. Lévi-Strauss nos mostra a maneira correta de compreender a noção psicanalítica de "regressão". "A regressão aparente", diz ele, "não é [...] um retorno a um estado arcaico da evolução intelectual do indivíduo ou da espécie: ela é apenas a reconstrução de uma situação *análoga* a que, nos primórdios, regula o pensamento individual" (SEP, 113). Convém lembrar, neste ponto, a noção freudiana de "posterioridade" ("après-coup" em francês) que J. Lacan colocou, oportunamente, em relevo (cf. LAPLANCHE; PONTALIS, 1984, 33-38).

implantar o modelo linguístico — ou mais precisamente, fonológico — na antropologia. A motivação mais imediata para a realização desta tarefa foi o fracasso das explicações evolucionistas e difusionistas de algumas instituições primitivas-chave, a saber, a *organização dualista*, o *casamento entre primos cruzados* e a *troca matrimonial*.

3.5.1. Os impasses do historicismo

As abordagens evolucionistas e difusionistas das três instituições que acabamos de evocar revelam as dificuldades insolúveis encontradas pelo método histórico na esfera do casamento e do parentesco. As aporias evolucionistas, contudo, manifestam, por contraste, a limpidez do pensamento de Cl. Lévi-Strauss e a oportunidade da aplicação do método estrutural à antropologia.

A) A ORGANIZAÇÃO DUALISTA

O que é uma organização dualista? Pode-se caracterizá-la da seguinte maneira: a) um sistema social cujos membros se distribuem em duas divisões, denominadas "metades", as quais mantêm entre si relações que vão da hostilidade e rivalidade declaradas até a intimidade e a colaboração mais estreita; b) as "metades" são, em geral, exogâmicas (entretanto, quando a divisão em metades não regula o casamento, esta função é exercida por outras formas de agrupamento, como, por exemplo, a subdivisão das metades em clãs, subclãs ou linhagens exogâmicas); c) além das trocas de mulheres, as metades se unem entre si por um sistema de prestações e contraprestações totais, isto é, os membros das metades possuem direitos e deveres mútuos na esfera ritual, econômica e cerimonial; d) a concepção do mundo determinado por este sistema é, no fundo, dualista (os seres do universo, os heróis mitológicos, os chefes das tribos etc. são concebidos, sempre, segundo oposições binárias) (cf. SEP, 80).

Trataremos, a seguir, das hipóteses difusionistas e evolucionistas concernentes à origem do dualismo nas sociedades primitivas. Comecemos pela primeira escola.

As organizações dualistas estendem-se pelo mundo inteiro, apresentando sempre as mesmas características que acabamos de descrever. As semelhanças sugerem a hipótese de que elas "se difundiram a partir de um único ponto de origem" (SEP, 81). Cl. Lévi-Strauss defende, contudo, que, se o sistema dualista existe na Austrália, na América do Norte, na América do Sul etc., tal fato não indica a difusão de uma mesma instituição inventada num ponto qualquer do globo, mas, antes, uma base comum de reciprocidade, que oferece em toda parte "um caráter funcional" e que se enraíza nas estruturas inconscientes do espírito (cf. ibid.).

A mais importante consequência da organização dualista é que

> os indivíduos se definem, uns em relação aos outros, essencialmente segundo pertençam ou não à mesma metade. Este traço exprime-se da mesma maneira, qualquer que seja o modo de transmissão do nome da metade; quer se faça essa transmissão pela linha feminina ou pela linha masculina, veremos sempre os colaterais da mãe classificados em uma categoria e os do pai em outra. Um único termo servirá, pois, habitualmente, para designar a mãe e as irmãs, e um termo reunirá igualmente, numa mesma denominação, o pai e os irmãos deste último (SEP, 83).

Estamos aqui diante de um "sistema classificatório de parentesco" que deriva naturalmente da organização da sociedade em metades. Ao constatar este fato, "Tylor e Frazer sugeriram que a organização dualista pode ser sempre postulada [como estando] na *origem* do sistema classificatório" (ibid., itálico nosso). Considerando que este sistema pode ser encontrado no mundo inteiro, o que os dois evolucionistas afinal postularam foi "a universalidade da organização dualista". Cl. Lévi-Strauss não aceita esta hipótese, já que "o fenômeno [...] essencial não é a organização dualista, mas o princípio de reciprocidade, do qual ela constitui de certo modo a codificação". O que deve ser considerado como universal, portanto, não é, a rigor, a organização dualista, mas sim os mecanismos de reciprocidade que a põem em prática.

Nosso antropólogo distingue a *metade* do *clã*. Como as pesquisas já demonstraram, mesmo quando uma tribo se reduz, em razão de extinção demográfica ou por outros motivos, a dois clãs, não ocorre a formação de uma organização dualista. É verdade que tanto nas metades como nos clãs a filiação é sempre unilateral:

Mas conhecemos sociedades divididas em clãs e sem organização dualista; sociedades de clãs eles próprios agrupados em metades; enfim, sociedades de metades não subdivididas em clãs. A principal diferença entre metades e clãs parece, então, ser que estas duas formas de agrupamento pertencem a ordens de grandeza diferentes (SEP, 84).

Na verdade, "as metades não dependem da série 'clã', mas da série 'classe'"[42]. Cl. Lévi-Strauss denomina *clã* os "agrupamentos unilaterais cujo caráter exogâmico comporta uma definição puramente negativa" e considera como *classe*, ou melhor, como *classe matrimonial*, os agrupamentos unilaterais "que permitem uma determinação positiva das modalidades de troca".

Esta distinção desautoriza a redução da organização dualista a uma espécie de instituição clânica. Em outros termos: não se pode explicar a *origem* do dualismo pela organização clânica ou vice-versa.

As contradições das explicações evolucionistas e difusionistas são denunciadas pela perspectiva estrutural. Na verdade, o sistema dualista não é uma instituição, mas "um princípio de organização, suscetível de receber aplicações muito diversas". Ele se encontra tanto nas sociedades primitivas como nas sociedades contemporâneas. Neste último caso, citaríamos como exemplos vivos de dualismo o bipartidarismo americano, certos tipos de competições esportivas e diferentes manifestações dualistas inerentes à vida religiosa.

Levando em conta o que foi exposto nas últimas seções, podemos adiantar que, por detrás das realizações mais ou menos organizadas do princípio de reciprocidade, quer sejam arcaicas e infantis, quer sejam civilizadas e adultas, encontram-se sempre as "mesmas raízes psicológicas e lógicas". Para compreendê-las não devemos nos dirigir "a tal ou tal região privilegiada do mundo ou etapa da história da civilização", mas

---

42. Ao argumentar em favor da introdução da noção de "classe matrimonial" no aparelho conceptual de sua disciplina, Cl. Lévi-Strauss afirma: "Não é suficiente que um clã seja exogâmico para nos ensinar sobre as regras do casamento na sociedade considerada; saberemos apenas que um indivíduo não pode buscar o seu cônjuge no mesmo clã que o seu [...]. Mas a qual clã ele deverá se dirigir? Quais são os graus de proximidade permitidos? Existem formas de união preferencial? Nós o ignoramos" (SEP, 84).

"a certas estruturas fundamentais do espírito humano" (SEP, 88). À luz das lições do *Cours de linguistique générale* de F. de Saussure, pode-se distinguir a *forma* da reciprocidade dos "edifícios institucionais frequentemente frágeis e quase sempre incompletos, que lhe servem, a cada instante, para realizar os mesmos fins" (ibid.). Seria um grave engano confundir "a diversidade de fundo com a forma, simples e constante, que lhe é imposta" (SEP, 95). As "estruturas de reciprocidade" devem ser concebidas, portanto, como "forças de integração" dos acontecimentos, os quais, em si mesmos, são contingentes. Sob a influência de tais estruturas, "a história tende ao sistema" (SEP, 89).

Em suma: a organização dualista corresponde mais a "um método aplicável à solução de múltiplos problemas" (SEP, 95) do que a uma instituição capaz de ser definida e identificada por alguns traços precisos.

B) O CASAMENTO ENTRE PRIMOS CRUZADOS

Ao descrever minuciosamente o sistema de casamento inerente à organização dualista, Cl. Lévi-Strauss observa:

> Quer o modo de filiação seja matrilinear quer patrilinear [...], os primos descendentes do irmão do pai ou da irmã da mãe, os quais, pela mesma razão que os irmãos e irmãs (pertencentes à mesma metade) não podem ser desposados, são designados pelo termo de irmão e de irmã [...]. Os primos descendentes do irmão da mãe ou da irmã do pai, que pertencem à metade oposta, são chamados por um termo especial ou igual ao que significa "esposo" ou "esposa", já que é na sua divisão que o cônjuge deve ser escolhido. Enfim, o irmão do pai e a irmã da mãe, cujos filhos são chamados "irmãos" e "irmãs", são também chamados de "pai" e "mãe"; enquanto o irmão da mãe e a irmã do pai, cujos filhos constituem cônjuges potenciais, são chamados por termos especiais, ou por um termo que significa "sogro" ou "sogra" (SEP, 114).

Ora, esta "terminologia dicotômica" coincide com uma das instituições primitivas mais disseminadas, a saber, o casamento preferencial entre primos cruzados (cf. supra, cap. V, 3.1). Como se explica tal fato? Qual a relação entre os sistemas dualistas e esta forma de casamento?

Impregnados da ideologia evolucionista, os sociólogos, ora explicavam o casamento entre primos cruzados como derivado da organização dualista — o que ocorria mais frequentemente — ora, invertendo esta proposição, concebiam a segunda "instituição" como fundada historicamente na primeira. Cl. Lévi-Strauss, contudo, rejeita esta alternativa e introduz a perspectiva estrutural. "Não acreditamos", diz ele, "que seja na forma de simples *derivação* que a relação entre as duas instituições possa ser racionalmente interpretada" (SEP, 115, itálico nosso).

Pode-se resumir a reflexão que levava frequentemente os teóricos a considerar o casamento entre primos como derivado da organização dualista do seguinte modo: a) Este tipo de casamento parece "profundamente irracional". De fato, como se poderia justificar, segundo o critério biológico do incesto, a constituição de uma "barreira entre primos oriundos do mesmo sexo e os oriundos de colaterais de sexo diferente, se a relação de proximidade é a mesma nos dois casos?" (ibid.). Se não existe nenhuma razão intrínseca para justificar a preferência pelos primos cruzados, é preciso buscar uma razão extrínseca, ou, em outros termos, explicar a origem da instituição recorrendo a fenômenos de outra ordem. b) Ao assinalar, por um lado, que a mitologia dos povos primitivos frequentemente apresenta a instituição por metades como resultante de uma reforma deliberada do legislador e, por outro, que, não obstante o caráter "irracional" da divisão entre primos aptos e inaptos para o casamento, as regras exogâmicas em questão impedem, eficazmente, uniões entre irmão e irmã, entre pai e filha, num regime patrilinear, e de mãe e filho, num regime matrilinear, vários pesquisadores, fiéis ao princípio que acabamos de enunciar, concluíram: 1º) o dualismo deriva de uma decisão plenamente consciente do legislador para interditar o incesto; 2º) devido a diferentes contingências históricas, o dualismo se transformou na absurda instituição do casamento entre primos cruzados.

Esta explicação ilustra que, do ponto de vista evolucionista, uma instituição só pode ser compreendida de duas maneiras: ou ela tem sua origem numa decisão consciente do legislador, ou ela decorre de fatos históricos contingentes, vale dizer, ela se funda ou na *intenção* ou no *acontecimento* (SEP, 116). A organização dualista estaria no primeiro caso e o casamento entre primos, no segundo.

Tomando como exemplo o problema da origem das noções matemáticas (linha, círculo, triângulo etc.), Cl. Lévi-Strauss compara a etnologia evolucionista à psicologia clássica, revelando os pseudodilemas que as dominam.

Dos pensadores gregos até os filósofos do século XIX, duas tendências psicológicas disputavam a resolução deste problema. A primeira afirmava que as noções matemáticas são inatas, o que confirmaria a superioridade do espírito humano; a segunda explicava essas noções pelos jogos de associações sensíveis (nesse caso, o espírito seria, no início de nossa existência, uma *tabula rasa*). Cl. Lévi-Strauss, ironicamente, nos adverte que o idealismo e o associacionismo deixaram de ter razão no dia em que se reconheceu "que um ser tão indigno como a galinha é capaz de estabelecer relações". Na realidade, as noções necessárias e universais não são o coroamento do edifício do conhecimento, mas "o humilde material" com o qual é construído (ibid.)[43]:

> Acreditava-se que havia somente a escolha entre a aceitação da origem transcendente do conceito e a sua impossível reconstrução a partir de peças e pedaços. Esta oposição dissipou-se diante da descoberta experimental da *imanência da relação* (SEP, 117, itálico nosso).

Cl. Lévi-Strauss, como se vê, substitui o apriorismo kantiano por uma nova espécie de apriorismo. Ele até assumiu a designação de "kantismo sem sujeito transcendental" proposta por P. Ricoeur, para qualificar sua posição teórica (cf. CC, 49). De fato, na perspectiva estruturalista não haveria pensamento se o sujeito não estivesse desde sempre na "imanência da relação". Assim, por exemplo, "ou o termo estrutura social não tem sentido, ou este sentido mesmo já tem uma estrutura. É essa estrutura da noção que é preciso antes de tudo apreender" (AS, 305).

---

43. Alhures o antropólogo é mais preciso. Ao lembrar as descobertas recentes da neurofisiologia da visão, ele observa que as células da retina e de outros aparelhos óticos são especializadas, ou seja, que algumas delas "só são sensíveis à direção em linha reta, outras à direção em sentido vertical ou horizontal ou oblíquo, e outras, ainda, apenas são sensíveis à relação entre o fundo e as figuras destacadas". Tudo isto revela que o problema da oposição entre a experiência e o espírito encontra sua solução não nas estruturas psíquicas ou nas da experiência, mas "num ponto intermédio entre a mente e a experiência" ou, mais precisamente, na "estrutura do sistema nervoso" (MS, 1978, 19).

Existe um pensamento anterior ao que se chama "pensamento" e uma lógica anterior ao que se chama "razão". Poder-se-ia dizer, parafraseando Pascal, que o inconsciente tem razões que a própria razão desconhece. A razão não opera apenas no nível consciente, mas também — e, sobretudo — no nível inconsciente (cf. LEPARGNEUR, 1972, 61). Esta ampliação da razão faz do estruturalismo uma espécie de *super-racionalismo* (TT, 61). A estrutura é menos um objeto que o sujeito apreende ou constrói do que o "objeto"[44] a partir do qual e no qual toda apreensão e construção de objetos se efetuam. Em suma: a estrutura é a condição de possibilidade da relação cognitiva sujeito/objeto e, mais amplamente, da relação consciência/mundo.

É à luz desta reflexão que devemos interpretar as relações entre a organização dualista e o casamento entre primos cruzados. De acordo com Cl. Lévi-Strauss, ambas as instituições encontram "sua origem na apreensão, pelo pensamento primitivo, de estruturas inteiramente fundamentais, e nas quais reside a própria existência da cultura" ou, mais precisamente, tais instituições "correspondem a duas etapas diferentes da tomada de consciência destas estruturas" (SEP, 117). A organização dualista e o casamento entre primos são realizações de um mesmo sistema que encontrou, na primeira, sua "expressão ainda pouco diferenciada" e, na segunda, sua "fórmula altamente especializada". "As duas instituições se opõem como uma forma cristalizada a uma forma leve" (SEP, 119).

É um outro enfoque das instituições que se anuncia aqui:

> Elas também são estruturas em que o todo, isto é, o princípio regulador, pode ser dado antes das partes [...]. Esse princípio regulador pode ter um valor racional, sem ser concebido racionalmente, pode exprimir-se em fórmulas arbitrárias, sem ser ele mesmo privado de significação (SEP, 117).

Como se vê, estamos muito distantes das explicações evolucionistas...

---

44. Parece-nos oportuno lembrar uma passagem de *Tristes tropiques* já citada: "Meu pensamento é ele próprio um objeto. Sendo 'deste mundo', participa da mesma natureza que ele" (TT, 59). Discutiremos adiante o caráter naturalista do apriorismo estruturalista (cf. infra, cap. V, 3.5.2, b).

c) O CASAMENTO POR TROCA

A instituição do casamento por troca, que se encontra em várias partes do mundo, particularmente na Austrália arcaica (cf. SEP, 155 e 158), obriga os pais a trocar diretamente suas filhas entre eles, em benefício dos filhos, e os jovens a oferecer suas irmãs, a fim de ganharem uma esposa. O essencial é que "um homem não pode esperar obter mulher se não tiver uma irmã, uma filha ou uma afilhada, para dar em troca" (SEP, 156). Esta regra faz de qualquer mulher não permutada um ser humilhado (o equivalente a nossas prostitutas) e de qualquer celibatário, um pária, perseguido e infeliz.

Frazer[45] (apud SEP, cap. X) foi o primeiro a mostrar a analogia entre a estrutura do casamento por troca e a do casamento entre primos cruzados. Ele verificou, com efeito, que em diversos sistemas de parentesco "os primos cruzados são descendentes de irmãos que trocaram as irmãs" (SEP, 155). Baseando-se em vários fatos que manifestam a conexão entre o casamento por troca e o casamento entre primos, Frazer concluiu que esta última instituição *deriva* da primeira.

Um dos aspectos fundamentais da interpretação em questão é a dicotomia estabelecida entre a explicação dos primos cruzados e a dos primos paralelos. Na opinião de Frazer, temos aí dois fenômenos claramente distintos, os quais devem mesmo ser estudados separadamente, como, aliás, ele o faz na obra mencionada[46]. Na perspectiva evolucionista, portanto, a gênese dos primos cruzados não se confunde com a gênese dos primos paralelos. Sigamos a argumentação de Frazer.

A explicação dos primos cruzados não parece oferecer grande dificuldade ao etnólogo inglês. Ao verificar que o casamento por troca não se liga necessariamente ao casamento entre primos, mas ocorre, também, em várias regiões, em estado puro, ele concluiu que este último "decorre de maneira simples e direta, e num encadeamento totalmente natural, da troca das irmãs, tendo em vista os intercasamentos" (FRAZER, 1920, 209 apud SEP, 159).

---

45. FRAZER, James George, Folklore in the Old Testament. Studies in comparative religion, legend and law, *The Journal of Nervous and Mental Disease*, v. 52, n. 4, 377-378, 1920.
46. Ressaltemos que esta argumentação de Frazer está nos antípodas do enfoque estrutural.

Frazer observa que a mulher é basicamente um bem econômico e a troca de mulheres, um fenômeno de mercado. É a "universalidade das leis econômicas" que sustenta a troca, e, por conseguinte, o modo eficaz de realizá-la é o casamento entre primos cruzados (cf. SEP, 160).

Opondo-se a Frazer, Cl. Lévi-Strauss observa que o fenômeno da reciprocidade evidencia que, "longe de ser a troca uma modalidade de compra, é na compra que se deve ver uma modalidade de troca" (ibid.). Se a troca fosse essencialmente econômica, não se poderia explicar, por exemplo, um sistema matrimonial como o de Buin nas ilhas Salomão. Com efeito, nesta sociedade "são os mesmos objetos que acompanham, no ir e no vir, a transferência das esposas", operação que, evidentemente, não tem sentido do ponto de vista econômico. Em última análise, a explicação proposta por Frazer consiste em aplicar o modelo ideal e abstrato do *homo oeconomicus*, elaborado pelo pensamento do século XIX, ao homem primitivo:

> Na realidade, não há na troca nada que se assemelhe à solução racional de um problema econômico [...]; trata-se de um ato de consciência, primitivo e indivisível, o qual faz apreender a filha ou a irmã como um valor oferecido, e, reciprocamente, a filha e a irmã de outrem como um valor exigível (SEP, 162).

Na verdade, como a perspectiva estrutural nos mostrará, "a relação de troca é dada anteriormente às coisas trocadas, e, independentemente delas" (SEP, 161).

Examinemos agora a explicação proposta por Frazer para os primos paralelos. No seu entender, o que se encontra na raiz desta instituição é a organização dualista, portanto, como já vimos, uma decisão calculada dos povos primitivos para impedir o incesto.

O argumento de Frazer fundamenta-se no seguinte princípio: "é legítimo inferir as intenções a partir dos resultados" (FRAZER, 1920, 223 apud SEP, 162). Ora, apesar do que possa haver de exagero nessas regras, o casamento entre primos, tal como se realiza num sistema por metades exogâmicas, impede eficazmente as uniões entre irmãos e irmãs, pais e filhos e, ainda, entre algumas categorias de primos. A intenção que determina a separação dos primos paralelos não pode ser outra, portanto, que a proibição dos casamentos consanguíneos.

Cl. Lévi-Strauss contra-argumenta observando que se deve introduzir entre a intenção e seus resultados a ideia de adequação e de proporção. Ora, considerando que as uniões biologicamente indesejáveis poderiam ser evitadas pela simples proibição, direta ou explícita, não existe nenhuma proporção entre os resultados obtidos (o edifício incômodo das regras exogâmicas) e a presumida intenção de eugenia:

> Se de fato, a organização dualista, que me proíbe esposar a metade das mulheres de meu grupo, foi instituída somente para prevenir meu casamento com minha irmã, é preciso reconhecer que, no espírito daqueles que a conceberam, uma singular incoerência misturou-se à clarividência que lhe conferimos tão generosamente (SEP, 163)[47].

Para concluir esta breve exposição da teoria de Frazer, parece-nos oportuno lembrar o esquema evolucionista criado por este etnólogo, a fim de explicar as etapas seguidas pela humanidade rumo às formas mais desenvolvidas de casamento. Na sua ótica, depois de um longo período de promiscuidade sexual, uniões consanguíneas e casamentos de grupo, forçada pelas necessidades econômicas, a humanidade teria introduzido a troca de mulheres e, logo depois, muito naturalmente, o casamento entre primos cruzados. A organização dualista, por sua vez, que estaria na origem dos primos paralelos, se estabeleceria com a finalidade de consolidar a prática do casamento entre primos cruzados. O sistema classificatório do parentesco decorreria, afinal, "da organização da sociedade em duas classes exogâmicas" (SEP, 164)[48].

No entanto, como assinala Cl. Lévi-Strauss, toda esta engenhosa construção repousa sobre um "enigma" que o próprio Frazer considerava como insondável. Mas deixemos que o próprio etnólogo inglês se expresse:

> Localizamos a causa geral das mudanças sucessivas dos costumes matrimoniais numa aversão crescente ao casamento entre pessoas

---

47. Nesta passagem, Cl. Lévi-Strauss faz alusão à "clarividência eugênica" (ou à intenção de eugenia) que os teóricos evolucionistas atribuíram frequentemente ao pensamento primitivo, erguendo-o desta forma, paradoxalmente, à condição de pensamento científico (ou quase).
48. Cl. Lévi-Strauss discerne na argumentação de Frazer um círculo, já que, numa outra passagem, o etnólogo inglês defende que o sistema classificatório teria origem num sistema de casamento de grupo.

estreitamente ligadas por relações de consanguinidade [...]. Mas não me arriscarei aqui a procurar a origem dessa aversão, pois este é um dos mais obscuros e mais difíceis problemas de toda a história cultural (FRAZER, 1920, 245s apud SEP, 164).

Cl. Lévi-Strauss, contudo, diferentemente de Frazer, não se detém aí. Em SEP consagrou o melhor de seus esforços à resolução deste enigma. Ao resumir o enfoque estrutural da proibição do incesto, declara:

> Se a organização dualista tem uma razão de ser, esta não pode encontrar-se senão numa *qualidade comum* aos irmãos e às irmãs e aos primos paralelos, pela qual esses dois grupos se opõem, *do mesmo modo*, ao grupo dos primos cruzados. E essa qualidade comum não pode ser a proximidade biológica. Encontramos essa qualidade comum no fato de os irmãos e irmãs, assim como os primos paralelos, se acharem orientados da mesma forma e afetados pelo mesmo signo, no seio de uma estrutura de reciprocidade, o que, de alguma maneira, portanto, os faz se neutralizarem, enquanto os primos cruzados são afetados por signos opostos e complementares. Para conservar a mesma metáfora, poderíamos então dizer que eles se atraem (SEP, 164).

Esta longa citação será plenamente elucidada na próxima seção, que examinará detidamente a aplicação do método estrutural ao estudo do casamento entre primos cruzados. Julgamos, porém, necessário indicar desde já o objetivo de Cl. Lévi-Strauss e a direção que orienta sua interpretação. Frazer, curiosamente, colocou-se claramente na perspectiva estrutural ao declarar em determinado momento de sua trajetória:

> Ninguém, tanto quanto eu saiba, ousou ainda pretender que a sociedade esteja submetida a uma lei física, em virtude da qual as comunidades humanas tenderiam, como os cristais, a se integrarem e a se desintegrarem automática e inconscientemente, segundo regras matemáticas rígidas, em elementos rigorosamente simétricos (FRAZER, 1920, 231 apud SEP, 157).

Em vez de abraçar essa ideia e de conduzi-la às últimas consequências, Frazer rejeitou-a com horror. Cl. Lévi-Strauss observa que, embora seja inadmissível comparar as sociedades humanas a cristais, é preciso pensar a passagem da natureza à cultura em função da "aptidão, por parte do homem, de pensar as relações biológicas sob a forma de sistemas de oposições" (SEP, 158). É exatamente isso que iremos discutir a seguir.

3.5.2. "A interpretação estrutural"

Em consonância com a linguística pré-saussuriana (cf. supra, cap. I, 1; cap. II, 1.1), pode-se detectar na explicação evolucionista do parentesco três traços fundamentais: o *atomismo*, a *diacronia* e a *analogia*.

A interpretação da instituição do casamento entre primos proposta por Frazer ilustra adequadamente a interdependência dessas três características. Conforme foi exposto na seção anterior, esse pesquisador trata separadamente, em diferentes capítulos de sua obra, a origem dos primos cruzados e a dos primos paralelos. Estamos longe, portanto, do "fato social total" de M. Mauss. Na ótica de Frazer, perde-se completamente de vista o todo e se supõe que a inteligibilidade destes elementos, assim desarticulados (atomismo), depende de dois fatores principais: o desenrolar dos acontecimentos (diacronia) e a intenção do legislador (analogia). Quer dizer, por um lado, os fatos se inserem numa série causal que se desenvolvem segundo fases apenas postuladas pelo etnólogo, as quais, na verdade, falam mais do imaginário ocidental do que da suposta realidade histórica; e, por outro, recorre-se à vontade legisladora para que ela introduza na contingência dos acontecimentos a imagem ou o selo do espírito.

Cl. Lévi-Strauss situa-se numa perspectiva radicalmente distinta. Ele não quer impor uma sequência evolutiva artificial a fragmentos dispersos ou a peças separadas, mas sim descobrir a ordem oculta das partes de um todo, ou melhor, a interdependência dos elementos de uma *estrutura*. Seu ponto de vista não é mais diacrônico, mas *sincrônico*; seu enfoque não se limita aos dados da consciência, mas volta-se de preferência para as mensagens cifradas do *inconsciente*; não se trata de descrever fatos, mas de *interpretá-los*. E isso não apenas para cada instituição de parentesco em particular, mas para o conjunto delas. Em outras palavras: em lugar de considerar separadamente o casamento entre primos cruzados, as trocas matrimoniais e a organização dualista, Cl. Lévi-Strauss concebe-as como "exemplos da recorrência de uma estrutura fundamental". Dessas três instituições, ele privilegia a primeira. Com efeito, por razões que serão explicitadas a seguir, a instituição do casamento entre primos cruzados deve ser considerada como a "que possui o maior valor significativo; valor que faz da análise desta forma de casamento, o verdadeiro *experimentum crucis* do estudo das proibições matrimoniais" (SEP, 143).

Nas próximas seções, examinaremos, inicialmente, a transposição do modelo linguístico para a antropologia ou, mais precisamente, para o estudo do casamento entre primos cruzados; em seguida, estimulados pelo avanço das pesquisas, refletiremos sobre o enraizamento do inconsciente estrutural na natureza; e, para concluir, acompanharemos a argumentação de Cl. Lévi-Strauss para explicar, do ponto de vista estrutural, os sistemas elementares do parentesco, tais como se realizam nas mais diferentes regiões do mundo.

a) O MODELO LINGUÍSTICO APLICADO AO CASAMENTO ENTRE PRIMOS: A ESTRUTURA DE RECIPROCIDADE

Cl. Lévi-Strauss privilegia o casamento entre primos cruzados por dois motivos principais. Primeiro, porque ele ocupa um lugar excepcional entre as instituições matrimoniais. O casamento entre primos cruzados situa-se, com efeito, na bifurcação que conduz a dois tipos extremos de reciprocidade: o que determina positivamente a classe dos cônjuges possíveis (organização dualista), e o outro, que só opera negativamente, indicando se a relação pretendida é desejável ou deve ser evitada (a proibição do incesto simples, tal como se realiza, por exemplo, em nossa civilização) (cf. SEP, 139). Quer dizer, na medida em que proíbe as relações entre primos paralelos e, ao mesmo tempo, delimita os primos cruzados como a classe de cônjuges possíveis — sendo as duas categorias de primos coextensivas —, na medida, pois, em que conjuga as duas direções nas quais opera o princípio de reciprocidade, a instituição do casamento entre primos constitui um "caso privilegiado" (SEP, 166), que deve ser tomado como modelo de interpretação de todas as modalidades de instituições matrimoniais (cf. SEP, 72 para o que foi exposto neste parágrafo).

Pode-se acrescentar a essas considerações — e aqui alcançamos nosso segundo e principal motivo — o fato de a divisão estabelecida por esse gênero de casamento entre cônjuges prescritos (primos cruzados) e cônjuges proibidos (primos paralelos) "[recortar] uma categoria de parentes que, do ponto de vista do grau de proximidade biológica, são rigorosamente intercambiáveis" (SEP, 142). Pode-se observar — urge reconhecer — um fenômeno análogo em outros sistemas matrimoniais. Contudo, em tais casos, os graus proibidos correspondem a uma maior proximidade biológica do que os permitidos, o que impede que se saiba com segurança qual dos dois fatores em causa — o biológico ou o social — é o decisivo.

Tal dificuldade não ocorre no casamento entre primos cruzados, no qual os cônjuges possíveis e os cônjuges proibidos possuem, como já vimos, o mesmo grau de parentesco e aproximadamente a mesma extensão. É justamente aí que reside o privilégio deste sistema matrimonial:

> Se chegássemos a compreender por que os graus de parentesco, equivalentes do ponto de vista biológico são, no entanto, considerados totalmente dessemelhantes do ponto de vista social, poderíamos pretender ter descoberto o princípio, não apenas do casamento entre primos cruzados, mas da própria *proibição do incesto* (ibid., itálico nosso).

O casamento entre primos não pode, portanto, ser classificado como os outros sistemas matrimoniais. Ele constitui, ao contrário, "um fenômeno de outra ordem", cuja natureza procuraremos determinar a seguir.

Os teóricos evolucionistas e difusionistas verificaram que, segundo a *área cultural* considerada, as múltiplas modalidades de realização do casamento entre primos põem em relevo, em cada caso, um *traço* diferente da instituição (cf. supra, cap. IV, 1.2 as definições de *traço cultural* e *área cultural*). Estes traços podem, sem dúvida, ter sua própria história. O importante, contudo, é que não constituem entidades independentes e isoláveis:

> Cada um aparece, ao contrário, como variação de um tema fundamental, como uma modalidade especial que se destaca de um fundo comum; e é somente o que há de individual em cada um deles que pode ser explicado por meio de causas particulares ao grupo ou à área cultural considerada. Qual é, então, esta base comum? Ela só pode ser encontrada numa *estrutura global de parentesco*, refletida mais ou menos por completo em cada sistema, mas da qual todos

os sistemas [...] que apresentam algum dos traços enumerados participam, ainda que em diferentes graus (SEP, 145).

A ideia de que os fenômenos de parentesco podem ser interpretados estruturalmente não é nova. Cl. Lévi-Strauss menciona A. Goldenweiser[49] (1913 apud SEP, 145) e L. Spier[50] (1933 apud SEP, 146) como precursores desse tipo de análise. Este último, ao estudar os maricopas, mostrou que esses indígenas empregavam a noção de sistema para descrever as relações de parentesco. A. B. Deacon, por sua vez, lembra os diagramas muito sofisticados criados pelos Ambrym, para explicar o seu próprio sistema de parentesco, o qual, aliás, é um dos mais complexos de que se tem notícia. Vale a pena citar diretamente Deacon. Segundo este etnólogo, pode-se perceber com muita clareza que

> os indígenas (ao menos os mais inteligentes) concebem seu sistema como uma mecânica bem ordenada, que podem representar por meio de diagramas [...]. Baseados nesses diagramas, tratam os problemas de parentesco de maneira inteiramente comparável à que se pode esperar de uma boa exposição científica ministrada em sala de aula (DEACON[51] apud SEP, 147).

A terminologia de parentesco indica frequentemente a lógica rigorosa do pensamento primitivo nesse domínio. Os canaques, por exemplo, usam termos especiais para designar os pares de pessoas: marido/mulher (*duawe*); pai/filho (*duanoro*); mãe/filha (*duduwe*) (cf. SEP, 148).

Os exemplos citados revelam que os indígenas são perfeitamente capazes de "conceber estruturas complexas e de apreender relações" (SEP, 149). Eles percebem o fenômeno do parentesco não como "uma coleção de estados", mas como "um sistema de relações" (SEP, 148).

Na busca da "estrutura global" do casamento entre primos, Cl. Lévi-Strauss cita R. M. Lowie[52] (1995 apud SEP, 149). Este teórico, opondo-se

---

49. GOLDENWEISER, Alexander, Remarks on the social organization of the Crow Indians, *American Anthropologist*, v. 15, n. 2, 281-294, 1913.
50. SPIER, Leslie, *Yuman tribes of the Gila River*, Chicago, [s.n.], 1933.
51. DEACON, Arthur Bernard, The regulation of marriage in Ambrym, *Journal of the Royal anthropological institute*, v. 57, 1927, 329-332 et note, 329.
52. LOWIE, Robert H., Exogamy and the classificatory system of relationship, *Proceedings of the National Academy of Sciences of the United States of America*, v. 1, n. 6, 346, 1995.

à interpretação historicista de W. H. R. Rivers, anuncia claramente a abordagem estrutural, ao tentar determinar a "função permanente de exogamia" para explicar a instituição do casamento entre primos nas Ilhas Bank. Apesar de algumas restrições apresentadas à interpretação de Lowie, Cl. Lévi-Strauss endossa com entusiasmo a ideia de que

> a exogamia, considerada como um princípio regulador, e independentemente de suas modalidades históricas ou locais, sempre é suscetível de agir em duas direções: a confusão entre as linhas diretas e colaterais de uma parte, e, de outra, a confusão das gerações (SEP, 149).

Cl. Lévi-Strauss, porém, acrescenta a essas duas operações estruturais uma terceira. Trata-se da "distinção entre colaterais do mesmo grau, conforme o parentesco seja estabelecido por intermédio de um parente do mesmo sexo ou de sexo diferente" (ibid.; sobre às noções de linha *colateral* e *direta*, cf. supra, cap. V, 3.1). Devido a este princípio, o estatuto do tio muda em função da sua posição de irmão da mãe (tio materno) ou de irmão do pai (tio paterno)[53], isto é, segundo haja ou não mudança de sexo nas relações colaterais, pois no primeiro caso engendram-se os cônjuges permitidos a Ego (primos cruzados) e, no segundo, os cônjuges proibidos (primos paralelos). Como nos explica o antropólogo,

> consequências, que podem ir de uma simples variação de terminologia até a transformação de todo o sistema de direitos e de obrigações, vinculam-se, em grande número de sociedades, ao fato de que se mude ou não de sexo para passar da linha direta à linha colateral (SEP, 150, itálico do autor).

Com esse princípio atinge-se "a fórmula mais geral" dos fenômenos estudados (cf. SEP, 149)[54]. Alcançamos aqui o cerne da argumentação de Cl. Lévi-Strauss. A verdade do sistema de parentesco já começa a se manifestar. Prossigamos, então, o nosso percurso.

---

53. Pode-se dizer o mesmo da tia, quer dizer, seu estatuto muda de acordo com sua posição de tia paternal ou tia maternal. "A relação *irmão/irmã* é idêntica à relação *irmã/irmão*, mas uma e outra diferem da relação *irmão/irmão* e da relação *irmã/irmã*, sendo estas duas últimas semelhantes entre si" (SEP, 149).

54. Pode-se enunciar este mesmo princípio do seguinte modo: "É o princípio segundo o qual diferenças consideráveis de status ligam-se à estrutura simétrica ou assimétrica (do ponto de vista da disposição dos sexos) das relações colaterais" (ibid.).

Ao se opor à concepção historicista e atomista que pretende explicar cada elemento do complexo como derivado de diferentes instituições (levirato, sororato etc.), Cl. Lévi-Strauss sustenta que "ainda faltaria mostrar como o complexo pode apresentar o caráter de estrutura" e como essa estrutura pode ser mais rica que os elementos que a compõem. Na verdade, urge admitir, "antes das instituições e como condição para elas", a capacidade de apreensão pelo espírito humano da oposição entre duas relações, a saber, a que liga a linha direta e a linha colateral por intermédio de parentes do mesmo sexo e a que une essas mesmas linhas por intermédio de parentes de sexo diferente. O problema capital é justamente saber por que esses dois tipos de relações, que dão origem aos primos paralelos e aos primos cruzados, são percebidos como estando em oposição (cf. SEP, 150), ou, em outros termos, por que os primos cruzados *atraem* Ego e os primos paralelos lhe provocam *repugnância*. Retomamos aqui o problema do "horror ao incesto", que Frazer qualificou como um dos mais "obscuros" e "difíceis" da história da cultura.

O que examinamos até aqui permitiu, contudo, a Cl. Lévi-Strauss afirmar que

> o fenômeno positivo e o fenômeno negativo nada são em si mesmos, mas constituem os elementos de um todo. Se nossa concepção de conjunto é exata, é preciso admitir que os primos cruzados são recomendados *pela mesma razão* que faz os primos paralelos serem excluídos (SEP, 151)[55].

---

55. Convém lembrar a propósito deste tema algumas reflexões importantes de Cl. Lévi-Strauss publicadas num artigo de 1945 (antes, portanto, de SEP vir a lume), intitulado "A análise estrutural em linguística e em antropologia" (AS, 37-62). Neste texto, ele discute o problema da relação entre o tio materno e o sobrinho uterino *(relação avuncular)* nas sociedades primitivas, conferindo-lhe uma solução magistral. Segundo o antropólogo, o que denominamos "sistemas de parentesco" envolve dois tipos distintos de realidade. Por um lado, encontram-se os termos de parentesco, pelos quais se exprimem as relações familiares ("pai"/"mãe"; "filho"/"filha"; "tio"/"sobrinho" etc.) e, por outro, os atributos ou condutas que os indivíduos ou classes de indivíduos mantêm "entre si" (por exemplo, respeito ou familiaridade, afeição ou hostilidade, obrigação ou reinvindicação, simpatia ou antipatia etc.). No primeiro caso, o que está em questão é o "sistema das apelações" (a nomenclatura) e, no segundo, é o "sistema das atitudes". Esta distinção é muito importante, pois revela a maneira apropriada de empregar o modelo linguístico. Com efeito, o correto não é aplicá-lo à terminologia de parentesco, como já se tentou fazer, mas às atitudes de parentesco.

A análise estrutural do parentesco

Segundo o antropólogo, a instituição dos primos cruzados constitui "a fórmula elementar do casamento por troca", e a "troca" é "a razão de ser do sistema de oposições" que está sempre no centro das instituições matrimoniais. Dito de outro modo: fora da formação de grupos antagônicos a troca de mulheres não ocorreria, como tampouco a troca de bens, de serviços e até mesmo de mensagens, vale dizer, não haveria nem vida social nem vida cultural. O antagonismo ("O horror ao incesto") é, portanto, a face negativa — e visível — de um fenômeno eminentemente positivo: a troca recíproca de mulheres[56].

Cl. Lévi-Strauss reforça sua argumentação apresentando um esquema que nos ajuda a compreender "a verdadeira natureza" da instituição do casamento entre primos cruzados. Ele imagina os grupos A e B, patrilineares e patrilocais, unidos pelo casamento de uma mulher b com um homem a. Em relação a A, b representa um ganho, mas em relação a B, uma perda, quer dizer, a partir deste casamento A contrai uma dívida e B adquire um crédito:

> As mulheres parentes são mulheres perdidas; as mulheres aliadas são mulheres ganhas. Cada família descendente destes casamentos

---

Como nos explica Cl. Lévi-Strauss, os termos de parentesco são também "elementos do discurso" e a linguística nos ensina que "a análise fonológica não se aplica diretamente às palavras, mas somente às palavras previamente dissociadas em fonemas". Apoiando-se em A. R. Radcliffe-Brown (1972, 73-92), que revelou uma correspondência entre vocabulário e atitudes, Cl. Lévi-Strauss demonstrou que estas últimas, em analogia com os fonemas, são constituídas por pares de oposição que formam um sistema. Deste modo, ele colocou no mesmo nível metodológico a antropologia e a fonologia, porque, nos dois casos, trata-se de passar de uma função conhecida (a comunicação na linguagem; "a coesão e o equilíbrio do grupo", nas atitudes de parentesco) à determinação do sistema de oposições que a explica. É conveniente, porém, distinguir dois tipos de atitudes: as difusas ou não cristalizadas, que são desprovidas de caráter institucional, e "as atitudes estilizadas, obrigatórias, sancionadas por tabus ou privilégios, e que se exprimem mediante um cerimonial fixo". O primeiro tipo, como percebeu Radcliffe-Brown, pode efetivamente exprimir no plano psicológico o vocabulário do parentesco; o segundo, todavia, se manifesta, em geral, como um conjunto de "elaborações secundárias destinadas a resolver contradições, e a superar as insuficiências inerentes ao sistema das apelações". As atitudes que interessam à analise estrutural são as estilizadas. Como mostramos, Cl. Lévi-Strauss seguiu este princípio (aplicar o modelo linguístico às atitudes e não à terminologia de parentesco) para explicar a instituição do casamento entre primos e, por conseguinte, a proibição do incesto.
56. Cl. Lévi-Strauss, na esteira de M. Mauss, sublinha "a oposição correlativa entre as noções de antagonismo e reciprocidade" (SEP, 102).

encontra-se, pois, marcada por um signo, determinado pelo grupo inicial, conforme a mãe dos filhos seja uma filha ou uma nora. As famílias descendentes de uma filha e de um genro resultam de um empobrecimento do grupo e possuem — do ponto de vista do grupo inicial — um crédito em seu favor; as provindas da união de um filho e de uma nora são as famílias da aquisição, e, como ganharam, devem retribuir. Muda-se de signo ao passar do irmão à irmã, já que o irmão adquire uma esposa, ao passo que a irmã fica perdida para a sua própria família. Mas também se muda de signo ao passar da geração precedente à geração seguinte: conforme, do ponto de vista do grupo inicial, o pai tenha recebido uma esposa ou a mãe tenha sido transferida para fora, os filhos têm direito a uma mulher ou devem uma irmã (SEP, 152).

A partir dessas considerações, Cl. Lévi-Strauss formula uma *lei* matrimonial que determina as diferentes manifestações do casamento entre primos:

> Um homem só pode receber uma esposa do grupo do qual a mulher é exigível, porque na geração superior uma irmã ou uma filha foi perdida; em contrapartida, um irmão deve ao mundo externo uma irmã (ou um pai, uma filha), porque, na geração superior, uma mulher foi ganha (ibid.).

A instituição matrimonial em causa exprime, pois, em última análise que,

> em matéria de casamento, é sempre preciso dar e receber, mas só se pode receber de quem tem a obrigação de dar, e é preciso dar a quem possui um direito a receber: porque o dom mútuo entre devedores conduz ao privilégio, assim como o dom mútuo entre credores leva à extinção (SEP, 155).

O princípio de reciprocidade, como se vê, atinge neste ponto o seu mais alto grau de desenvolvimento e eficácia. Para corroborar essas reflexões, convém lembrar um costume dos indígenas do sul da Austrália denominado *Kopara*, cuja função é "manter em equilíbrio a balança das trocas entre os grupos", isto é, estabelecer um acordo entre os credores e os devedores. As trocas dos mais diferentes bens, incluindo as mulheres, são reguladas dessa maneira. Uma das regras previstas diz respeito à vingança de morte. O *Kopara* autoriza que se troque uma morte não vingada por uma mulher. Considerando-se que a mulher dada em pagamento pertence, por nascimento, à metade credora, temos de admitir que as "relações sexuais são, neste caso, permitidas entre os membros da mesma metade" (ibid.).

Este fato demonstra, de maneira particularmente convincente, que "a proibição se define de forma anterior a seu objeto", quer dizer, o que justifica a proibição do incesto não concerne às características intrínsecas do objeto proibido — as propriedades biológicas da mulher, por exemplo —, mas ao fato de ele pertencer a "um sistema de relações antitéticas", o qual cria condições para as trocas. Em outras palavras: nenhuma qualidade intrínseca à mulher explica a proibição. O que importa é "*o signo da alteridade*", isto é, o lugar da mulher como a *mesma* ou a *outra* num "sistema de oposições" (cf. SEP, 133).

Cl. Lévi-Strauss conseguiu, portanto, passar do estudo dos fenômenos de reciprocidade à determinação da "estrutura de reciprocidade" que os explica, elucidando, assim, o enigma da proibição do incesto, cuja função não é outra que viabilizar a troca das mulheres e, consequentemente, a *aliança* entre os grupos.

Em certo momento de sua trajetória, Cl. Lévi-Strauss sintetiza de maneira muito feliz o essencial da abordagem estrutural na sociologia do parentesco. É muito oportuno citá-lo para concluir:

> Se é verdade, como procuramos demonstrar, que a passagem do estado de natureza ao estado de cultura se define pela aptidão, da parte do homem, de pensar as relações biológicas sob a forma de sistemas de oposições: oposição entre os homens proprietários e as mulheres apropriadas; oposição, no meio destas últimas, entre as esposas, mulheres adquiridas, e as irmãs e filhas, mulheres cedidas; oposição entre dois tipos de vínculos, os vínculos de aliança e os vínculos de parentesco; oposições, nas linhagens, entre as séries consecutivas (compostas de indivíduos do mesmo sexo) e as séries alternativas (em que o sexo muda ao passar de um indivíduo para o seguinte); se é verdade, enfim, que a troca é o resultado imediato desses pares de oposições e que a dicotomia dos primos é o reflexo da troca: então [...] será talvez necessário admitir que a dualidade, a alternância, a oposição e a simetria, quer se apresentem sob formas definidas quer

sob formas fluidas, constituem menos fenômenos que devam ser explicados do que os dados fundamentais e imediatos da realidade mental e social, nos quais se deve reconhecer os pontos de partida para qualquer tentativa de explicação (SEP, 157).

B) O INCONSCIENTE ESTRUTURAL
E AS CONDIÇÕES NATURAIS DA CULTURA

Já sabemos que, à diferença do que ocorre na natureza (a transmissão da herança genética), a reciprocidade, no nível humano, é organizada inconscientemente pelo pensamento (cf. supra, cap. V, 3.4). Os sistemas de parentesco que realizam algum tipo de reciprocidade são, portanto, da ordem da representação. Inspirando-nos no longo trecho de Cl. Lévi-Strauss que acabamos de citar, trataremos, a seguir, de determinar as "exigências lógicas" que condicionam a representação da reciprocidade inerente aos sistemas de parentesco e, ao mesmo tempo, o enraizamento dessas exigências no "equipamento natural humano". Em última análise, o que está em questão é a própria noção do inconsciente estrutural, e o que pretendemos, em síntese, é precisá-la[57].

Ao final da mencionada citação, Cl. Lévi-Strauss reporta-se aos princípios da dualidade, da alternância e da simetria, os quais

> sobrepõem suas regulamentações "lógicas" ao mecanismo biológico da reprodução, inserindo a mediação entre o homem como individualidade biológica e a consciência que ele toma de si mesmo a partir de uma rede de denominações, que o situa em relação a seus consanguíneos, a seus aliados, e gradativamente a todo o grupo (TINLAND, 1977, 248).

Tais princípios organizadores exercem sua ação no nível inconsciente. A consciência, com efeito, ignora as leis e as funções dos sistemas de parentesco. Cl. Lévi-Strauss, como acabamos de mostrar, concebe o inconsciente antropológico segundo o modelo do inconsciente linguístico. Nos dois casos, trata-se de um inconsciente *formal*, cujos princípios

---

57. Faremos a seguir largo uso das reflexões de F. Tinland sobre esta noção (cf. TINLAND, 1977, 240-262).

são *universais*. Tais características remetem mais a Kant do que a Freud⁵⁸. Como já lembramos, o autor de SEP aceitou a qualificação, sugerida por P. Ricoeur, de "kantismo sem sujeito transcendental" para seu pensamento. Cl. Lévi-Strauss concebe, de fato, o inconsciente estrutural como um tipo de *a priori*, ainda que puramente natural. "Sistema categorial sem referência a um sujeito pensante [...] homólogo à natureza; talvez ele mesmo natureza" (RICOEUR apud CC, 19). Na verdade, "as leis do pensamento — primitivo ou civilizado — são as mesmas que se exprimem na realidade física e na realidade social, a qual é, em si mesma, um dos aspectos daquela" (SEP, 520).

Esse "inconsciente categorial" é também a condição de possibilidade da comunicação inter-humana. "Sem nos retirar de nós mesmos, ele nos faz coincidir com formas de atividade que são ao mesmo tempo *nossas* e *alheias*" (IOMM, XXXI). Deixaremos para o próximo capítulo, que trata do conceito semiológico de cultura, a discussão deste aspecto da noção estrutural de inconsciente (cf. infra, cap. VI, 3). Quanto à homologia entre as leis naturais e as leis inconscientes, vamos examiná-la adiante. Por ora, à guisa de comentário da longa passagem de Cl. Lévi-Strauss citada, mostraremos que o *a priori* natural, inerente à espécie humana, "opera a partir de um pequeno número de categorias e esquemas" (TINLAND, 1977, 252).

Já sabemos que "a natureza não marca os indivíduos em função das relações provindas das uniões sexuais e da procriação" ou, dito em termos positivos, "que as relações de parentesco são fundamentalmente relações pensadas". Mas é necessário convir que o pensamento, supostamente, poderia tecer "relações infinitamente numerosas entre membros de um grupo que subsistisse desde muitas gerações" (ibid.). Ora, isso não ocorre em absoluto. Assim como, na variedade ilimitada de sons produzidos pelos órgãos fonadores, cada língua seleciona apenas certos fonemas, o sistema de parentesco, sobre o fundo da infinidade das relações pensáveis, não retém senão um número muito pequeno considerado per-

---

58. Segundo P. Ricoeur, em citação endossada por Lévi-Strauss, trata-se "antes de um inconsciente kantiano que freudiano, um inconsciente categorial, combinatório" (RICOEUR, Paul, Symbole et temporalité, *Archivio di Filosofia*, n. 1-2, Roma, 1963, 9 apud CC, 19, n. 1).

tinente. "O que carrega a marca da reciprocidade" se reduz, portanto, a pouca coisa. Conforme nos lembra F. Tinland, a mais completa enumeração que Cl. Lévi-Strauss apresenta das formas que constituem os sistemas de parentesco restringe-se, afinal, a esta lista surpreendentemente escassa que acabamos de mencionar: "a dualidade, a alternância, a oposição e a simetria". Vejamos mais de perto a natureza desses "operadores do princípio de reciprocidade" (TINLAND, 1977, 255).

O modelo do binarismo elaborado pela fonologia (cf. supra, cap. II, 1.4) e o fenômeno da organização dualista estudado pela etnologia (cf. supra, cap. V, 3.5.1, a) revelam "uma tendência fundamental do espírito humano para ordenar a totalidade da experiência a partir de termos opostos por pares" (TINLAND, 1977, 257). Na realidade, a natureza (humana e extra-humana) presta-se admiravelmente bem ao jogo de uma lógica binária. Em SEP, Cl. Lévi-Strauss nos fornece muitos exemplos da "bipartição dos seres e das coisas do universo" realizada pelas sociedades primitivas:

> O Vermelho e o Branco, o Vermelho e o Negro, o Claro e o Escuro, o Dia e a Noite, o Inverno e o Verão, o Norte e o Sul, o Leste e o Oeste, o Céu e a Terra, a Terra firme e o Mar ou a Água, o Direito e o Esquerdo, Água Acima e Água Abaixo, o Superior e o Inferior, o Bom e o Mau, o Forte e o Fraco, o Primogênito e o Caçula (SEP, 80).

No domínio específico da procriação, concebe-se facilmente que a dualidade dos sexos, imediatamente reduplicada pela dualidade de pais e filhos, oferece à exigência do binarismo "alguma coisa como uma matéria já predisposta a se deixar conformar seguindo os princípios da representação binária" (TINLAND, 1977, 257).

Tais princípios traduzem, na verdade, quatro aspectos de uma única função do espírito humano: "a possibilidade de constituir pares de termos e dispô-los uns em relação aos outros (*dualidade*), apostando na reduplicação da *oposição* fundamental com as diversas modalidades que representam a *simetria* e a *alternância*" (TINLAND, 1977, 255; adição nossa entre parênteses). Cl. Lévi-Strauss, como se sabe, detectou tais formas no sistema de parentesco e casamento. Ele descobriu que a função de tais sistemas consiste em criar condições favoráveis para a justa distribuição das mulheres, quer dizer, uma distribuição que possibilite a cada grupo receber, ao término do processo, o equivalente em mulheres ao total cedido (cf. TINLAND, 1977, 244). É evidente que a reciprocidade buscada por tais sistemas não pode ser alcançada sem que a sociedade se desdobre em grupos (e subgrupos) que se opõem entre si a dois e trocam seus valores matrimoniais segundo o duplo ritmo da alternância e da simetria, o qual garante, pelo ir e vir das mulheres, a igualdade e o equilíbrio desejados.

É nesta capacidade do espírito humano "de pensar as relações biológicas sob a forma de sistemas de oposição" que se situa, segundo Cl. Lévi-Strauss, o ponto de ancoragem da cultura na natureza. "O binarismo só está no espírito porque ele já está no corpo". "Longe de ser uma construção lógica própria a um determinado estado de civilização", continua Cl. Lévi-Strauss[59], "os trabalhos dos neurologistas nos levam a considerar o próprio cérebro como uma máquina binária, ao menos em alguns modos de sua atividade, e eu não penso que o cérebro dos 'selvagens' seja feito de outro modo que o nosso" (LÉVI-STRAUSS, 1971 apud TINLAND, 1977, 262).

As "estruturas inconscientes do espírito humano" são, portanto, em última análise, "estruturas cerebrais que dependem também da natureza" (SEP XVII). A distinção entre natureza e cultura, na verdade, tem apenas um valor metodológico, como, aliás, já tivemos oportunidade de dizer (cf. supra, Intr., 1; cap. V, 1). O projeto de Cl. Lévi-Strauss, como fica explícito em O Pensamento selvagem, não é outro que o de "reintegrar a cultura na natureza e, finalmente, a vida no conjunto de suas condições físico-químicas". Eis o preço a pagar para que as disciplinas antropológicas alcancem o estatuto de ciência. "O fim último das ciências humanas não é constituir o homem, mas dissolvê-lo" (PS, 294).

Advertidos do enraizamento das estruturas no "equipamento natural" do homem, parece-nos oportuno concluir citando uma passagem extremamente sintética de SEP, na qual Cl. Lévi-Strauss nos revela o essencial de seu percurso e de suas descobertas nesta obra:

> As estruturas formais, consciente ou inconscientemente apreendidas pelo espírito dos homens, constituem a base indestrutível das

---

59. Interview, *Magazine Littéraire*, nov. 1971.

instituições matrimoniais, da proibição do incesto, que possibilita a existência dessas instituições e da própria cultura, cuja proibição do incesto constitui o advento (SEP, 207).

c) A TROCA RESTRITA E A TROCA GENERALIZADA

Como já vimos, Cl. Lévi-Strauss distingue as *estruturas elementares* das *estruturas complexas* de parentesco e só considera, na obra que estamos analisando, as primeiras. O que nos interessa, por ora, são os dois esquemas fundamentais que compõem as estruturas elementares, a saber, a *troca restrita* e a *troca generalizada* (cf. SEP, 205 em diante). R. Georgin nos explica com muita clareza esta distinção. Vale a pena citá-lo:

> Em cada um dos casos, o princípio da instituição conjugal permanece o mesmo: trata-se de garantir o equilíbrio das prestações matrimoniais. Se um clã ou uma linhagem dá uma filha, deve estar seguro de que [receberá] outra em troca. Ora, essa segurança pode ser preservada de duas maneiras. Considere-se uma aldeia dividida em duas metades exogâmicas A e B. A regra exige que um homem A case, obrigatoriamente, com uma mulher B e que um homem B case, necessariamente, com uma mulher A. Lévi-Strauss chama esta fórmula de reciprocidade, a mais simples de conceber, de troca restrita. Mas a aldeia pode ser composta, também, de três clãs exogâmicos, A, B, C. A regra prescreve que um homem A case com uma mulher B. Um homem B case com uma mulher C. Um homem C case com uma mulher A. Lévi-Strauss chama este casamento com caráter cíclico de troca generalizada (GEORGIN, 1983, 28).

Nosso antropólogo precisa que o termo "restrito" indica que "esses sistemas não podem fazer funcionar mecanismos de reciprocidade senão entre parceiros cujo número é dois, ou múltiplo de dois" (SEP, 205). A troca restrita caracteriza, pois, as organizações dualistas que se baseiam nas metades exogâmicas. Estamos, neste caso, diante de uma fórmula simples e cômoda de troca matrimonial. Porém, é preciso ultrapassar "esse estádio primitivo de integração do grupo" (SEP, 248). Com o aparecimento das organizações dualistas, o risco de ver uma família biológica erigir-se em sistema fechado está, sem dúvida, definitivamente eliminado. O grupo biológico não pode mais ficar só; e o vínculo da aliança com uma família diferente assegura o domínio do social sobre o biológico, do cultural sobre o natural. Um outro risco, porém, logo aparece: o de ver duas famílias, ou melhor, duas linhagens, isolarem-se do *continuum* social na forma de um sistema bipolar, de um casal intimamente unido por uma sequência sem fim de intercasamentos autossuficientes. A regra da exogamia que determina as modalidades de formação de tais casais confere-lhe um caráter definitivamente social e cultural; mas o social não poderia ser dado, salvo para ser, logo depois, fragmentado. É esse o perigo que evitam as formas mais complexas de exogamia, como o princípio da troca generalizada; e, também, as subdivisões de metades em seções e subseções, nas quais grupos locais, cada vez mais numerosos, constituem sistemas infinitamente mais complexos (SEP, 549).

Vejamos então como se realiza a superação desta forma muito elementar de reciprocidade matrimonial característica das organizações dualistas. Comecemos pelo último caso indicado por Cl. Lévi-Strauss.

Pode-se, efetivamente, complicar os mecanismos implicados no modelo restrito. É o que se verifica quando cada uma das metades se divide em duas submetades exogâmicas. Trata-se, neste caso, de quatro classes matrimoniais e de uma regra de residência. Para ilustrar seu raciocínio, Cl. Lévi-Strauss recorre a uma comparação. Ele divide, imaginariamente, todos os habitantes da França em duas classes matrimoniais, a saber, os Dupont e os Durand, cuja filiação é matrilinear. Supondo que as mulheres e as crianças sejam obrigadas a habitar na família do pai, cada indivíduo será caracterizado de duas maneiras: pelo índice matrilinear de filiação e pelo índice patrilocal de residência. Esta sugestão de Cl. Lévi-Strauss pode ser representada assim (cf. SEP, 187):

Se um homem	esposa uma mulher,	os filhos serão
Durand de Paris	Dupont de Bordeaux	Dupont de Paris
Durand de Bordeaux	Dupont de Paris	Dupont de Bordeaux
Dupont de Paris	Durand de Bordeaux	Durand de Paris
Dupont de Bordeaux	Durand de Paris	Durand de Bordeaux

Cl. Lévi-Strauss remaneja seu aparelho conceitual e precisa seu pensamento observando que o sistema deve chamar-se "harmônico", quando há coincidência da regra de filiação com a de residência, e, "desarmônico", no caso contrário. Essa distinção é muito importante, porque o primeiro tipo de sistema tende a passar da troca restrita à troca generalizada, visto que seus mecanismos de reciprocidade não favorecem, de modo algum, a integração do grupo. Convém recorrer a um outro diagrama para ilustrar o que dissemos (cf. SEP, 248). Consideremos um regime harmônico onde a filiação é patrilinear e a residência patrilocal. Se A e B representam as duas metades patrilineares e 1 e 2 os dois grupos locais, teremos como resultado que:

Se um homem	esposa uma mulher,	as crianças serão
I A. 1	I B. 2	A. 1
B. 2	A. 1	B. 2
II A. 2	II B. 1	II A. 2
B. 1	A. 2	B. 1

Como se vê, a harmonia entre a regra de filiação e a de residência constituiu dois grupos dualistas justapostos (I e II). Para ultrapassar esse estágio em que a integração não é satisfatória, o grupo tende a evoluir em direção a um sistema de troca generalizada de quatro classes matrimoniais (A, B, C, D), cuja estrutura pode ser indicada como segue: "um homem A casa com uma mulher B. Um homem B casa com uma mulher C. Um homem C casa com uma mulher D. Um homem D casa com uma mulher A etc." (GEORGIN, 1983, 30; cf. SEP, 248).

As sociedades baseadas na troca generalizada tendem a multiplicar o número de linhagens ou de classes matrimoniais. Por isso, os ciclos de trocas se alongam e a reciprocidade tarda a se restaurar. Em tais condições, o casamento se torna um risco, que exige cuidados e garantias especiais. Em certos casos, estimula-se a poligamia; em outros, o casamento por compra. Mas essas soluções extremas, que criam linhagens ricas em mulheres e bens, na realidade acentuam o desequilíbrio. A herdeira de uma linhagem muito poderosa só poderia, com efeito, procurar marido numa linhagem mais pobre. Para fugir a essa contradição, há apenas duas saídas: ou pelo sistema de castas (como na Índia); ou pela livre escolha do cônjuge (como nas sociedades ocidentais). Mas, neste último caso, nos deslocamos das estruturas elementares para as estruturas complexas (cf. GEORGIN, 1983, 30).

O casamento entre primos cruzados, como já sabemos, é o tipo mais difundido de instituição matrimonial. Cl. Lévi-Strauss, convém ressaltar, define as estruturas elementares tomando como referência este gênero de casamento. A troca restrita corresponde, de fato, ao casamento bilateral (a esposa é, ao mesmo tempo, filha do tio materno e da tia paterna) e a troca generalizada, por sua vez, se realiza de duas maneiras: o casamento patrilateral (a esposa é filha da tia paterna) e o casamento matrilateral (a esposa é filha do tio materno) (cf. SEP, 533). Há, por conseguinte, apenas três estruturas elementares de parentesco possíveis.

Ultrapassaria nossos objetivos reproduzir a análise exaustiva dos sistemas elementares de troca matrimonial realizada por Cl. Lévi-Strauss. Acreditamos, no entanto, ter apresentado os elementos essenciais para a compreensão da "grade" criada por este antropólogo para interpretar, com admirável engenhosidade e competência, "a quase totalidade dos sistemas matrimoniais humanos" (JORION, 1985, 34).

É chegado, pois, o momento de apresentar de modo formal "as estruturas elementares do parentesco". Para tanto, recorramos ao próprio antropólogo, que ao resumir sua *démarche* afirma:

> As regras do parentesco e do casamento se apresentaram como esgotando, na diversidade das suas modalidades históricas e geográficas, todos os métodos possíveis para assegurar a integração das famílias biológicas no seio do grupo social. Constatamos, assim, que regras, aparentemente complicadas e arbitrárias, podiam ser reduzidas a um pequeno número: só há três estruturas elementares de parentesco possíveis; estas três estruturas são construídas por meio de duas formas de troca; e estas duas formas de troca dependem de um único caráter diferencial, a saber, o caráter harmônico ou desarmônico do sistema considerado. Todo o imenso aparelho de prescrições e proibições poderia ser, no limite extremo, reconstruído *a priori*, em função de uma pergunta, e de uma só: qual é, na sociedade em questão, a relação entre a regra de residência e a regra de filiação? Porque

todo regime desarmônico conduz à troca restrita, assim como todo regime harmônico anuncia a troca generalizada (SEP, 565).

A análise estrutural do parentesco não se limita, porém, a esta dimensão social. Importa ressaltar que as estruturas de parentesco mencionadas "repousam" sobre três estruturas mentais universais (POUILLON, 1985, 31), a saber:

> a exigência da Regra como Regra; a noção de reciprocidade considerada como a forma mais imediata na qual possa estar integrada a oposição do eu e do outro; enfim, o caráter sintético do Dom, quer dizer, o fato de a transferência consentida de um valor de um indivíduo a outro transformá-los em parceiros e acrescentar uma qualidade nova ao valor transferido (SEP, 98)[60].

Contemplando retrospectivamente o seu longo percurso no domínio da sociologia e do parentesco, Cl. Lévi-Strauss declara: "O desenvolvimento de nossa análise se avizinha daquele do linguista fonólogo" (SEP, 565). Alhures, ele explica de modo mais minucioso e completo o sentido desta analogia:

> Por mais heteróclitas que possam ser as noções de fonema e de proibição do incesto, a concepção que [fiz] da segunda inspira-se na função atribuída pelos linguistas à primeira. Assim como o fonema, elemento sem significação própria que forma significações, a proibição do incesto pareceu-me ser o ponto de junção entre dois domínios tidos como separados. À articulação do som e do sentido correspondia, então, em outro plano, a [articulação] da natureza e da cultura. Assim como o fonema, enquanto forma, é dado em todas as línguas

---

60. Em outros termos: a proibição (a "Regra como Regra") de casar com certas categorias de mulheres — a *oposição*, pois, entre mulheres consentidas e mulheres proibidas — impõe, segundo os princípios da *simetria* e da *alternância*, a troca recíproca de mulheres e esta, por sua vez, assinala seus agentes (pai e irmão) como aliados e os valores trocados (filha ou irmã) como signos, ligando, assim, numa síntese, que mantém a *dualidade*, os termos adversos. Reencontramos desta forma os princípios enunciados acima, isto é, a oposição, a alternância, a simetria e a dualidade, os quais, aliás, como sustenta o próprio Cl. Lévi-Strauss, são "dados fundamentais e imediatos da realidade mental e social" (cf. supra, cap. V, 3.5.2, b). Nosso antropólogo retoma, pois, a noção de "fato social total", que possui, também, um polo objetivo e outro subjetivo (consciente e inconsciente) (cf. supra, cap. IV, 2).

como meio universal pelo qual se instaura a comunicação linguística, a proibição do incesto, universalmente presente se nós nos ativermos à sua expressão negativa, constitui também uma forma vazia, mas indispensável, para que se torne, ao mesmo tempo, possível e necessária a articulação de grupos biológicos numa rede de trocas, da qual resulta a sua comunicação. Enfim, a significação das regras de aliança, incompreensível quando estudadas separadamente, só pode surgir quando opostas umas às outras, da mesma maneira que a realidade do fonema não reside na sua individualidade fônica, mas nas relações opositivas e negativas que os fonemas oferecem entre si (LÉVI-STRAUSS, *Preface* a JAKOBSON, SLSS, 12).

4. Exogamia e linguagem

Na conclusão do SEP, Cl. Lévi-Strauss retoma com insistência a ideia de que por trás das regras de casamento e parentesco encontra-se sempre um "sistema de troca", sublinha o aspecto positivo da proibição do incesto, lembra a explicação estrutural do fenômeno da reciprocidade e, levando até às últimas consequências a aplicação do modelo linguístico aos problemas do casamento e do parentesco, estabelece uma aproximação ousada e importante entre exogamia e linguagem, aproximação esta que introduz o seu enfoque semiológico da cultura, o qual será estudado no próximo capítulo.

Resumindo em pouquíssimas palavras o resultado de seu trabalho hercúleo de pesquisa e reflexão, Cl. Lévi-Strauss afirma:

Quer sob uma forma direta quer indireta, global ou especial, imediata ou adiada, explícita ou implícita, fechada ou aberta, concreta ou simbólica, é a troca, sempre a troca, que se destaca como a base fundamental e comum de todas as modalidades da instituição matrimonial (SEP, 548).

A função da exogamia é essencialmente positiva. Ela não resulta de um perigo biológico, mas da busca de um benefício social (cf. SEP, 551). De fato, as regras exogâmicas impedem a formação de famílias-mônadas (sistemas fechados que poderiam fazer "explodir" o grupo social) e, ao mesmo tempo, asseguram "a circulação, total e contínua" das mulheres (SEP, 549):

A proibição do incesto é menos uma regra que proíbe o casamento com a mãe, a irmã ou a filha, do que uma regra que obriga a dar a mãe, a irmã ou filha a outro. É a regra do dom por excelência (SEP, 552).

Aliás, esta é a compreensão que os próprios indígenas têm deste fenômeno. Assim, por exemplo, os informantes arapeshes de Margaret Mead, solicitados a emitir sua opinião a respeito do casamento entre irmão e irmã, não hesitaram em responder:

> Não nos deitamos com nossas irmãs; damos nossas irmãs a outros homens, e estes outros homens nos dão suas irmãs [...]. Não compreende que, se você se casar com a irmã de outro homem e outro homem se casar com a sua irmã, você terá ao menos dois cunhados, mas, se você se casar com a sua própria irmã, não terá nenhum? E com quem você irá caçar? Com quem irá plantar? A quem irá visitar? (MEAD[61], 1935, 84 apud SEP, 555).

Os cunhados, em vez de merecerem a desconfiança dos indígenas, são vistos como colaboradores, amigos, ou, mais precisamente, para empregar uma palavra essencial na perspectiva de Cl. Lévi-Strauss, como *aliados*. O incesto deve ser considerado, então, como uma espécie de deterioração do corpo social. Segundo a oportuna observação de G. Devereux,

> Ocorre com o casal incestuoso o mesmo que com a família avarenta: isolam-se automaticamente do jogo que consiste em dar e em receber, ao qual se reduz toda a vida da tribo. No corpo coletivo, tornam-se um membro morto ou paralisado (DEVEREUX[62], 1939, 519 apud SEP, 560).

O casamento é a própria substância da vida social. Nas sociedades primitivas, em particular, ele constitui "a condição para que a reciprocidade se realize" (SEP, 560). "Não é exagerado dizer que [a exogamia] é o arquétipo de todas as outras manifestações baseadas na reciprocidade, que ela fornece a regra fundamental e imutável que assegura a existência do

---

61. MEAD, Margaret, *Sex and temperament in three primitives societies*, New York, [s.n.], 1935.
62. DEVEREUX, George, The social and cultural implications of incest among the Mohave Indians! *The Psychoanalytic Quarterly*, v. 8, n. 4, 510-533, 1939.

grupo como grupo" (SEP, 551). A sociedade primitiva estrutura-se, pois, como uma rede de parentescos, tecida pelas *alianças* instituídas através dos casamentos. Sem a circulação de mulheres não haveria vida social:

> Ocorre com as mulheres o mesmo que com a moeda de troca, cujo nome frequentemente elas recebem, e que, segundo a admirável expressão indígena, "representa o jogo de uma agulha que costura os tetos, e que, ora fora, ora dentro, leva e traz sempre o mesmo cipó que fixa a palha" (SEP, 549).

Cada casamento se liga a todos os outros e conserva o corpo social na sua íntegra. Se um deles malogra, o todo é necessariamente afetado. Enquanto instituição que transforma "o encontro sexual baseado na promiscuidade, em contrato, em cerimônia ou em sacramento", o casamento é, pois, uma "aventura angustiante" (SEP, 560). Ele possibilita a reciprocidade e, simultaneamente, arrisca a cada vez a sua existência. "Todo casamento é um encontro dramático entre a natureza e a cultura, entre a aliança e o parentesco" (SEP, 561).

As regras matrimoniais não surgiram como uma exigência do estado de sociedade. Ao contrário, "elas são o próprio estado da sociedade, remanejando as relações biológicas e os sentimentos naturais" (SEP, 562). Convém lembrar a crítica já exposta de Cl. Lévi-Strauss ao projeto de M. Mauss, a saber, não se trata de determinar as raízes sociais do simbolismo, mas a "origem simbólica da sociedade" (cf. IOMM, XXII; cf. supra, cap. IV, 2; infra, cap. VI, 3). Tal perspectiva permite-nos apreender, por trás da diversidade dos fenômenos sociais, a unidade do espírito humano e a simplicidade de suas operações. O longo e laborioso percurso de Cl. Lévi-Strauss no campo do casamento e do parentesco revela-nos, afinal — como expomos na seção anterior —, que as numerosas regras matrimoniais, aparentemente tão complicadas e arbitrárias, podem ser reduzidas a poucos elementos estruturais. Como já mencionamos várias vezes, o percurso de Cl. Lévi-Strauss é análogo ao da fonologia. Contudo, indo além de um simples paralelismo metodológico, nosso autor chega a afirmar:

> é preciso reconhecer que linguistas e sociólogos não apenas aplicam os mesmos métodos, mas também se dedicam ao estudo do mesmo objeto (SEP, 565).

Exogamia e linguagem têm, com efeito, a mesma função fundamental: "a comunicação com o outro, e a integração do grupo" (ibid.). Radicalizando a abordagem linguística e semiológica das instituições matrimoniais, Cl. Lévi-Strauss propõe que se conceba a mulher, isto é, o veículo da comunicação intergrupal, como uma espécie de *signo*:

> O surgimento do pensamento simbólico devia exigir que as mulheres, assim como as palavras, fossem coisas que se trocam. Era, com efeito, neste novo caso, o único meio de superar a contradição que fazia perceber a mesma mulher sob dois aspectos incompatíveis: por um lado, objeto de desejo próprio e, portanto, estimulante dos instintos sexuais e de apropriação; e, ao mesmo tempo, sujeito, percebido como tal, do desejo de outro, isto é, meio de ligá-lo aliando-se a ele (SEP, 569).

Contudo, se a mulher é um signo, ela não é como os demais signos, porque, além da condição de objeto de troca, ela é, igualmente, "um produtor de signos", o que não pode, de modo algum, ser negligenciado. Enquanto as palavras perderam pouco a pouco seu caráter de valor para se tornarem signos puramente convencionais — foi isto, aliás, o que tornou possível nossa civilização científica —, "a mulher permaneceu, ao mesmo tempo, signo e valor"[63]. Abrindo uma perspectiva que poderíamos qualificar de ontológica, Cl. Lévi-Strauss completa seu pensamento, apresentando a seguinte reflexão:

> Assim se explica que as relações entre os sexos tenham preservado esta riqueza afetiva, este fervor e este mistério que, sem dúvida, impregnaram, na origem, todo o universo das comunicações humanas (SEP, 569). Os poetas permanecem os últimos entre nós a saber que as palavras foram também valores (AS, 70).

---

63. Não obstante esta afirmação de Cl. Lévi-Strauss, a obra que estamos analisando (SEP) foi criticada, injustamente, como um "livro antifeminista" (AS, 70). O autor se defende desta acusação de dois modos: primeiro, lembrando a dupla dimensão da mulher que acabamos de mencionar (signo e valor); em seguida, constatando que, independentemente de nosso querer, "na sociedade, são os homens que trocam as mulheres, não o contrário" (AS, 57). Cl. Lévi-Strauss insiste, pois, na assimetria masculino/feminino no domínio da sexualidade (cf. SEP, 134). Contudo, mais importante que reconhecer esta assimetria, é compreendê-la. Para tanto, parece-nos oportuno recorrer à fenomenologia da mulher proposta por F. J. J. Buytendijk (1967).

Entre o estado de natureza, que só conhece "a indivisão e a apropriação" (SEP, 562), e o sonho mítico de uma fusão impossível que ignora a troca, mas quer manter a dualidade dos termos[64] — a doçura negada aos mortais de "viver *entre si*" (SEP, 570) —, situa-se o mundo humano da reciprocidade. Deixemos a última palavra a P. J. Proudhon, tal como Cl. Lévi-Strauss o percebe:

> A propriedade é a não reciprocidade, e a não reciprocidade é o roubo [...]. Mas a comunidade é também a não reciprocidade, porque é a negação dos termos opostos. É ainda o roubo. Entre a propriedade e a comunidade, eu construiria um mundo (PROUDHON[65], 1868, 131 apud SEP, 562).

5. Conclusão: compreensão e explicação na análise estrutural do parentesco

Um exame do conjunto da argumentação de Cl. Lévi-Strauss na obra que acabamos de analisar leva-nos a constatar, por um lado, que as instituições de casamento e parentesco das sociedades primitivas dependem das estruturas de reciprocidade criadas inconscientemente pelo espírito humano — ou, antes, pela "natureza humana", já que tais estruturas, no entender de Cl. Lévi-Strauss, são cerebrais — e, por outro lado, que elas não podem se manifestar para o conhecimento científico sem que os membros das sociedades estudadas sejam consultados. Em outros termos, o pesquisador parte dos relatos indígenas para construir os modelos estruturais e, uma vez concluído este trabalho, retorna aos relatos para verificar e confirmar os modelos. Assim, Cl. Lévi-Strauss não poderia, por certo, ter formulado o conceito de estrutura de reciprocidade se não tomasse como ponto de partida de sua análise a descrição dos fenômenos de reciprocidade referentes às sociedades arcaicas, à vida social contemporânea e ao comportamento infantil.

A análise estrutural do parentesco — como será discutido no próximo capítulo — é apenas a primeira etapa do percurso de Cl. Lévi-Strauss

---

64. Cl. Lévi-Strauss cita, como exemplo, o mito sumeriano da idade de ouro e o mito da vida futura do arquipélago de Andamã (cf. SEP, 569).
65. PROUDHON, Pierre-Joseph, Solution du problème social, *Oeuvres*, v. VI, p. 131.

rumo à realização de uma ciência semiológica capaz de estudar a cultura como "um conjunto de sistemas simbólicos". Cada um desses sistemas, a exemplo do sistema de casamento e de parentesco, não poderia receber um tratamento científico se o pesquisador fizesse abstração das narrativas dos atores sociais referentes aos fatos estudados. Daí a importância atribuída pelo antropólogo ao trabalho de campo (*fieldwork*), cujo principal responsável é o etnógrafo, profissional que mereceu de Cl. Lévi-Strauss algumas das páginas mais tocantes de sua obra (cf. infra, cap. VI, 7). É evidente, portanto, que, aos olhos do fundador da antropologia estrutural, o trabalho teórico do etnólogo deve ser necessariamente precedido pelas descrições minuciosas do etnógrafo. Não há etnologia sem etnografia ou, por outra, não há inteligência estrutural sem a descrição prévia dos dados conscientes fornecidos pela comunidade estudada.

É compreensível, portanto, que o objeto da antropologia só tenha podido se manifestar com a adoção do ponto de vista sincrônico — vale dizer, o ponto de vista da consciência — por esta disciplina. Este objeto, como sabemos, não se encontra no plano da consciência. Ao contrário, ele se identifica ao inconsciente estrutural, ou melhor, às "estruturas inconscientes do espírito". Porém, assim como o sistema (inconsciente) da língua só se revela ao observador que se situa na perspectiva do sujeito falante (consciência), as estruturas sociais só se manifestam ao pesquisador que se situa na perspectiva sincrônica, isto é, aquela que interessa *hic et nunc* aos membros da sociedade estudada ou, ainda, aquela que se refere ao funcionamento atual de tal ou tal sociedade. Em outros termos: para *explicar* as estruturas sociais é preciso *compreender* as relações sociais. Estas últimas, no dizer de Cl. Lévi-Strauss, "são a matéria-prima para a construção dos modelos que manifestam a própria estrutura social" (AS, 305).

O método estrutural em etnologia tem, portanto, um primeiro momento compreensivo, que corresponde às descrições etnográficas da comunidade estudada, um segundo explicativo: a construção do modelo sistêmico ou estrutural e, finalmente, um terceiro, que é também compreensivo: a verificação do modelo.

Em nosso estudo da linguística estrutural, verificamos que a autonomia do sistema da língua não é absoluta, mas relativa. Em vez de constituir um universo fechado de signos, a língua depende, para se constituir e funcionar, de uma realidade externa a ela própria, a saber, às substâncias fônica e semântica. Acabamos de lembrar que as estruturas sociais também não são autônomas, mas dependentes das relações sociais. Nos dois casos, esta realidade externa ao sistema, mas absolutamente necessária para que ele possa operar, concerne à vida da consciência, em suas dimensões mundana e histórica[66].

O autor de SEP, conforme mostramos, censura M. Mauss porque este teórico, apesar de seu interesse pelo simbolismo social, não se preocupou em procurar "a origem simbólica da sociedade" (cf. supra, cap. IV, 2). Ora, foi justamente a essa tarefa fundamental que Cl. Lévi-Strauss se consagrou ao longo de toda a sua obra, como examinaremos no próximo capítulo.

---

66. Em nossa conclusão, procuraremos articular o sistema com a atividade antepredicativa e pré-reflexiva da consciência (cf. Concl., 2.2.4).

CAPÍTULO VI
O enfoque semiológico da cultura

No *Cours de linguistique générale* (CLG), como já foi exposto, Saussure anuncia uma futura ciência, que ele denomina *semiologia*, cujo objeto é o estudo da "vida dos signos no seio da vida social" (CLG, 33). Pode-se considerar a obra de Cl. Lévi-Strauss, em seu conjunto, como dois grandes passos em direção a esta ciência. O primeiro corresponde à análise estrutural dos sistemas de parentesco e casamento e o segundo, à análise estrutural do pensamento mítico (cf. CLÉMENT, 1974, 19). Apesar do imenso esforço que este empreendimento lhe exigiu, o antropólogo não deixa de reconhecer o caráter dramaticamente incompleto dessa ciência. Referindo-se à hipótese da universalidade das estruturas inconscientes do espírito, que está na base de todas as disciplinas semiológicas, Cl. Lévi-Strauss assevera: "É ao término de esforços, envolvendo centenas e centenas de pesquisadores e, estendendo-se por dezenas e dezenas de anos, que se poderá progredir no sentido [da demonstração desta hipótese] [...]. A etnologia é um ato de fé na universalidade do espírito humano" (SHA, 225).

Seja como for, o que pretendemos, no momento, é expor a dimensão semiológica da antropologia estrutural. Como nos esclarece Cl. Lévi-Strauss,

> os homens se comunicam por meio de símbolos e signos; para a antropologia, que é uma conversa do homem com o homem, tudo é símbolo e signo que se coloca como intermediário entre dois sujeitos (AS II, 20).

Compreende-se, assim, que o pensamento de Cl. Lévi-Strauss possa ser definido como um "estudo do símbolo e dos signos pelo viés da etnologia" (DECLOUX, 1984, 7).

É justamente sob este ponto de vista que a antropologia estrutural interroga a filosofia, exigindo-lhe, antes de mais nada, a retomada da questão do sujeito. Se toda cultura se enraíza no inconsciente estrutural e pode ser considerada como "um conjunto de sistemas simbólicos" (IOMM, XIX), o *cogito* não é autônomo, como pensavam os filósofos modernos na esteira de Descartes, mas depende de uma espécie de *a priori* pré-lógico — tomando-se o termo "lógico", no sentido tradicional —, cuja verdadeira natureza deve ser determinada pela reflexão filosófica em conformidade, naturalmente, com os dados das disciplinas semiológicas. As relações entre esses dois tipos de enfoque dos fatos humanos são antes de colaboração que de mútua exclusão (cf. supra, cap. III, 3). Em outros termos, é preciso aproximar *dialeticamente* filosofia e ciências humanas, como propõe P. Ricoeur (RICOEUR, 1986, 162), para que os dois termos da relação sejam beneficiados.

Urge distinguir a filosofia estruturalista do método estrutural. Enquanto aquela rejeita a consciência sob todas as suas modalidades, particularmente a fenomenológica, este, como mostraremos na conclusão deste estudo, encontra na camada antepredicativa da consciência, tal como concebida por Ed. Husserl, um fundamento adequado do que Cl. Lévi-Strauss designa "inconsciente estrutural" (cf. infra, Concl., 2.2.4).

Nossa exposição seguirá as seguintes etapas: consideraremos, inicialmente, algumas tendências do pensamento contemporâneo, em particular a filosofia de Ernst Cassirer, que concebem o homem como um "animal simbólico"; em seguida, analisaremos a definição de cultura proposta por Cl. Lévi-Strauss que acabamos de mencionar; dedicaremos as seções seguintes à apresentação do conceito de "função simbólica" e ao exame de suas implicações epistemológicas e antropológicas, a saber: a distinção entre simbolismo e conhecimento; a interação entre as estruturas orgânicas, psíquicas e sociais, ou seja, o que o antropólogo denomina "eficácia simbólica"; a consideração da sexualidade humana como o lugar da emergência da ordem simbólica; finalmente, a caracterização straussiana da antropologia como ciência semiológica e suas implicações filosóficas, em particular as que se referem à questão do sujeito.

1. O homem como "animal simbólico"

O biólogo alemão J. von Uexküll, como nos explica E. Cassirer[1], mostrou que, em vez de constituir um bloco homogêneo, o que se apresenta como realidade diversifica-se conforme as diferentes espécies animais. A cada organismo corresponde um mundo diferente. Conhecendo-se a estrutura anatômica de uma espécie é possível determinar o "sistema receptor" de estímulos e o "sistema emissor" de respostas, isto é, reconstruir seu mundo, que é simultaneamente meio protetor e prisão (CASSIRER, 1944, 23). O animal é, de fato, incapaz de se opor objetivamente a seu espaço vital, "de representá-lo como um todo unificado de uma determinada estrutura" (CASSIRER, 1969, 46).

O mundo humano, entretanto, é essencialmente diferente do mundo animal. "Entre o sistema receptor e o sistema emissor [...] encontra-se no homem um terceiro vínculo que se pode descrever como *sistema simbólico*". Enquanto as reações animais são diretas e imediatas, as respostas humanas são sempre proteladas "por um lento e complexo processo de pensamento". À diferença dos animais, o homem vive, de fato, numa "nova dimensão da realidade" (CASSIRER, 1944, 14). Para ele, "a ausência de ordem, e, portanto, a ausência de *cosmos*, é o que há de mais intolerável" (TINLAND, 1977, 375).

Mas a conquista do pensamento simbólico é ao mesmo tempo um ganho e uma perda:

---

1. Os escritos de Ernst Cassirer citados neste capítulo pertencem ao aparelho referencial de Cl. Lévi-Strauss (cf. SEP, 566, n. 36 e 37).

Em lugar de se ocupar com as próprias coisas, o homem, em certo sentido, está sempre conversando consigo mesmo. Ele se cercou de tal modo de formas linguísticas, imagens artísticas e símbolos míticos ou ritos religiosos, que nada pode conhecer ou saber sem a intervenção deste meio artificial (Cassirer, 1944, 25).

A representação da coisa exige a ausência da coisa. "A riqueza infinita da realidade" (Cassirer, 1969, 48) é forçosamente sacrificada ao pensamento simbólico. "Definitivamente incapaz de penetrar a essência própria das coisas, [o homem] a substitui por um simples signo" (ibid., 64). "O papel do signo é representar, tomar o lugar de outra coisa, evocando-a a título de substituto" (Benveniste, PLG2, 51). O homem só se apropria do ser distanciando-se dele. "Toda forma de aparecer é correlativa de um não aparecer" (Ricoeur, 1965, 375). "O símbolo se manifesta, antes de mais nada, como o assassinato da coisa" (Lacan, 1966, 319). Este é o preço exigido para o advento do humano no homem. Como nos lembra É. Benveniste,

> O surgimento do *Homo* na série animal pode ter sido favorecido por sua estrutura corporal ou por sua organização nervosa; ele se deve, antes de tudo, à faculdade de representação simbólica, fonte comum do pensamento, da linguagem e da sociedade (PLG1, 27).

Para empregar a famosa definição de E. Cassirer, o homem é um "animal simbólico". Ao refletir sobre a obra de M. Mauss, Cl. Lévi-Strauss verificou, como já foi exposto, que o fato social é "coisa" e "representação", ou melhor, é um "fato simbolizado" (Simonis, 1980, 80). A análise estrutural do parentesco confirma e ilustra perfeitamente esta abordagem. Como afirma o antropólogo,

> Um sistema de parentesco não consiste nos laços objetivos de filiação ou de consanguinidade dados entre os indivíduos. *Ele não existe senão na consciência dos homens, é um sistema arbitrário de representações*, não o desenvolvimento espontâneo de uma situação de fato (AS, 61; itálico nosso).

A noção de "fato social total" não requer apenas uma redefinição da realidade social, mas transforma a nossa própria concepção da realidade. É. Durkheim ensinou-nos a ver o social como coisa. M. Mauss, entretanto, mostrou-nos que a coisa é, desde sempre, social[2]. Quer dizer, para o ser humano não há realidade fora do "sistema arbitrário de representações" que ele mesmo produz[3]. O que importa não é, pois, elaborar "uma teoria sociológica do simbolismo", como M. Mauss, não obstante suas imensas conquistas e brilhantes intuições, ainda propunha, mas buscar a "origem simbólica da sociedade" (IOMM, XXII).

2. A cultura como "conjunto de sistemas simbólicos"

Na *Introduction à l'oeuvre de Marcel Mauss* (IOMM), ensaio datado de 1950, Cl. Lévi-Strauss, refletindo sobre seu percurso teórico e metodológico, apresenta uma importante definição de cultura, que anuncia o seu projeto de constituir a antropologia como uma disciplina semiológica. Ele se exprime assim:

> Toda cultura pode ser considerada como um conjunto de *sistemas simbólicos*, no primeiro escalão dos quais se encontram a linguagem, as regras matrimoniais, as relações econômicas, a arte, a ciência, a religião (IOMM, XIX).

Indicaremos a seguir as etapas seguidas por Cl. Lévi-Strauss para chegar a essa definição, formulada imediatamente após a publicação, em 1949, de *Les structures élémentaires de la parenté* (SEP).

Quais as razões que o autorizam a pensar a cultura desta maneira? Sobre o que se fundamenta sua argumentação? Primeiro, no progresso da linguística estrutural, em especial da fonologia; em seguida, na aplicação bem-sucedida do modelo linguístico a outros domínios das ciências sociais, em particular ao estudo do parentesco; finalmente, na abordagem estrutural dos fatos econômicos, tal como aparece, por exemplo, na obra de K. Marx.

---

2. Segundo Cl. Lévi-Strauss, com a noção de "fato social total", M. Mauss procura "definir a realidade social, ou melhor, definir o social como a realidade" (IOMM, XXV). "Como a linguagem, o social é uma realidade autônoma... (a mesma, aliás)" (ibid., XXXII). Sobre a relação entre o fato social em Durkheim e Mauss, cf. AS, 390.
3. Cl. Lévi-Strauss reconhece "a capacidade do sujeito de se objetivar indefinidamente, isto é, (sem jamais chegar a se abolir como sujeito) de projetar para fora frações sempre decrescentes de si" (IOMM, XXIX).

Saussure descobriu no campo da linguagem — o fenômeno humano por excelência — uma realidade objetiva, isto é, inteiramente imune à influência do observador, que ele denominou *língua*. Na esteira do CLG, os teóricos da Escola de Praga isolaram na língua o *fonema*, o qual foi definido por R. Jakobson como um conjunto de "traços [sonoros] distintivos" que condicionam a significação ou, na expressão de E. Sapir, como "átomos simbólicos" (ELG1, 165), portanto, como "sistemas de relações", independentes, também, das condições subjetivas do observador (cf. AS, 67). É preciso admitir, por conseguinte, que "as condutas linguísticas se situam no nível do pensamento inconsciente". O sujeito falante, com efeito, para se constituir como tal, não tem, absolutamente, necessidade de conhecer as leis sintáticas, morfológicas e fonológicas inerentes à língua, leis estas que possibilitam o exercício da fala. O pesquisador, por sua vez, jamais confunde "seus conhecimentos teóricos com sua experiência de sujeito falante" (AS, 64). É impossível, portanto, explicar a língua e os fenômenos linguísticos em geral sem postular a existência da "atividade inconsciente do espírito".

A. L. Kroeber[4] (cf. HANS; RICHARDSON; KROEBER, 1940 apud AS, 67; R. Barthes [1967] abordou, posteriormente, o mesmo tema), empregando um método muito semelhante ao da linguística estrutural, concluiu que a evolução da moda, longe de ser arbitrária, obedece a leis matematicamente discerníveis. Lá onde só se viam caprichos individuais e contingências culturais, percebe-se agora a ação das estruturas inconscientes do espírito e fenômenos objetiváveis, vale dizer, capazes de receber um tratamento científico.

Cl. Lévi-Strauss, por sua vez, como examinamos no capítulo precedente, descobriu uma analogia tão íntima entre a proibição do incesto e o fonema (cf. supra, cap. V, 3.5.2, a, b), que se sentiu autorizado a concluir que linguistas e antropólogos não se limitam a empregar "os mesmos métodos", mas estudam "o mesmo objeto" (SEP, 363)[5]. Sistema de

---
4. HANKS, Jane Richardson; RICHARDSON, Jane; KROEBER, Alfred Louis, *Three centuries of women's dress fashions, a quantitative analysis*, Califórnia, University of California Press, 1940.

5. Alhures, talvez de modo mais prudente, Cl. Lévi-Strauss exprime a relação entre linguística e antropologia nos seguintes termos: "numa outra *ordem de realidade*, os fenômenos de parentesco são fenômenos do *mesmo tipo* que os fenômenos linguísticos" (AS, 41).

parentesco e sistema linguístico são, ambos, "estruturas de comunicação" (AS, 326) produzidas pela "atividade inconsciente do espírito".

A economia política, quer na perspectiva clássica, quer na marxista, ensinou-nos há muito a analisar "as estruturas e as formas de produção, de divisão e de consumo dos bens materiais no seio dos diferentes tipos de sociedade" (GODELIER, 1971, 182). K. Marx, cuja concepção estrutural da sociedade exerceu notável influência sobre Cl. Lévi-Strauss (cf. TT, 60), em uma famosa e polêmica passagem do prefácio da *Contribuição à crítica da economia política*, apresenta a distinção fundamental entre *infraestrutura* (ou "base") e *superestrutura*, retomada e muitas vezes discutida pelo antropólogo, que insiste, aliás, no primado da primeira sobre a segunda (cf., por exemplo, AS, 364-375; PS, 116-118):

> Na produção social de sua existência, os homens travam relações determinadas, necessárias, independentes de sua vontade; essas relações de produção correspondem a um determinado grau de desenvolvimento de suas forças produtivas materiais. O conjunto dessas relações forma a estrutura econômica da sociedade, a fundação real na qual se levanta o edifício jurídico e político, e a que correspondem formas determinadas de consciência social. O modo de produção da vida material domina em geral o desenvolvimento da vida social, política e intelectual. Não é a consciência dos homens que determina sua existência, mas, ao contrário, é a sua existência que determina sua consciência (MARX, 1963, 272).

Uma sociedade não pode ser compreendida pelo que nela é diretamente visível ou pelo que diz de si mesma através de seus representantes históricos, econômicos ou filosóficos. O que importa é apreender, para além da experiência vivida, uma realidade latente que, uma vez reconstruída pelo pensamento científico, manifesta-se como de ordem estrutural. Segundo Marx, qualquer sociedade resulta, efetivamente, da união de duas estruturas, a saber, as *forças produtivas* e as *relações de produção*:

> A noção de forças produtivas designa o conjunto dos fatores de produção, recursos, ferramentas, homens, que caracterizam uma sociedade determinada em uma época determinada e que é preciso combinar de maneira específica para produzir os bens materiais de que esta sociedade carece. A noção de relações de produção designa as

funções preenchidas pelos indivíduos e os grupos no processo de produção (GODELIER, 1968, 68; cf. LEFEBVRE, 1972, 100-106).

A combinação dessas estruturas institui o *modo de produção* dos bens materiais de uma dada sociedade, o qual é a "base" das superestruturas ideológicas. A combinação dos modos específicos de produção constitui, por sua vez, o que Marx concebe como "sistema" econômico. Os trabalhos de M. Mauss e B. Malinowski acerca dos sistemas de dons e contradons das sociedades primitivas (cf. supra, cap. IV, 1.3, 2), ao revelar algumas "das mais belas regularidades" de que temos notícia (AS, 327), convida-nos, no entanto, a acrescentar à concepção marxista da vida econômica as trocas de *serviços*. Como nos explica M. Godelier,

> sob a condição de não reduzir a significação e a função de um serviço a seu aspecto econômico ou de deduzir essa significação e essa função desse aspecto, o econômico poderá ser definido, sem risco de tautologia, como a produção, a divisão e o consumo de bens e serviços (GODELIER, 1965, 39).

Economia, parentesco e linguagem constituem, portanto, sistemas simbólicos cuja função é estabelecer diferentes tipos de comunicação entre os homens. Diante destas conquistas das ciências humanas e sociais, não podemos deixar de indagar: não haveria outros aspectos da vida social, tais como o mito, a arte, a religião — além da moda já mencionada —, passíveis de ser estudados com "noções tomadas por empréstimo da linguística"? Não se trataria, também, em todos esses casos, de sistemas simbólicos análogos à linguagem? Não se poderia, então, "elaborar uma espécie de *código universal*, capaz de exprimir as propriedades comuns às estruturas específicas decorrentes de cada aspecto" (AS, 71, itálico nosso)? Generalizando ao máximo: linguagem e cultura não constituiriam "modalidades paralelas de uma atividade mais fundamental", tradicionalmente denominada "espírito humano"? (AS, 81)[6]. Sabemos que a obra inteira de Cl. Lévi-Strauss, desde *Les structures élémentaires de la parenté* até *Mythologiques*, passando por *La pensée sauvage*, constitui uma resposta obstinadamente afirmativa a essa questão, res-

---

6. Sobre a noção de "espírito" em Lévi-Strauss, cf. ibid., 75, 91 e 106.

posta, aliás, que já se encontra de maneira implícita na definição de cultura que estamos analisando. Em *Tristes tropiques*, Cl. Lévi-Strauss sintetiza e esclarece seu projeto semiológico, indicando também os progressos já conquistados:

> Sem reduzir a sociedade ou a cultura à língua, podemos começar esta "revolução copernicana" [...] que consistirá em interpretar a sociedade, no seu conjunto, em função de uma teoria da comunicação. A partir de hoje, esta tentativa é possível em três níveis [...]: as regras do parentesco e do casamento servem para garantir a comunicação das mulheres entre os grupos, as regras econômicas servem para garantir a comunicação dos bens e dos serviços, e as regras linguísticas servem para a comunicação das mensagens[7].

Convém observar, no entanto, que o traço distintivo da cultura e da sociedade não é pura e simplesmente a comunicação. Há por certo uma comunicação animal (cf. PLG1, 56-62; MOUNIN, 1970, 41-56), e Cl. Lévi-Strauss, em consonância com a biologia molecular, emprega a noção de comunicação para designar a transmissão dos caracteres genéticos. Seu objetivo, entretanto, é acentuar, mais uma vez, o critério distintivo das instituições humanas, a saber, *as regras*:

> Poder-se-ia mesmo acrescentar que as regras do parentesco e do casamento definem um quarto tipo de comunicação: a dos genes entre os fenótipos. A cultura não consiste, pois, exclusivamente nas formas de comunicação que lhe são próprias (como a linguagem), mas também — e talvez, sobretudo — nas *regras* aplicáveis a toda espécie de "jogos de comunicação", quer se desenvolvam no plano da natureza, quer no da cultura (AS, 326; cf. SEP, 35).

---

7. Importa ressaltar que a teoria da comunicação, como nos explica A. Moles (1986), coloca entre parênteses o sentido (ou o "conteúdo") da comunicação, para considerar apenas os aspectos morfológicos da mensagem. Segundo a célebre expressão de Marshall McLuhan, "o *médium* é a mensagem" e esta, no dizer de A. Moles, é "um conjunto de estímulos reconhecíveis e identificáveis pelo receptor" (26), ou ainda, a circulação de *sinais* entre os seres (cf., 18). A tarefa do engenheiro da comunicação consiste em estudar a morfologia ou a "física" das mensagens, tanto das que têm um caráter *isomórfico* (quando se trata de analogia entre a mensagem e seu conteúdo) como das que têm um caráter *semiótico* (signos arbitrários e convencionais, como os signos linguísticos) (cf., 49). O objetivo da teoria da comunicação é, em última análise, isolar a *informação*, isto é, *o aspecto quantitativo da mensagem*, o que exige, evidentemente, o sacrifício de sua dimensão semântica.

Não existe sociedade sem comunicação[8] e pode-se até dizer que "o problema etnológico é [...], em última análise, um problema de comunicação" (IOMM, XXXVI). As trocas humanas, no entanto, diferentemente das trocas puramente naturais, se submetem a regras (cf. AS, 329). Não é simplesmente a comunicação que estrutura a vida social, mas a *comunicação regrada* ou, para falarmos como J. Baudrillard, "as trocas simbólicas" (BAUDRILLARD, 1976). O próprio da cultura é "reduzir à sua natureza de sistema simbólico coisas que dele só se esquivam para se incomunicabilizar" (IOMM, XXXII)[9].

Diferentemente da comunicação animal e *a fortiori* da informação genética, a comunicação humana introduz nas trocas um elemento inteiramente novo: a *significação*. Não se trata mais de emitir *sinais*, como acontece na natureza, mas de comunicar *signos*. O sinal, como propõe Benveniste, "é um fato físico ligado a outro fato físico por uma relação natural ou convencional" (PLG1, 27). Por exemplo, um relâmpago anunciando uma tormenta, ou um sino indicando a comida para um cachorro, cujos reflexos foram previamente condicionados. Como observa Ed. Ortigues, "o sinal não exprime nada, ele desencadeia uma reação, transmite uma ordem destinada a tornar automática a correspondência entre duas séries de acontecimentos" (ORTIGUES, 1962, 40). Sob este aspecto, como se vê, a teoria do sinal reúne-se a do reflexo condicionado de I. Pavlov. Contudo, é possível, também, considerar o sinal como "uma energia motora" que se transmite entre as partes de um todo e se deixa quantificar e regrar. O estudo da *sinalização*, nesse sentido, remete à teoria da informação (cf. ORTIGUES, 1962, 39).

Seja como for, o sinal sempre provoca "uma determinada reação, mas não comporta nenhuma relação de *significação*" (DESL, 135). Com efeito, a transmissão de energia entre os elementos de um circuito ou o desencadeamento de fatos por outro fato não implica, de modo algum, a substituição simbólica do real. "Ao contrário, a comunicação

---

8. "Uma sociedade é feita de indivíduos e grupos que se comunicam entre si" (AS, 326).
9. Cl. Lévi-Strauss, em outro lugar, precisa seu pensamento observando que a analogia entre a sociologia do parentesco, a ciência econômica e a linguística estrutural não nos deve levar a esquecer as diferenças entre os tipos de comunicação estudados por cada uma destas disciplinas (cf. AS, 327).

propriamente humana consiste em *responder a signos mediante outros signos*" (ORTIGUES, 1962, 41).

A significação, contudo, não se apresenta sempre da mesma maneira e no mesmo grau em todos os sistemas simbólicos. "A língua é o sistema de significação por excelência; ela não pode deixar de significar, e a totalidade de sua existência está na significação" (AS, 58). Sabe-se, pois, que um "sistema é sistemático" comparando-o ao paradigma linguístico. Quanto mais o sistema se aproxima da língua, menos "parcial, fragmentário ou subjetivo" é seu "valor de significação". Nesse sentido, e no momento de concluir seu longo percurso em SEP, Cl. Lévi-Strauss observa:

> A linguagem e a exogamia representam duas soluções a uma mesma situação fundamental. A primeira atingiu um alto grau de perfeição; a segunda ficou imprecisa e precária (SEP, 568).

Cl. Lévi-Strauss reconhece, pois, a especificidade e a superioridade da linguagem sobre os outros sistemas simbólicos e nos fornece elementos para distinguir a comunicação simbólica, inerente à existência humana, das formas puramente naturais de comunicação.

3. A função simbólica

Já sabemos que F. de Saussure, sem se opor completamente à tradição, distingue o valor no sentido filosófico (um signo vale por uma ideia) do valor no sentido linguístico (as relações que os signos mantêm entre si no interior do sistema) (cf. supra, cap. I, 2.4.2). É nesta última acepção que ele emprega o termo "valor". Na perspectiva saussuriana não basta afirmar, por conseguinte, que o signo representa uma coisa; mais importante ainda é reconhecer que essa representação não pode ocorrer sem que os signos se disponham em sistema:

> As palavras são representações submetidas a uma legislação que impõe suas regras à maneira pela qual elas se ligam àquilo que representam; e é muito mais em suas mútuas relações que elas encontram a regra de sua representação, do que na associação com o representado (TINLAND, 1977, 386).

Dá-se o mesmo com os signos não linguísticos, cujas leis de ordenação sistêmica são homólogas às dos signos linguísticos. "Na língua, como em qualquer sistema semiológico, o que distingue um signo é o que o constitui" (CLG, 168), afirma Saussure.

O termo "representação" é, não raro, empregado pela tradição filosófica para expressar a significação ou a substituição simbólica da realidade (cf. supra, cap. III, 1.2). O ponto de vista semiológico, como acabamos de lembrar, acrescenta à representação o sistema e defende a prioridade deste sobre aquela:

> O caráter sistemático que faz do signo o elemento de um universo simbólico, e não mais o representante de uma coisa que se limita a anunciar a presença ou a falta (na expressão invocatória do desejo), é aqui mais importante que a ligação imediata de uma marca sensível e aquilo que ela designa. A integração do signo ao sistema produz a determinação de seu sentido — do significado — a partir de sua relação com todos os outros signos tomados na mobilidade do mesmo conjunto (TINLAND, 1977, 366).

Cabe lembrar a distinção entre o conceito de símbolo tal como aparece na obra de Cl. Lévi-Strauss, desse mesmo conceito tal como é empregado por muitos outros estudiosos, inclusive Saussure. Este último afirma no CLG que o "símbolo tem por característica não ser jamais completamente arbitrário; ele não é vazio, mas há um rudimento de vínculo natural entre o significante e o significado" (CLG, 101; cf. supra, cap. II, 2.6, a). Segundo Saussure, o símbolo é um tipo de signo que se caracteriza por uma relação motivada por similitude, contraste ou contiguidade entre seus dois elementos, a saber, o significante e o significado, o qual, nesta acepção, convém ressaltar, se identifica ao referente. O exemplo da balança, como símbolo da justiça, apresentado por Saussure logo após a citação, bem o comprova. Essa é a noção corrente de símbolo. Encontra-se, por exemplo, no célebre *Vocabulário de filosofia* de A. Lalande[10] e na concepção do simbolismo onírico de Freud[11].

Entretanto, quando Cl. Lévi-Strauss sustenta que "os símbolos são mais reais do que aquilo que eles simbolizam, o significante precede e

---
10. Denominamos símbolo "o que representa outra coisa em virtude de uma correspondência analógica" (LALANDE, 1960, 1080).
11. "A essência da relação simbólica consiste numa comparação" (FREUD, 1973, 137).

O enfoque semiológico da cultura

determina o significado" (IOMM, XXXII), ou, quando identifica a relação "de símbolo à coisa simbolizada" àquela "de significante ao significado" (AS, 218), e, ainda, quando define explicitamente os símbolos como "equivalentes significativos do significado, dependendo de outra ordem de realidade que não a deste último" (AS, 221), ele, por certo, não se refere a alguma categoria de signo, mas à condição de possibilidade da significação, ou melhor, ao que ele denomina "função simbólica". Como nos esclarece P. Ricoeur,

> a função simbólica não está no mesmo plano das diferentes classes de signos que pode discernir e articular uma ciência geral dos signos, uma semiologia; a função simbólica não é, de modo algum, uma classe, um gênero, mas uma condição de possibilidade. O que está aqui em questão é o nascimento mesmo do homem à ordem dos signos (CI, 254).

A função simbólica está, assim, na raiz dos sistemas semiológicos que compõem a cultura. "Especificamente humana", ela se exerce "em todos os homens [...], segundo as mesmas leis" (AS, 224). A noção de função simbólica evoca imediatamente a noção correlata de inconsciente. Contrariando radicalmente Jung[12], mas também Freud, embora de modo menos rigoroso[13], Cl. Lévi-Strauss mostra que, na perspectiva antropológica e linguística,

---

12. No entender de Cl. Lévi-Strauss, o inconsciente junguiano "é repleto de símbolos e mesmo de coisas simbolizadas, as quais lhe constituem uma espécie de substrato" (IOMM, XXXII). Quer dizer, trata-se de um depósito de conteúdos e não de uma forma, como defende o antropólogo. A noção de forma pode ser definida, segundo a sugestão de Ed. Ortigues, como "a unidade de uma relação ou de um sistema de relações reconhecidas como tais, isto é, como distintas dos termos relacionados" (1962, 46). Neste sentido, Cl. Lévi-Strauss sustenta que "a atividade inconsciente do espírito consiste em impor formas a um conteúdo" (AS, 28). "Para Jung", afirma o antropólogo completando sua crítica, "o inconsciente não se reduz a um sistema [...]. Sem a hipótese teológica, é inconcebível que o conteúdo da experiência a preceda [...]. De fato, não se trata de traduzir em símbolos um dado extrínseco, mas de reduzir a sua natureza de sistema simbólico coisas que só lhe escapam para se incomunicabilizar" (IOMM, XXXII).
13. Como é sabido, Cl. Lévi-Strauss considera Freud e Marx como seus dois principais mestres (cf. TT, 59-62). Contudo, numa entrevista publicada em 1979, depois de ter mencionado o modelo linguístico do inconsciente, o antropólogo observa, referindo-se, por certo, a J. Lacan: "O Édipo em Freud é um conteúdo mais que uma forma, mesmo quando é denominado 'estrutura edipiana'" (SHA, 224). Parece-nos importante lembrar, a

o inconsciente deixa de ser o inefável refúgio das particularidades individuais, o depositário de uma história única, que faz de cada um de nós um ser insubstituível. Ele se reduz a um termo pelo qual designamos uma função: a função simbólica [...]. O inconsciente é sempre vazio; ou, mais exatamente, é tão estranho às imagens quanto o estômago o é aos alimentos que o atravessam. Órgão de uma função específica limita-se a impor leis estruturais [...] a elementos inarticulados oriundos de outros lugares: pulsões, emoções, representações, lembranças (AS, 224).

O inconsciente estrutural não tem, portanto, conteúdos. Trata-se, no dizer de Cl. Lévi-Strauss, de um inconsciente categorial e formal (cf. supra, cap. V, 3.5.2, b). Os sistemas simbólicos que compõem a cultura — linguagem, parentesco, economia, mito, religião etc. — dependem, pois, da "atividade inconsciente do espírito". A demonstração da hipótese da universalidade do espírito humano requer, segundo Cl. Lévi-Strauss, como já foi exposto, um trabalho interdisciplinar lento e árduo e, notadamente, uma colaboração estreita entre psicologia e antropologia. Ainda que haja

---

propósito desta crítica, a originalidade e a complexidade da teoria freudiana da memória, tal como aparece, por exemplo, no modelo do aparelho psíquico exposto no célebre capítulo VII de *A interpretação dos sonhos* (FREUD, 1980, 433-527). Procuremos reconstituir os elementos essenciais deste modelo. Ele é composto de vários "sistemas" dispostos numa ordem espacial. Tem uma extremidade sensória e outra, motora. Na primeira, situa-se um sistema que recebe as percepções; na segunda, um sistema que dá acesso à motilidade. Os processos psíquicos avançam normalmente da extremidade sensória para a extremidade motora. Entretanto, o aparelho pode funcionar, também, no sentido "regressivo" (é o que explica a alucinação característica dos sonhos). Convém ressaltar, ainda, que ele corresponde ao esquema do arco reflexo: a energia recebida num polo é integralmente restituída no outro. Freud distingue o sistema-percepção dos sistemas mnésicos (memória). As excitações da percepção não deixam uma espécie de conteúdo no aparelho, mas certos vestígios, que ele denomina "traços mnésicos". Uma percepção se liga sempre a um conjunto de outras percepções. "A mesma excitação, transmitida pelos elementos P [extremidade sensória do aparelho], é fixada de maneiras diferentes" (FREUD, 1980, 458; adição nossa entre colchetes). Há registros relativos à *semelhança*, outros à *simultaneidade* e outros, ainda, à *contiguidade* (cf. FREUD, 1986, 153-160). É por esta razão que um mesmo acontecimento pode ser lembrado segundo diferentes redes associativas. Daí a necessidade de colocar entre as duas extremidades do aparelho vários sistemas mnésicos. Como se vê, Freud tem uma concepção extremamente complexa e refinada da memória. Estamos longe de um empirismo vulgar. "Nesta perspectiva, a *Vorstellung* [*representação*] de Freud pôde ser vinculada à noção linguística de significante" (LAPLANCHE; PONTALIS, 1984, 415; cf. LACAN, 1966, 493-528).

subordinação do psicológico ao sociológico, cabe à psicologia, em consonância com a biologia, "explicar a origem das funções de base" (IOMM, XXII)[14]. É importante ressaltar, no entanto, que a psicologia em questão é "uma psicologia não intelectualista", como se expressava M. Mauss, ignorando ainda a obra de Freud, ou, como diz Cl. Lévi-Strauss, "intelectualista *de outro modo*". Com efeito, o inconsciente, longe de se identificar com o irracional, pode ser considerado como a sede "das leis do pensamento humano" (IOMM, LI). "Totalização não reflexiva, a língua é uma razão humana que possui razões que o homem desconhece", afirma nosso antropólogo parafraseando Pascal (PS, 334).

4. Simbolismo e conhecimento

A epistemologia estruturalista estabelece uma oposição entre simbolismo e conhecimento. As "categorias" do significante e do significado surgiram em bloco e simultaneamente, mas

> o conhecimento, quer dizer, o processo intelectual que permite identificar certos aspectos do significante e certos aspectos do significado, uns em relação aos outros [...], só se desenvolveu muito lentamente (IOMM, XLVII).

Para empregar uma comparação, pode-se dizer que a humanidade ganhou um "imenso domínio" (significados) com o seu "plano detalhado" (significantes) e "a noção de sua relação recíproca" (leis estruturais), mas passou milênios para aprender a forma correta de atribuir os símbolos do plano aos diferentes aspectos do domínio. O universo começou a significar de uma vez, sem que, no entanto, se soubesse inicialmente o que ele significava. "No momento em que, de uma só vez, o

---

14. Progressivamente, Cl. Lévi-Strauss se tornou mais radical no que concerne a esta colaboração. Na obra *La pensée sauvage*, ele afirma categoricamente que "a etnologia é, antes de mais nada, uma psicologia" (160). Procurando explicar melhor esta proposta, ele observa alhures: "trata-se, afinal de contas, de uma exploração do psiquismo humano e de suas possibilidades" (SHA, 223); ou ainda: "o que buscamos a milhares de quilômetros ou a nosso lado são os meios suplementares de compreender como funciona o espírito humano. Praticamos, pois, um tipo de psicologia. E o que já é verdadeiro dos objetos, é mais ainda quando consideramos as crenças, os costumes e as instituições" (PL, 153). Um bom exemplo desta colaboração encontra-se no capítulo VII ("L'illusion archaïque") de SEP (98-113).

universo inteiro se tornou significativo, ele não foi, por isso, mais bem conhecido."[15] Na realidade, o espírito humano avança lentamente em direção à ciência (cf. IOMM, XLVIII). Já presente, sem dúvida, nas sociedades primitivas[16], só em nossa época o conhecimento positivo se tornou um "ideal intelectual e moral" que modela todo o corpo social. Sem separar radicalmente o "pensamento selvagem" do pensamento científico[17], importa "reconhecer que o trabalho de equiparação do significante ao significado foi buscado de forma mais metódica e rigorosa a partir da Renascença, dentro dos limites da expansão da ciência moderna" (IOMM, XLVIII).

Em síntese: à descontinuidade do *simbólico* (a súbita emergência da significação no universo) sucede a lenta continuidade do *conhecimento* (a conquista progressiva da harmonização dos significantes e dos significados entre si).

Na falta de um recorte científico do real, o espírito é obrigado a empregar *"significantes flutuantes"* (IOMM, XLIX), isto é, etiquetas provisórias para o que ainda não foi convenientemente nomeado. A função desses símbolos "em estado puro" é "preencher a distância entre o significante e o significado" (IOMM, XLIV). Assim, diante do fenômeno da troca,

---

15. Precisando seu pensamento, Cl. Lévi-Strauss observa: "...a linguagem só pôde nascer de uma só vez. As coisas não puderam se deixar significar progressivamente. Após uma transformação cujo estudo não depende das ciências sociais, mas da biologia e da psicologia, ocorreu uma passagem de um estado em que nada tinha sentido, para um outro em que tudo possuía" (IOMM, XLVII). Pode-se discernir nesta citação, além da admissão da ruptura entre a ordem natural e a ordem simbólica, a ideia de que a significação só pôde emergir com a linguagem e, por conseguinte, que todos os outros sistemas simbólicos que compõem a cultura dependem dela para significar. "É pela linguagem que ordenamos os objetos em mundo" (TINLAND, 1977, 352). Onde quer que o humano, em sua especificidade, se manifeste, a linguagem está necessariamente presente. Assim, a organização do parentesco "seria impensável sem o vocabulário que exprime as posições no sistema de parentesco, sem as regras que permitem usar este vocabulário e [possibilitam] que os parceiros que trocam, ao mesmo tempo, mulheres e palavras se compreendam" (TINLAND, 1977, 298). Isto que vale para as regras vale, também, para o instrumento. "As técnicas muito complexas, a grande regularidade das formas que caracterizam as indústrias pré-históricas, exigiam que a linguagem já lhes estivesse associada, para permitir o ensino e a transmissão das mesmas" (AS, 385).

16. Esta é a tese defendida por Cl. Lévi-Strauss, em *La pensée sauvage*.

17. Segundo o antropólogo, a diferença entre estes dois tipos de conhecimento "é de grau, não de natureza" (IOMM, XLVIII).

não dispondo de meios para percebê-lo como "uma síntese imediatamente dada ao e pelo pensamento simbólico" (IOMM, XLVI), a "reflexão primitiva" cria a noção de mana[18] ou de *hau* (cf. supra, cap. IV, 2), para restaurar "uma unidade, não perdida (porque nada se perde para sempre), mas inconsciente" (IOMM, XLVII). O emprego desse significante com valor simbólico zero, ou seja, capaz de tudo significar, não é, porém, uma exclusividade do pensamento arcaico. Nossa civilização opera de modo semelhante, ao criar, por exemplo, o termo "troço" em português, equivalente a *truc* em francês, para designar um objeto cuja função é desconhecida:

> A diferença deve-se menos às noções em si mesmas, tais como o espírito as elabora inconscientemente por toda parte, do que ao fato de que essas noções possuem, em nossa sociedade, um caráter fluido e espontâneo, enquanto alhures elas servem para fundar sistemas reflexivos e oficiais de interpretação, ou seja, uma função que nós reservamos à ciência (IOMM, XLIV)[19].

A concordância perfeita entre os significantes e os significados só existe, por hipótese, para o entendimento divino. O pensamento finito, ainda que disciplinado pela ciência, não pode dispensar o emprego dos significantes flutuantes, vale dizer, dos símbolos inadequados que nos ajudam, contudo, a balizar o real. Mas essa limitação de nossa natureza

---

18. A concepção do "mana" tem sido objeto de várias pesquisas (cf. IOMM, XLII). M. Mauss dedicou uma reflexão importante a este tema no seu artigo "Esquisse d'une théorie générale de la magie" (MAUSS, 1950, 3-141). Cl. Lévi-Strauss, depois de observar que esta noção é muito mais frequente do que Mauss estimava no momento em que escreveu este artigo, enumera as seguintes antinomias inerentes ao *mana*: força e ação; qualidade e estado; substantivo, adjetivo e verbo; abstrato e concreto; onipresente e bem localizado (cf. IOMM, L). Trata-se, pois, de um "significante flutuante" capaz de designar as situações e os objetos mais diferentes. As contradições do *mana* são dissolvidas no seio de uma estrutura inconsciente. No dizer de Cl. Lévi-Strauss, "o *mana* não é mais do que a reflexão subjetiva à exigência de uma totalidade não percebida" (IOMM, XLVI) ou, em outros termos, a restauração consciente de uma unidade inconsciente.
19. Mas entre nós há, também, certa filosofia que volta as costas à ciência, limitando-se às construções puramente especulativas do espírito, filosofia esta que exerce uma função semelhante à dos mitos nas sociedades primitivas e serve, como eles, "para fundar sistemas refletidos e oficiais de interpretação". É o que se pode concluir da descrição que Cl. Lévi-Strauss apresenta de sua própria formação intelectual. Recordando-se do ensino da filosofia na Sorbonne do início do século XX, ele observa: "o significante não se referia a significado algum. A habilidade substituía o gosto pela verdade" (TT, 54).

constitui, também, paradoxalmente, "a garantia de toda arte, toda poesia, toda invenção mítica e estética" (IOMM, XLIX)[20].

No entanto, se a harmonia entre significante e significado não existe de fato para o entendimento humano, ela existe pelo menos de direito. A obra de Cl. Lévi-Strauss fundamenta-se, com efeito, "na identidade postulada das leis do mundo com as leis do pensamento" (AS, 102). As estruturas psíquicas continuam e refletem as estruturas naturais. Nosso antropólogo reabilita, assim, de certo modo, a noção escolástica de verdade como *adequatio intelectus et rei* (cf. supra, Intr., 1). Nessa perspectiva,

> o conhecimento não repousa sobre uma renúncia ou sobre uma permuta, mas consiste numa seleção de aspectos *verdadeiros*, isto é, os que coincidem com as propriedades de meu pensamento. Não como pretendiam os neokantianos, porque meu pensamento exerce sobre as coisas uma inevitável coação; mas muito mais porque meu pensamento é também um objeto. Sendo "deste mundo", participa da mesma natureza que ele (TT, 58).

Há uma lógica imanente à realidade que opera sobre o homem em sua tríplice dimensão: biológica, psicológica e social. "A natureza é essencialmente lógica, e o *logos*, essencialmente material ou 'natural'" (DECLOUX, 1984, 8).

Tendo em vista o exposto, temos de retornar à noção de símbolo e nos perguntar: "Não se pode reconhecer em tal teoria uma aplicação magistral da tese que afirma o caráter natural do símbolo?" (ibid.). Na medida em que a "natureza é *logos*", reencontramos, com efeito, na concepção estruturalista de símbolo a correspondência entre o significante e o significado, ou melhor, entre as estruturas significantes e as estruturas significadas. "O símbolo é, de certo modo, uma sinfonia" (ibid.).

5. A eficácia simbólica

O "elemento" humano, por excelência, é, pois, o símbolo. Contudo, como defende nosso antropólogo, "nenhuma sociedade é integral e com-

---

20. Sobre a importância deste conceito na estética de Cl. Lévi-Strauss, cf. MERQUIOR, 1977.

pletamente simbólica" (IOMM, XX). Uma vez que só pode existir determinada no espaço e no tempo, toda sociedade sofre a influência "de outras sociedades e de estados anteriores ao do seu próprio desenvolvimento" (IOMM, XIX). Ora, a história sempre introduz elementos alienígenas nos sistemas simbólicos. E mesmo uma sociedade hipotética, sem passado e sem qualquer relação com o exterior, não seria ainda inteiramente simbólica, porque seus diferentes sistemas permaneceriam necessariamente irredutíveis entre si[21]. É por essa razão que em toda comunidade humana uma percentagem de indivíduos se mantém fora de algumas das estruturas simbólicas disponíveis. Para aqueles que não se alienam[22], permanecendo

> fora do sistema ou entre dois ou mais sistemas irredutíveis [...], o grupo pede, e até mesmo impõe, figurar certas formas de compromissos irrealizáveis no plano coletivo, fingir transições imaginárias, encarnar sínteses incompatíveis (IOMM, XX).

Em nossas sociedades "civilizadas", são os doentes mentais e os marginais, ao passo que nas sociedades "primitivas" são os xamãs e os possuídos que efetuam a difícil e dolorosa tarefa de manter o "sistema total". Este poderia, com efeito, desintegrar-se nos sistemas locais se tais indivíduos não fossem suas "dóceis testemunhas"[23]. É preciso, portanto, reconhecer, como sustenta Cl. Lévi-Strauss, "que para cada sociedade a relação entre condutas normais e condutas especiais é complementar" (IOMM, XXI). Essa complementaridade, todavia, embora seja espontaneamente reconhecida pelas sociedades primitivas[24], tende a ser negada pelas sociedades civilizadas, que privilegiam a ciência e o conhecimento racional[25].

---

21. "A tradução de um sistema em outro [é] condicionada pela introdução de constantes que são valores irracionais" (IOMM, XX).
22. Os alienados não são os dementes, mas os que são considerados como normais. "A saúde do espírito individual implica a participação na vida social". Esta ideia é de J. Lacan, cujo artigo "L'agressivité en psychanalyse" (1966, 101-124) é citado por Cl. Lévi-Strauss (cf. IOMM, XX, n. 1).
23. No artigo "Le sorcier et sa magie" (AS, 183-203), Cl. Lévi-Strauss oferece vários exemplos que ilustram esta interpretação.
24. Os etnógrafos assinalam que os xamãs e os possuídos adotam uma conduta absolutamente normal fora das sessões de xamanismo (cf. IOMM, XVIII).
25. "Em toda perspectiva não científica [...], pensamento patológico e pensamento normal não se opõem, mas se completam" (AS, 199).

Essa perspectiva parece indicar, diga-se de passagem, que Cl. Lévi-Strauss defende uma concepção essencialmente sociológica da doença mental e da vida psíquica em geral. Na esteira de M. Mauss, ele chega mesmo a afirmar que "a formulação psicológica não passa de uma tradução, no plano do psiquismo individual, de uma estrutura propriamente sociológica". Tanto as perturbações mentais como as manifestações do psiquismo normal são "função de uma ordem coletiva" (IOMM, XVI), acrescenta. É preciso lembrar, no entanto, em consonância com tudo o que discutimos anteriormente sobre este tema, que a organização psicológica e as estruturas propriamente sociológicas se fundamentam num núcleo "invariante", que se identifica com "o espírito humano" enquanto "inconsciente categorial", logo com o funcionamento lógico das estruturas através das quais (ou pelas quais) é regulado o jogo dos signos e símbolos (cf. supra, cap. V, 3.5.2, b; cap. VI, 3).

Retomando o fio condutor de nossa exposição, observemos que, se a doença mental resulta da incapacidade para participar de algumas estruturas simbólicas, a psicoterapia não pode ser senão a tentativa de restituir ao sujeito o seu poder de simbolização. Ana O., a famosa paciente de Breuer, caracterizou muito bem a cura psicanalítica denominando-a "talking cure" (FREUD; BREUER, 1985, 21)[26]. M. A. Sechehaye[27], por sua vez, indo além de Freud, obteve resultados surpreendentes com uma paciente esquizofrênica considerada incurável, ao substituir a linguagem verbal por "atos" simbólicos ("o contato da face da enferma com o seio da psicanalista", por exemplo) (SECHEHAYE, 1957 apud AS, 220).

Ao contrário do que pretendem algumas interpretações equivocadas de Freud[28], a psicoterapia analítica não é uma "busca do tempo per-

---

26. Como observa É. Benveniste, "do paciente ao analista e do analista ao paciente, o processo inteiro se dá por intermédio da linguagem" (PLG1, 75). Como se sabe, a tese fundamental de J. Lacan afirma: "É toda a estrutura da linguagem que a experiência analítica descobre no inconsciente" (LACAN, 1966, 495).
27. SECHEHAYE, Marguerite, La réalisation symbolique, un catalyseur de la structuration du Moi schizophrénique, *Acta Psychotherapeutica, Psychosomatica et Orthopaedogogica*, v. 5, n. 2/4, 274-296, 1957.
28. Cl. Lévi-Strauss cita, como exemplo desta postura equivocada, a tentativa da princesa M. Bonaparte (*The psychoanalytic study of the child*, v. 1, New York, 1945) para fundamentar "as constelações psíquicas que reaparecem na consciência do doente" em acontecimentos reais e até datados (AS, 223).

dido", a reconstituição de uma situação traumática passada, que estaria na origem da neurose. Na verdade, o que está por detrás da conduta patológica não são fatos, mas fantasmas ou, como diz Cl. Lévi-Strauss, um "mito inicial". O que importa, no dizer do próprio Freud, é a "realidade psíquica"[29] — vale dizer, o desejo e seus fantasmas — e não a realidade em si mesma:

> O poder traumatizante de uma situação qualquer não pode resultar de suas características intrínsecas, mas da capacidade de certos acontecimentos, que surgem em um contexto psicológico, histórico e social apropriado, para induzir a uma cristalização afetiva que se faz no molde de uma estrutura preexistente. Em relação ao aconte-

---

29. Em *Estudo sobre a histeria* (1895), obra escrita por Freud e J. Breuer, os relatos das pacientes referem-se frequentemente a lembranças de cenas em que teriam sido seduzidas, de maneira mais ou menos explícita, por adultos. A partir deste dado clínico, Freud criou sua célebre "teoria da sedução", segundo a qual uma cena real de sedução exerceria uma "função determinante na etiologia das psiconeuroses" (LAPLANCHE; PONTALIS, 1984, 436). Contudo, ele abandonou muito cedo esta teoria, já que não há um critério para decidir se a cena reencontrada na análise é real ou fantasmática. Decepcionado, Freud escreveu a seu amigo Fliess: "não existe no inconsciente qualquer 'índice de realidade'" (FREUD, 1986, "Lettre 69 à Fliess", 191). Este fracasso aparente, no entanto, introduziu o verdadeiro objeto da psicanálise, a saber, o fantasma inconsciente. "É da conquista desta descoberta que ainda vivemos atualmente" (LAPLANCHE, 1970, 56). O que importa, do ponto de vista psicanalítico, não é a realidade da cena, mas sua condição de representação ou de fantasma. "Se é verdade que os histéricos remetem seus sintomas a traumatismos fictícios, o fato novo é que eles fantasiam tais cenas; é necessário, portanto, considerar, ao lado da realidade prática, uma *realidade psíquica*" (FREUD apud LAPLANCHE; PONTALIS, 1984, 437, itálico nosso). Freud, porém, nunca renunciou completamente a encontrar por detrás dos fantasmas inconscientes algo além da imaginação do sujeito. Ele não dispôs, todavia, de meios teóricos adequados para explicitar corretamente o que já estava contido na noção de "realidade psíquica", a saber, "algo que teria toda a consistência do real sem ser, contudo, verificável na experiência externa, uma categoria que poderíamos designar, numa primeira aproximação, como 'estrutural'" (LAPLANCHE, 1970, 57). Convém lembrar a propósito o que Freud denomina "fantasmas originários" (*Urphantasien*), isto é, as "estruturas fantasmáticas típicas" que organizam "a vida fantasmática, quaisquer que sejam as experiências pessoais do sujeito; a universalidade de tais fantasmas se explica [...] pelo fato de constituírem um patrimônio transmitido filogeneticamente" (LAPLANCHE; PONTALIS, 1984, 157). A certo momento de sua trajetória, Freud substituiu a concepção de "fantasmas originários" pela de "cenas originárias" (*Urszenen*). Como observam J. Laplanche e J. B. Pontalis, "a noção de fantasma originário apresenta para a experiência e a teoria analítica um interesse central. As reservas que a teoria de uma transmissão genética hereditária possa provocar não devem [...] nos fazer entender como igualmente caduca a ideia de que existe, na fantasmática, estruturas irredutíveis às contingências do vivido individual l" (ibid., 1984, 159; cf. id., 1985).

cimento ou a suas particularidades, essas estruturas — ou, mais precisamente, essas leis de estruturas — são realmente intemporais. No psicopata, toda a vida psíquica e todas as experiências ulteriores se organizam em função de uma estrutura exclusiva ou predominante, sob a ação catalisadora do mito inicial; mas essa estrutura e as outras, que nele são relegadas a um lugar subordinado, se reencontram no homem normal, primitivo ou civilizado. O conjunto destas estruturas formaria o que chamamos de inconsciente (AS, 223).

Ainda que se descubra um substrato fisiológico ou bioquímico da neurose[30], a "teoria [...] sociológica dos distúrbios mentais" (IOMM, XIX) não perderá sua validade. Para justificar esse ponto de vista, Cl. Lévi-Strauss compara a cura psicanalítica à cura xamanística.

Num artigo notável intitulado *L'Efficacité symbolique*[31], Cl. Lévi-Strauss interpreta um texto xamanista sul-americano, cujo conteúdo é uma longa encantação destinada a ajudar os partos difíceis. Segundo a concepção mítica, a doente sofre porque perdeu seu *purba* (seu duplo espiritual, sua alma) em proveito de *Muu* (potência encarregada da formação do feto), que dele abusivamente se apropriou. A tarefa do xamã é empreender uma viagem ao mundo sobrenatural, para recuperar, com o auxílio de seus *muchu* (os espíritos protetores representados por certas imagens esculpidas, segundo a crença primitivas, pelo *Muu* numa substância especial), o *purba* da paciente, a fim de que o parto se realize (cf. AS, 205-207).

Ao analisar este texto, Cl. Lévi-Strauss concluiu que "o caminho de *Muu*", percorrido pelo xamã durante o ritual, não constitui na ótica indígena um itinerário mítico, mas representa, literalmente, a vagina e o útero da mulher grávida (cf. AS, 207). Ao considerar o caráter repetitivo do discurso xamanístico e os longos preparativos rituais que precedem à cura, o antropólogo observa:

> Tudo se passa como se o oficiante tentasse levar uma doente, cuja atenção ao real está, sem dúvida, diminuída — e a sensibilidade

---

30. Cl. Lévi-Strauss lembra que Freud admitiu, recorrentemente, esta possibilidade (AS, 222, n. 1).
31. O texto de Cl. Lévi-Strauss que acabamos de citar (AS, 223) foi extraído deste artigo.

exacerbada — pelo sofrimento, a reviver de modo muito preciso e intenso uma situação inicial e a percebê-la mentalmente nos seus mínimos detalhes. Essa situação introduz, com efeito, uma série de acontecimentos, dos quais o corpo e os órgãos internos da doente constituirão o suposto teatro. Passa-se, então, da mais banal realidade ao mito, do universo físico ao universo fisiológico, do mundo exterior ao corpo interior (AS, 213).

É admirável como o xamã, sem tocar no corpo da doente e sem lhe administrar nenhum medicamento, mas limitando-se a uma espécie de "manipulação psicológica" (AS, 211) do órgão afetado, atinge plenamente seu objetivo terapêutico:

Que a mitologia do xamã não corresponda a uma realidade objetiva não faz diferença: a doente crê nisso, e ela é membro de uma sociedade que também crê nisso (AS, 217).

O celebrante, que também acredita em seus próprios poderes sobrenaturais[32], oferece à paciente uma linguagem, graças à qual sua dor e seu estado patológico adquirem um sentido. A relação entre as entidades míticas e a doença é, portanto, "uma relação de símbolo à coisa simbolizada" (AS, 218). Estamos diante de um fato que demonstra "a eficácia simbólica" não mais ao nível psíquico, mas orgânico. A originalidade da cura xamanística consiste justamente nesta aplicação de métodos próximos aos de nossas psicoterapias modernas, em particular da técnica psicanalítica, a distúrbios somáticos.

Cl. Lévi-Strauss estabelece, como se vê, um paralelo entre o primeiro e o segundo tipo de cura. Nos dois casos, as resistências inconscientes tornam-se conscientes e os conflitos se desenvolvem numa sequência que conduz à ab-reação[33]. Tanto para o paciente psicanalítico quanto para o

---

32. A eficácia da feitiçaria requer, portanto, três condições: 1) a crença do xamã em seus próprios poderes; 2) a crença do paciente (ou da vítima) nos rituais e mitos xamânicos; 3) um "campo de gravitação" formado pelas crenças da opinião coletiva nos poderes, rituais e mitos mencionados (cf. AS, 184). Importa ressaltar que as práticas xamânicas não se limitam aos objetivos terapêuticos. Cl. Lévi-Strauss apresenta um exemplo impressionante de morte por conjuração no artigo "Le sorcier et sa magie" (cf. AS, 183).
33. Ressalte-se que este termo, criado por Freud, designa uma "descarga emocional pela qual um sujeito se liberta do afeto vinculado à lembrança de um acontecimento trau-

paciente primitivo, trata-se de viver ou de reviver um mito. No primeiro caso, constrói-se um "mito inicial"; no segundo, acolhe-se um "mito social". Enquanto o feiticeiro fala, o psicoterapeuta escuta (AS, 219). O fundamental é que tanto na psicanálise como no xamanismo a cura exige a mediação simbólica. Se algum dia se chegar a descobrir uma base fisiológica ou bioquímica das afecções psíquicas, como Freud prognosticou, qualquer diferença entre a cura xamanística e a cura psicanalítica desaparecerá. Nos dois casos tratar-se-á, então, de provocar uma interação ou um equilíbrio entre as estruturas orgânicas, psíquicas e sociais, que, embora distintas do ponto de vista do conteúdo, são formalmente homólogas e, como tais, dotadas, umas em relação às outras, de uma "propriedade indutora" (AS, 223)[34]. É justamente a esta capacidade de interação ou indução mútua que Cl. Lévi-Strauss denomina "eficácia simbólica".

6. A sexualidade como lugar de emergência do simbólico

Inspirando-se, provavelmente, na doutrina freudiana, Cl. Lévi-Strauss apresenta uma importante reflexão sobre a sexualidade como lugar de emergência da cultura, ou, para empregar a expressão de J. Lacan, da "ordem simbólica". Procuremos reconstituir as fontes dessa reflexão. Nosso antropólogo lembra-nos de que o "instinto" sexual é o único "cuja satisfação pode ser protelada" (SEP, 73). Essa observação nos remete diretamente à metapsicologia freudiana. Visando reconstituir a sexualidade infantil a partir do estudo das neuroses e das perversões, Freud decompõe o instinto, ou mais precisamente a "pulsão" (*Trieb*) sexual[35], em quatro elementos: a "pressão" (*Drang*), a "objetivo" (*Ziel*), o "objeto" (*Object*) e a "fonte" (*Quelle*).

---

mático, permitindo-lhe, assim, não se tornar ou não continuar patogênico" (LAPLANCHE; PONTALIS, 1984, 1).
34. Há aqui uma referência implícita à tríplice dimensão do "fato social total" de M. Mauss e, ao mesmo tempo, uma ilustração da maneira como opera a antropologia, isto é, "um sistema de *interpretação* que dá conta, simultaneamente, dos aspectos físico, fisiológicos, psíquico e sociológico de todas as condutas" (IOMM, XXV, itálico nosso).
35. Freud distingue, como se sabe, o instinto (*Instinkt*) da pulsão (*Trieb*). O primeiro termo designa "um comportamento animal fixado por hereditariedade, característico da

Pode-se conceber a pulsão "como certa quantidade de energia que pressiona numa determinada direção"[36]. A *pressão* é, pois, "o fator motor" da pulsão, ou melhor, "a soma de força, ou a medida de exigência, do trabalho que ela representa" (cf. FREUD, 1985, 18). O que Freud denomina *libido* significa, justamente, a energia da pulsão sexual (cf. FREUD, 1984, 130). O *objeto* é essencialmente contingente. Freud o define, com efeito, como "aquilo no qual ou pelo qual a pulsão pode atingir seu *objetivo*". Dos quatro elementos é o "mais variável" (FREUD, 1985, 18, itálico nosso).

"A *fonte* é um estado de excitação corpórea, e o *objetivo* é a eliminação dessa excitação" (FREUD, 1984, 130, itálicos nossos), o que o sujeito experimenta como *satisfação*. Ressalte-se que "diversas vias podem levar ao mesmo objetivo final" (FREUD, 1985, 18). Assim, a *pulsão sublimada*, que "visa a objetos socialmente valorizados" (LAPLANCHE; PONTALIS, 1984, 465; cf. FREUD, 1984, 13), transforma a satisfação diretamente sexual em satisfação, ou melhor, prazer cultural[37]. Por outro lado, a *pulsão inibida quanto ao objetivo*, não alcançando seu modo direto de satisfação, encontra uma satisfação atenuada nas atividades e relações mais ou menos próximas do objetivo primeiro, tais como os sentimentos de ternura e amizade, essenciais para a supressão do complexo de Édipo e, por conseguinte, para a edificação da vida social (FREUD, 1970, 52).

Esta decomposição teórica da pulsão nos revela, em suma, que a sexualidade humana não tem, de modo algum, o caráter rígido que a concepção popular e tradicional do senso comum lhe atribui, limitando-a

---

espécie, pré-formado em seu desenvolvimento e adaptado a seu objeto" (LAPLANCHE; PONTALIS, 1984, 360). O segundo foi introduzido em *Três ensaios sobre a teoria da sexualidade*, obra publicada em 1905, que estuda, justamente, a vida sexual humana, cujas características são radicalmente diferentes daquelas da vida sexual animal. (Todavia, convém lembrar que Freud também empregou *Trieb*, de maneira menos correta, ou melhor, menos coerente, para designar as necessidades vitais. Neste sentido, no quadro da primeira classificação pulsional, ele contrapôs as pulsões sexuais às pulsões do ego ou de autoconservação.) Cl. Lévi-Strauss, contudo, provavelmente influenciado pela tradução inglesa das obras de Freud (*Standard Edition*), não menciona esta distinção fundamental.

36. "É desta pressão", esclarece-nos Freud, "que deriva seu nome de pulsão" (cf. FREUD, 1986, 130).

37. Importa distinguir a *satisfação* das necessidades vitais do *prazer* que resulta da realização de um desejo inconsciente. Esta distinção, todavia, não se apresenta com nitidez no discurso freudiano (cf. LAPLANCHE; PONTALIS, 1984, 121, 335 e 370).

a um *objeto* e a um *objetivo* específico e localizando a sua *fonte* nas excitações do aparelho genital[38]. A teoria freudiana acentua, ao contrário, a diferença radical entre a sexualidade animal, puramente instintiva, e a sexualidade humana, cuja flexibilidade de objetos, objetivos e fontes somáticas a desviam incessantemente da ordem vital. Em outros termos: a sexualidade humana não pode estruturar-se senão se "desnaturalizando" ou se pervertendo, vale dizer, assumindo uma "via desviante" em relação à "via instintiva", correspondente à autoconservação (necessidades vitais)[39]. Como Freud nos esclarece,

> As pulsões sexuais nos impressionam por sua plasticidade, pela capacidade de mudar seus objetivos, pela faculdade de se fazer representar, na medida em que uma satisfação pulsional se deixa substituir por outra e pela faculdade de serem adiadas, do que, justamente, as pulsões inibidas quanto ao objetivo nos fornecem um bom exemplo (FREUD, 1986, 132).

É justamente para esta última característica pulsional que Cl. Lévi-Strauss, oportunamente, chamou nossa atenção. A inibição quanto ao objetivo, ou seja, a capacidade de adiar a satisfação transforma, no dizer do próprio Freud, as pulsões sexuais em "pulsões sociais" (cf. LAPLANCHE; PONTALIS, 1984, 201). Ao que parece, refletindo sobre este tema, o antropólogo se deu conta de que a passagem da natureza à cultura só pode ocorrer "no terreno da vida sexual" (SEP, 14). De fato, retardar a satisfação significa, também, mudar de objeto (ou "estimulante"), o que aciona as "estruturas de reciprocidade" e viabiliza a comunicação entre os grupos, já que o objeto substituto se torna *signo* do objeto perdido:

---

38. Na óptica popular, como o próprio Freud nos explica, o sexual é reduzido a "tudo o que se relaciona à intenção de buscar um gozo com a ajuda do corpo e, mais particularmente, dos órgãos genitais do sexo oposto, em suma, a tudo que se relaciona ao desejo da cópula e à realização do ato sexual" (FREUD, 1973, 283).

39. Nossa posição se fundamenta na interpretação proposta por J. Laplanche e J. F. Pontalis à noção freudiana de "apoio" (*Anlehnung*). Segundo Freud, "as pulsões sexuais, que só se tornam independentes secundariamente, se *apoiam* nas funções vitais que lhes fornecem uma fonte orgânica, uma direção e um objeto" (LAPLANCHE; PONTALIS, 1984, 148, itálico nosso). Mais precisamente: a sexualidade humana assume um "caminho desviante" em relação ao "caminho instintivo" ou da autoconservação (necessidades vitais). Daí J. Laplanche afirmar que "a pulsão sexual é estruturalmente perversa". Ressalte-se, ainda, que entre pulsão e instinto há uma relação de *analogia*, *diferença* e *derivação* (cf. LAPLANCHE, 1970, 19-41).

As mulheres não são, inicialmente, um signo de valor social, mas um estimulante natural, e o estimulante do único instinto [logo, da pulsão] cuja satisfação pode ser adiada; o único, por conseguinte, pelo qual, no ato da troca, e pela apercepção da reciprocidade, possa operar-se a transformação do estimulante em signo e, definindo por este procedimento fundamental a passagem da natureza à cultura, expandir-se em instituição (SEP, 73; adição nossa entre colchetes).

Transformar a mulher em signo é o único meio eficaz para superar uma contradição fundamental, a saber, perceber a mesma mulher, simultaneamente, como objeto de desejo próprio e sujeito do desejo de outro[40]. Pelo milagre da troca, os inimigos virtuais tornam-se colaboradores e *aliados*. "O surgimento do pensamento simbólico exigiu que as mulheres, assim como as palavras, fossem coisas que se trocam" (SEP, 569).

7. Antropologia e semiologia

É chegado o momento de explicitar a concepção semiológica da antropologia proposta por Cl. Lévi-Strauss, sublinhando suas implicações epistemológicas e filosóficas. A questão do sujeito, tal como se manifesta no pensamento de nosso antropólogo, aparecerá de modo mais claro e preciso nesta análise.

Antes de definir sua própria ciência — definição, aliás, que corresponde mais a um projeto do que a um saber já realizado —, Cl. Lévi-Strauss trata de delimitar os objetos de algumas disciplinas próximas a sua. Mostra-nos, inicialmente, que a *antropologia física* não pode ser concebida como "um estudo *natural* do homem", pois "toda sociedade humana modifica as condições de sua perpetuação física por meio de um conjunto de regras" (AS, 385). Cabe, pois, a esta disciplina estudar as transformações anatômicas e fisiológicas, mas somente na medida em que resultam das determinações socioculturais[41].

---

40. É por esta razão que, para nos explicar um dos três elementos estruturais do parentesco, Cl. Lévi-Strauss declara: "[a reciprocidade] é a forma mais imediata pela qual pode ser integrada a oposição entre mim e o outro" (SEP, 98).
41. F. Boas, por exemplo, como nos lembra Cl. Lévi-Strauss, "demonstrou em seus trabalhos de antropologia física que o índice cefálico, considerado pelos antropólogos

A *etnografia* — e nesse ponto constata-se um consenso generalizado entre os cientistas — "corresponde às primeiras fases da pesquisa: observação, descrição e trabalho de campo (*fieldwork*)" (AS, 387). A essa etapa descritiva seguem-se os primeiros esforços em direção à síntese efetuada pela *etnologia* (síntese geográfica, histórica e sistêmica)[42].
Como se sabe, as denominações *antropologia social* e *antropologia cultural* correspondem às terminologias inglesa e americana, respectivamente. Cl. Lévi-Strauss, porém, concebe essas duas abordagens como complementares: "Que a antropologia se proclame 'social' ou 'cultural', ela sempre aspira a conhecer o *homem total*, considerado, num caso, a partir de suas *produções* e, no outro, a partir de suas *representações*" (AS, 391). No entanto, como os instrumentos produzidos pelo *homo faber*, além de coisas são *signos*, é preciso reconhecer um predomínio da abordagem social sobre a cultural:

> A antropologia social nasceu da descoberta de que todos os aspectos da vida social — econômico, técnico, político, jurídico, estético, religioso — constituem um *conjunto significativo* e é impossível compreender qualquer um desses aspectos sem o situar no meio dos outros (ibid.).

Uma técnica não possui, portanto, apenas valor utilitário, mas preenche, também, uma *função* (ibid.), vale dizer, é um elemento que mantém "uma *relação constante*" (IOMM, XXXVI) com outros elementos, e o conjunto dessas funções exige a noção de *estrutura* para ser compreendido (cf. AS, 391). A antropologia social é, por conseguinte, necessariamente, uma *antropologia estrutural*.
A abordagem social, estrutural e semiológica da antropologia é a solução proposta por Cl. Lévi-Strauss ao problema do estatuto de cientifi-

---

como um traço invariante que pode servir para definir as raças, era função da influência do meio. Ao estudar nos Estados Unidos gerações sucessivas de imigrantes, ele provou que as diferenças anatômicas, inicialmente nítidas nos grupos étnicos, desapareciam progressivamente. Da mesma forma, o ritmo diferencial do crescimento das crianças. A crítica ao racismo tem sua origem em Boas" (PL, 59).

42. Emprega-se frequentemente a palavra "etnologia" no lugar de "antropologia", como o próprio Cl. Lévi-Strauss o faz em certos textos (por exemplo, IOMM). F. Laplantine esclarece que a etnologia pode ser concebida, igualmente, como a síntese da antropologia social com a antropologia cultural. Neste sentido, ela se distingue da antropologia biológica, da pré-histórica e da psicológica (cf. LAPLANTINE, 1987, 17-20).

cidade de sua disciplina. Examinemos esta abordagem, tendo em vista nosso objetivo imediato, a saber, circunscrever, com o máximo de precisão possível, o objeto da antropologia. Na medida em que

> todo elemento do real é um objeto, mas que suscita representações [...], uma explicação integral do objeto deveria dar conta simultaneamente da sua estrutura própria e das representações pelas quais apreendemos suas propriedades (IOMM, XXVII)[43].

A história demonstra, porém, que as ciências da natureza progrediram regularmente durante séculos ao abrigo da "distinção eminentemente instável" (IOMM, XXVIII) entre as *qualidades primárias*, isto é, que pertencem à própria coisa que se quer explicar, e as *qualidades secundárias*, a saber, cores, odores, sabores, ruídos, texturas, enfim, tudo o que é tributário dos sentidos e, por isso mesmo, desprezível do ponto de vista científico[44].

Nas ciências humanas, contudo, como insiste Cl. Lévi-Strauss, "o próprio observador é uma parte de sua observação" (IOMM, XXVII; cf. supra, cap. IV, 2). Com efeito,

> os fatos sociais não se reduzem a fragmentos esparsos, mas são vividos pelos homens, e esta consciência subjetiva, tanto quanto seus caracteres objetivos, é uma forma de sua realidade (AS II, 16).

Estariam, então, as ciências sociais definitivamente condenadas ao limbo da pura "compreensão", devendo renunciar definitivamente à "explicação", como supostamente admitia Dilthey no século XIX (cf. AS II, 17)? Como se sabe, a resposta de Cl. Lévi-Strauss é um veemente "não".

---

43. Cl. Lévi-Strauss continua sua argumentação ilustrando-a com um exemplo: "A química total deveria nos explicar, não somente a forma e a distribuição das moléculas do morango, mas como um sabor único resulta desta organização" (IOMM, XXVII).
44. Cl. Lévi-Strauss defende que a separação entre o pensamento e a vida que surgiu nos séculos XVII e XVIII foi necessária para o surgimento da ciência moderna. Era preciso distinguir o mundo real, com suas propriedades matemáticas, do mundo ilusório dos sentidos, fonte dos mitos e das religiões. Hoje, porém, já alcançamos um nível de desenvolvimento científico que nos permite retornar ao concreto, para descobrir nele sua lógica imanente. Assim, a química recente nos mostra que cada odor e cada sabor tem uma composição determinada. A ciência começa, portanto, a integrar em suas pesquisas os aspectos qualitativos do real (cf. MS, 18 e 38). Ela se aproxima, assim, paradoxalmente do "pensamento selvagem", que aplica classificações lógicas rigorosas às qualidades segundas (cf. PS, 11-49).

A antropologia estrutural: a função simbólica

O estudo da língua e a aplicação do modelo linguístico ao domínio do parentesco e dos mitos revelaram a atuação das estruturas inconscientes do espírito, logo a presença, no cerne mesmo do humano, de realidades objetivas, isto é, independentes das condições subjetivas do observador. Na verdade, a oposição epistemológica sujeito/objeto foi superada pela descoberta do inconsciente estrutural (cf. IOMM, XXX). Acima da consciência e das descrições fenomenológicas suscitadas por essa última situam-se as *leis* do pensamento simbólico. Não há, portanto, "continuidade entre o vivido e o real". Ao contrário, "para atingir o real, é preciso em primeiro lugar repudiar o vivido" (TT, 61). O pensamento não se constitui de outra natureza da que é peculiar ao mundo: "...mesmo quando ele se pensa a si próprio, ele se pensa sempre como um objeto" (IOMM, XLVII).

Em testemunho do que acabamos de dizer, convém lembrar que a linguística estrutural seguiu o seu caminho rumo à formalização, aplicando o modelo cibernético ao estudo da língua (cf. ELG1, 89). O próprio Cl. Lévi-Strauss dizia em 1950, estimulado pelas possibilidades abertas pela invenção de N. Wiener:

> Ao se associar cada vez mais estreitamente à linguística, para algum dia constituir com ela uma vasta ciência da comunicação, a antropologia social poderá se beneficiar das imensas perspectivas abertas à própria linguística, pela aplicação do raciocínio matemático ao estudo dos fenômenos da comunicação (IOMM, XXXVII).

Não é, pois, segundo o modelo do hermeneuta romântico, imbuído de simpatia e empatia pelos selvagens, que Cl. Lévi-Strauss imagina o antropólogo, mas antes "segundo o modelo do engenheiro, que concebe e constrói uma máquina por meio de uma série de operações racionais" (AS II, 17).

Convém completar essa comparação com outra muito sugestiva presente, também, nos escritos de Cl. Lévi-Strauss: "*O antropólogo é o astrônomo das ciências sociais*" (AS, 415). Essa metáfora ilustra, antes de mais nada, o distanciamento necessário ao conhecimento de culturas muito diferentes daquela do pesquisador e, sob este aspecto, ela se articula com a comparação anterior. Contudo, Cl. Lévi-Strauss insiste, muitas vezes, na radicalidade desta atitude epistemológica, que é, também, como veremos, ética e mesmo ontológica (cf. infra, Concl., 1):

Trata-se não somente de se elevar acima dos valores próprios à sociedade ou ao grupo do observador, mas de seus *métodos de pensamento*: de alcançar uma formulação válida, não somente para um observador honesto e objetivo, mas para todos os observadores possíveis. O antropólogo, portanto, não silencia apenas seus sentimentos: ele forja novas categorias mentais, contribui para introduzir noções de espaço e de tempo, de oposição e de contradição, tão estranhas ao pensamento tradicional como as que encontramos, hoje, em certos ramos das ciências naturais (AS, 398).

O conhecimento do *outro* exige uma completa transformação de nossa maneira de ser e pensar. A história da antropologia nos mostra com que imensas dificuldades esta disciplina conquistou seu objeto, lutando contra um formidável obstáculo epistemológico: o etnocentrismo. Um dos maiores méritos da obra de Cl. Lévi-Strauss está, justamente, nesta coragem serena "do olhar distanciado", nesta busca laboriosa e infatigável do outro enquanto outro, nesta denúncia permanente do horror à diferença, que está na raiz de alguns dos mais abomináveis crimes do Ocidente ou, no dizer do antropólogo, do "homem branco, adulto e civilizado" (SEP, 566). Convém lembrar que o "outro" em questão não se constitui apenas pelas "sociedades primitivas", mas ainda pelos marginais e excluídos da sociedade originária do pesquisador:

> [A revolução etnológica] consiste em rejeitar as identificações obrigatórias, seja a de uma cultura a essa mesma cultura, seja a de um indivíduo, membro de determinada cultura, a um personagem ou a uma função social que essa mesma cultura procura impor-lhe (AS II, 52).

M. Merleau-Ponty explica-nos com muita pertinência o pensamento de Cl. Lévi-Strauss neste ponto, oferecendo-lhe mesmo uma excelente definição de sua disciplina:

> A etnologia não é uma especialidade definida por um objeto particular: as sociedades primitivas; ela é uma maneira de pensar, aquela que se impõe quando o objeto é "outro" e exige que nos transformemos a nós mesmos. Assim, tornamo-nos os etnólogos de nossa própria sociedade, se tomamos distância em relação a ela [...]. Trata-se de aprender a ver como estrangeiro o que é nosso, e como nosso o que nos era estrangeiro (MERLEAU-PONTY, 1960, 150).

Na verdade, como já estamos percebendo, este outro só é outro porque não se identifica ao eu, à consciência, ao *cogito*, ao suposto sujeito, enfim, à representação narcísica que o homem ocidental formou de si mesmo[45]. O trabalho de campo do etnógrafo, como insiste Cl. Lévi-Strauss, revela com eloquência em que consiste o distanciamento metodológico a que nos referimos. É por meio de uma espécie de ascese que o etnógrafo, em contato com culturas radicalmente diferentes da sua, se despoja do seu eu para acolher o outro em sua alteridade, o qual se revela, inicialmente, como um "ele" que questiona e faz explodir as certezas do *cogito*[46]. Há uma "dúvida antropológica", análoga à dúvida filosófica, que introduz o objeto da antropologia (cf. AS II, 37). O trabalho de campo exige, de fato, o abandono do país e do lar; a exposição à fome, às doenças e aos perigos; pior ainda, a submissão das ideias, convicções e crenças aos "desmentidos", aos "insultos", à "profanação" do radicalmente diferente (cf. AS II, 25, 37 e 47). "Um eu física e moralmente abatido" (AS II, 47) é o preço a pagar pela conquista da objetividade no domínio da antropologia. A descoberta do outro é também a invasão do outro:

> O antropólogo pratica a observação integral, depois da qual não há mais nada, a não ser a absorção definitiva — e este é um risco — do observador pelo objeto de sua observação (AS II, 25).

Mas, se é possível que essa absorção ocorra, é porque o observado está, desde sempre, no observador. O outro que constitui o objeto da antropologia é o outro de nós mesmos, ou seja, nossas virtualidades estruturais ilimitadas, tais como se encontram parcialmente objetivadas numa cultura diferente da nossa (cf. IOMM, XXIX). Pode-se dizer o mesmo com esta fórmula que Cl. Lévi-Strauss toma por empréstimo de Rimbaud: "Eu é um outro". Mas alcançamos aqui, novamente, o inconsciente, a saber, este "terreno [as leis estruturais] [...] em que o objetivo [o outro] e o subjetivo [minhas virtualidades] se encontram" (IOMM, XXX;

---

45. Pode-se acrescentar aos golpes narcísicos sofridos pela humanidade, tais como Freud os indica — as revoluções copernicana, darwiniana e freudiana (psicanalítica) (cf. Freud, 1933, 137-147) —, o golpe estrutural.
46. Cl. Lévi-Strauss atribui a J.-J. Rousseau a descoberta de um "'ele' que se pensa em mim e que me faz inicialmente duvidar se sou eu quem pensa" (AS II, 49).

adição nossa entre colchetes). Eis a razão pela qual a antropologia é de todas as ciências a única "a fazer da subjetividade mais íntima um meio de demonstração objetiva" (AS II, 25):

> Toda sociedade diferente da nossa é objeto, todo grupo de nossa própria sociedade, diferente do que pertencemos, é objeto, todo costume desse mesmo grupo, ao qual não aderimos, é objeto. Mas esta série ilimitada de objetos, que constitui o Objeto da etnografia, o qual o sujeito deveria arrancar dolorosamente de si, se a diversidade de usos e costumes não o colocasse na presença de uma fragmentação operada de antemão, jamais a cicatrização histórica ou geográfica pode levá-lo a esquecer (sob risco de anular o resultado de seus esforços) que tais objetos procedem dele, e que a análise mais objetivamente conduzida não pode deixar de reintegrá-los na subjetividade (IOMM, XXIX).

Aí está o paradoxo das "ciências do homem": elas só podem ser objetivas radicalizando a subjetividade. Esta radicalização chama-se justamente *inconsciente*, "o termo mediador entre o eu e o outro" (IOMM, XXXI).

Retomando a comparação já mencionada, podemos dizer que o antropólogo é, sim, o astrônomo das ciências sociais, mas, convém ressaltar, como o faz Cl. Lévi-Strauss, que as constelações em causa são "constelações humanas" (IOMM, LI). Na antropologia, de fato, a "busca intransigente de uma objetividade total só pode se desenvolver num nível em que os fenômenos conservem uma *significação humana*". As realidades estudadas pela antropologia, ao contrário do que sucede, por exemplo, na economia ou na demografia, possuem "um *sentido* no plano da experiência vivida do sujeito" (AS, 398, itálico nosso). Cabe citar, neste ponto, uma observação de J.-J. Rousseau, retomada por Cl. Lévi-Strauss, que explica de maneira particularmente adequada o objeto da antropologia estrutural:

> Quando se quer estudar os homens, é preciso olhar perto de si; mas, para estudar o homem, é preciso aprender a olhar mais longe; é preciso, primeiro, observar as diferenças, para descobrir as propriedades (ROUSSEAU[47] apud AS II, 47).

---

47. ROUSSEAU, Jean-Jacques, *Essai sur l'origine des langues*, ch. VIII. Édition A. Belin. Paris: [s.n.], 1817.

No que concerne ao primeiro nível — o estudo *dos homens* —, poderíamos nos contentar com a abordagem compreensiva de estilo diltheyniano ou com uma "fenomenologia verborrágica" (IOMM, XLVI), que descreve um dado "sobre o qual a análise científica não tem domínio" (IOMM, XXXV). O segundo nível — o estudo *do homem*, portanto o nível propriamente antropológico — requer, todavia, a abordagem estrutural, que "é a busca dos invariantes ou dos elementos invariantes entre as diferenças superficiais" (MS, 20). Entretanto, nos dois casos, trata-se do "fenômeno humano" (SEP, XL), logo, da emergência do sentido no universo, porque "o homem só tem sentido sob a condição de se colocar no ponto de vista do sentido". O sentido primeiro, contudo, "não é jamais o bom" (PS, 302). "A verdadeira realidade nunca é a mais manifesta" (TT, 61). O que a lição combinada de Freud e de Marx nos ensina é que "as superestruturas são atos falhos que foram socialmente 'bem-sucedidos'. É vão, por conseguinte, buscar o sentido mais verdadeiro junto à consciência histórica" (PS, 302). "Os dados conscientes são sempre mentirosos" (SHA, 224). É preciso romper com a concepção ocidental do homem, com certo "humanismo, corrompido desde o nascimento, por ter tomado por empréstimo do amor-próprio seu princípio e sua noção" (AS II, 53). Esse humanismo nos dá a ilusão de que "o homem está inteiramente refugiado num único modo histórico ou geográfico de seu ser, enquanto a verdade do homem reside no sistema de suas diferenças e de suas propriedades comuns" (PS, 297). O sistema, como já sabemos, só se manifesta quando nos damos conta de que "eu é um outro" e de que este outro, que me provoca horror, é o reverso inconsciente de mim mesmo[48].

Estes dois níveis, porém, longe de se excluírem mutuamente, são complementares. A descrição fenomenológica é o ponto de partida da explicação estrutural[49], e esta, por sua vez, é verificada pela compreensão (cf. IOMM, XXVI). A metáfora da astronomia exige, portanto, que

---

48. "A etnologia consiste sempre em estudar o homem pela outra extremidade" (CLS, 197).

49. Em sua polêmica com J.-P. Sartre, Cl. Lévi-Strauss presta homenagem à fenomenologia, mas declara que espera encontrar nela um "ponto de partida, não um ponto de chegada" (PS, 298).

se acrescente ao distanciamento metodológico enfatizado pela comparação, o movimento de retorno ao vivido pela mediação conceitual[50]:

Já podemos discernir a originalidade da antropologia social: ela consiste — em vez de opor à explicação causal a compreensão — em descobrir um objeto que seja ao mesmo tempo objetivamente muito longínquo e subjetivamente muito concreto, cuja explicação causal possa se fundar nesta compreensão que para nós é apenas uma forma suplementar de prova (AS II, 17).

A "interpretação estrutural" (cf. CLS, 208; IOMM, XXV) deve, então, fazer coincidir a explicação com a compreensão, "a objetividade da análise [...] com a subjetividade da experiência vivida" (IOMM, XXVI). Eis a noção de "fato social total" de M. Mauss plenamente reconquistada pela antropologia estrutural. *"Icy enthusiasm for truth"* era o lema de F. Boas (apud HERTEFELT, 1973, 93). Talvez se possa empregá-lo como divisa de todas as pesquisas nas ciências sociais e humanas.

Cl. Lévi-Strauss foi frequentemente acusado de formalismo (cf. MARC-LIPIANSKY, 1973, 295). Ele se defende mostrando que o estruturalismo não opõe o concreto ao abstrato, a matéria à forma. "A *estrutura* não possui conteúdo diferente: ela é o próprio conteúdo, apreendido numa organização lógica concebida como propriedade do real" (AS II, 139). A análise estrutural não rejeita o concreto[51]. O que se percebe, de início, como perda de sentido, constitui, na verdade, um ganho. "Todo sentido remete a um sentido menor, que lhe confere seu mais alto sentido" (PS, 304). Em vez de ser um formalismo, a antropologia estrutural é uma "ciência semiológica", quer dizer, ciência da comunicação inter-humana e, por isso, da significação (AS II, 20).

Deve-se reconhecer, porém, que o mais fundamental na ótica de Cl. Lévi-Strauss não é o sentido, mas a estrutura. No "Finale" da obra *Mythologiques*, ele declara: "*o fato da estrutura é primeiro*" (HN, 561; cf.

---

50. Depois de apresentar a comparação mencionada, Cl. Lévi-Strauss acrescenta que o antropólogo "é encarregado de descobrir um *sentido* para configurações muito diferentes [...] daquelas que se avizinham imediatamente do observador" (AS, 415, itálico nosso).
51. "Se um pouco de estruturalismo se distancia do concreto, muito [estruturalismo] conduz a ele" (AS II, 140).

CLS, 208). Segundo nosso antropólogo, a experiência do sentido é um fenômeno secundário que deve "toda a sua realidade" à "infraestrutura" subjacente (IOMM, XXXV). Daí ele afirmar, em resposta a uma questão formulada por Paul Ricoeur num debate: "O sentido não é jamais um fenômeno primeiro: o sentido é sempre redutível [...]. Para mim a significação é sempre fenomenal" (ESPRIT, 1963, 637).

Do ponto de vista estruturalista, o que importa é "a evidência dos vazios muito mais do que o seu conteúdo" (PS, 94). Referindo-se ao inconsciente estrutural e ao tipo de análise que o manifesta, Cl. Lévi-Strauss declara: "alcança-se o nível lógico pelo empobrecimento semântico" (PS, 140).

8. Conclusão: a ambiguidade do discurso de Cl. Lévi-Strauss acerca do sujeito

Acabamos de examinar as principais etapas do pensamento de Cl. Lévi-Strauss para constituir a antropologia como ciência semiológica. É evidente que o impressionante edifício teórico e metodológico erigido pelo antropólogo repousa sobre o conceito de inconsciente estrutural, cuja universalidade, todavia, está ainda longe de ser demonstrada, como ele próprio o reconhece. Seja como for, os resultados alcançados até o presente já autorizam afirmar que: a) a cultura pode ser definida como "um conjunto de sistemas simbólicos"; b) esses sistemas, na medida em que são produzidos inconscientemente pelo "espírito humano" (ou, mais precisamente, pela "natureza humana"), possuem uma consistência epistemológica análoga à dos objetos das ciências da natureza; c) a antropologia estrutural, a exemplo da linguística estrutural, não é, portanto, uma ciência puramente compreensiva, mas uma ciência explicativa, cujo objeto é a determinação das causas sistêmicas dos fatos sociais; d) a consciência, quer sob sua forma "espontânea, imanente ao objeto de observação", quer sob sua forma "refletida — consciência da consciência" — é "a inimiga secreta das ciências do homem" (AS II, 344), cujo "fim último [...] não é constituir o homem, mas dissolvê-lo" (PS, 294); e) o sentido correlato às vivências da consciência, o qual constitui o tema central das pesquisas fenomenológicas, não tem consistência interna, mas reduz-se a um simples reflexo das "estruturas inconscientes do espírito".

Discutiremos tais teses na conclusão deste estudo. Contudo, assinalamos desde já que, a despeito das declarações de Cl. Lévi-Strauss que acabamos de lembrar, o método estrutural, tanto na linguística como na antropologia, requer necessariamente o concurso do sujeito para se efetivar, porque, conforme o admite o próprio antropólogo, a compreensão é, necessariamente, o ponto de partida e o ponto de chegada (a "prova suplementar") de qualquer explicação de caráter estrutural (cf. AS II, 17).

Como já sabemos, o campo semiológico instaurado por Saussure nas ciências humanas não se manifestaria se o genebrino não tivesse distinguido o enfoque sincrônico do enfoque diacrônico dos fatos sociais, submetendo este último ao primeiro. Ora, o ponto de vista sincrônico é, como defende Saussure, o da consciência do falante. "O fato sincrônico é sempre significativo" (CLG, 122), afirma o autor do CLG. Não é de estranhar, portanto, que Cl. Lévi-Strauss tenha admitido, por um lado, que a fenomenologia é o "ponto de partida" (PS, 298) da análise estrutural e, por outro, que a "prova social só pode ser mental; [...] jamais poderemos estar seguros de haver atingido o sentido e a função de uma instituição se não formos capazes de reviver sua influência na consciência individual" (IOMM, XXVI). Os fatos estudados pela antropologia — e é o próprio Cl. Lévi-Strauss quem o diz categoricamente — têm um "sentido no plano da experiência vivida do sujeito" (AS, 398). Se a filosofia estruturalista pode "fazer abstração do sujeito", expulsando-o dos fatos sociais como uma "insuportável criança mimada" (HN, 614), o método estrutural, considerado em suas diferentes etapas, obriga-nos, no entanto, a reintroduzi-lo na análise.

O discurso de Cl. Lévi-Strauss é, por conseguinte, nitidamente ambíguo: ao mesmo tempo em que reivindica com insistência o sentido e a subjetividade dos fatos sociais, exalta a estrutura, proclamando sua autonomia e sua absoluta prioridade em relação ao sentido e à subjetividade desses mesmos fatos. Esta ambiguidade resulta, a nosso ver, da confusão entre a filosofia estruturalista e o método estrutural.

Conclusão

O estruturalismo e a questão do sujeito

Enquanto Saussure e Jakobson dedicaram-se fundamentalmente à elaboração do método estrutural sem privilegiar questões de ordem filosófica — ainda que tais questões sempre tenham estado, implícita ou explicitamente, presentes em suas investigações teóricas e metodológicas —, Cl. Lévi-Strauss procurou, recorrentemente, formular a filosofia subjacente a este método. Polemizando com J.-P. Sartre (cf. TT, 61; PS, 292-321; HN, 572), dialogando com P. Ricoeur (cf. Esprit, 1963, 628-653; CC, 19, n. 1), repensando J.-J. Rousseau (cf. AS II, 45-56), distanciando-se de outros pensadores dos anos 60 (cf. HN, 573) — J. Lacan, M. Foucault, L. Althusser, R. Barthes — e refletindo sobre suas próprias conclusões (cf. IOMM, IX-LII; HN, 559-621), Cl. Lévi-Strauss, em vários escritos e, também, em entrevistas traçou, por assim dizer, um esboço da filosofia estruturalista, cujo núcleo, conforme expomos na introdução deste estudo (cf. supra, Intr., 1), reduz-se a uma enérgica contestação do primado da consciência na compreensão do homem. O sujeito, identificado pela filosofia moderna à figura do *cogito* (cf. Heidegger, 1970, 69-100), é, pois, o alvo preferido do anti-humanismo (cf. AS II, 53; MARC-LIPIANSKY, 248-253) ou, mais precisamente, do "neo-humanismo" (cf. SHA, 225; IOMM, XXIX; RE, 35, 46) inerente à doutrina estruturalista. Sabe-se como a questão do sujeito, discutida por Nietzsche e, sobretudo, por Heidegger, na Alemanha, dominou o pensamento francês na segunda metade do século XX, em particular a filosofia da diferença (cf. FRANK, 1988; LARUELLE, 1986), também chamada de neoestruturalismo[1] ou pós-estruturalismo (cf. FRANK, 1989; WILLIAMS, 2005). Sem dúvida, esta imensa discussão em torno do sujeito deve muito a Cl. Lévi-Strauss (cf. DOSSE, 1992, 1993), apesar do lugar extremamente modesto que ele atribui ao aspecto filosófico de sua obra[2].

Estudamos a abertura do campo semiológico e o desenvolvimento do método estrutural na linguística e na etnologia, tendo tido a oportunidade de realçar ao longo de nosso percurso as implicações filosóficas deste método. É chegado o momento de reunir estas considerações esparsas e, tendo em vista nossos objetivos, discutir os princípios filosóficos do estruturalismo, notadamente os relativos à questão do sujeito. Considerando a hipótese que formulamos na introdução deste trabalho, tomaremos, agora, como fio condutor do debate duas interrogações básicas: a filosofia defendida por Cl. Lévi-Strauss é compatível ou não com o método estrutural? O sentido dos fenômenos estudados por esse método, tal como a reflexão o manifesta, não exigiria uma outra concepção filosófica do homem diferente da preconizada pelo fundador da antropologia estrutural? É o que examinaremos a seguir. Trataremos, inicialmente, da filosofia estruturalista, para discutir, numa segunda etapa, seus princípios à luz da fenomenologia.

---

1. Cf., p. ex., Herméneutique et néo-structuralisme (Derrida, Gadamer, Searle), numéro spécial, *Revue Internationale de Philosophie*, n. 151, 1984.
2. Numa carta a C. Clément, referindo-se ao ensaio *Lévi-Strauss ou la structure et le malheur* de sua autoria, o antropólogo observa: "Eu admito de bom grado ter-me servido de um andaime filosófico (dos mais leves) para construir um edifício 'pedregoso', que consiste, no primeiro andar, numa teoria do parentesco e do casamento e, no segundo, numa teoria do pensamento mítico. Ora, de sua análise, o edifício está quase completamente ausente: você só considera o andaime, o qual pode aparecer ao leitor como o edifício propriamente dito, edifício dos mais esquisitos, arbitrário e — como se espantar? — muito pouco hospitaleiro. Eu, também, como você, não me sentiria à vontade nele, mas é porque a verdadeira casa está alhures" (CLÉMENT, 1974, 19).

Conclusão

1. Os três aspectos da questão estruturalista do sujeito

É preciso observar, antes de mais nada, que o termo *sujeito* (e seus derivados) não aparece no discurso de Cl. Lévi-Strauss com um sentido unívoco. Na maioria dos casos, designa o *cogito*, a consciência, "a experiência vivida" (cf., p. ex., IOMM, XXCI, XL; TT, 61; PS, 291-305; HN, 615); por vezes, no entanto, refere-se ao inconsciente estrutural, ou mais precisamente, na medida em que as estruturas inconscientes são, em última análise, produzidas pelo cérebro (cf. SEP, XVII), à "natureza humana" (cf. IOMM, XXIX); em certas ocasiões, no entanto, o termo é empregado, implícita ou explicitamente, para designar o psiquismo (ou "o espírito humano") globalmente considerado, ou seja, nos seus aspectos conscientes e inconscientes (cf., p. ex., IOMM, XXVIII; AS, 28, 75, 81, 91). É também significativo que o termo *sujeito* não apareça no índice das principais obras teóricos de Cl. Lévi-Strauss (referimo-nos a AS, AS II e RE). Essa ambiguidade e esse lapso indicam que a filosofia estruturalista carece de uma teoria do sujeito.

Seja como for, a questão do sujeito, embora desprovida de um quadro teórico apropriado, está certamente presente no discurso de Cl. Lévi-Strauss, onde aparece sob três aspectos distintos, a saber, epistemológico, ético e ontológico. Examinemos cada um deles em particular.

1.1. O aspecto epistemológico

F. de Saussure descobriu, na linguagem, o fenômeno humano por excelência, uma realidade objetiva, imune à influência do observador. Denominou-a *língua*, distinguindo-a da *fala*. A língua é um "sistema de signos" cujas virtualidades são atualizadas, a todo instante, por cada um de nós, no momento da fala. Ninguém pode intencionalmente modificar a língua. Ela é um sistema, dotado de suas próprias leis, as quais se impõem necessária e inconscientemente ao sujeito falante.

Enquanto os estudos linguísticos do século XIX desagregavam a linguagem ao buscar a gênese histórica de seus elementos, considerados apenas em sua materialidade fônica (e não como sons distintivos), o *Cours de linguistique générale* (CLG), publicado em 1916, afirma que os elementos linguísticos não podem ser tratados fora do sistema que os determina como tais. "É do todo solidário que é preciso partir para obter, por análise, os elementos que ele contém" (CLG, 157), afirma Saussure. O sistema não pode se manifestar senão opondo o diacrônico ("o eixo das sucessões") ao sincrônico ("o eixo das simultaneidades"). O que importa não é a evolução ou a regressão das línguas, mas "o estado de língua". Saussure não rejeita na linguagem nem a história nem a fala, mas sustenta que a inteligibilidade das duas depende da língua. É a sincronia que explica a diacronia; é o sistema que torna inteligível o processo; é o todo que dá sentido e realidade às partes.

O genebrino, portanto, isolou na linguagem um objeto com uma consistência epistemológica análoga àquela dos objetos das ciências da natureza: a língua. Na esteira do autor do CLG, N. Troubetzkoy e R. Jakobson, reunidos em Praga a partir de 1926, isolaram, na língua, o fonema, isto é, segundo a definição deste último, um conjunto de "traços [sonoros] distintivos" que, apesar de destituídos de significação, condicionam as unidades significativas da primeira articulação (cf. ELG1, 165; MARTINET, 1980, 13-15). Estes "átomos simbólicos", para empregar uma expressão de E. Sapir retomada por Jakobson (cf. ELG1, ibid.), constituem também "sistemas [objetivos] de relações", isto é, sistemas autônomos em relação às condições subjetivas do observador e, como tais, aptos a receber um tratamento científico.

No 1º Congresso Internacional de Linguistas, sediado em Haia em 1928, o termo *fonologia* foi adotado oficialmente pelo Círculo Linguístico de Praga, enquanto *estrutura* (e seus derivados) começou a circular na comunidade científica, a partir de 1929, graças às teses publicadas em Praga pelo 1º Congresso de Filólogos Eslavos, para designar as relações dos fonemas no interior do sistema. O atomismo fonético do século XIX cedeu lugar ao estruturalismo fonológico.

Os esforços de Saussure, Troubetzkoy e Jakobson conduziram, por conseguinte, a linguística a ocupar "um lugar excepcional" no conjunto das denominadas "ciências humanas". Na realidade, segundo Cl. Lévi-Strauss, a linguística é a única destas disciplinas que merece o nome de ciência e, por isso mesmo, deve servir de guia para todas as pesquisas no setor social (cf. AS, 37). Aplicando o modelo linguístico ou, mais preci-

Conclusão

samente, o modelo fonológico à sociologia do parentesco, o antropólogo resolveu, brilhantemente, o enigma da proibição do incesto. Cl. Lévi-Strauss liga essa proibição, ou melhor, os sistemas exogâmicos que a realizam no seio da vida social, à troca de dons estudados por Marcel Mauss. Aproximando o *Essai sur le don* do *Cours de linguistique générale*, Cl. Lévi-Strauss estabeleceu em *Les structures élémentaires de la parenté* que as instituições matrimoniais são "estruturas de reciprocidade" produzidas inconscientemente pelo espírito humano, as quais possibilitam a troca do "bem por excelência", do "supremo presente", isto é, a mulher (cf. SEP, 73, 76). A função de tais sistemas consiste em criar condições favoráveis para a justa distribuição de mulheres, quer dizer, uma distribuição que ofereça a cada grupo, ao término do processo, o mesmo número de mulheres recebidas. A reciprocidade buscada por tais sistemas, contudo, não pode realizar-se sem que a sociedade se divida em grupos antagônicos. Antagonismo e reciprocidade são, portanto, fenômenos correlatos (cf. ibid., 102). Em outras palavras: "o horror ao incesto", na medida em que opõe uma categoria de parentes à outra, instaurando no cerne da sociedade grupos adversos, é apenas a face negativa — e visível — de um fenômeno eminentemente positivo: a troca recíproca de mulheres, em vista da *aliança* entre os grupos (cf. ibid., 542).

De fato, a proibição do incesto não concerne às características intrínsecas (biológicas, por exemplo) da mulher — o valor trocado pelos pais e irmãos —, mas a sua pertença a "um sistema de relações antitéticas", o qual viabiliza a troca. O que importa é "o signo da alteridade" ou, mais precisamente, o lugar da mulher como *a mesma* ou *a outra* num "sistema de oposições" (ibid., 133).

Há, portanto, um paralelismo evidente entre o fonema e a proibição do incesto. "Por mais heteróclitas que possam ser [essas duas] noções", afirma Cl. Lévi-Strauss, "a concepção que eu [fiz] da segunda se inspira na função assinalada pelos linguistas à primeira" (*Préface* a JAKOBSON, SLSS, 12; as observações em colchetes são nossas).

Diferentemente do que ocorre na natureza — referimo-nos à transmissão da herança genética —, a reciprocidade, no âmbito humano, é organizada pelo pensamento. Em outras palavras, os fenômenos de parentesco pertencem à ordem da *representação*, ou melhor, à ordem *sim-*

bólica. "Um sistema de parentesco", escreve o antropólogo, "é um sistema arbitrário de representações" (AS, 61). As relações de parentesco são, pois, relações pensadas. O pensamento simbólico, no entanto, enraíza-se no inconsciente estrutural, cuja natureza é puramente formal ou categorial. "A atividade inconsciente do espírito consiste em impor formas a um conteúdo" (ibid., 28). Órgão da "função simbólica", o inconsciente "limita-se a impor leis estruturais [...] a elementos inarticulados que provêm de outro lugar: pulsões, emoções, representações, lembranças" (ibid., 224). A postura teórica de Cl. Lévi-Strauss aproxima-se mais de Kant do que de Freud (cf. CC, 19, n. 1). Assim como o sujeito falante, conforme Saussure demonstrou, é capaz de segmentar inconscientemente os sons emitidos pelo aparelho fonador, transformando-os em elementos significantes de significados que efetuam a comunicação linguística, o espírito humano é capaz de organizar inconscientemente as relações biológicas de reprodução, em vista de fins sociais ou, mais precisamente, da comunicação intergrupal. "À articulação do som e do sentido [corresponde] assim, em outro plano, a da natureza e da cultura" (LÉVI-STRAUSS, *Preface* a JAKOBSON, SLSS, 12).

Na conclusão de *Les structures élémentaires de la parenté*, animado pelos resultados obtidos, Cl. Lévi-Strauss compara a troca de mulheres à troca das mensagens linguísticas, ou melhor, a universalidade da proibição do incesto à universalidade da linguagem. Em outros termos, ao considerar que exogamia e linguagem possuem a mesma função fundamental, a saber, "a comunicação com outrem e a integração do grupo" (SEP, 565), o antropólogo propõe que se conceba a mulher, vale dizer, o veículo da comunicação intergrupal, como uma espécie de signo. A conversão da mulher em signo abre a possibilidade de pensar a cultura como "um conjunto de sistemas simbólicos" (IOMM, XIX) e a antropologia como uma ciência semiológica, ou seja, segundo a definição de Saussure, "uma ciência que estuda a vida dos signos no seio da vida social" (CLG, 33).

Na medida em que a proibição do incesto, através da multiplicidade de regras que a concretizam na realidade social, constitui a *Regra* por excelência, isto é, o ato que instaura continuamente a troca de mulheres e, simultaneamente, a troca de bens, serviços e mensagens, logo, as trocas simbólicas em geral, pode-se concebê-la como "o procedimento graças ao qual, pelo qual, mas, sobretudo, no qual se realiza a passagem da natureza à cultura" (SEP, 29). Ao considerar os sistemas de parentesco e casamento como análogos aos sistemas linguísticos, isto é, como sistemas simbólicos produzidos pelas "estruturas inconscientes do espírito", as quais completam e continuam as estruturas naturais, Cl. Lévi-Strauss revela a articulação entre a ordem natural e a ordem simbólica ou, em outros termos, detecta o momento, sempre renovado, em que as estruturas sociais se encontram com as estruturas naturais, possibilitando a emergência do homem no universo.

O laborioso percurso de Cl. Lévi-Strauss no domínio da sociologia do parentesco e as descobertas linguísticas de Saussure e Jakobson revelam, pois, que as "ciências do homem" não são ciências puramente compreensivas, como supunha W. Dilthey, mas, essencialmente, ciências explicativas, que estudam as estruturas inconscientes do espírito, vale dizer, realidades objetivas que podem ser estudadas independentemente das condições subjetivas do observador (cf. AS II, 17; IOMM, XXVII-LII).

"A verdade do homem não se encontra no plano da 'consciência histórica', mas reside no sistema de suas diferenças e de suas propriedades comuns" (OS, 302, 297). Não existe nenhuma "continuidade entre o vivido e o real", como afirma a fenomenologia. Ao contrário, "para alcançar o real é preciso primeiro repudiar o vivido" ou, em outros termos, abandonar "as ilusões da subjetividade" (TT, 61). É por este procedimento que se alcançam as estruturas culturais que estão em perfeita consonância com as estruturas naturais. Cl. Lévi-Strauss postula, com efeito, "a identidade [...] das leis do mundo com as do pensamento" (AS, 102). Ele reabilita, assim, o conceito metafísico de verdade como *adequatio* (cf. TT, 58). Cabe ao conhecimento científico — e somente a ele — alcançar, dentro de certos limites, a conformidade entre a ordem simbólica (estruturas significantes) e a ordem real (estruturas significadas) (cf. IOMM, XLVII-XLIX). Ao refletir, como num espelho, a realidade e suas estruturas, o discurso científico neutraliza as qualidades segundas e dilui os laços entre sujeito e objeto (cf. ibid., XXVIII). É preciso "compreender o ser em relação a si mesmo e não em relação a mim" (TT, 61), declara o antropólogo opondo-se a Sartre. Na perspectiva de Cl. Lévi-Strauss, o discurso científico a respeito do homem é, pois, um discurso sem sujeito.

1.2. O aspecto ético

A questão em debate tem, ainda, no estruturalismo uma dimensão ética. À exclusão do sujeito corresponde, com efeito, a necessidade de manter as pesquisas científicas, particularmente em etnologia, isentas da representação narcísica que o homem ocidental formou de si mesmo, representação esta que se expressa nos humanismos modernos, em suas diferentes modalidades (cf. AS II, 53).

N. S. Troubetzkoy, num artigo de 1922, intitulado *L'Europe et l'humanité*, condenou energicamente "o chauvinismo cultural do ocidente romano-germânico, para o qual a cultura europeia é sinônimo de cultura da humanidade" (apud HOLENSTEIN, 1974, 61). Cl. Lévi-Strauss, por sua vez, mostrou em várias ocasiões que o objeto da antropologia é o *outro*. Ora, como esta ciência nasceu na Europa no século XIX, ela só poderia constituir-se, pulverizando as certezas narcísicas do *cogito* moderno (cf. AS II, 48-50). Uma das principais contribuições do estruturalismo ao pensamento contemporâneo foi, justamente, a sua luta obstinada contra o etnocentrismo europeu, particularmente como ele se manifestou nos diferentes empregos da teoria evolucionista[3].

De fato, pode-se definir a antropologia como a ciência do outro ou a ciência da alteridade. A delimitação deste objeto — o outro — "exige", como constata M. Merleau-Ponty, "que nos transformemos a nós mesmos" (MERLEAU-PONTY, 1960, 150). Em outras palavras, o objeto da antropologia não pode ser conquistado sem uma atitude ética fundamental. Essa atitude, no entanto, não está apenas no início da pesquisa, mas a anima do princípio ao fim, penetrando até mesmo os conteúdos estudados. Em nosso entender, a antropologia estrutural é um projeto essencialmente ético. É o que se pode inferir de uma breve reflexão a respeito do conceito de reciprocidade. Esse conceito não é apenas a chave para compreender toda a primeira parte da obra de Cl. Lévi-Strauss, ou seja, o conjunto de

---

3. Esta é, também, a opinião de F. Dosse, o autor de *Histoire du structuralisme* (1992, 1993), como já lembramos na introdução deste trabalho (cf. supra, Intr., n. 1).

Conclusão

textos (livros, artigos, comunicações, entrevistas etc.) que gira em torno de *Les structures élémentaires de la parenté*, mas representa uma tentativa, quiçá inconsciente, para fundamentar cientificamente a ética. De fato, o princípio de reciprocidade, que requer do indivíduo uma descentralização em relação a seus interesses pessoais, para atender aos interesses do outro e da comunidade — a realização desses últimos interesses é a condição para a realização dos interesses pessoais —, tal princípio é universalmente reconhecido como a base mesma da vida moral (cf. Roy, 1970, 13-49).

O antropólogo tomou como ponto de partida de sua reflexão sobre a proibição do incesto o *Essai sur le don*, texto animado do início ao fim por uma vigorosa e bem fundamentada intenção ética. M. Mauss refere-se à moral e à economia dos dons, lembrando que o *homo economicus* é uma invenção recente (cf. ED, 272). Felizmente, em nossas sociedades modernas, "uma parte considerável de nossa moral e de nossa própria vida se mantém ainda nesta mesma atmosfera do dom" (ibid., 258). Fiel a tais convicções de seu mestre, Cl. Lévi-Strauss, como já lembramos, estudou os sistemas de casamento e de parentesco à luz da troca dos dons, elaborando, assim, o conceito de "estrutura de reciprocidade", graças ao qual resolveu o enigma da proibição do incesto. "O incesto", diz ele, "consiste em obter por si mesmo e para si mesmo, em vez de obter por outrem e para outrem" (SEP, 561). A proibição do incesto é, portanto, "a regra do dom por excelência" (ibid., 542). A condição para obter mulheres é a cessão das irmãs e filhas do próprio grupo. O homem é um ser estruturalmente aberto ao outro, e sua natureza é de tal modo constituída que produz espontânea e inconscientemente "estruturas de reciprocidade", as quais possibilitam a comunicação inter-humana. Mas este mesmo princípio de reciprocidade, que anima a vida social, reaparece no nível teórico e metodológico. Com efeito, a descoberta do outro implica a perda do eu: entrego o *cogito*, para ganhar o inconsciente; deixo minha cultura, para compreender outras culturas; abandono meus métodos de pensamento, para descobrir "novas categorias mentais"; renuncio aos humanismos ocidentais, para instaurar um "neo-humanismo", que, longe de começar por si mesmo, coloca "o mundo antes da vida, a vida antes do homem, o respeito aos outros antes do amor de si" (SHA, 225). "O outro em primeiro lugar", tal poderia ser o lema da ética proposta por Cl. Lévi-Strauss.

1.3. O aspecto ontológico

Além de epistemológica e ética, a questão do sujeito, no discurso do antropólogo, é, também, uma questão ontológica. Movido por uma legítima preocupação de ordem ecológica e procurando recuperar a sabedoria arcaica que exalta a inserção do homem na natureza, Cl. Lévi-Strauss projetou uma filosofia naturalista e materialista do sujeito que, paradoxalmente, acabou por reduzi-lo ao estatuto de coisa ou de objeto. "Meu pensamento", diz o antropólogo, "é ele mesmo um objeto. Sendo deste mundo, participa da mesma natureza que ele" (TT, 58). Dissolver o homem nas estruturas simbólicas e reintegrá-lo nas estruturas naturais deve ser, por conseguinte, o objetivo supremo das ciências humanas (cf. PS, 294).

À dissolução do sujeito na cultura e na natureza, corresponde a afirmação do primado da estrutura sobre o sentido. "O sentido", declara Cl. Lévi-Strauss, "resulta sempre da combinação de elementos que não são eles mesmos significantes" (Esprit, 1963, 637). O que a tradição filosófica chama *sentido* não tem consistência própria, mas é criado, por acaso, a partir do não sentido.

É por esta razão que o estruturalismo se empenha para expulsar o sujeito das ciências do homem. A realidade se reduz aos objetos, ou melhor, às relações entre os objetos, e o que a filosofia denomina subjetividade não passa de um epifenômeno.

Para concluir, assinalemos que os três aspectos da questão estruturalista do sujeito, que acabamos de examinar, são interdependentes: a neutralização do etnocentrismo europeu (aspecto ético) é a contrapartida da conquista de objetividade científica na etnologia (aspecto epistemológico); esses dois aspectos, contudo, se fundamentam na continuidade e na correspondência entre as estruturas naturais e as estruturas simbólicas (aspecto ontológico).

2. Interrogando Cl. Lévi-Strauss

Discutiremos a seguir os três aspectos da questão estruturalista do sujeito à luz da fenomenologia, corrente filosófica contra a qual, como vimos, Cl. Lévi-Strauss se insurgiu. Neste empreendimento crítico, re-

Conclusão

correremos principalmente à fenomenologia transcendental de Ed. Husserl, sem omitir, contudo, a referência a outras vertentes fenomenológicas, em particular a endossada por P. Ricoeur. Veremos, a partir desta discussão, que a concepção fenomenológica do homem se adapta melhor ao método estrutural do que a ontologia materialista e naturalista defendida por Cl. Lévi-Strauss.

2.1. Ciência e subjetividade

O que, antes de mais nada, nos chama a atenção no exame desta temática é a contradição manifesta entre os dois primeiros aspectos da questão estruturalista do sujeito: o projeto positivista e cientificista de objetividade total é motivado, em última análise, por um projeto ético. Como afirma P. Ricoeur, unindo L. Althusser a J. Habermas, não há "corte epistemológico" sem "interesse", este último podendo ser de emancipação ou de dominação (cf. RICOEUR, 1991, 324).

R. Jakobson, ao nos apresentar alguns dos principais fatos que estão na origem da fonologia, destacou a luta dos precursores desta disciplina para arrancar seu objeto do solo ideológico do século XIX. "As teorias linguísticas", conclui, "sofrem modificações de acordo com o ambiente pessoal, histórico e ideológico de seus intérpretes" (ELG2, 286). Os escrúpulos de Saussure para divulgar e publicar suas descobertas teóricas comprovam, também, esta mesma dificuldade. Cl. Lévi-Strauss, por sua vez, explicitou de modo claro e preciso os "obstáculos epistemológicos" encontrados pela etnologia para se constituir como ciência. A antropologia estrutural quer ser, antes de mais nada, a vitória do conhecimento objetivo contra as "explicações" evolucionistas e difusionistas que proliferavam, então, nas pesquisas etnológicas. No entanto, nosso antropólogo não se limitou a discutir os preconceitos ideológicos que orientaram negativamente a disciplina nascente. Denunciando o etnocentrismo e o racismo, lutando contra "os humanismos antropocêntricos"[4], defendendo o enraizamento do homem na natureza, acolhendo os esquecidos de nossa civilização, Cl. Lévi-Strauss indicou, também, os fatores axiológicos que orien-

---

4. Tomamos esta expressão por empréstimo de Heidegger (1967).

taram positivamente a conquista da objetividade científica pela nova disciplina. E é ele mesmo quem o reconhece explicitamente:

Minha solução é construtiva, pois ela fundamenta sobre os mesmos princípios duas atitudes aparentemente contraditórias: o respeito para com sociedades muito diferentes da nossa e a participação ativa no esforço de transformação de nossa própria sociedade (AS, 367).

Mas, se essa decisão ética está na raiz do estruturalismo, o discurso científico não é, como supõe Cl. Lévi-Strauss, um discurso sem sujeito. Contudo, o sujeito que está aqui em questão não é essencialmente um sujeito epistemológico, mas um sujeito ontológico, cujo estatuto foi determinado, entre outros, pelo Husserl da última fase.

Em sua última obra, *A crise das ciências europeias e a fenomenologia transcendental* (1936), este filósofo denuncia o que ele denomina "objetivismo", esta perversão da objetividade científica que leva o homem moderno a confundir o real com a linguagem científica sobre o real ou, mais precisamente, os modelos teóricos por meio dos quais os pesquisadores procuram explicar a natureza e o homem, com os próprios fenômenos naturais e humanos estudados. O "objetivismo" esquece que a ciência é uma atividade humana, ou seja, que ela se constitui numa determinada situação, em função de um projeto e de uma tradição. A objetividade científica é, na verdade, um dos polos do conhecimento, sendo o outro, a subjetividade do cientista, a qual orienta e conduz sempre, de forma explícita ou, como ocorre mais frequentemente, implícita, as pesquisas.

Procurando recuperar o sentido oculto da ciência moderna, Husserl reconstrói o itinerário da "humanidade europeia" para chegar à físico-matemática. Ele inicia sua exposição demonstrando que a denominada "geometria pura" não poderia ter sido inventada pelos gregos sem o desenvolvimento da arte da medida no antigo Egito. "A prática da agrimensura, que nada sabia das idealidades, precedeu a geometria das idealidades. Tal *atividade pré-geométrica* foi, portanto, para a geometria o fundamento de seu sentido, o fundamento da grande invenção da idealização" (HUSSERL, 1976, 57).

Galileu, o principal responsável pelo projeto moderno de "matematização da natureza", herdou esta pretensa "geometria pura" dos gregos. Mas se estes já haviam esquecido as origens desta ciência, Galileu estava

Conclusão

a fortiori mais afastado que os gregos dessas mesmas origens. Husserl censura o pai da ciência moderna justamente porque, não obstante ter aplicado a geometria no domínio da física, não se sentiu, em momento algum, obrigado a interrogar o fundamento de suas pesquisas:

> É por uma omissão absolutamente nefasta que Galileu não reexamina, para colocá-la em questão, a ação doadora do sentido original, aquela que, enquanto idealização, trabalha sobre o solo primitivo de toda vida teórica e prática — o solo do mundo imediatamente percebido [...] — e, sobre tal solo, produz as estruturas da idealidade geométrica (HUSSERL, 1976, 57).

Galileu, segundo Husserl, "é um gênio [...] *descobridor* e *encobridor*" (ibid., 61). Se o seu modelo de cientificidade abriu caminho para uma infinidade de descobertas na física, encobriu também as origens desta ciência, a sua face humana. Com efeito, desde a Renascença habituamo-nos a confundir "a veste de ideias" — isto é, a veste de teorias, fórmulas e símbolos científicos — que cobrem o mundo cotidiano em que vivemos, com este próprio mundo:

> É a veste de ideias que nos leva a tomar por *ser verdadeiro* o que é *método* [...]. É a veste de ideias que faz com que o *sentido autêntico do método*, das *fórmulas*, das *teorias* permaneça *incompreensível* e que, na ingenuidade de seu nascimento, o método *nunca* tenha sido compreendido (ibid., 60).

Urge, portanto, enraizar o discurso científico no "mundo da vida" (*Lebenswelt*), quer dizer, no mundo de nossas preocupações cotidianas, pragmático e utilitário, pleno de qualidades agradáveis ou desagradáveis — as denominadas "qualidades segundas", percebidas por nossos sentidos, as quais seriam puramente subjetivas, em oposição às "qualidades primárias" (a "extensão", na terminologia cartesiana), que seriam objetivas —, mundo este que precede e anima necessariamente — mas, também, secretamente — todas as pesquisas científicas. "Uma reflexão sobre o mundo da vida e sobre o homem enquanto sujeito deste mundo" (ibid., 62) se impõe, pois, aos filósofos — estes "funcionários da Humanidade" —, cuja tarefa principal é conduzir o homem contemporâneo à superação de uma de suas mais graves dificuldades: a crise das ciências. Essa crise não diz respeito ao estatuto de cientificidade de tais ciências, cujo valor não está absolutamente em questão, mas sim "o que a ciência em geral significou e pode significar para a existência humana". O homem contemporâneo se deixou ofuscar pela prosperidade e o sucesso das ciências positivas, exatamente porque esqueceu o solo que tornou possível estas construções teóricas monumentais:

> Simples ciências de fatos formam uma simples humanidade de fato [...]. Nas aflições de nossas vidas [...], esta ciência nada tem a nos dizer. As questões que ela exclui por princípio são justamente as questões mais candentes da nossa época infeliz [...], as que versam sobre o sentido ou o sem sentido de toda a existência humana (ibid., 10).

Cabe à reflexão fenomenológica, por conseguinte, desvelar "o mundo da vida como fundamento do sentido esquecido" da ciência moderna. Ponto de partida de todas as pesquisas científicas, este mundo deve ser, também, o seu ponto de chegada. Em outros termos, é preciso enraizar a objetividade científica na subjetividade viva e operante do pesquisador. Husserl se exprime assim:

> O método objetivamente científico repousa sobre um fundamento subjetivo profundamente oculto, que jamais foi posto em questão e cuja elucidação filosófica, somente ela, pode manifestar o verdadeiro sentido das realizações da ciência positiva — e, correlativamente, o verdadeiro sentido de ser do mundo objetivo — e o manifestar precisamente como um sentido transcendental-subjetivo (ibid., 116).

Husserl, como se vê, se refere ao sujeito transcendental, mas a *redução* é entendida em sua última obra como o retorno à correlação originária do mundo da vida e da consciência desse mundo. Ao nos explicar, em oposição ao objetivismo, sua proposta, o filósofo declara:

> O transcendentalismo [...] diz: o sentido de ser do mundo dado de antemão na vida é uma *formação subjetiva*, obra da vida em sua experiência, da vida pré-científica. É nessa vida que se constrói o sentido e a validade de ser do mundo (ibid., 80).

Husserl sublinha a dimensão axiológica do mundo da vida. Em sua discussão com Kant, lembrando "o paradoxo da subjetividade humana" (ibid., 203), ele observa que, por um lado,

Conclusão

somos nesse mundo objetos entre objetos [...], [mas], por outro lado, somos para este mundo sujeitos, a saber, sujeitos *egológicos* que têm deste mundo uma experiência, que se inquietam por ele, que o avaliam, que se ligam a ele teleologicamente, e para os quais este mundo não possui, a cada momento, outro sentido de ser, que aquele que lhe foi dado por nossas experiências, ideias, avaliações etc. (ibid., 119).

O mundo da vida pode ser considerado, no dizer de P. Ricoeur, "como mundo sensível e como mundo de avaliação" (RICOEUR, 1993, 290). Esta atividade de avaliação é o fundamento de sua dimensão comunitária. Não podemos viver nesse mundo sem nos ligar ativamente a nossos semelhantes.

Husserl traz, assim, para a reflexão fenomenológica "a operação da subjetividade transcendental" (ibid., 289), ou seja, um novo elemento que Kant não pôde considerar, já que o sujeito transcendental kantiano não é operante, mas sintético. Como assinala ainda P. Ricoeur, referindo-se a *Crise*,

> antes da objetividade, há o horizonte do mundo; antes do sujeito da teoria do conhecimento, há a vida operante, que Husserl chama algumas vezes de anônima, não porque retorne por este desvio a um sujeito impessoal kantiano, mas porque o sujeito que tem objetos é ele próprio derivado da vida operante (CI, 13).

A intenção de Husserl não é, obviamente, renunciar à objetividade científica, mas religar a ciência às suas origens para vivificá-la e humanizá-la (HUSSERL, 1970, 54). Ele projetou, assim, uma "ontologia do mundo da vida", capaz de lhe revelar "as estruturas invariantes" (HUSSERL, 1976, 197), as quais constituem um tipo de "*a priori* pré-lógico" tão universal e necessário quanto "o *a priori* lógico" das formas kantianas (cf. ibid., 160).

Para bem compreender a ligação entre a ciência e o mundo da vida e, desta forma, afastar os preconceitos objetivistas do homem moderno, é preciso seguir Husserl em seu "retorno à experiência antepredicativa", quer dizer, a este gênero de experiência que é anterior a toda formulação em conceitos e juízos. Trata-se da experiência da percepção sensível dos objetos individuais que compõem o mundo cotidiano onde vivemos e sobre o fundamento do qual se constituem as categorias lógicas e matemáticas. Husserl realiza, assim, tanto uma genealogia da lógica como uma ontologia do mundo da vida, religando os juízos predicativos às evidências antepredicativas do mundo da vida. "Todos os resultados da ciência têm um sentido fundado nesta experiência imediata e no mundo que lhe é correspondente e a ela remetem" (Husserl, 1970, 52)[5].

Husserl, nesta empresa genealógica, como sustenta P. Ricoeur na esteira de M. Merleau-Ponty (Merleau-Ponty, 1960, 105-122; cf. CI, 242-257), demonstra que o poder de significar inerente à consciência não se articula apenas no nível da linguagem, mas também num nível "muito inferior ao da linguagem", este nível que a fenomenologia denomina, justamente, antepredicativo, isto é, "anterior ao ato de atribuir predicados aos sujeitos de discursos" (SSL, 110).

Cl. Lévi-Strauss, em sua discussão com J.-P. Sartre, denuncia "as ilusões da subjetividade", mas não menciona as ilusões da objetividade, ou seja, o que Husserl denomina "objetivismo". Ao que parece, enquanto epistemólogo, Cl. Lévi-Strauss não se deu conta de que a antropologia estrutural é orientada sub-repticiamente por um projeto ético, ou seja, por uma ordem de motivação que não é exclusivamente teórica, mas também existencial, motivação esta que se enraíza no solo antepredicativo que a fenomenologia se propõe a explicitar. Na verdade, a descoberta das estruturas simbólicas depende, também, do mundo da vida.

2.2. Estrutura e sentido

Cl. Lévi-Strauss afirma categoricamente o primado "do fato da estrutura" sobre o sentido. A correlação entre a consciência e o mundo — autorreferência e referência — não é mais do que um reflexo do inconsciente estrutural. A continuidade entre "o vivido e o real", postulada pela fenomenologia, é, pois, repudiada pela filosofia estruturalista.

Contudo, a análise a que submetemos alguns dos principais textos estruturalistas levou-nos à conclusão exatamente oposta à de Cl. Lévi-Strauss. Se a filosofia estruturalista reduz o sentido a um "efeito de super-

---

[5]. Em *Experiência e juízo* (a obra citada), Husserl aborda do ponto de vista lógico o tema do antepredicativo. Já na obra estudada anteriormente (*A crise das ciências europeias e a fenomenologia transcendental*), a abordagem é ontológica.

fície", o método estrutural, assim como as teorias que lhe são associadas, o supõe a todo momento. Consideremos as relações entre estrutura e sentido nos discursos de cada um dos teóricos da linguística e da antropologia estudados, seguindo a ordem de exposição que adotamos neste trabalho.

2.2.1. Em Saussure

A teoria saussuriana da língua gira em torno de três princípios interdependentes. O princípio da arbitrariedade do signo, ao negar a este o caráter analógico que a tradição filosófica lhe atribui, declara a independência da língua em relação a qualquer ordem externa. O princípio da linearidade do significante explica a segmentação simultânea das substâncias fônica e semântica, tendo em vista a produção de signos linguísticos. "O sentido é antes de tudo recorte", afirma lapidarmente R. Barthes (1964, 114), resumindo o ponto de vista saussuriano. O princípio de diferenciação indica que os elementos linguísticos não têm consistência positiva, já que seus valores provêm do que os diferencia dos demais. Em outros termos, eles se delimitam reciprocamente, formando um sistema de diferenças.

"O vínculo entre a ideia e o som é radicalmente arbitrário" (CLG, 157), afirma Saussure, naquela que é, a nosso ver, a mais feliz das suas formulações do princípio fundamental. Conforme defende Cl. Lévi-Strauss, na esteira de É. Benveniste, "o signo linguístico é arbitrário *a priori*, mas [...] deixa de sê-lo *a posteriori*" (AS, 105). Com efeito, uma vez constituídas as formas linguísticas (significante e significado), saímos do reino da contingência para alcançar o da necessidade. "Dizer que os valores são *relativos* significa que eles são relativos *uns aos outros*. Ora, não estará justamente aí a prova de sua *necessidade?*" (PLG1, 54).

Enquanto constitui um sistema de diferenças, a língua tem, pois, uma razão interna que garante a sua autonomia em relação às ordens ontológica, lógica, sociológica, psicológica, fisiológica e física. Essa autonomia, porém, não é absoluta[6]. O sistema seria uma total absurdidade

---

6. Depois de lembrar que "uma língua constitui um sistema", Saussure acrescenta que este sistema tem "uma razão relativa" (cf. CLG, 107).

se funcionasse no vazio, quer dizer, independentemente de qualquer referência externa. Assim, ao mesmo tempo em que declara que "não há relação entre o signo e a coisa designada" (SMCLG, 193), Saussure defende que "o vínculo que estabelecemos entre as coisas preexiste [...] às próprias coisas e serve para determiná-las" (SM apud PLG1, 41; De Mauro, 361). Na perspectiva saussuriana, portanto — e eis o ensinamento capital do mestre genebrino —, a língua não é uma soma de signos que corresponde a uma soma de coisas, mas um "sistema de signos" que recorta arbitrariamente a realidade, revelando alguns de seus aspectos e ocultando outros. O signo saussuriano conserva, portanto, a função representativa estudada pelas filosofias tradicionais da linguagem, acrescentando-lhe, porém, a função semiológica. Em outros termos, os signos não podem representar as coisas senão dispondo-se em sistema. Daí esta observação que se encontra no CLG: "Fazendo parte de um sistema, [a palavra] é revestida, não apenas de uma significação, mas também, e, sobretudo, de um valor" (CLG, 90).

Pode-se dizer o mesmo das relações entre o semiológico e o social. Se Saussure admite que a massa é impotente para transformar a língua, em virtude do caráter sistêmico desta, ele reconhece também que "só o fato social pode criar um sistema linguístico", porque é a coletividade que estabelece os valores, "cuja única razão de ser está no uso e no consentimento geral" (ibid., 157). Em outros termos, "o sistema de signos é feito para a coletividade, assim como o navio é feito para o mar" (SM apud De Mauro em CLG, XIII). O social é, pois, o sentido do semiológico.

O psicológico vincula-se, também, ao ponto de vista semiológico. Basta lembrar a primeira terminologia de Saussure que denominava "imagem acústica" o que depois se tornaria o *significante*. Com mais forte razão, a abordagem semiológica requer incontestavelmente os sons produzidos pelo aparelho fonador do falante.

O que seria, então, a língua fora das coisas e dos conceitos, das imagens e das ideias, dos sons e do sentido, da fonação e da audição, enfim, da substância semântica, sob esses diferentes aspectos (ontológico, lógico, sociológico, psicológico etc.), e da substância fônica? Um artefato fantástico, um mecanismo inconsequente, uma máquina absurda.

É certo, portanto, que a análise linguística, tendo em vista a delimitação das unidades significativas da língua, não pode, em hipótese al-

Conclusão

guma, abrir mão do sentido. O sujeito falante, que distingue "infalivelmente no discurso" tudo o que é, em algum grau, significativo (cf. CLG, 148), deve ser considerado, portanto, como o guia semântico da análise. O linguista, no dizer do próprio Saussure, deve "entrar na consciência dos sujeitos falantes" (ibid., 117), para nela descobrir o sistema, colocando cada um de seus elementos na rede das relações paradigmáticas e no conjunto das combinações sintagmáticas. Saussure efetua, então, uma conversão da análise, retirando-a do terreno diacrônico — o único levado em conta pela linguística histórica e comparada do século XIX — e introduzindo-a no terreno sincrônico, correspondente à consciência dos sujeitos falantes. "O fato sincrônico", afirma nosso linguista, justificando a sua abordagem metodológica, "é sempre significativo" (ibid., 122).

Em suma, o sujeito falante lança, inconscientemente, na substância semântica e na substância fônica produzidas, a todo momento, respectivamente, por sua consciência e por seu aparelho fonador, o sistema da língua, cujo mecanismo interno com suas lâminas sintagmáticas e paradigmáticas perfeitamente afiadas, recorta, à revelia do sujeito, mas com precisão infalível, tais substâncias, formando, assim, as unidades significativas, graças as quais se constituem as palavras, as frases e os discursos. O sistema não poderia se manifestar caso os sons e os sentidos não o atraíssem para transformá-los, respectivamente, nos significantes e significados dos signos linguísticos. Não há língua fora dos sons e dos sentidos; não há sistema fora das substâncias fônica e semântica; não há valores fora da fonação e da significação.

Desde que se distinga no signo linguístico o significante — isto é, o som apto a comunicar um sentido — do significado —, o sentido, que, uma vez capturado e filtrado pelo sistema, torna-se um valor puramente diferencial —, temos de admitir, contrariando as teorias tradicionais da linguagem, que a palavra em sua materialidade fônica não se reduz a um simples meio de expressão de um conteúdo significativo produzido pela consciência, mas, pelo contrário, que ela não poderia transmitir seu significado se este já não se encontrasse em certo arranjo material — o significante — que a modula e modifica para torná-la manifesta (cf. Ladrière, 1979, 27). O sistema, como assinala J. Ladrière, "é mediador entre o sentido e ele próprio" (Esprit, 1967, 824). Na verdade, não se pode mais conceber a relação entre corpo e espírito em termos de causalidade mecânica. Trata-se, antes, de uma causalidade dialética, onde os dois termos se alteram reciprocamente, num processo contínuo que, ao mesmo tempo, os engloba e ultrapassa. Ao vincular a formação do sentido linguístico ao caráter sistêmico ou semiológico da língua, Saussure, à semelhança de Freud, trouxe uma notável contribuição para a renovação da antropologia filosófica.

2.2.2. *Em Jakobson*

Ao estudar a história da fonologia, tal como este linguista a expõe, percebemos que esta disciplina não poderia se constituir sem a consideração da "função significante" — ou "função semântica" — da linguagem. A transição da fonética para a fonologia corresponde, com efeito, à passagem do som ao sentido. Daí o elogio que Jakobson dirigiu, em 1942, ao autor do CLG: "Saussure nos ensina que o importante na palavra não é o som em si mesmo, mas as diferenças fônicas que permitem distinguir essa palavra de todas as outras, já que são [tais diferenças] que portam a significação" (SLGS, 55).

O exame da aquisição da linguagem na infância e de sua dissolução na afasia realizado por Jakobson revelou-nos, de maneira particularmente convincente, a prioridade da significação sobre as estruturas fonológicas. Estas constituem uma espécie de mediação entre a subjetividade nascente da criança e seu meio sociocultural, permitindo-lhe a designação das coisas e a comunicação inter-humana. Recorrendo à fenomenologia husserliana, Jakobson defende, com efeito, que é "uma *intenção* de comunicação", necessariamente anterior à linguagem, que leva a criança a adquirir as estruturas fonológicas e, consequentemente, a própria linguagem. Daí o comentário de M. Merleau-Ponty: "a originalidade da teoria de Jakobson consiste em estabelecer uma estreita correlação entre a adoção do sistema fonemático em si e sua função de comunicação". E, contradizendo antecipadamente a tese defendida por Cl. Lévi-Strauss, este filósofo declara: "A estrutura desse sistema tal como é empregado já exige a significação" (MERLEAU-PONTY, 1990, 32).

Jakobson demonstrou que a ordem de aquisição e estratificação dos sistemas fonológicos, com suas respectivas estruturas, é, em todas as

Conclusão

línguas, invariável e universal. Pode-se dizer o mesmo da ordem de sua dissolução. A perda afásica dos fonemas segue, de fato, o caminho exatamente inverso ao de sua aparição. "As estruturas iniciais são recobertas pelas seguintes, e a dissolução começa pelos estratos mais elevados" (PEA, 70). Ressalte-se que, tal como ocorre na transição do período do balbucio para o da palavra, o que está em questão na afasia não é "a capacidade de produzir ou de perceber os sons", mas "o valor distintivo dos sons", logo, a função semântica da linguagem (ibid., 36).

Ao refletir sobre os eixos sintagmáticos e paradigmáticos da linguagem — isolados inicialmente por Kruszewski e elucidados depois por Saussure —, Jakobson descobriu que as afasias podem ser classificadas em dois tipos fundamentais: o que afeta as relações de similaridade do primeiro eixo, mantendo intactas as operações de combinação, e o que altera as relações de contiguidade do segundo eixo, conservando as operações de seleção e substituição. As perturbações afásicas trazem-nos, por conseguinte, uma informação capital a propósito da função semântica da linguagem, informação, aliás, que alcançou enorme repercussão no domínio das ciências humanas. Jakobson a sintetiza como segue: "o desenvolvimento de um discurso pode ocorrer ao longo de duas linhas semânticas diferentes: um tema leva a outro, quer por similaridade, quer por contiguidade" (ELG1, 61). A expressão mais condensada do primeiro procedimento é a metáfora, e a do segundo, a metonímia.

Contestando a imprecisão da antinomia saussuriana língua/fala, Jakobson introduziu na linguística o par conceitual código/mensagem proveniente da teoria da comunicação. No seu entender, estes últimos termos são "muito mais claros, muito menos ambíguos, muito mais operacionais" que os sugeridos pelo CLG. "A realidade fundamental com a qual o linguista tem de lidar", diz ele, "é a interlocução — a troca de mensagem entre emissor e receptor, remetente e destinatário, codificador e decodificador" (ibid., 32). A linguística é, portanto, compreendida por Jakobson como sendo basicamente uma "análise do discurso", cujo "problema essencial [...] é o do código comum ao emissor e receptor e subjacente à troca das mensagens" (ibid., 31). Ele desaprova, assim, aqueles que reduzem o objeto de sua disciplina ora ao discurso individual, ora ao código linguístico, negligenciando a abordagem da linguagem no seu conjunto.

É a consideração das relações de reciprocidade entre o código e a mensagem que revela o "poder criador da linguagem" (ELG2, 19). O código não é, como a língua, supraindividual. De fato, cada locutor pode deixar sua marca pessoal no código ou, mais precisamente, criar subcódigos. Como defende Jakobson, o código é "conversível", vale dizer, é possível "passar numa língua de um subcódigo a outro" (Holenstein, 1974, 186). Ele reivindica, portanto, a liberdade do sujeito falante diante do código. Essa liberdade não se manifesta em todos os níveis linguísticos, mas sua presença é assegurada desde que se considere o funcionamento global da linguagem.

Ao estudar a linguagem em termos de código e mensagem, considerando as intenções subjetivas dos interlocutores, Jakobson distingue na comunicação linguística seis fatores, a saber, o emissor, o destinatário, a mensagem, o contexto (ou o referente), o código e o contato. A cada um de tais fatores, ele atribui uma função específica. Com efeito, o sujeito falante pode centralizar a mensagem sobre ele próprio, quer dizer, o emissor (função emotiva ou expressiva), mas pode, também, reorientá-la de tal forma que ela se dirija ou ao destinatário (função conativa), ou ao contato (função fática), ou ao código (função metalinguística), ou à própria mensagem (função poética), ou, finalmente, ao contexto (função referencial ou denotativa). É evidente que todas essas funções se subordinam à função fundamental da linguagem, a saber, "a função significante" (cf. ELG1, 213-222).

Colaborador e amigo de Niels Bohr, Jakobson admite que em linguística, tal como ocorre na física quântica, o objeto estudado é inseparável das intenções subjetivas do pesquisador. "A posição do observador em relação à língua observada e descrita deve ser identificada com precisão" (ibid., 93), afirma. O pesquisador pode se situar tanto no exterior quanto no interior do sistema considerado. Neste último caso, que é o mais comum e também o mais desejável, é preciso determinar de qual lado da comunicação encontra-se o observador, para que o ponto de vista daquele que codifica a mensagem não coincida com o ponto de vista daquele que a decodifica.

Nosso linguista percebeu, também, que não se pode empregar nem explicar as estruturas linguísticas fora da situação concreta em que elas

Conclusão

se encontram. De fato, no seu entender, as estruturas "se submetem ao contexto", quer dizer, "elas mudam de significação de acordo com a variação das circunstâncias" (ELG2, 286). A noção de contexto em Jakobson não se restringe a designar, como pretende Ricoeur, "a relação do morfema com o fonema e a relação da frase com o morfema" (RICOEUR, 1975, 224). Na verdade, esta noção é consideravelmente ampliada no momento em que o linguista emprega este termo para designar o que o lógico Frege denomina *referência (Bedeutung)*, em contraposição ao *sentido (Sinn)*. Não há referência sem contexto, o qual pode ser de natureza linguística ou, mais amplamente, semiótica. A linguagem pode, sem dúvida, remeter a uma realidade extralinguística, mas não pode jamais referir-se a algo de absolutamente extrassemiótico (cf. HOLENSTEIN, 1974, 186).

Em síntese, Jakobson, ao privilegiar na análise linguística a função semântica da linguagem, que ele denomina indiferentemente "função significante" ou "função semiológica", mostrou-nos, como acabamos de expor, que:

a) O aspecto decisivo da percepção linguística não é a impressão sonora em si mesma, mas "a transformação 'subjetiva' do material sensível bruto em valores linguísticos" (ibid., 64).

b) A aquisição das estruturas fonológicas vincula-se, necessariamente, ao "caráter intencionalmente significante" da produção dos sons pela criança (LEA, 31).

c) A afasia resulta da perda parcial do poder de significação e não de uma perturbação orgânica qualquer.

d) Nossos discursos se desenvolvem segundo duas linhas semânticas distintas: similaridade/metáfora, por um lado; contiguidade/metonímia, por outro;

e) Os diversos fatores da comunicação linguística (o remetente, o destinatário, o contato, o código, a mensagem, o contexto) podem ser visados segundo diferentes intenções, cada uma das quais determina uma função distinta da linguagem. Assim, explicando-nos a função que mais estudou, Jakobson afirma: "A visada (*Einstellung*) da mensagem enquanto tal, o acento posto na própria mensagem, é o que caracteriza a função *poética* da linguagem" (ELG1, 218).

f) A intenção dos interlocutores exerce um papel prioritário na análise linguística, pois a linguagem muda substancialmente de aspecto, conforme seja considerada ou pelo lado do remetente ou pelo do destinatário.

g) Na linguística existe um vínculo inseparável entre o observador e o fato observado. Por essa razão, "o estudo de um objeto deve estar ligado à reflexão metodológica acerca da visada, do ponto de vista e do modo de apreensão do sujeito" (HOLENSTEIN, 1974, 66). Como Saussure nos ensinou no CLG, "é o ponto de vista que cria o objeto" (CLG, 23).

h) Deve-se distinguir a significação geral de um signo de sua significação contextual. Aquela se situa no nível do código; esta, no nível do discurso.

Como a terminologia empregada por Jakobson ("visada", "intenção", "intencional" etc.) já o revela, a fenomenologia husserliana exerceu uma influência notável sobre a fonologia e a teoria geral da linguagem proposta por este linguista, o qual, aliás, sempre admitiu explicitamente (cf., p. ex., ELG2, 12) a sua dívida para com o filósofo alemão. "As ideias de Husserl", diz ele, "notadamente sua memorável conferência de 11 de novembro de 1935, *Phänomenologie der Sprache*, foram acolhidas com entusiasmo pelo Círculo de Praga" (UVL, 18), fato, aliás, reconhecido pelo próprio Husserl (cf. supra, cap. II, 1.7). Urge assinalar, também, que a busca da "invariância na variação" (cf. ELG2, 237, mas, sobretudo, UVL, 155) — objetivo primordial não somente da análise fonológica, mas da análise estrutural em geral, como admite o próprio Cl. Lévi-Strauss (cf., p. ex., PS, 297; AS II, 162; MS, 20) — é um programa metodológico que Jakobson recebeu da fenomenologia transcendental, mais precisamente do método da variação eidética (cf. HOLENSTEIN, 1974, 10).

Mas Jakobson detectou, também, a presença do sujeito e da referência nos fatos linguísticos por um outro viés que o oferecido pelas filosofias de Husserl e Frege. De fato, apoiando-se na obra do pensador americano Ch. Sanders Peirce, Jakobson, na mesma época em que Benveniste criava a sua teoria dos *indicadores*, isolou os *embreadores (shifters)* da linguagem, ou seja, este gênero de signo, que se associa ao objeto representado por uma regra convencional (*símbolo*) e por uma relação existencial (*índice*), cujo exemplo mais notável é, certamente, o pronome pessoal "eu" (cf. ELG1, 179). Além disso, Jakobson demonstrou a existência de uma analogia muito mais frequente e extensa do que imaginava Saussure entre os signos linguísticos e seus referentes, chegando mesmo a se perguntar se esta propriedade icônica dos signos não constitui "a essência da linguagem" (cf. EL).

2.2.3. Em Benveniste

Segundo este linguista, a língua é o único sistema de signos capaz de conferir "a outros conjuntos a qualidade de sistema significante" (PLG2, 63). Por que a língua é capaz de exercer "uma modelagem semiótica" sobre os outros sistemas? A que se deve este privilégio? Qual a especificidade da *significância* da língua — quer dizer, sua propriedade de significar — em relação à especificidade dos outros sistemas semióticos? A língua, responde Benveniste, "é investida de *dupla significância*", ou melhor, ela "combina dois modos distintos de significância", a saber, o modo semiótico e o modo semântico. Para melhor compreender tal distinção, é preciso aproximá-la de outra: forma e sentido.

A análise estrutural consiste, essencialmente, em duas operações complementares: a segmentação, no eixo sintagmático, de um texto determinado "em porções cada vez mais reduzidas até [alcançar] os elementos não decomponíveis", e a substituição, no eixo paradigmático, de tais elementos, a fim de identificá-los e defini-los (cf. PLG1, 120). É esse procedimento que delimita as unidades linguísticas e indica o nível ao qual pertencem, a saber, merismático, fonemático, morfemático e sintático.

Benveniste, contudo, detecta um problema na passagem do terceiro nível indicado, que é o da palavra, ao quarto, que é o da frase. Aparentemente, existe uma continuidade entre esses dois níveis, já que, segundo a constatação universal, as frases são formadas com grupos de palavras. Nosso linguista, entretanto, por razões que examinaremos adiante, nos adverte: a frase é uma unidade essencialmente diferente das unidades inferiores.

Para bem compreender a transição do nível inferior (o da palavra) ao nível superior (o da frase), é preciso considerar as unidades segundo dois tipos de relações, a saber, as relações constituintes e as relações integrativas.

Num primeiro momento, tem-se a impressão de que a decomposição de uma unidade em seus constituintes deveria oferecer as unidades de nível inferior. Na verdade, contudo, o que se obtém por este procedimento são apenas segmentos materiais das unidades em questão. O que o linguista deve fazer para, se necessário, identificar tais segmentos como unidades de um nível definido? Deve praticar a operação em sentido inverso, quer dizer, verificar "se estes constituintes têm função integrativa no nível superior" (ibid., 126):

> Um signo é materialmente função de seus elementos *constituintes*, mas o único meio de definir tais elementos como constituintes é identificá-los no interior de uma unidade determinada onde preenchem uma função *integrativa* (ibid., 125).

Alcançamos, assim, as noções de forma e sentido. A capacidade de uma unidade linguística se dissociar em constituintes materiais de nível inferior é a sua forma; a capacidade de uma unidade linguística integrar uma unidade de nível superior é o seu sentido. Visto que a decomposição formal das unidades corresponde à integração semântica, forma e sentido são termos que, ao mesmo tempo, se opõem e se completam. Vejamos como Benveniste emprega esta distinção para criticar e ultrapassar a linguística estrutural.

No seu entender, "há para a língua duas maneiras de ser língua: no sentido e na forma" (PLG2, 224). O estudo desta última maneira, que corresponde à ordem semiótica, teve Saussure como pioneiro; o estudo da outra maneira, que corresponde à ordem semântica, foi iniciado, precisamente, por Benveniste. Procuremos, em primeiro lugar, caracterizar a ordem semiótica, para, em seguida, examinar a ordem semântica.

A unidade semiótica é o signo. Do ponto de vista formal, o signo não é o som enquanto tal (ou uma sequência de sons), mas o som *significante*. O sentido do signo, por sua vez, é o *significado* intrassistêmico — um sentido puramente diferencial, portanto —, reconhecido como tal pela comunidade linguística no uso da língua, ou seja, no nível do discurso. Sublinhando a importância desta última característica, Benveniste declara:

Conclusão

Elevamos [...] a noção de uso e de compreensão da língua à altura de um princípio de discriminação, de um critério. É no uso que um signo tem existência; o que não entra no uso da língua não é um signo (ibid., 222).

O corolário deste princípio, que é o princípio semiótico fundamental, pode ser formulado como segue: o signo só tem significado geral, não comportando jamais significado particular e ocasional. A abordagem semiótica da língua, própria da linguística estrutural, limita-se, portanto, à determinação das oposições binárias intrassistêmicas dos signos, sem se ocupar jamais "das relações entre a língua e o mundo" (ibid., 223) nem dos acontecimentos contingentes que se realizam na "instância do discurso".

Em compensação, a abordagem semântica "nos introduz no domínio da língua em uso e em ação", isto é, da língua em "sua função mediadora entre o homem e o homem, entre o homem e o mundo, entre o espírito e as coisas" (ibid., 224).

Por que a língua, sob o aspecto semântico, se abre para o mundo? Exatamente porque "a expressão semântica por excelência é a frase". É pela frase que se abandona "o domínio da língua como sistema de signos", para entrar no universo da comunicação, cuja expressão é o discurso (cf. PLG1, 129):

> Com o signo, alcançamos a realidade intrínseca da língua; com a frase, ligamo-nos às coisas fora da língua; enquanto o signo tem como parte constituinte o significado que lhe é inerente, o sentido da frase implica a referência à situação do discurso e à atitude do locutor (PLG2, 225).

O termo *sentido*, como se vê, pode ser tomado em duas acepções diferentes. Em primeiro lugar, como aquilo que Saussure chama *significado* de um signo, ou seja, a propriedade "de constituir uma unidade distintiva e opositiva" (PLG1, 127). Mas sentido quer dizer também, como Frege nos ensinou: *referência*. Ora, é na frase que "a linguagem traz a referência ao mundo dos objetos" (ibid., 128). Diferentemente do signo, que só possui sentido, "[a frase] porta, simultaneamente, sentido e referência" (ibid., 130).

É por esta razão que a frase se distingue, fundamentalmente, de qualquer unidade linguística. Na medida em que traz para a linguagem o sentido em toda a sua plenitude, "a frase contém signos, mas ela própria não é um signo" (ibid., 129).

Jakobson nos ensinou a distinguir, na análise linguística, entre o código e a mensagem. Benveniste, entretanto, nos adverte:

> A mensagem não se reduz a uma sucessão de unidades a serem identificadas separadamente; não é uma soma de signos que produz o sentido, mas, ao contrário, é o sentido (o intencionado), concebido globalmente, que se realiza e se divide em *signos* particulares, que são as palavras (PLG2, 64).

Como se pode inferir do que acabamos de expor, a unidade semiótica é o signo, e a unidade semântica, a palavra. Na verdade, palavra e signo são a mesma entidade lexical com um estatuto linguístico diferente, conforme a consideremos no sistema ou no discurso. "As palavras, instrumentos de expressão semântica, são materialmente os *signos* do repertório semiótico" (ibid., 228), afirma Benveniste. Do ponto de vista semiótico, o signo possui somente um sentido (ou melhor, um significado), mas não referência. É na frase, enquanto palavra, que o signo se torna uma entidade semântica aberta ao mundo e aos acontecimentos.

Retomemos à dualidade forma/sentido no âmbito, agora, da ordem semântica. Enquanto "o sentido da palavra é o seu emprego", e sua referência, um objeto particular, "o sentido da frase é sua ideia" e sua referência, "o estado de coisas que a provoca" (PLG1, 225). Essa ideia, contudo, só ganha forma na esfera sintagmática da língua. Esta é a primeira condição da linguagem. "O linguista se depara aqui com um problema que lhe escapa; ele pode apenas conjecturar que esta condição, sempre necessária, reflete uma necessidade de nossa organização cerebral" (ibid., 226).

Em resumo, podemos dizer que o percurso de Benveniste até o momento se reduz ao exame tanto dos elementos semióticos (signos) como dos elementos semânticos (palavras, frases) sob o ponto de vista da forma e do sentido. As duas ordens são, como vimos, inseparáveis e interdependentes: a semiótica é atualizada pela semântica, mas esta, que é, sem dúvida, a ordem fundamental, não pode manifestar-se sem aquela. É preciso, portanto, admitir — conclusão que acrescentamos à análise de Benveniste — que, por um lado, na ordem semiótica há prevalência, mas não exclusividade, de elementos semióticos, já que tais elementos — os

Conclusão

signos linguísticos — têm sempre uma propriedade semântica essencial: o significado (este, como mostramos, só pode revelar-se pelo uso da língua, o que indica, claramente, a sua dependência fundamental da ordem semântica). Por outro lado, é preciso reconhecer, também, que na ordem semântica há prevalência de elementos semânticos, mas não exclusividade, visto que tais elementos — as palavras, as frases — não poderiam se constituir fora das relações paradigmáticas e sintagmáticas.

Tendo em vista as considerações precedentes, nosso linguista afirma que a linguagem pode ser estudada segundo duas perspectivas: a língua como "sistema de signos" e "a língua como atividade manifesta nas instâncias do discurso" (ibid., 257). A transição da língua-sistema para a língua-discurso é garantida por uma classe particular de signos equivalentes aos *embreadores (shifters)* de Jakobson, mas denominados *indicadores (indicateurs)* por Benveniste, que foi o primeiro linguista a propor uma teoria geral dos signos indiciais. De fato, ele distinguiu na língua os índices de pessoa (a relação *"eu-tu"*), de *ostensão (esse, essa, aqui* etc.) e de tempo (as formas temporais dos verbos, por exemplo) (cf. ibid., 253, 261; PLG2, 69, 74, 83; cf. supra, cap. III, 2.1). Benveniste ultrapassou, assim, a análise semiótica da língua, característica da linguística estrutural, ensinando-nos a apreender "a língua em uso", ou seja, a enunciação. Esta, que pode ser definida como "a língua posta em funcionamento por um ato individual de utilização" (PLG2, 80), distingue-se do enunciado, isto é, do resultado deste ato. Enquanto a linguística anterior limitava-se ao enunciado, a nova linguística, fundada por Benveniste, estuda a enunciação.

Em suma, a língua fornece ao falante "um sistema de referências pessoais" (os indicadores de pessoa e outros que gravitam em torno da relação *eu-tu)* do qual ele se apropria no ato do discurso, para se tornar um *eu* diante de um *tu* e de um mundo determinado. Fora do discurso efetivo, todavia, o pronome pessoal "eu" — o indicador principal que permite a cada locutor apossar-se da língua como um todo ao pronunciá-la — é apenas uma "forma vazia" destituída de conceito e de objeto. A realidade e a consistência do *eu* depende inteiramente da "instância do discurso" (ibid., 68; PLG1, 262). Urge, portanto, distinguir o *sujeito do enunciado* (o "eu" enquanto "forma vazia" na língua) do *sujeito da enunciação* (o eu que surge na instância do discurso cada vez que alguém diz "eu").

Entusiasmado por esta descoberta, Benveniste declara que a linguagem cria o sujeito:

> É *ego* quem diz *ego* (PLG1, 260). É na e pela linguagem que o homem se constitui como sujeito; porque apenas a linguagem funda em realidade, em *sua* realidade, que é a do ser, o conceito de *ego* (ibid., 259).

Ora, é o próprio Benveniste quem nos ensina que esta linguagem, pretensamente criadora do sujeito, tem dois aspectos fundamentais: a forma e o sentido. Enquanto o primeiro aspecto depende da natureza[7], expressando "uma necessidade de nossa organização cerebral"[8] — daí, talvez, venha o apelo de Benveniste a uma "faculdade semiótica" (PLG2, 223), para explicar a proliferação dos signos na vida social (ibid., 51) — o segundo, como atesta a "faculdade metalinguística" estudada pelos lógicos, revela "a situação transcendente do espírito" (ibid., 229). De fato, esta última faculdade, elevando-nos acima da língua para contemplá-la (ibid., 229), permite-nos, por um lado, "manter propósitos significantes a respeito da significância" (ibid., 65) e, por outro, traduzir, apesar da rigidez do semiótico, "o semantismo de uma língua para o de outra" (ibid., 228).

Mas como o sujeito (ou o "espírito", conforme se expressa Benveniste) pode ser determinado, quanto à sua existência, pela linguagem, se, ao exercer as operações metalinguísticas mencionadas e ainda muitas outras, transcende a língua para objetivá-la, adaptar-se a ela, ou até mesmo, como acontece na tradução, modificá-la?

Na verdade, a linguagem não produz o sujeito, mas lhe permite tornar-se um centro de relações aberto ao outro, à situação e ao mundo em geral. "Os pronomes pessoais", como observa F. Tinland, "[instalam] o sujeito no horizonte de uma pluralidade de perspectivas possíveis" (TINLAND, 1977, 402). Fora da linguagem, notadamente dos signos indiciais, "a subjetividade é apenas virtualidade no silêncio da vida animal" (ibid.,

---

7. Saussure já tinha considerado a relação entre a ordem semiológica e o cérebro (cf. supra, cap. I, 2.5.6); Cl. Lévi-Strauss também enraizou a "função simbólica" na "natureza humana" (cf. supra, cap. V, 3.5.2, b).

8. A afirmação de Benveniste mencionada se refere à "organização sintagmática" da frase (cf. PLG2, 226). Mas, em outra passagem, este linguista emprega quase a mesma expressão ("uma necessidade de nossa organização mental", ibid., 57), para explicar o fato de os signos "se produzirem e se multiplicarem" na vida social.

Conclusão

405). Contudo, ao se apoderar de tais signos, a subjetividade acorda para expressar e realizar suas necessidades e aspirações. A linguagem não é, portanto, nem objeto, como, no entender de Benveniste, sustentaria a linguística estrutural, nem fundamento, como propõe este linguista, mas, como afirma muito oportunamente Ricoeur, "[a linguagem] é mediação; é o *medium*, o meio no qual e pelo qual o sujeito se situa e o mundo se mostra" (CI, 252).

O que devemos reter, então, desta reflexão fundamental de Benveniste sobre as duas ordens — semiótica e semântica — e sobre os indicadores da linguagem? Em primeiro lugar, que o semiótico não se explica fora do semântico, já que é este que atualiza aquele. Uma "linguística puramente semiótica" (RICOEUR, 1975, 224), segundo a discutível expressão empregada por Ricoeur para criticar a linguística estrutural, não é realizável. Nosso estudo das teorias de Saussure e de Jakobson demonstrou que esses linguistas sempre reconheceram a impossibilidade de examinar a língua e operar a análise linguística sem a consideração da função semântica da linguagem. Na verdade, o par saussuriano valor/significação antecipa e prefigura a distinção entre as duas ordens (cf. supra, cap. II, 3; cap. I, 2.4.5).

Em seguida, a abordagem de Benveniste nos ensina, contrariamente à tese defendida por Cl. Lévi-Strauss, a primazia do semântico (sentido) sobre o semiótico (estrutura). Como observa Ricoeur, desta vez com total pertinência,

> fora da função semântica na qual eles se atualizam, os sistemas semiológicos perdem toda inteligibilidade (CI, 250). A ordem semiológica considerada isoladamente não é mais que o conjunto das condições da *articulação*, sem a qual a linguagem não existiria. Mas o *articulado* como tal não é ainda a linguagem em seu poder de significância (ibid., 249).

Enfim, convém observar que a reflexão de Benveniste sobre "a instância do discurso" demonstrou, contra a tradição metafísica, como assinala muito oportunamente F. Tinland, que "o sujeito não existe como existem as coisas do mundo" ou, dito de outro modo, que ele não é substância, mas ato (TINLAND, 1977, 405). O que Descartes apenas entreviu no momento de sua descoberta da subjetividade, para logo depois esquecê-lo em prol da *res cogitans*, Benveniste pôs em realce alguns séculos mais tarde, revelando, ao que parece, o seu sentido oculto: "Esta proposição *eu sou, eu existo*, é necessariamente verdadeira toda vez que eu a pronuncio ou a concebo em meu espírito" (DESCARTES apud TINLAND, ibid.). As conclusões de Benveniste no domínio da linguística se encontram, por conseguinte, com as do último Husserl, o qual, conforme já lembramos (cf. supra, Concl., 2.1), concebe a subjetividade como "subjetividade operante" (HUSSERL, 1970, 56).

Benveniste nos mostrou, portanto, o verdadeiro caminho para pensar o sujeito a partir da linguística. Confundir a ordem semiótica com a ordem semântica, tal como o faz Cl. Lévi-Strauss enquanto pensador, equivale a excluir o dado mais essencial da questão, isto é, a função semântica da linguagem. Cabe, pois, ao linguista e ao semiólogo fundamentar suas investigações sobre o solo semântico que sustenta e vivifica os sistemas semiológicos. Mas o filósofo também precisa reformular a sua abordagem da linguagem a partir da linguística estrutural. Ele não pode mais se limitar ao semântico, mas deve, como sugere Ricoeur, "fazer o desvio da estrutura para reencontrar a significação" (SSL, 119; cf. CI, 247). É enfrentando esta dialética entre o semiológico e o semântico, detectada no plano da linguagem, que a fenomenologia pode retomar a questão do sujeito sob nova luz.

2.2.4. Em Cl. Lévi-Strauss

Segundo este antropólogo, a linguística, graças às descobertas de F. de Saussure e R. Jakobson, é a única das disciplinas que estudam os fatos sociais "a formular um método positivo" (AS, 37), a única que, na verdade, alcançou o estatuto de ciência. É de esperar, portanto, que os especialistas de tais disciplinas apliquem o modelo linguístico em suas pesquisas. Foi, precisamente, à realização dessa tarefa que Cl. Lévi-Strauss dedicou o melhor de seus esforços, fundando, assim, a antropologia estrutural.

Apoiando-se na linguística, este teórico sempre reconheceu a primazia da linguagem em relação aos demais sistemas semiológicos. Na *Introduction à l'oeuvre de Marcel Mauss*, ensaio publicado em 1950, ele afirma que as coisas não se dispuseram a significar progressivamente, mas, ao contrário, devido à linguagem, "o universo inteiro, de uma só vez, tornou-se significativo" (IOMM, XLVII). À descontinuidade peculiar ao surgimento do *simbolismo* (ou da significação), sucede a lenta continuidade do *conhecimento*, a saber, a conquista progressiva da harmonia entre os significantes e os significados. Além da *ruptura* entre a ordem natural e a ordem simbólica e da distinção entre simbolismo e conhecimento, parece-nos importante salientar, na reflexão de Cl. Lévi-Strauss, a ideia de que a significação só pode manifestar-se com a linguagem e de que, por essa razão, esta não é apenas o modelo de significação dos demais sistemas simbólicos, mas também o que os torna significantes:

> Quem diz homem, diz linguagem, e quem diz linguagem, diz sociedade (TT, 467). A língua é o sistema de significação por excelência; ela não pode não significar, e a totalidade de sua existência está na significação (AS, 58).

Esse posicionamento se baseia nas conclusões dos próprios linguistas. Assim, F. de Saussure ao comparar, no CLG, a língua com os outros sistemas semiológicos, reconhece que "ela é [...] o mais importante desses sistemas" (CLG, 33). A. Martinet, por sua vez, examinou minuciosa e brilhantemente a condição desta prioridade: a dupla articulação da língua (MARTINET, 1980, 17). Os enunciados linguísticos, com efeito, são construídos por segmentos mínimos pertencentes a dois planos diferentes, a saber, o do som e o do sentido. Além das unidades significativas da primeira articulação (os monemas ou morfemas), encontram-se as unidades puramente distintivas da segunda articulação (os fonemas) (cf. MOUNIN, 1974, 114). É essa dupla articulação, aliás, como nos explica É. Benveniste, que diferencia a comunicação animal da linguagem humana (PLG1, 56). Este linguista sustenta, ainda, que "a linguagem é a expressão simbólica, por excelência", e "todos os outros sistemas de comunicação [...] são derivados dela e a supõem" (ibid., 28). R. Jakobson, por seu lado, depois de citar Benveniste, observa: "Toda comunicação humana de mensagens não verbais pressupõe um circuito de mensagens verbais, sem que a recíproca seja verdadeira" (ELG2, 33). R. Barthes, na introdução dos *Éléments de sémiologie*, diz quase a mesma coisa: "Só há sentido nomeado, e o mundo dos significados não é outro que o da linguagem" (cf. BARTHES, 1964, 17).

São, portanto, os próprios teóricos estruturalistas que nos advertem: a significação emerge de uma só vez, ou seja, não existe continuidade entre a ordem natural e a ordem simbólica; a função significante (ou semântica) é a função linguística por excelência; todos os demais sistemas semiológicos recebem da língua a capacidade de significar.

O que vem a ser, então, na perspectiva da filosofia estruturalista, esta significação que, manifestamente, é um privilégio da linguagem? Já o sabemos: ela não tem consistência própria, mas resulta — quase por milagre, poder-se-ia dizer — da disposição sistêmica de elementos em si mesmos não significantes (cf., p. ex., PS, 73; AS II, 162; PL, 158; ESPRIT, 1963, 637). Empregando a terminologia de Benveniste, seria possível afirmar que, segundo Cl. Lévi-Strauss, não é a ordem semiótica que necessita da ordem semântica para se atualizar, mas, ao contrário, é esta última que reflete totalmente aquela. Ora, tendo em vista tudo o que foi discutido anteriormente a propósito da função semântica da linguagem, cujo primado sobre a ordem sistêmica (ou, antes, semiológica) foi reconhecido, sucessivamente, pelo Saussure das fontes manuscritas, pelo Jakobson discípulo de Husserl e pelo Benveniste fundador da linguística da enunciação, a tese que submete o sentido à estrutura — esta concebida como "o fato primeiro" (HN, 561) — torna-se insustentável. Não é a significação que carece de consistência própria, mas a doutrina que defende a inconsistência da significação. Procurar a gênese do sentido na estrutura, como tentou recorrentemente Cl. Lévi-Strauss, é, na verdade, um contrassenso, pois o sentido é sempre dado, não sendo possível negá-lo sem, simultaneamente, afirmá-lo. Não cabe, pois, demonstrar o sentido. Ele é, na verdade, o ponto de partida, necessário e indemonstrável, de toda demonstração. *In eo vivimus, movemur et sumus*. O desespero semântico mais radical é, ainda, "aurora de sentido"[9].

Tendo em vista que, na própria ótica estruturalista, o sentido é uma propriedade essencial da linguagem e, por conseguinte, que toda refe-

---

9. Tomamos esta expressão por empréstimo de P. Ricoeur, que a emprega, porém, num contexto bem diferente do nosso (cf. RICOEUR, 1965, 108).

Conclusão

rência ao sentido remete necessariamente à linguagem, poderíamos, aparentemente, encerrar o debate neste ponto. A pretensa supremacia da estrutura em relação ao sentido já estaria suficientemente discutida e contestada. No entanto, a fenomenologia, como já lembramos, pôs em relevo uma espécie de experiência cujo sentido não depende da linguagem, mas, ao contrário, pode ser concebido como a condição de possibilidade do sentido linguístico. É conveniente, portanto, articular as conquistas antropológicas de Cl. Lévi-Strauss, especialmente o conceito de "inconsciente estrutural", com a experiência antepredicativa inerente ao "mundo da vida".

O eixo da reflexão de Cl. Lévi-Strauss quer no domínio da sociologia do parentesco, quer no da mitologia "ameríndia", é, como indicamos recorrentemente, o inconsciente estrutural. Procurando sempre ordenar os fatos humanos, o inconsciente opera por acaso ou, ao contrário, obedece a um determinado fim? Não haveria um *télos* animando secretamente as construções simbólicas?

Por um lado, Cl. Lévi-Strauss afirma que "todo sentido remete a um menos sentido, que lhe dá o seu mais alto sentido" (PS, 304), ou ainda, que "por detrás de todo sentido há um não sentido e o contrário não é verdadeiro" (ESPRIT, 1963, 637). Indo da consciência para o inconsciente, o que se encontra, portanto, não é uma ampliação, mas uma perda de sentido. "A interpretação estrutural"[10] é, pois, sob este aspecto uma estranha hermenêutica, já que fundamenta o sentido no sem sentido. Por outro lado, contudo, nosso antropólogo precisa seu pensamento afirmando que este aparente "não sentido" é, na realidade, uma forma superior de *logos*:

> Totalização não reflexiva, a língua é uma razão humana que possui suas razões, as quais o homem desconhece (PS, 101). Acima do racional existe uma categoria mais importante e mais fértil, a do significante, que é a mais elevada maneira de ser do racional (TT, 58).

O inconsciente tem uma lógica peculiar que não se identifica com a lógica da consciência. E mais ainda: essa lógica inconsciente é um reflexo da lógica natural. Na realidade, na perspectiva de Cl. Lévi-Strauss, "a natureza é essencialmente lógica, e o *logos*, essencialmente material ou 'natu-

---

10. Esta é uma expressão do próprio antropólogo (cf. CLS, 208).

ral'" (Decloux, 1984, 8). O que tradicionalmente se chama de razão não é, por conseguinte, senão uma fraca manifestação deste *logos universal* que estrutura totalmente o cosmo, incluindo o inconsciente humano.

Reunindo esses dois aspectos de seu discurso, Cl. Lévi-Strauss observa: "atinge-se o nível lógico pelo empobrecimento semântico" (PS, 140). A interpretação estrutural leva-nos, portanto, a um plano "em que se desfaz a distinção entre o sentido e a ausência de sentido" (TT, 493). Esse plano é o mesmo do *logos* cósmico, das estruturas naturais e culturais, portanto, do ser apreendido "em relação a si mesmo e, de modo algum, em relação a [nós]" (ibid., 61).

Compreende-se, assim, por que Cl. Lévi-Strauss denominou sua doutrina de "super-racionalismo" (ibid., 61). Mas esse "super-racionalismo" é também, paradoxalmente, um materialismo. "Sendo 'deste mundo', [meu pensamento] participa da mesma natureza que ele", vale dizer, "é um objeto" (ibid., 58). Em outros termos: "O espírito é, também, uma coisa" (RE, 166, n. 1). Por essa razão o pesquisador, ao se debruçar sobre as leis do pensamento, apreende mais claramente as leis do mundo. Como já vimos, existe uma perfeita correspondência entre a ordem material e a ordem espiritual, entre as estruturas significantes e as estruturas significadas (cf. RE, 165; IOMM, XLVII; AS, 102).

Em suma, na perspectiva filosófica de Cl. Lévi-Strauss, o espírito tem o estatuto de coisa, e a coisa, de espírito, e, consequentemente, "materialismo" e "super-racionalismo" são termos intercambiáveis[11]. Onde situar, na trajetória de nosso antropólogo, a gênese dessa estranha equivalência? Como explicá-la? Rejeitando o epíteto de "formalismo" empregado pelos detratores do estruturalismo a fim de criticá-lo, Cl. Lévi-Strauss declara:

---

11. Convém observar, no entanto, que Cl. Lévi-Strauss rejeita o termo "idealismo" para qualificar sua doutrina. Assim, na sua conferência *Structuralisme et Écologie*, ele afirma: "Reconhecer que o espírito não pode compreender o mundo porque ele é um produto e uma parte deste mundo não é pecar por mentalismo ou idealismo [...]. O estruturalismo redescobre e traz para a consciência verdades mais profundas que o corpo já enuncia obscuramente; ele reconcilia o físico e o moral, a natureza e o homem, o mundo e o espírito, e tende para a única forma de materialismo compatível com as orientações atuais do saber científico. Nada pode estar mais distante de Hegel; e mesmo de Descartes, cujo dualismo gostaríamos de superar, mantendo-nos fiéis, porém, a sua fé racionalista" (RE, 164; cf. 144).

Conclusão

Ao contrário do formalismo, o estruturalismo recusa opor o concreto ao abstrato e reconhecer no segundo um valor privilegiado. A *forma* define-se pela oposição à matéria que lhe é estranha; mas a *estrutura* não tem conteúdo distinto: ela é o próprio conteúdo, apreendido numa organização lógica concebida como propriedade do real (AS, 139).

Cl. Lévi-Strauss defende, como acabamos de lembrar, que as estruturas são reais. De fato, elas se encontram na natureza, como revelam as ciências naturais, em particular a biologia; sustentam as relações sociais, como demonstra a antropologia estrutural; enfim, constituem, segundo a filosofia estruturalista, o suporte mesmo do pensamento simbólico (cf. CLS, 208). É neste ponto que se situa, a nosso ver, a raiz da ambivalência terminológica e conceitual em causa.

Se a antropologia pensa a coisa como espírito e o espírito como coisa, é porque, no fundo, estas duas realidades constituem uma só, embora vista sob dois pontos de vista diferentes. Estamos nos referindo, é claro, à estrutura. A estrutura é uma coisa no interior da qual se produz a diferenciação sujeito/objeto ou, mais precisamente, o que a fenomenologia chama de consciência e sentido (cf. supra, Intr., 1; cap. V, 3.5.1, b). Compreende-se assim, por que, segundo Cl. Lévi-Strauss, o inconsciente estrutural é "o terreno [...] no qual o objetivo e o subjetivo se encontram" (IOMM, XXX) ou, ainda, "o termo mediador entre mim e outrem" (ibid., XXXI).

Reflitamos um momento sobre esta equivalência entre espírito e coisa, defendida pela filosofia estruturalista.

Denunciando a abordagem absurda dos fatos sociais imposta aos pesquisadores pela epistemologia positivista, Cl. Lévi-Strauss afirma: "Sem se libertar do exame dos termos para elevar-se ao das relações [...], eles [os positivistas] estavam condenados à tarefa sem saída de procurar coisas por detrás das coisas" (SLGG, 9). Impossível definir de modo mais sintético e preciso o projeto positivista: "buscar coisas por detrás das coisas". Do ponto de vista estruturalista, no entanto, como dissemos várias vezes, não são as coisas que importam, mas as relações entre as coisas. Saussure foi o primeiro a chamar nossa atenção para este tema. "O vínculo que estabelecemos entre as coisas", diz ele, "preexiste [...] *às próprias coisas* e serve para determiná-las" (SAUSSURE apud PLG1, 41; DE MAURO, 361). O genebrino estava plenamente consciente de ter abandonado o plano da matéria, da substância, da coisa — o único admitido do por seus contemporâneos —, para alcançar o do sistema, da forma, das relações. Essa tese foi endossada plenamente por Cl. Lévi-Strauss, que a aproxima, aliás, de outra, defendida por M. Mauss no *Essai sur la magie*: "A unidade do todo é ainda mais real do que cada uma das partes" (MAUSS, apud IOMM, XXXVIII). Procurando elucidar o conceito de "estrutura de reciprocidade", o antropólogo afirma: "A relação de troca é dada antes das coisas trocadas e independentemente delas" (SEP, 161). Na realidade, todas as instituições culturais são

> estruturas cujo todo, isto é, o princípio regulador, pode ser dado antes das partes [...]. Esse princípio regulador pode possuir um valor racional, sem ser concebido racionalmente, pode exprimir-se em fórmulas arbitrárias, sem ser ele próprio privado de significação (ibid., 117).

Afinal, o que é uma estrutura, segundo Cl. Lévi-Strauss? "Um sistema de oposição e de correlação que integra todos os elementos de uma situação total" (AS, 200), de tal modo que a alteração de qualquer um destes elementos provoca a alteração de todos os outros (cf. ibid., 306).

É certo, pois, que não se pode adotar o ponto de vista estruturalista, tanto em linguística como em etnologia, sem "situar cada elemento na rede de relações que o determina" (PLG1, 34). Fora dessa rede, ou melhor, deste sistema, os elementos não se manifestam.

Nossa reflexão nos conduziu, portanto, a dois fatores essenciais a qualquer explicação de caráter estrutural: a coisa (por exemplo, as substâncias fônicas e semânticas na linguística e as relações sociais na etnologia) e as relações sistêmicas entre as coisas (a língua como forma na linguística e as estruturas sociais na etnologia)[12]. Esses dois fatores, contudo, são ainda insuficientes. Para elucidar a maneira como as coisas se unem entre si para formar um sistema, é preciso recorrer a um terceiro

---

12. "A análise [estrutural] não pode jamais se contentar com a consideração dos termos, mas deve, para além dos termos, apreender as relações que os unem. Apenas as relações constituem o seu verdadeiro objeto" (AS II, 103).

Conclusão

fator, mencionado várias vezes por Cl. Lévi-Strauss, mas presente também no discurso de Saussure: "O espírito humano".

A antropologia estrutural é "uma disciplina [...] cujo objetivo primeiro, se não o único, é analisar e interpretar as diferenças" (AS, 99; cf. RE, 49). Este objetivo, contudo, não pode ser alcançado sem que ela encontre "em alguma parte uma unidade de referência para interpretar as diferenças sem as dissolver" (ESPRIT, 1963, 580). Privada dessa unidade, a antropologia cairia, inevitavelmente, na pura diversidade. Trata-se, portanto, de procurar os elementos invariantes além das diferenças superficiais (MS, 20). Essa unidade de referência, entretanto, não se situa, como pretendia a etnologia evolucionista do século XIX, no nível da história, mas num nível mais radical, a saber, o das condições de possibilidade da história e das organizações sociais em geral:

> Se a história, solicitada sem trégua [...], responde não, voltemo-nos então, para a psicologia ou para a análise estrutural das formas e perguntemos se as conexões internas de natureza psicológica não permitem compreender as recorrências simultâneas, com uma frequência e uma coesão que não podem resultar do simples jogo das probabilidades (AS, 273).

É assim que surge no discurso de Cl. Lévi-Strauss o conceito de "espírito", com sua atividade inconsciente cujas leis são universais. Para explicar essa atividade, o antropólogo, fiel à tradição saussuriana, recorre à noção de forma. "A atividade inconsciente do espírito", diz ele, "consiste em impor formas a um conteúdo" (ibid., 28). O método que ele reivindica pode, então, ser chamado, com propriedade, de "análise estrutural das formas". Desse modo, por exemplo, depois de nos haver advertido que, por detrás das diferentes realizações do princípio de reciprocidade — arcaicas, civilizadas, infantis ou adultas —, encontram-se as "mesmas raízes psicológicas e lógicas" ou, mais precisamente, "certas estruturas fundamentais do espírito humano", Cl. Lévi-Strauss propõe que se faça a distinção entre a "forma" da reciprocidade e os

> edifícios institucionais amiúde frágeis que lhe servem, a cada instante dado, para realizar os mesmos fins [...]. Seria um engano confundir a diversidade do fundo com a forma, simples e constante, que lhe é imposta (SEP, 88, 95).

Enquanto a filosofia estruturalista rejeita a qualificação de formalismo para defini-la, o método estrutural, ao buscar além dos conteúdos concretos e mutáveis as formas invariáveis da vida social, longe de recusar esta mesma qualificação, acolhe-a de muito bom grado. Na verdade, o inconsciente estrutural é um inconsciente formal ou categorial. É a oposição forma/conteúdo que explica, em última análise, o que o antropólogo denomina "função simbólica". Impor uma forma a um conteúdo concreto não equivale a substituir uma coisa por sua representação? É assim que emerge o simbolismo e, portanto, a significação. Do ponto de vista estruturalista, como já sabemos, essa representação deve ter um caráter sistêmico. O objeto da antropologia é, em última análise, o conjunto dos sistemas simbólicos, produzidos inconscientemente pelo espírito, para constituir o que chamamos de cultura.

Em conformidade com esta abordagem dos fatos humanos, o antropólogo recusa as explicações exclusivamente naturalistas e empiristas das ciências sociais, já que elas não levam em conta o fenômeno fundamental do simbolismo, sem o qual a linguagem e a cultura, em geral, se tornam ininteligíveis (cf. AS, 62)[13].

Se Cl. Lévi-Strauss rejeitasse a dualidade forma/conteúdo de modo absoluto, como poderia endossar a denominação proposta por P. Ricoeur para o estruturalismo, a saber, "kantismo sem sujeito transcendental" (cf. CC, 19, n. 1)? Não existe sujeito transcendental, mas existe, como condição de possibilidade das organizações sociais, o espírito, que possui, segundo o nosso antropólogo, duas características fundamentais: é inconsciente e tem a objetividade da coisa.

No que se refere à segunda característica, uma questão nos inquieta: reduzir o espírito — quer dizer, a instância que estabelece as relações sistêmicas entre as coisas — ao estatuto de coisa não seria retornar sub-rep-

---

13. Oportuno lembrar que Cl. Lévi-Strauss não rejeita de modo radical nem o naturalismo (cf. AS, 61) nem o empirismo. A propósito deste último, ele pondera: "A antropologia é antes de tudo uma ciência empírica. Cada cultura representa uma ocorrência única, à qual é preciso consagrar a atenção mais minuciosa, para poder, primeiro, descrevê-la, e, em seguida, procurar compreendê-la [...]. O estudo empírico condiciona o acesso à estrutura" (RE, 145). Como se vê, os dados empíricos recolhidos pelo etnógrafo constituem apenas a matéria-prima de que se serve o etnólogo para construir seus modelos estruturais.

Conclusão

ticamente ao projeto positivista de "procurar coisas por detrás das coisas", projeto denunciado pelo próprio Cl. Lévi-Strauss como absurdo e irrealizável? O método estrutural tanto em linguística como em antropologia surgiu em oposição ao positivismo que dominava as ciências sociais no século XIX; a filosofia estruturalista, contudo, ao se deixar levar pelas promessas da objetividade, caiu, de novo, na armadilha da coisa. Como Aristóteles já o demonstrara, polemizando com os sofistas, a confusão entre a palavra e a coisa torna ininteligível a linguagem. O estagirita foi o primeiro filósofo a distinguir esses dois termos e a elaborar, assim, uma teoria da significação (cf. AUBENQUE, 1962, 106; cf. supra, cap. I, 1.1). Na verdade, não se pode compreender a linguagem e a cultura em geral, que é segundo o próprio Cl. Lévi-Strauss "um conjunto de sistemas simbólicos", senão no momento em que a reflexão se dá conta da distância que separa a coisa do signo, o fato da representação. É justamente porque transcende as coisas que o espírito pode reuni-las num sistema de relações, para simbolizá-las e significá-las. E isto indefinidamente. "Nada está concluído; podemos tudo retomar. O que foi feito e falhou pode ser refeito" (TT, 471). Se a função simbólica se enraíza na natureza — o cérebro, com efeito, pode ser considerado como uma "máquina binária", segundo os neurologistas (apud TINLAND, 1977, 262) —, ela não se reduz, de modo algum, como defende Cl. Lévi-Strauss, a uma atividade puramente natural. Simbolizar é substituir uma coisa por outra, para que esta se torne a representação daquela. Ora, esta representação não pode ser nem produzida nem reconhecida sem a intervenção de uma terceira instância, a saber, o espírito humano, o qual, na medida em que dispõe as coisas em sistema, tendo em vista a comunicação inter-humana, escapa necessariamente ao estatuto de coisa. Se o espírito fosse, unicamente, uma coisa entre as coisas, esta estranha realidade denominada *homem* ainda estaria imersa na longa — e então interminável — noite animal[14].

---

14. Baseando-se nas ciências da natureza, Cl. Lévi-Strauss defende que os órgãos dos sentidos são capazes de estabelecer relações entre as coisas, de tal maneira que a atividade inconsciente do espírito só elabora dados sempre já estruturados. Haveria, pois, uma identidade fundamental entre esta atividade e aquela puramente material dos seres da natureza. "Quando o espírito apreende dados empíricos previamente tratados pelos órgãos dos sentidos, ele continua a trabalhar estruturalmente, por assim dizer, uma matéria que ele

No que concerne à determinação do espírito como uma realidade fundamentalmente inconsciente, devemos acolher o pensamento de Cl. Lévi-Strauss como uma notável contribuição, tão importante quanto às de Marx e Freud, para descentralizar o sentido em relação à consciência imediata de si. O estruturalismo, ao lado do marxismo e do freudismo, abalou profundamente o suposto primado do *cogito* na compreensão do homem, tal como tem sido defendido pelo pensamento moderno.

Para melhor compreender a natureza do inconsciente estrutural, procuremos aproximá-lo do que, talvez, pudéssemos chamar de inconsciente virtual da fenomenologia.

Embora Husserl seja um filósofo da consciência, o *cogito* fenomenológico se diferencia, sob vários aspectos, do *cogito* cartesiano. Ao questionar o "mundo da vida", esse filósofo se deparou, como mostramos, com a constituição de um sentido antepredicativo que funda o exercício da razão e, em particular, do conhecimento científico. Com efeito, pode-se distinguir, como sugere E. Fink, na esteira do último Husserl, dois tipos de intencionalidade: uma operante (ou em exercício) e outra temática (FINK, 1968).

Enquanto participamos do mundo da vida, não podemos deixar de crer na existência das coisas, na existência deste mundo. Porém, enquanto "espectadores pensantes" de nossa vida, suspendemos esta

---

recebe já estruturada. Isto não poderia ocorrer se o espírito, o corpo ao qual o espírito pertence e as coisas que o corpo e o espírito percebem não fossem parte integrante de uma só e mesma realidade" (RE, 162). Para discutir esta argumentação, lembremos, antes de mais nada, que o estabelecimento de relações entre dois termos requer necessariamente um terceiro termo que se distinga essencialmente dos dois outros. Assim, para ligar uma cor a outra ou um som a outro é preciso recorrer a um terceiro fator que não seja nem cor nem som, respectivamente. No que concerne à função simbólica, contudo, não se trata de estabelecer relações entre tais ou tais aspectos das coisas, mas sim de relações entre coisas enquanto tais e outras coisas enquanto tais. Simbolizar, como já mostramos, é substituir uma coisa por outra, a qual se torna, assim, a representação — logo, a significação — da outra. Neste último caso, a instância que estabelece as relações entre as coisas deve, necessariamente, escapar ao estatuto das coisas. Esta instância os gregos a denominavam *nous* ou *pneuma*, termos traduzidos respectivamente por *mens* e *spiritus* em latim. "O Espírito", como nos esclarece A. Lalande, "é a realidade pensante em geral, o sujeito da representação com suas leis e sua atividade própria, enquanto oposto ao objeto da representação" (LALANDE, 1960, 300). Fora desta oposição estabelecida pelo "Espírito", entre a coisa-representada e a coisa-representação, não há simbolismo, nem cultura, nem "diferença antropológica".

Conclusão

crença e a colocamos "entre parênteses", quer dizer, praticamos a *epoché*. É assim que surge este "desdobramento do eu" que é a condição de toda descrição fenomenológica. "Acima do eu ingenuamente interessado no mundo, o eu fenomenológico [se estabelece] como um *espectador desinteressado*" (HUSSERL, 1969, 30).

A atitude reflexiva (ou fenomenológica) faz aparecer no "campo visual do pensamento pressuposições da atitude natural cada vez mais atemáticas" (FINK, 1968, 199). Passamos das coisas da percepção ao horizonte, ao "covisado", às perspectivas, aos múltiplos fenômenos da consciência nos quais se constitui o sentido objetivo das coisas. Tornamo-nos, assim, capazes de compreender as experiências que simplesmente vivemos, fora de qualquer preocupação de tematizá-las. O que tinha sido até então apenas operado converte-se em tema de pensamento e objeto de investigação metódica. É assim que se abre o caminho da subjetividade transcendental no sentido husserliano. Ao realizar a *epoché*, os conceitos operatórios da vida, isto é, os conceitos que empregamos espontaneamente para interpretar as coisas, sem, contudo, nos darmos conta deles, são retirados da sombra. Mas, ressalte-se, o que mantemos operatoriamente distante de nossas preocupações cotidianas não é, de modo algum, desprezível ou negligenciável. Ao contrário: é pelo que ordinariamente não é considerado como tema que nos referimos ao tema. O operatório é, pois, o meio atemático da compreensão (cf. ibid., 197).

A fenomenologia se propõe a pensar o operatório, mas está suficientemente advertida de que nenhuma filosofia pode apoderar-se definitiva e plenamente de todos os seus conceitos. Em outros termos: não existe "saber absoluto", visto que a reflexão é necessariamente finita. "O 'coimplicado', o 'covisado' não pode ter acesso inteiramente à transparência da consciência, em razão da própria textura do ato de consciência, a saber, a invencível insciência de si da intencionalidade em exercício" (RICOEUR, 1965, 370).

A distinção entre o temático e o operatório é muito importante, pois ela alarga o campo da consciência e o próprio conceito de consciência. Se, de fato, um sentido em ato, próprio da intenção operatória, precede sempre o sentido temático e, consequentemente, o próprio movimento reflexivo, sem que este jamais consiga alcançar plenamente aquele, a consciência não se limita à reflexão, mas se constitui também por uma camada pré-reflexiva ou pré-cognitiva. A consciência fenomenológica não se define pelo conhecimento ou pelo pensamento de "si" (cf. DESCARTES, 1950, 56), nem mesmo pela presença a si mesma (cf. SARTRE, 1943, 20), mas "apenas pela visada de alguma coisa ou sentido" (RICOEUR, 1965, 370). Do ponto de vista fenomenológico, há, portanto, um "primado do irrefletido sobre o refletido, do operado sobre o proferido, do efetivo sobre o temático" (ibid., 369).

Na verdade, é um outro conceito da razão que se anuncia no pensamento de Husserl. A experiência inerente ao mundo da vida, a despeito de se oferecer originariamente no nível pré-categorial, pré-reflexivo e antepredicativo, não é cega. Ao contrário, é atravessada por um *logos* próprio, por um sentido que se dirige à razão. O espaço geométrico, por exemplo, já está contido no espaço vivido. Há uma racionalidade imanente à experiência antepredicativa que deve ser explicitada pela reflexão. Husserl amplia, pois, o conceito de razão, criando condições favoráveis para que a fenomenologia possa acolher as descobertas das ciências humanas, em especial as provindas da teoria da ideologia (K. Marx), da teoria do inconsciente (S. Freud) e — este é precisamente o objeto de nosso estudo — da teoria estruturalista do símbolo (F. de Saussure, R. Jakobson, Cl. Lévi-Strauss). Todas essas teorias demonstraram a existência de uma produção de sentido anterior e independente do que, tradicionalmente, se entende por atividade racional. Este diálogo entre fenomenologia e ciências humanas, ressalte-se, foi realizado por P. Ricoeur, em alguns de seus mais brilhantes ensaios[15].

Hoje, portanto, como observa J. Ladrière, contrapondo a fenomenologia do último Husserl à filosofia moderna, não se pode mais conceber a consciência

> como uma pura presença a si mesmo. Dito de outro modo, não se pode definir a consciência pelo *cogito*. Há, sem dúvida, o *cogito*, mas esta experiência da presença a si mesmo constitui apenas o ápice

---

15. Referimo-nos às seguintes obras de P. Ricoeur: *De l'interprétation: essai sur Freud* (1965), *Le conflit des interprétations: essais d'herméneutique* (1969), *Du texte à l'action: essais d'herméneutique II* (1986) e *Lectures on ideology and utopia* (1986).

da consciência, e esse ápice se reduz a uma parte ínfima da vida do espírito (LADRIÈRE, 1979, 28).

Na realidade, a consciência não é mais o ponto de partida da reflexão, mas seu ponto de chegada. Como afirma P. Ricoeur, "a consciência é uma tarefa" (RICOEUR, 1965, 51).

O problema central da antropologia filosófica, que deve ser uma antropologia integral, isto é, proveniente dos esforços conjugados da filosofia e das ciências humanas, não se limita, como defende ainda J. Ladrière, a

> compreender as relações entre o pensamento e o exterior, mas as relações entre estas duas regiões do espírito: a região clara do sentido explícito, do *cogito* e do saber teórico, e a região obscura dos sentidos latentes, dos conteúdos implícitos e do saber silencioso. A razão deve aparecer como sendo conduzida por algo que não é razão, mas que, não obstante, é ainda realidade humana, como espírito (LADRIÈRE, 1979, 28).

Como propõe P. Ricoeur, a antropologia filosófica deve ser "capaz de assumir a dialética do consciente e do inconsciente", ou seja, de incorporar à reflexão "este outro" da consciência que é o inconsciente (CI, 102).

Voltemos a nossa questão inicial: o espírito humano, ao produzir inconscientemente estruturas simbólicas, opera por acaso ou persegue algum fim? Haveria um *télos* implícito animando as estruturas ou, ao contrário, estas seriam construções aleatórias, sem objetivo ou direção? Essa questão, como se sabe, foi discutida por Jakobson, que, opondo-se ao suposto mecanicismo professado por Saussure (cf. supra, cap. I, 2.6.3; cap. II, 1.6, 2.6, c), defendeu, junto a seus colegas da Escola de Praga, que as transformações linguísticas não são provenientes do acaso ou de causas puramente mecânicas, mas tendem a um objetivo. "Sem admitir este elemento teleológico", afirma Troubetzkoy, "é impossível explicar a evolução fonológica" (apud MOUNIN, 1972, 107). Temos aí, diga-se de passagem, outra noção de inspiração husserliana incorporada, graças a Jakobson, à linguística estrutural e, em particular, à fonologia (cf. HOLENSTEIN, 1974, 45; 63). Cl. Lévi-Strauss, fiel a Jakobson, de quem se diz "discípulo" (cf. *Préface* à SLSS, 7), admite que as "estruturas de reciprocidade" devem ser concebidas como "forças de integração" dos acontecimentos, que são, em si mesmos, contingentes. "Sob sua influência, a história tende ao sistema" (SEP, 89), assevera o antropólogo, referindo-se às estruturas. Na conclusão do SEP, encontra-se a seguinte observação:

> uma só entre todas as ciências sociais chegou ao ponto em que a explicação sincrônica e a explicação diacrônica se confundem, porque a primeira permite reconstituir a gênese e operar a síntese dos sistemas, enquanto a segunda evidencia a lógica interna deles e apreende a evolução que os dirige para um fim. Esta ciência social é a linguística concebida como um estudo fonológico (ibid., 564).

Em conformidade com essa posição, nosso antropólogo declara no *Finale* de *Mythologiques*: "o estruturalismo é resolutamente teleológico" (HN, 615).

Cl. Lévi-Strauss por certo não concebe este *télos* que mobiliza as estruturas como um sentido conscientemente visado pelo sujeito, mas antes, segundo a perspectiva fonológica, como uma tendência dos sistemas, inconscientemente produzidos pelo espírito, para restabelecer automaticamente um equilíbrio perdido (cf. HOLENSTEIN, 1974, 45). Entretanto, é o próprio antropólogo que, em certos momentos de sua argumentação, indica um *télos* de outra natureza que o descoberto pela fonologia histórica. Assim, por exemplo, numa passagem já citada, ele afirma que a "estrutura da reciprocidade" se serve de "construções institucionais muitas vezes frágeis" para "realizar os mesmos fins" (SEP, 88). Esses fins, longe de serem imanentes ao sistema, lhe são, de certa forma, impostos do exterior. Uma reflexão sobre a análise estrutural do parentesco pode nos ajudar a esclarecer a natureza deste *télos*, apenas sugerido por Cl. Lévi-Strauss.

Segundo o antropólogo, a proibição do incesto, como já foi exposto, apesar de sua formulação negativa, exprime uma prescrição positiva: a lei da aliança. Interditar o casamento com mulheres da mesma família é, na verdade, prescrever o casamento com mulheres de outras famílias. Por este motivo, como sustenta J. Ladrière, a proibição do incesto é a expressão negativa de uma "finalidade imanente aos grupos humanos [...]. O sentido profundo das estruturas seria servir de mediação em um processo subjacente de universalização" (LADRIÈRE, 1979, 198).

Conclusão

Deve-se distinguir, portanto, na análise dos sistemas de parentesco, como sugere o mesmo pensador, dois planos diferentes: o da estrutura e o da aliança. "A lei da aliança não é de natureza estrutural, mas ela explica por que as estruturas se organizam desta ou daquela forma; ela finaliza a autoestruturação do sistema" (ibid., 200). Pode-se, por conseguinte, conceber a aliança como o sentido (ou a finalidade) das estruturas de reciprocidade. É a aliança que explica o fato de tais ou tais estruturas serem escolhidas e não outras. "A estrutura", afirma Ladrière, "revela o sentido (ou a finalidade), mas não o cria" (ibid., 203). Acrescentemos a essa observação, muito pertinente e oportuna, que o sentido em causa não tem por sede a consciência, mas sim o inconsciente. Procurando compreender o inconsciente estrutural a partir da fenomenologia, podemos afirmar que o sentido que anima as estruturas, longe de determinar o sujeito, é produzido por este no nível antepredicativo e pré-reflexivo da consciência.

Ao estudar a aquisição das estruturas fonológicas pela criança, deparamos com a presença de um sentido — igualmente antepredicativo, convém explicitar agora — sem o qual as estruturas não funcionam. Diante do que acabamos de expor, o comentário de Merleau-Ponty acerca deste aspecto da fonologia de Jakobson recebe nova dimensão: "A estrutura deste sistema, tal como é empregada, já exige uma significação" (MERLEAU-PONTY, 1990, 32). Mas é Cl. Lévi-Strauss que, de certo modo, reconhece o primado do sentido sobre a estrutura, tanto em linguística como em antropologia, ao afirmar: "Exogamia e linguagem possuem a mesma função fundamental: a comunicação com outrem e a integração do grupo" (SEP, 565). É esta intenção de comunicação, necessariamente anterior às estruturas, que permite compreender os sistemas simbólicos e a própria obra de Cl. Lévi-Strauss. Com efeito, sublinhando o caráter semiológico de sua disciplina, nosso pesquisador nos adverte: "para a antropologia, que é uma conversa do homem com o homem, tudo é símbolo e signo que se coloca como intermediário entre dois sujeitos" (AS II, 20).

2.3. Compreensão e explicação

O fundador da antropologia estrutural, tendo em vista tudo o que acabamos de expor, insiste em que o objeto desta ciência, bem como o de todas as outras que se desenvolveram no campo semiológico, é o estudo das "estruturas inconscientes do espírito", isto é, de uma realidade objetiva sobre a qual o observador não pode interferir. Sem mencionar a camada antepredicativa, Cl. Lévi-Strauss sustenta que a consciência, quer sob a sua forma espontânea, "imanente ao objeto de observação", quer sob a sua forma "refletida — consciência da consciência — no pesquisador", é "a inimiga secreta das ciências do homem" (AS II, 344) e, por isso mesmo, deve ser afastada das pesquisas linguísticas e antropológicas. Em consonância com esta postura, ele rejeita "a falsa oposição [...] entre a explicação das ciências físicas e a compreensão das ciências humanas", chegando mesmo a declarar que "uma noção como a da empatia lhe inspira uma grande desconfiança pelo que ela implica de irracionalismo e misticismo sobrepostos" (ibid., 17).

Contudo, ao mesmo tempo em que condena a abordagem hermenêutica dos fatos culturais, Cl. Lévi-Strauss afirma que, na sua disciplina, as descrições fenomenológicas constituem o "ponto de partida" (PS, 298) da "explicação causal", a qual, por sua vez, deve "fundar-se na compreensão" considerada "como uma forma suplementar de prova" (AS II, 17). Expressando-se de maneira mais clara, ele observa:

> A prova do social só pode ser mental, dito de outro modo, jamais podemos estar certos de haver alcançado o *sentido* e a função de uma instituição, se não estivermos em condições de reviver sua incidência em uma *consciência individual* [...]. Toda *interpretação* deve fazer coincidir a objetividade da análise histórica ou comparativa com a *subjetividade da experiência vivida* (IOMM, XVI; itálicos nossos).

O antropólogo é, por certo, o "astrônomo das ciências sociais" (AS, 415), mas as constelações que ele estuda, como insiste Cl. Lévi-Strauss, são "constelações humanas" (IOMM, LI). Por esta razão, cabe ao antropólogo "descobrir um *sentido* para configurações muito diferentes [...] das imediatamente próximas ao observador" (AS, 415; itálico nosso). De fato, na antropologia, a "busca intransigente de uma objetividade total só pode desenvolver-se num nível em que os fenômenos conservem uma *significação humana* e permaneçam *compreensíveis* — intelectual e *sentimentalmente* — para uma *consciência individual*". Em outras palavras: as realidades examinadas por esta ciência têm "um *sentido* no plano da *ex-*

Conclusão

periência vivida pelo sujeito" (ibid., 398, itálicos nossos). A metáfora da astronomia faz sobressair, sem dúvida, o distanciamento metodológico inerente à antropologia, mas indica, também, o movimento de retorno ao vivido pela mediação conceptual. A "interpretação estrutural" (CLS, 208) para se realizar requer a articulação da explicação causal dos fatos com a compreensão do sentido desses mesmos fatos (AS II, 17). Como se vê, no discurso de Cl. Lévi-Strauss, estas atitudes metodológicas (explicação e compreensão), longe de se oporem, se complementam.

Parece-nos muito oportuno observar que esta relação de complementaridade e reciprocidade entre explicação e compreensão é defendida, também, por P. Ricoeur. Para realizar o seu projeto hermenêutico, que se propõe a "dar um sentido aceitável à noção de *existência*" (CI, 7), este pensador incorpora as ciências humanas à reflexão filosófica e questiona "o dualismo metodológico da explicação e da compreensão", empenhando-se para "substituir [esta] alternativa brutal por uma fina dialética". Criticando equivocadamente os fundadores da hermenêutica contemporânea, a saber, Fr. D. E. Schleiermacher (1768-1834) e, particularmente, W. Dilthey (1833-1911), os quais, no seu entender, estabeleceram uma "concepção puramente dicotômica da relação entre o explicar e o compreender", P. Ricoeur declara:

> Por dialética entendo a consideração segundo a qual explicar e compreender não constituiriam os polos de uma relação de exclusão, mas momentos relativos de um processo complexo que podemos chamar de interpretação (RICOEUR, 1986, 162)[16].

---

16. Ressalte-se que diferentemente do que pretendem Cl. Lévi-Strauss e P. Ricœur, entre muitos outros teóricos, W. Dilthey, como os estudos recentes de sua obra o revelam, não concebeu de modo "dicotômico" a relação entre explicação e compreensão. Ao contrário, ele defendeu, sobretudo na sua última fase, que estes procedimentos "se reforçam reciprocamente" e que eles são igualmente necessários às ciências do espírito. Vale dizer, estas ciências têm uma orientação metodológica, ao mesmo tempo, explicativa e compreensiva. É o que nos mostra S. Mesure em sua brilhante tese, *Dilthey et la fondation des sciences historiques* (1990). Se este filósofo insistiu nesta última orientação, foi, seguramente, porque ela constitui o "traço específico" dessas disciplinas. No contexto positivista do século XIX, Dilthey se sentiu obrigado a sublinhar a originalidade metodológica das ciências humanas — ou ciências do espírito, segundo a denominação da época — em relação às ciências da natureza (cf. MESURE, 1990, 211; JARDIM ANDRADE, 2013, 217-258).

Convém pensar a interpretação, portanto, como a compreensão enriquecida pela explicação. "Explicar mais, para compreender melhor", afirma o famoso mote do filósofo francês. A explicação indica "a continuidade epistemológica entre as ciências da natureza e as ciências do homem"; a compreensão "anuncia a reivindicação de uma irredutibilidade e de uma especificidade das ciências humanas" (RICOEUR, 1986, 161). O estudo da formação do campo semiológico que empreendemos neste trabalho confirma, como lembraremos a seguir, este ponto de vista. F. de Saussure nos ensinou que o modelo da língua não pode ser construído sem que o pesquisador se coloque na perspectiva sincrônica, a qual corresponde à consciência do locutor. Com efeito, fora do critério do sentido, como mostramos, a análise linguística é impraticável. No dizer do próprio Saussure, a "análise objetiva" do pesquisador deve corresponder à "análise subjetiva" realizada a cada instante pelo locutor (cf. CLG, 148). Uma vez construído o modelo, que representa o inconsciente linguístico, o pesquisador deve retornar ao plano da consciência para verificar se o referido modelo é operacional ou não. A análise tem, pois, um primeiro momento *compreensivo* (o contato com a comunidade linguística), um segundo, *explicativo* (a construção do modelo), e um terceiro, novamente *compreensivo* (a verificação do modelo).

Em Jakobson pode-se constatar um procedimento análogo. O pesquisador toma como ponto de partida da análise a *compreensão* da linguagem-objeto (ele participa, tanto quanto possível, da comunidade linguística estudada); em seguida, emprega a metalinguagem para *explicar* esta linguagem-objeto; enfim, compara o modelo teórico com os usos linguísticos estabelecidos e vividos pela comunidade, voltando deste modo, ao nível da *compreensão*, para verificar a conformidade do modelo aos fatos (cf. ELG1, 53-91). A apreensão objetiva ou exterior deve coincidir com a apreensão subjetiva ou interior (cf. HOLENSTEIN, 1974, 64.76).

Cl. Lévi-Strauss, por sua vez, demonstrou que as instituições de casamento e parentesco das sociedades primitivas dependem das estruturas de reciprocidade criadas inconscientemente pelo espírito humano. O antropólogo, no entanto, não poderia formular o conceito de estrutura de reciprocidade sem considerar as descrições dos fenômenos de reciprocidade relativos às sociedades arcaicas, à vida social contempo-

Conclusão

rânea e ao comportamento infantil. Assim como o sistema inconsciente da língua só se revela ao observador que se situa na perspectiva da consciência dos locutores, as estruturas sociais só se revelam ao pesquisador que se situa na perspectiva sincrônica, isto é, aquela que concerne ao funcionamento atual da sociedade considerada. Em outros termos: o etnólogo, apoiando-se nos dados etnográficos, empenha-se, inicialmente, para reproduzir as relações sociais a fim de *compreendê-las*; em seguida, elabora o modelo capaz de *explicar* tais relações, substituindo a realidade empírica pela estrutura social; por fim, retorna ao nível *compreensivo* das relações sociais para verificar se o modelo se sustenta ou não (cf. AS, 305; AS II, 17).

E como poderia Cl. Lévi-Strauss conceber de outra maneira o método estrutural, se ele se considera um discípulo de M. Mauss? O conceito de estrutura social, com efeito, aperfeiçoa o de fato social total, cujos elementos essenciais são sintetizados pelo antropólogo do seguinte modo:

> Para *compreender* convenientemente um fato social é preciso apreendê-lo *totalmente*, quer dizer, pelo exterior como uma coisa, mas como uma coisa, no entanto, de que faz parte integrante a apreensão subjetiva (consciente e inconsciente) que dela tomaríamos se, inevitavelmente homens, vivêssemos o fato como indígena em lugar de observá-lo como etnógrafo (IOMM, XXVII).

O conhecimento inerente à antropologia e às "ciências do homem", em geral, é o do "observador sujeito" (LAPLANTINE, 1987, 87), isto é, o do "observador [que] é, ele mesmo, parte de sua observação" (IOMM, XXVII).

O discurso do antropólogo, como as considerações anteriores o comprovam, é nitidamente ambíguo. Para nosso espanto, ao mesmo tempo em que censura a hermenêutica, ele se serve do aparelho conceptual desta escola para esclarecer seu percurso metodológico.

É por esta razão que a maioria das passagens citadas nesta seção evidencia, com meridiana clareza, que o sujeito é uma peça essencial do método estrutural praticado e recomendado por Cl. Lévi-Strauss. A famosa "morte do sujeito" resulta, afinal, de um mal-entendido: a confusão entre a filosofia estruturalista, que elimina sumariamente o sujeito dos fatos sociais e culturais, e o método estrutural, cujo procedimento não pode dispensá-lo.

Desvinculada de seus compromissos com a filosofia estruturalista, a antropologia estrutural se aproxima curiosamente da fenomenologia hermenêutica. Na verdade, estas duas disciplinas têm um projeto comum: conciliar a busca rigorosa da objetividade científica com o respeito escrupuloso ao mistério da subjetividade humana.

2.4. Estrutura e mistério

Um outro paradoxo que se encontra nos discursos dos teóricos estruturalistas diz respeito a uma estranha cumplicidade entre estrutura e mistério. Saussure se refere à segmentação simultânea, pelo sujeito falante, da substância fônica e da substância semântica — isto é, à união do som e do sentido —, como um "fato de certo modo misterioso" (CLG, 156). R. Jakobson, por sua vez, após lembrar que "um mínimo fônico é suficiente para levar e transmitir um rico conteúdo conceitual, emotivo e estético", observa:

> Encontramo-nos de imediato perante o mistério da ideia incorporada à matéria fônica, o mistério da palavra, do símbolo, do *Logos*, um mistério que pede para ser elucidado (SLSS, 22).

Cl. Lévi-Strauss, na conclusão de *Les structures élémentaires de la parenté*, ao reconhecer que, não obstante sua condição de signo, a mulher não pode ser compreendida apenas em termos semiológicos — "[ela] permaneceu, ao mesmo tempo que signo, valor" —, observa:

> Explica-se, assim, por que as relações entre os sexos tenham preservado esta riqueza afetiva, este fervor e este mistério, que, sem dúvida, impregnou, na origem, todo o universo das comunicações humanas (SEP, 569).

Em outra passagem, insistindo que, nos tempos arcaicos, as palavras tinham uma dimensão irredutível à função semiológica da linguagem, ele afirma: "os poetas continuam sendo, entre nós, os últimos a saberem que as palavras foram também valores" (AS, 70).

Na realidade, a correspondência perfeita entre os significantes e os significados (ou melhor, os referentes) buscada pelo discurso científico

Conclusão

só existe, por hipótese, para o entendimento divino. O pensamento finito, ainda que disciplinado pela ciência, não pode dispensar o emprego dos "significantes flutuantes", quer dizer, dos símbolos impróprios para significar convenientemente as coisas, mas necessários para balizar o real. Esta limitação de nossa natureza constitui, contudo, "a garantia de toda arte, toda poesia, toda invenção mítica e estética" (IOMM, XLIX; cf. supra, cap. VI, 4).

O linguista T. Todorov, procurando sintetizar a contribuição de R. Jakobson para o desenvolvimento de sua disciplina, observa: "ainda que descubra com paixão estruturas por toda parte, Jakobson é o autor de uma obra dificilmente estruturável" (UVL, 12). Cl. Lévi-Strauss, por seu lado, declarou certa vez: "nem tudo está estruturado e não há necessariamente estrutura em toda parte" (CLS, 195). Ao longo de uma série de entrevistas concedidas a Didier Eribon e publicadas na obra *De près et de loin* (1988), na qual o antropólogo examina retrospectivamente sua vida e obra, encontra-se esta declaração surpreendente:

> Estou cada vez mais impregnado do sentimento de que o cosmo e o lugar do homem no universo ultrapassam e ultrapassarão sempre nossa compreensão. Ocorre que eu me entendo melhor com os crentes do que com os racionalistas empedernidos. Ao menos, os primeiros possuem o sentido do mistério (PL, 14).

Há mais coisas no céu e na terra do que sonha nosso vão estruturalismo.

Essas declarações se chocam com muitas outras já mencionadas, em que Cl. Lévi-Strauss manifesta, sem nenhuma ambiguidade, o caráter reducionista de sua concepção filosófica da realidade (física, psíquica e cultural)[17]. Não obstante, parece-nos muito importante lembrar que a

---

17. Que se ressalte, porém: o pensamento de Cl. Lévi-Strauss não é reducionista no sentido estrito do "cientificismo". Com efeito, opondo-se à dicotomia natureza/cultura própria da modernidade, nosso antropólogo quer mostrar a profunda inserção do homem no seu meio, a despeito da novidade que a ordem cultural possa representar em relação à ordem natural. Ele quer recuperar a sabedoria arcaica, a sabedoria do "pensamento selvagem", para ultrapassar, primeiro, o fosso entre a humanidade e a animalidade e, depois, entre o homem e seus semelhantes, este último concebido como uma consequência daquele. Não se trata, portanto, de "separar o homem da natureza", mas de reintegrá-lo nela (cf. AS II, 53).

exigência de um solo ontológico e semântico para as construções simbólicas foi formulada pelo próprio Cl. Lévi-Strauss. É sobre esse solo, apenas mencionado por nosso pensador, porém a todo momento pressuposto pelo método estrutural, que a reflexão pode recuperar o sujeito, o referente e a história, isto é, as dimensões fundamentais da existência humana, as quais foram, contudo, afastadas da filosofia estruturalista — não do método estrutural, insistamos — como ilusões, sombras, reflexos da verdadeira realidade: a estrutura.

O que é o mistério na perspectiva estruturalista? Ele só pode ser o que se encontra aquém ou além das estruturas e, por conseguinte, o que resiste à análise estrutural e a todo tipo de objetivação científica, em geral. Porém, se é impossível explicar estruturalmente o mistério, pode-se, sem dúvida, *compreender* que há mistério, porque, de outra forma, não poderíamos sequer falar dele. Do ponto de vista fenomenológico e hermenêutico, compreender é apreender um sentido e, como reconhece o próprio antropólogo, é preciso abrir-se para o "sentido do mistério". No entanto, o sentido que assim se oferece à compreensão não é nem lógico nem linguístico, mas se situa ou neste nível anterior à linguagem denominado "antepredicativo" por Husserl, ou no nível posterior à linguagem, apenas indicado pela noção de "significante flutuante" do antropólogo.

Em suma: o sistema, como assinala J. Ladrière, "é mediador entre o sentido e ele mesmo" (LADRIÈRE, 1967, 824). O sentido se manifesta, inicialmente no nível pré-sistêmico ou na camada antepredicativa da consciência; depois, no nível sistêmico — os significados modulados pelos significantes linguísticos e semiológicos —; e, enfim, no nível pós-sistêmico, isto é, aquele dos efeitos de sentido produzidos por nossos discursos e nossas obras, efeitos estes que, escapando à pressão das estruturas, se servem de "significantes flutuantes" para anunciar, na poesia e na arte, o mistério ontológico.

* * *

Após distinguirmos e analisarmos os três aspectos da questão do sujeito no estruturalismo — o epistemológico, o ético e o ontológico —, discutimos cada um deles à luz da fenomenologia. Mostramos, inicialmente, a contradição entre os dois primeiros aspectos: o projeto positivista de ob-

Conclusão

jetividade total, incorporado ao discurso de Cl. Lévi-Strauss, fundamenta-se numa decisão ética, a saber, respeitar o outro como outro, e acolhê-lo em sua diferença. O discurso científico, portanto, não dispensa o sujeito, mas, ao contrário, é existencialmente motivado. A determinação do estatuto deste sujeito que orienta sub-repticiamente as pesquisas científicas, e em particular as pesquisas etnológicas, conduziu-nos à obra do último Husserl, que tematiza "o mundo da vida" (*Lebenswelt*).

Ao efetuar a "genealogia" da ciência moderna, este filósofo revelou que as atividades racionais, em particular o conhecimento científico, se fundam na camada antepredicativa da consciência tal como se manifesta na experiência inerente ao "mundo da vida". Cl. Lévi-Strauss denunciou "as ilusões da subjetividade", mas não se deu conta das ilusões da objetividade, as quais mascaram tanto o sujeito que sustenta as pesquisas científicas — incluídas, é claro, as da etnologia — como o sentido que vivifica secretamente as construções simbólicas. Na verdade, diferentemente do que pretende o antropólogo, a ordem semiológica não é autônoma em relação à ordem semântica, mas, ao contrário, depende fundamentalmente desta.

Relembrando e recapitulando nosso percurso nos domínios da linguística e da antropologia estrutural, mostramos que o método praticado por estas disciplinas exige, em todas as suas etapas, a atividade significante da consciência. De fato, podemos considerar o sujeito como o guia semântico da análise estrutural. Mas o sujeito subjacente a este gênero de pesquisa e o sentido que lhe é correlato não se encontram necessariamente no nível do *cogito*, tal como a filosofia moderna o compreende. Trata-se, antes, do sujeito descentralizado em relação à consciência imediata de si, o qual constitui um dos temas centrais da fenomenologia husserliana. O sujeito que surge da aventura fenomenológica é um sujeito que comporta, como acabamos de lembrar, uma atividade significante anterior à linguagem e as operações racionais, em geral. Esta atividade significante pré-reflexiva, pré-categorial e antepredicativa pode, a nosso ver, ser concebida como uma espécie de inconsciente virtual, o qual se ajusta perfeitamente ao inconsciente estrutural das ciências sociais. Os sistemas simbólicos produzidos inconscientemente pelo espírito supõem, efetivamente, além de um *télos* interno que lhes garanta o funcionamento, um *télos* externo que os oriente num sentido determinado, vale dizer, a comunicação entre os homens. Este último *télos* é visado pelos grupos humanos no nível antepredicativo da consciência. Temos de admitir, portanto, que o que, em nosso entender, poderia, paradoxalmente, ser denominado de inconsciente fenomenológico se serve do inconsciente estrutural para realizar seus fins, e, mais ainda, que as estruturas inconscientes do espírito são vivificadas pela camada antepredicativa da consciência. O sentido, e não a estrutura, é, portanto, "o *fato primeiro*". É por isso que o método estrutural, a despeito do horror que a noção de consciência provoca em Cl. Lévi-Strauss, não se restringe à explicação, mas integra, também, a seu percurso momentos compreensivos.

Enfim, constatamos que, enquanto a filosofia estruturalista reduz a realidade às estruturas, certas declarações de Cl. Lévi-Strauss, ainda que marginais em relação ao conjunto de sua obra, indicam o solo ontológico e semântico sobre o qual repousam os sistemas simbólicos que constituem a cultura. Com efeito, o antropólogo se refere, em alguns momentos de seu trajeto, a uma dimensão da realidade que não pode ser estruturada e que, justamente por isso, deve ser chamada de "mistério". Se o homem fosse apenas um ser puramente natural, "o sentido do mistério" lhe estaria definitivamente oculto. Somente enquanto espírito o homem é capaz de perceber a realidade no seu conjunto, desvelando aquém e além das estruturas o mistério ontológico, o qual se manifesta na arte, na poesia e no pensamento filosófico. Se o fim último da antropologia estrutural, como afirma Cl. Lévi-Strauss enquanto pensador, não é constituir o sujeito, mas dissolvê-lo nas estruturas simbólicas, que são equivalentes às estruturas naturais, o fim último da antropologia filosófica deve ser a recuperação do sujeito, ainda que este gesto implique a perda do *cogito*, a humilhação da consciência imediata e a incorporação do inconsciente em todas as modalidades (estrutural, pulsional e ideológica) à reflexão.

Apêndice
A exigência de uma reconstrução da teoria da língua

Como nos lembra De Mauro (CLG, 407), G. C. Lepschy (1962) dizia, referindo-se ao texto elaborado pelos editores do CLG, que "uma espécie de vulgata ideal do saussurianismo" foi "absorvida pelo pensamento europeu [...], sem que tenha sido abordado o problema da reconstrução (ou da reconstrutibilidade) rigorosa das posições saussurianas". Desde então, os especialistas, De Mauro em particular, empregaram, frequentemente, o termo "vulgata" para designar o CLG. Seria possível resumir a crítica dirigida aos editores afirmando que o "CLG endureceu um pensamento cuja forma era, sem dúvida, flutuante" (DE MAURO, 408). De fato, se se considera somente a vulgata, tem-se a impressão, como afirma K. Rogger (apud DE MAURO, 422), que as teses saussurianas estão suspensas "no ar" (*in der Luft*) ou que elas se transformaram em "um conjunto de dogmas" (DE MAURO, 408). Vale dizer, não se percebe a gênese dos conceitos e sua articulação lógica com os outros termos do sistema. Daí ser imprescindível recorrer às fontes manuscritas para reconstruir a doutrina saussuriana. Como já foi indicado anteriormente (cf. cap. I, n. 6), o estudo destas fontes remete às seguintes obras fundamentais, a saber:

R. Godel, *Les sources manuscrites du Cours de linguistique générale*, Genève: Droz, 1957; R. Engler, *Édition critique du Cours de linguistique générale*. Wiesbaden: Otto Harrassowitz, 1967-1974; e, naturalmente, a nossa principal referência neste estudo, a saber, a edição crítica do CLG, preparada por T. De Mauro (Paris: Payot, 1985, tradução e posfácio de L.-J, Calvez). Ressalte-se que, no final do século XX, foram descobertos alguns manuscritos de Saussure, os quais foram publicados na França por Simon Bouquet sob título de *Écrits de linguistique générale* (Paris: Gallimard, 2002).
É oportuno tecer algumas considerações sobre esta última obra. Embora ela apresente alguns manuscritos do linguista suíço até então desconhecidos, mais da metade dos "escritos" a que alude o título já tinham sido publicados por R. Engler na sua edição crítica do CLG, mencionada acima. Importante lembrar que De Mauro teve também acesso às mesmas fontes manuscritas empregadas por R. Engler, já que este linguista generosamente as disponibilizou para o seu colega italiano, como o revela o próprio De Mauro na "Introdução" de sua edição crítica do CLG (p. XVII). No artigo muito significativamente intitulado "Faut-il défendre Saussure contre ses amateurs? Notes item sur l'étymologie saussurienne", Jürgen Trabant (2005) analisa o projeto de reconstrução de "um Saussure autêntico", a partir de um trabalho filológico rigoroso sobre as "fontes", a saber, as anotações dos alunos do CLG, mas, sobretudo, as notas e manuscritos do próprio Saussure que acabamos de mencionar. Este projeto está presente no mundo germânico desde 1975, impulsionado pelos linguistas Johannes Fehr e Ludwig Jäger, e foi introduzido, na década de 90 do século passado, no mundo francófono por Simon Bouquet (1997), linguista responsável, como já lembramos, pela publicação dos *Écrits de linguistique générale*. Como nos adverte J. Trabant,

> curiosamente esta renovação de Saussure é, ao menos em parte, profundamente antissaussuriana, pois [...] os amigos de Saussure não se referem ao Saussure clássico, aquele do *Cours* (língua/fala, sintagma/associativo, signo/significante, arbitrário, semiologia, sincronia/diacronia etc.), mas a um outro Saussure, um Saussure autêntico, que encontraríamos nas notas dos cursos dos estudantes, mas sobretudo nas notas e manuscritos deixados pelo próprio Saussure. A nova presença de Saussure é, pois, devida a uma luta de Saussure contra Saussure (2005, 112).

Apêndice

A filologia oriunda desta busca de um Saussure autêntico se dirige, como se vê, contra o CLG e considera todos os outros documentos como mais aceitáveis e confiáveis para reconstruir a verdadeira doutrina saussuriana (cf. ibid., 118). Enquanto os projetos de R. Engler e R. Godel — como, também, o de De Mauro, convém acrescentar — eram construtivos, oriundos de uma atitude respeitosa para com o CLG e seus editores, o projeto dos demais intérpretes citados é destrutivo. S. Bouquet chega a declarar, de modo muito agressivo e injusto, que "o *Cours* é falso, o resultado de uma traição" (apud TRABANT, 2005, 118). É possível reconstruir um "verdadeiro Saussure?", indaga J. Trabant, e responde: "Saussure não é um autor; é um texto" (ibid., 114). De fato, o CLG, não tem autor. Trata-se de um texto escrito por dois linguistas suíços que não reivindicam a sua paternidade. Mas este texto sem autor, sem paternidade se tornou célebre e gerou não apenas uma escola linguística, mas um movimento intelectual. "Suas contradições permitem interpretações divergentes", o que é, sem dúvida, positivo. Afinal, há um século "lemos e utilizamos um livro [...] que gerou e continua gerando um saber linguístico extremamente rico e importante". Contestando a filologia destrutiva de S. Bouquet e propondo uma filologia construtiva do CLG, J. Trabant assevera: "[A filologia] não deve fazer reprovações ou pedir que se utilize o *Cours* na sua verdadeira significação. A verdadeira significação do *Cours* está no *Cours* e não nos *Écrits de linguistique générale*" (ibid., 119). A força e a credibilidade do texto não remetem, como insiste J. Trabant, à pessoa do professor Saussure, supostamente presente nos manuscritos, mas ao próprio texto, aos seus argumentos intrínsecos. O que importa, pois, é interpretar e radicalizar o que se encontra no próprio *Cours*, ou seja, reconstruí-lo. Esta reconstrução pode ser material ou conceitual, como sugeriu o professor Christian Puesch (Paris 3) na conferência intitulada "Ferdinand de Saussure est-il un linguiste structuraliste?", apresentada na *Jornada Internacional Ferdinand de Saussure e os estudos linguísticos contemporâneos*, promovida pela Universidade Federal do Rio Grande do Norte, em 2013. Quer dizer, ela pode fundamentar-se, por um lado, nas fontes materiais da doutrina saussuriana (as notas dos alunos dos três cursos ministrados por Saussure na Universidade de Genebra e as notas pessoais do linguista) e, por outro, numa interpretação lógica e epistemológica coerente que possa explicitar esta teoria. Diria que a reconstrução que propomos neste estudo tem, sem dúvida, uma base material, mas ela é, sobretudo, conceitual. Ressalte-se, ainda, que o nosso principal guia na exploração do que chamaríamos, parafraseando J. Lacan, de campo saussuriano é, sem dúvida, o já citado De Mauro, linguista, aliás, considerado por R. Jakobson, como "o melhor tradutor e comentador do *Cours de linguistique générale*" (ELG1, 286). Segundo De Mauro, a maior obstáculo para a compreensão adequada da doutrina saussuriana se encontra na ordem de exposição seguida pelos editores. "O *Cours*", diz-ele, "fiel em sua reprodução de certos elementos da doutrina linguística de Saussure, falha ao reproduzir a organização deles. E a ordem, como sublinhava o próprio Saussure, é essencial na teoria da língua, talvez até mais do que em qualquer outra teoria" (p. V). Inicialmente, procuramos expor a teoria saussuriana da língua seguindo de perto a ordem sugerida por De Mauro: começar pela questão da identidade sincrônica, apresentar em seguida o princípio da arbitrariedade do signo e, para concluir, distinguir língua e fala, ou melhor, valor e significação (cf. DE MAURO, 421, 442). Ressalte-se que as distinções entre as relações sintagmáticas e as relações associativas, assim como entre o ponto de vista sincrônico e o ponto de vista diacrônico, devem ser consideradas como as implicações metodológicas da teoria da língua (cf. DE MAURO, IX, X). Não abandonamos a sugestão de De Mauro. Longe disso. Contudo, na medida em que aprofundávamos nosso estudo do CLG, percebemos a possibilidade de completar o plano proposto por De Mauro pela discussão dos três princípios da linguística saussuriana mencionados no CLG: *o princípio da arbitrariedade do signo* (100-102), *o princípio da linearidade do significante* (103) e *o princípio de diferenciação* (167). E foi este, efetivamente, o caminho que adotamos para expor a teoria saussuriana da língua.

O *princípio da arbitrariedade do signo* é, como insiste De Mauro, o fundamental. Devemos concebê-lo como "a base sobre a qual se ergue o edifício da língua como forma" (p. 421). É o único cuja argumentação se apresenta de modo desenvolvido no CLG, ainda que repleta de contradições oriundas da forma oral do ensinamento de Saussure. Não por acaso, este princípio provocou uma enorme polêmica nos meios linguístico, conforme já vimos (cf., supra, cap. I, 2.2.2; cap. III).

Apêndice

O *princípio da linearidade do significante* foi comprimido pelos editores numa meia página do CLG. Se nos limitássemos a estas poucas informações, teríamos de dar razão a G. C. Lepschy, que não hesita em afirmar: "Saussure parece dar a maior importância a este princípio" no momento de sua enunciação, mas, "em seguida, parece esquecê-lo no *Cours*" (1976, 55). É por esta razão que a maioria das exposições da teoria saussuriana só oferece a este princípio um tratamento marginal. Entretanto, o CLG não poderia ser mais explícito a propósito de sua importância: "Este princípio [...] é fundamental, e suas consequências são incalculáveis [...]. Todo o mecanismo da língua depende dele" (CLG, 103). A nosso ver, o problema capital acerca da interpretação deste tema encontra-se na dificuldade de localizar no CLG o local exato em que Saussure retoma o princípio da linearidade, para ligá-lo à teoria da língua em seu conjunto.

Como se sabe, Saussure concebe a língua como um "sistema de diferenças" e em consonância com esta perspectiva ele enuncia o *princípio de diferenciação*. Em contraste com as formulações explícitas e categóricas dos princípios da arbitrariedade do signo e da linearidade do significante, o princípio de diferenciação — não se deve esquecer que se trata de um "princípio", no dizer do próprio Saussure — só é mencionado *en passant* na conclusão do capítulo IV da 2ª parte ("O valor linguístico"). Mas é preciso ter sempre presente o caráter didático do ensinamento de Saussure e a evolução de seu pensamento. "A cada passo, eu me encontro paralisado por escrúpulos", dizia o linguista em 3 de maio de 1911 numa conversa com L. Gautier (cf. ELG2, 289; SMCLG, 30), ou seja, algumas semanas antes da exposição do tema mais árduo e mais complexo de sua doutrina, aquele que concerne, precisamente, ao valor linguístico, conceito cuja formulação depende inteiramente do princípio em causa (cf. De Mauro, 461). Parece-nos, pois, fundamental realizar o que o próprio Saussure não teve a possibilidade de fazê-lo em vida: reunir os três princípios numa síntese harmoniosa e orgânica. Para alcançar este objetivo, decidimos adotar o seguinte caminho:

a) Inicialmente, chamou-nos a atenção o emprego recorrente do termo "imotivado" por Saussure, para caracterizar o princípio da arbitrariedade do signo (cf. CLG, 101; 180-184). De Mauro insiste, com razão, na necessidade de manter o advérbio "radicalmente" no enunciado deste princípio, ou seja, de adotá-lo tal como está formulado nas fontes manuscritas: "o vínculo que une o significante ao significado é radicalmente arbitrário" (a fórmula que se encontra no CLG [100] omite o advérbio). Como ressalta De Mauro, "o vínculo é arbitrário *radicitus*, em seus próprios fundamentos, na medida em que religa duas entidades semelhantemente produzidas graças ao recorte arbitrário na substância acústica e na substância significativa" (442). Mas deve-se ter presente que a palavra "radicalmente", apesar da omissão dos editores denunciada por De Mauro, é empregada em outro contexto do CLG (cf. 157), para qualificar este mesmo princípio e que, a certo momento, é o próprio Saussure que nos explica o sentido deste termo: "...radicalmente arbitrário, isto é, imotivado" (180). Ora, como procuramos mostrar em nosso histórico da linguística (cf. supra, cap. I), as principais teorias ocidentais sobre a linguagem, de Aristóteles à Gramática Comparada, passando por Port-Royal, repousam sobre o princípio metafísico da analogia. Segundo este princípio, a linguagem, longe de ter uma autonomia interna, se fundamenta sobre uma ordem externa com a qual mantém uma relação de semelhança. Em outros termos: na perspectiva tradicional, o signo linguístico é *motivado*. Se nossa interpretação é correta, Saussure, ao formular o princípio da arbitrariedade do signo, declarou a independência da língua em relação tanto à ordem lógica como à ontológica. Uma das principais contribuições do CLG para a renovação dos estudos linguísticos, como nos lembra oportunamente L. Hjelmslev (cf. supra, cap. I, 2.1), reside justamente na introdução do significado no signo (importa sublinhar esta originalidade do signo saussuriano, tendo em vista as tentativas frequentes [cf., p. ex., ELG1, 162-164] para reduzi-lo a alguma concepção tradicional). O significante e o significado são as duas faces inseparáveis do signo linguístico. As forças sociais e históricas não podem alterar um sem alterar, simultaneamente, o outro (cf. supra, cap. I, 2.2.1). Se estes dois termos surgem ou se alteram simultaneamente, como buscar uma analogia entre eles? Na ótica saussuriana, uma tal analogia é manifestamente um contrassenso (no entanto, R. Jakobson defendeu esta analogia no seu célebre artigo À la recherche de l'essence du langage, confundindo, como já mostramos [cf. supra, cap. II, 2.6, a], o significado com o referente, confusão, aliás, que se encontra, também, no CLG [cf. 101]). No entanto, é preciso reconhecer que, se os dois termos que formam o signo não comportam nenhuma analogia entre eles, esta é perfeitamente admissível na relação que une o significante ao referente.

b) Saussure, como acabamos de dizer, introduziu o significado no signo, logo, na língua. Esta nova perspectiva tem seguramente implicações antropológicas. Em sintonia com a teoria freudiana do inconsciente, a teoria saussuriana da língua recorre a um quadro filosófico que rejeita o dualismo metafísico tradicional, ou seja, a separação entre o corpo e o espírito. A língua é um "pensamento-som", afirma Saussure (CLG, 156). Como o pensamento se organiza na matéria fônica (cf. CLG, 155)? Em outros termos: em que condições a matéria fônica se torna matéria "significante"? Foi para responder a esta questão que o genebrino enunciou o princípio da linearidade do significante. Esta é a nossa hipótese acerca desta etapa essencial, mas obscura e mal compreendida do pensamento saussuriano. Concretamente, o que fizemos foi ligar a página 103 do CLG, na qual Saussure introduz o princípio da linearidade do significante, às páginas 156-158, cujo tema é a relação "pensamento-som", vale dizer, a relação que se fundamenta na articulação ou na segmentação (linear) da substância fônica: "O pensamento, caótico por natureza, é forçado a se precisar, decompondo-se" (156). Nossa interpretação pode ser confirmada por uma afirmação extraída da entrevista, já citada, que Saussure teve com L. Gautier em maio de 1911, na qual ele afirma: "O essencial é o problema das unidades. Com efeito, a língua é necessariamente comparável a uma linha cujos elementos são cortados por uma tesoura pan, pan, pan" (cf. SMCLG, 30). Nesta comparação, Saussure une a passagem do CLG que expõe a sucessão linear do significante (103) a outra que trata das articulações da substância fônica (156), quer dizer, dos pontos de junção do pensamento — ou melhor, do sentido — com o som (cf. supra, cap. II, 2.6, b, nossa discussão da crítica de R. Jakobson ao princípio da linearidade).

c) Ao religar os dois princípios, constatamos que o primeiro declara a independência da língua em relação a toda ordem externa e o segundo explica a formação dos elementos (ou das unidades) linguísticos, que são entidades com duas faces, a saber, a face acústica (significante) e a face semântica (significado). Mas é preciso mostrar ainda como estes elementos se mantêm em equilíbrio. De fato, não é possível declarar a independência da língua sem explicar sua autonomia. É precisamente neste ponto que intervém o conceito de sistema, à formulação do qual, como se sabe, Saussure consagrou o melhor dos seus esforços. "A língua", diz ele, "é um sistema que só conhece a sua própria ordem" (CLG, 43). Ora, o funcionamento deste sistema depende do princípio de diferenciação. Tanto no nível dos significantes como no nível dos significados, o valor de um termo é determinado não por suas qualidades intrínsecas, mas pelo que o diferencia dos demais. Saussure chegou deste modo ao conceito de valor linguístico e à definição da língua como "um sistema de puros valores" (CLG, 116). Foi assim que ele instaurou, no domínio social, um novo setor de investigação, vale dizer, o campo semiológico.

Todavia, como insiste De Mauro (VII, 420, 426, 443, 451 e, sobretudo, 464), ao conceito de valor se associa necessariamente o de significação. De fato, o par conceitual valor/significação é a chave da leitura do CLG proposta pelo linguista italiano. Ele corresponde, como mostramos (cf. supra, cap. I, 2.4.5), à exigência lógica formulada por G. Frege ao distinguir *Sinn* e *Bedeutung*. A abertura do campo semiológico não exclui, portanto, a consideração semântica e referencial dos signos. Na verdade, encontramos no Saussure das fontes manuscritas os elementos para contestar a exclusão do sujeito, do referente e da história efetuada, supostamente, pela da teoria da língua, como afirmam a filosofia estruturalista defendida por Cl. Lévi-Strauss e certas interpretações equivocadas do estruturalismo (cf. supra, Intr.; Concl.; cf. Jardim Andrade, 2017).

Bibliografia

ARMENGAUD, Françoise. *La pragmatique*. Paris: PUF, 1985.
ARNAUD, Antoine; LANCELOT, Claude. *Grammaire générale et raisonnée*. Paris: Paulet, 1969.
AUBENQUE, Pierre. *Le problème de l'être chez Aristote*. Paris: PUF, 1962.
AUSTIN, John Langshaw. *How to do things with worlds*. Oxford: [s.n.], 1962.
_____. *Quand dire c'est faire*. Trad. fr. Paris: Seuil, 1970.
AUZIAS, Jean-Marie. *Clefs pour le structuralisme*. Paris: Seghers, 1971.
_____. *L'anthropologie contemporaine. Expérience et système*. Paris: PUF, 1976.
BARTHES, Roland. Éléments de sémiologie. *Communications*, Paris: Seuil, n. 4, 1964.
_____. *Système de la mode*. Paris: Seuil, 1967.
_____. *Leçon*. Paris: Seuil, 1978. Trad. bras.: *Aula*. São Paulo: Cultrix, 1980.
BASTIDE, Roger (org.). *Sens et usage du terme structure dans les sciences humaines et sociales*. Paris: Mouton, 1972.
BAUDRILLARD, Jean. *L'échange symbolique et la mort*. Paris: Gallimard, 1976.
BEAUVOIR, Simone de. Les structures élémentaires de la parenté. *Les temps modernes*, n. 49, nov. 1949. Esta resenha se encontra também em *Magazine Littéraire*, Paris, n. 223, oct. 1985.

BENOIST, Jean-Marie. *La révolution structurale*. Paris: Bernard Grasset, 1975.

BENVENISTE, Émile. *Problèmes de linguistique générale*. Paris: Gallimard, 1966, t. 1, 1974, t. 2.

BERNARD, Claude. *Introduction à la médecine expérimentale*. Paris: Sertillanges, 1900.

BERNARDI, Bernardo. *Introdução aos estudos etno-antropológicos*. Trad. port. Lisboa: Ed. 70, 1974.

BICCA, Luiz. A subjetividade moderna. Impasses e perspectivas. *Síntese nova fase*, São Paulo: Loyola, v. 20, n. 60, jan.-mar. 1993, 9-34.

BLOOMFIELD, Leonard. *Language*. New York: Hold/Rinehart & Winston, 1933.

BOGORAS, Waldemar. *The Chukchee*. [s.l.]: Johnson Reprint, 1909.

BOHR, Niels. *Atomic physics and human knowledge*. New York: [s.n.], 1958.

BONAPARTE, Marie. *The psychoanalytic study of the child*. New York: [s.n.], 1945, v. 1.

BONOMI, Andrea. *Fenomenologia e estruturalismo*. Trad. bras. São Paulo: Perspectiva, 1974.

BOUQUET, Simon. *Introduction à la lecture de Saussure*. Paris: Payot, 1997.

BROCKMAN, Jan. M. *El estructuralismo*. Trad. esp. Barcelona: Flerder, 1979.

BUENO, Vera Cristina de Andrade. Significação e ato ilocucionário. *Cadernos Seaf*, Rio de Janeiro, ano 1, n. 2, fev. 1979, 91-98.

BURKS, Arthur W. Icon, index, Symbol. *Philosophy and phenomenological research*, IX, 1949.

BUYTENDIJK, Frederik J. J. *La femme, ses modes d'être, de paraître, d'exister. Essai de psychologie existentielle*. [s.l.]: Desclée de Brouwer, 1967.

CALVET, Louis-Jean. *Pour et contre Saussure*. Paris: Payot, 1975.

CÂMARA JR.; Joaquim Mattoso. Roman Jakobson e a linguística. In: JAKOBSON, Roman. *Linguística, poética, cinema*. São Paulo: Perspectiva, 1970.

_____. *Princípios de linguística geral*. Rio de Janeiro: Acadêmica, 1972.

_____. *História da linguística*. Petrópolis: Vozes, 1986.

CASSIRER, Ernst. *An essay on man: an introduction to a philosophy of human culture*. New York: Yale Univ., 1944.

_____. Le langage et la construction du monde des objets. In: PARIENTE, Jean Claude (ed.). *Essais sur le langage*. Paris: Minuit, 1969, 39-68.

CAUSSAT, Pierre. La querelle et les enjeux des lois phonétiques. Une visite aux néogrammairiens. *Langages*, Paris, 49, mars 1978.

CHISS, Jean-Louis. Synchronie/diachronie. Méthodologie et théorie en linguistique. *Langages*, 49, mars 1978, 91.

CHOMSKY, Noam. *Current issues in linguistic theory.* La Haye: Mouton, 1964.

CLÉMENT, Catherine. *Lévi-Strauss on la structure et le malheur.* Paris: Seghers, 1974.

COELHO, Eduardo Prado (org.). *Estruturalismo: antologia de textos teóricos.* Lisboa: Portugália, 1968.

CORETH, Emerich. *Questões fundamentais de hermenêutica.* Trad. bras. São Paulo: EPU, 1973.

COSTA, Cláudio Ferreira da. *Filosofia analítica.* Rio de Janeiro: Tempo Brasileiro, 1992.

CULLER, Jonathan. *Saussure.* London: Fontana, 1976.

DARTIQUES, André. *O que é a fenomenologia?* Trad. bras. Rio de Janeiro: Eldorado, 1973.

DEACON, Arthur Bernard. The regulation of marriage in Ambrym. *Journal of the Royal anthropological institute*, v. 57, 1927, 329-332 et note, 329.

DECLOUX, Simon. Le symbole. Introduction philosophique. *Langages et symboles*, Cabay: Louvain-la-Neuve, 1984, 5-21.

DELEUZE, Gilles. Em que se pode reconhecer o estruturalismo? In: CHÂTELET, François. *História da filosofia 8.* Trad. bras. Rio de Janeiro: Zahar, 1974, 271-303.

DERRIDA, Jacques. *De la grammatologie.* Paris: Minuit, 1967.

_____. Le supplément de copule. La philosophie devant la linguistique. *Langages*, Paris, n. 24, 1971.

DESCARTES, René. *Les principes de la philosophie*, 1. Paris: Vrin, 1950.

DEVEREUX, George. The social and cultural implications of incest among the Mohave Indians! *The Psychoanalytic Quarterly*, v. 8, n. 4, 510-533, 1939.

DILTHEY, Wilhelm. *Introducción a las ciencias del espíritu. Ensayo de una fundamentación del estudio de la sociedad y de la historia.* Trad. esp. Madrid: Alianza, 1986.

_____. *Le monde de l'esprit.* Trad. fr. Paris: Aubier-Montaigne, 1947, t. 1.

DOMENACH, Jean-Marie. Le requiem structuraliste. *Le sauvage et l'ordinateur*, Paris: Seuil, 1976.

DOSSE, François. *Histoire du structuralisme.* Paris: La Découverte, 1991, t. 1, 1992, t. 2. Trad. bras.: *História do estruturalismo.* São Paulo: Ensaio, 1993, t. 1, 1994, t. 2.

_____. *O Globo*. 10 déc. 1995 (entrevista).

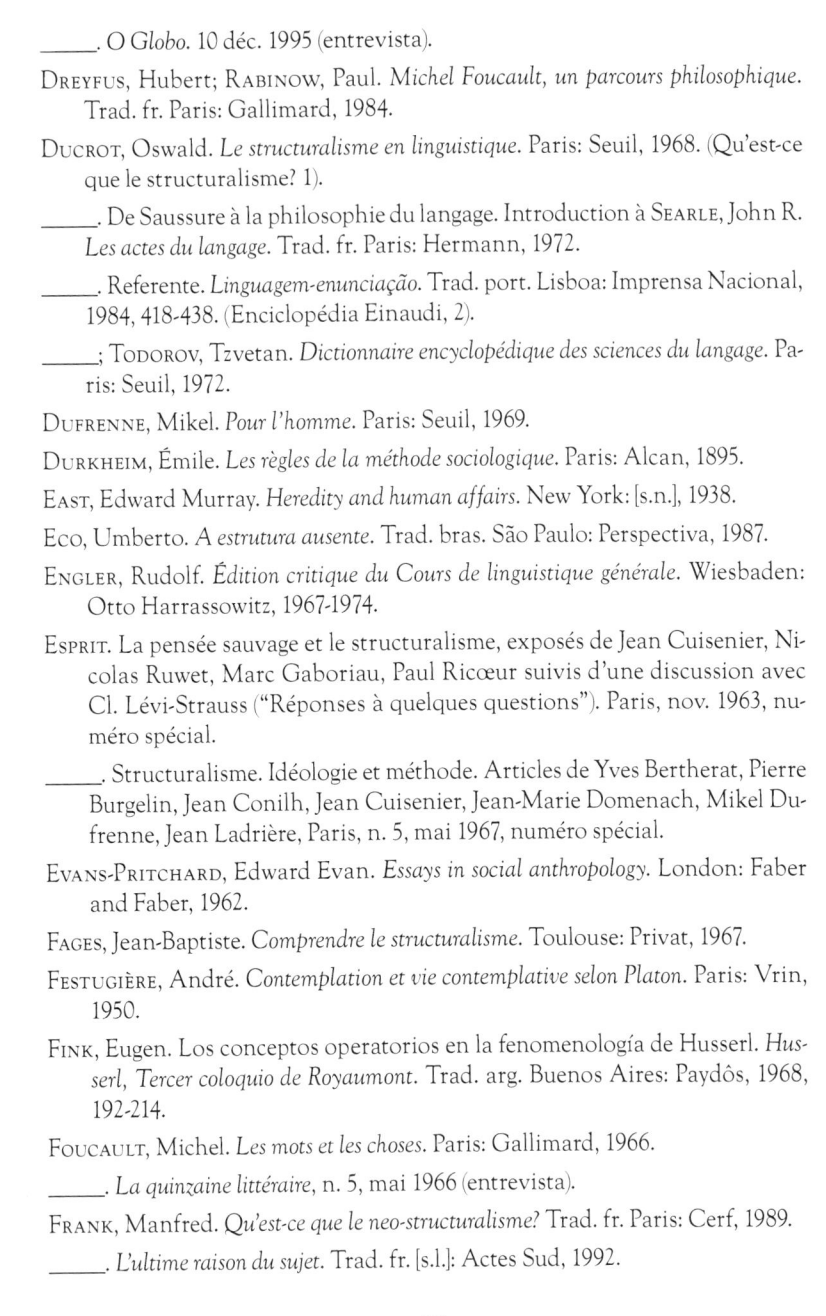

DREYFUS, Hubert; RABINOW, Paul. *Michel Foucault, un parcours philosophique*. Trad. fr. Paris: Gallimard, 1984.

DUCROT, Oswald. *Le structuralisme en linguistique*. Paris: Seuil, 1968. (Qu'est-ce que le structuralisme? 1).

_____. De Saussure à la philosophie du langage. Introduction à SEARLE, John R. *Les actes du langage*. Trad. fr. Paris: Hermann, 1972.

_____. Referente. *Linguagem-enunciação*. Trad. port. Lisboa: Imprensa Nacional, 1984, 418-438. (Enciclopédia Einaudi, 2).

_____; TODOROV, Tzvetan. *Dictionnaire encyclopédique des sciences du langage*. Paris: Seuil, 1972.

DUFRENNE, Mikel. *Pour l'homme*. Paris: Seuil, 1969.

DURKHEIM, Émile. *Les règles de la méthode sociologique*. Paris: Alcan, 1895.

EAST, Edward Murray. *Heredity and human affairs*. New York: [s.n.], 1938.

ECO, Umberto. *A estrutura ausente*. Trad. bras. São Paulo: Perspectiva, 1987.

ENGLER, Rudolf. *Édition critique du Cours de linguistique générale*. Wiesbaden: Otto Harrassowitz, 1967-1974.

ESPRIT. La pensée sauvage et le structuralisme, exposés de Jean Cuisenier, Nicolas Ruwet, Marc Gaboriau, Paul Ricœur suivis d'une discussion avec Cl. Lévi-Strauss ("Réponses à quelques questions"). Paris, nov. 1963, numéro spécial.

_____. Structuralisme. Idéologie et méthode. Articles de Yves Bertherat, Pierre Burgelin, Jean Conilh, Jean Cuisenier, Jean-Marie Domenach, Mikel Dufrenne, Jean Ladrière, Paris, n. 5, mai 1967, numéro spécial.

EVANS-PRITCHARD, Edward Evan. *Essays in social anthropology*. London: Faber and Faber, 1962.

FAGES, Jean-Baptiste. *Comprendre le structuralisme*. Toulouse: Privat, 1967.

FESTUGIÈRE, André. *Contemplation et vie contemplative selon Platon*. Paris: Vrin, 1950.

FINK, Eugen. Los conceptos operatorios en la fenomenología de Husserl. *Husserl, Tercer coloquio de Royaumont*. Trad. arg. Buenos Aires: Paydôs, 1968, 192-214.

FOUCAULT, Michel. *Les mots et les choses*. Paris: Gallimard, 1966.

_____. *La quinzaine littéraire*, n. 5, mai 1966 (entrevista).

FRANK, Manfred. *Qu'est-ce que le neo-structuralisme?* Trad. fr. Paris: Cerf, 1989.

_____. *L'ultime raison du sujet*. Trad. fr. [s.l.]: Actes Sud, 1992.

FRAZER, James George. Folklore in the Old Testament. Studies in comparative religion, legend and law. *The Journal of Nervous and Mental Disease*, v. 52, n. 4, 377-378, 1920.

FREGE, Gottlob. Sobre el sentido y la denotación. In: SIMPSON, Thomas Moro (org.). *Semántica filosófica. Problemas y discusiones*. Trad. arg. Buenos Aires: Siglo XXI, 1973, 3-27.

FREUD, Sigmund. Une difficulté de la psychanalyse. *Essais de psychanalyse appliquée*. Trad. fr. Paris: Gallimard, 1933, 137-147.

_____. *Malaise dans la civilisation*. Trad. fr. Paris: PUF, 1970.

_____. *Trois essais sur la théorie de la sexualité*. Trad. fr. Paris: Gallimard, 1971.

_____. *Introduction à la psychanalyse*. Trad. fr. Paris: Payot, 1973.

_____. *L'interprétation des rêves*. Trad. fr. Paris: PUF, 1980.

_____. *Essais de psychanalyse*. Trad. fr. Paris: Payot, 1985.

_____. *Métapsychologie*. Trad. fr. Paris: Gallimard, 1985.

_____. *Nouvelles conférences d'introduction à la psychanalyse*. Trad. fr. Paris: PUF, 1986.

_____. *La naissance de la psychanalyse*. Trad. fr. Paris: PUF, 1986.

FREUND, Julien. *A teoria das ciências humanas*. Trad. port. Lisboa: Sociocultur, 1977.

GADET, Françoise. *Saussure, une science de la langue*. Paris: PUF, 1987.

GEORGIN, Robert. *De Lévi-Strauss à Lacan*. [s.l.]: Écrits/Cistre, 1983.

GODEL, Robert. *Les sources manuscrites du Cours de linguistique générale*. Genève: Droz, 1957.

GODELIER, Maurice. Objets et méthodes de l'anthropologie économique. *L'homme*, Paris, t. 5, n. 2, avr.-juin 1965.

_____. Sistema, estrutura e contradição em "O capital". In: POUILLON, Jean et al. *Problemas do estruturalismo*. Rio de Janeiro: Zahar, 1968.

_____. Définition et champ de l'anthropologie économique. In: COPANS, Jean et al. *L'anthropologie. Science des sociétés primitives?* [s.l.]: Denoel, 1971.

GRANGER, Gilles Gaston. *Pensée formelle et sciences de l'homme*. Paris: Aubier-Montaigne, 1962.

GREENBERG, Joseph Harold. *Universals of language*. Cambridge: MIT Press, 1963.

GREGOIRE, Antoine. *L'apprentissage du langage: les deux premières années*. [s.l.]: Librairie Droz, 1931.

GREISCH, Jean; KEARNEY, Richard (org.). *Paul Ricœur. Les métamorphoses de la raison herméneutique*. Paris: Cerf, 1991.

GRISONI, Dominique A. Lévi-Strauss en 33 mots. *Magazine Littéraire*, Paris, n. 223, oct. 1985, 26.

GOLDENWEISER, Alexander. Remarks on the social organization of the Crow Indians, *American Anthropologist*, v. 15, n. 2, 281-294, 1913.

GUIBERT-SLEDZIEWSKI, Elisabeth; VIEILLARD-BARON, Jean-Louis (org.). *Penser le sujet aujourd'hui*. Paris: Méridiens Klincksieck, 1988.

HAGÈGE, Claude. *L'homme de parole*. Paris: Gallimard, 1985.

HANKS, Jane Richardson; RICHARDSON, Jane; KROEBER, Alfred Louis. *Three centuries of women's dress fashions, a quantitative analysis*. Califórnia: University of California Press, 1940.

HARARY, Frank; NORMAN, Robert Z.; CASTURIGHT, Dorwin. *Structural models. An introduction to the theory of directed graphs*. [s.l.]: John Wiley & Sons, 1965.

HEAD, Henry. *Aphasia and kindred of speech*. New York: Cambridge University Press, 1926.

HEIDEGGER, Martin. *L'être et le temps*. Trad. fr. Paris: Gallimard, 1964.

_____. *Sobre o humanismo*. Trad. bras. Rio de Janeiro: Tempo Brasileiro, 1967.

_____. L'époque des "conceptions du monde". *Chemins qui ne mènent nulle part*. Trad. fr. Paris: Gallimard, 1970.

HERTEFELT, Marcel d'. *Introduction à l'anthropologie culturelle*. Liège: Univ. de Liège, 1973, t. 1-2.

HJELMSLEV, Louis. *Essais linguistiques*. Trad. fr. Paris: Minuit, 1971.

_____. *Prolégomènes à une théorie du langage*. Paris: Minuit, 1984.

HOLENSTEIN, Elmar. *Jakobson ou le structuralisme phénoménologique*. Paris: Seghers, 1974.

HOMBERT, Isabelle. Whitney. Notes sur une entreprise théorique pré-saussurienne. *Langages*, Paris, 49, mars 1978, 117.

HUSSERL, Edmund. *Idées directrices pour une phénoménologie*. Trad. fr. Paris: Gallimard, 1950.

_____. *Méditations cartésiennes: introduction à la phénoménologie*. Trad. fr. Paris: Vrin, 1969.

_____. *Expérience et jugement*. Trad. fr. Paris: PUF, 1970.

_____. *Recherches logiques*, 1, 2 première partie, 2 deuxième partie. Trad. fr. Paris: Vrin, 1969, 1972.

_____. *La crise des sciences européennes et la phénoménologie transcendantale*. Trad. fr. Paris: Gallimard, 1976.

ISAACS, Susan. *Social development in young children*. London: [s.n.], 1933.

JACKSON, John Huglings. Notes on the physiology and pathology of the nervous system. *Med Times Gaz*, v. 2, 696, 1868.

JAKOBSON, Roman. À la recherche de l'essence du langage. Trad. fr. *Diogène*, Paris: Gallimard, n. 51, juil.-sept. 1965. Trad. bras.: À procura da essência da linguagem. In: JAKOBSON, Roman. *Linguística e comunicação*. São Paulo: Cultrix, [s.d.].

_____. Principes de phonologie historique. In: TRUBETZKOY, Nikolai Petrovitch. *Principes de phonologie*. Trad. fr. Paris: Klincksieck, 1949 [1957], 202.

_____. *Langage enfantin et aphasie*. Trad. fr. Paris: Flammarion, 1969.

_____. Zur Struktur des Phonems. *Selected writing I. Phonological studies*. The Hague/Paris: Mouton, 1971.

_____. *Essais de linguistique générale*, Trad. fr. Paris: Minuit, 1973, t. 1-2.

_____. *Six leçons sur le son et le sens*. Paris: Minuit, 1976.

_____. *Une vie dans le langage. Autoportrait d'un savant*. Trad. fr. Paris: Minuit, 1984.

JARDIM ANDRADE, Ricardo. Dilthey e Lévi-Strauss: um confronto entre hermenêutica e estruturalismo. In: PESSOA JR., Osvaldo; ARAÚJO DUTRA, Luiz Henrique (org.). *Racionalidade e objetividade científicas*. Florianópolis: Núcleo de Epistemologia e Lógica da Universidade Federal de Santa Catarina, 2013, 217-258.

_____. Saussure et la philosophie. Un essai de reconstruction de la théorie de la langue. In: BEZIAU, Jean-Yves (ed.). *The Arbitrariness of the Sign in Question*. Proceedings of a CLG 100 Workshop. Genève, January 10-12, 2017, 295-322.

JEANSON, Francis. *La phénoménologie*. Paris: Téqui, 1985, 34.

JORION, Paul. Affaires de famille, *Magazine Littéraire*, Paris, n. 223, oct. 1985, 34.

KEESING, Felix Maxwell. *Cultural anthropology*. New York: Rinehart, 1958.

KERBRAT-ORECCHIONI, Catherine. *L'énonciation de la subjectivité dans le langage*. Paris: Armand-Colin, 1980.

KOHT, N. La conduite du petit du chimpanzé et l'enfant de l'homme, *Journal de psychologie*, v. 34, 1937.

KOLAKOWSKI, Leszek. *La philosophie positiviste*. Trad. fr. Paris: Denöel, 1976.

KRISTEVA, Julia. *Le langage cet inconnu*. Une initiation à la linguistique. Paris: Seuil, 1981.

KROEBER, Alfred. The societies of primitive men. *The Nature of Culture*. Chicago: Univ. Chicago Press, 1952.

LACAN, Jacques. *Écrits.* Paris: Seuil, 1966.

LADRIÈRE, Jean. Sens et système. *Esprit,* n. 5, mai 1967, 822-824.

_____. *Vida social e destinação.* Trad. br. São Paulo: Convívio, 1979.

LALANDE, André. *Vocabulaire technique et critique de la philosophie.* Éd. ver., aum. Paris: PUF, ⁸1960.

LAPLANCHE, Jean. *Vie et mort en psychanalyse.* Paris: Flammarion, 1970.

_____. La situation psychanalytique. Le psychanalyste et son baquet. *Psychanalyse à l'université,* t. 5, n. 19, juin 1980, 381-435.

_____. Faire dériver la sublimation. *Psychanalyse a l'universite,* t. 5, n. 20, sept. 1980, 561-612.

_____. *Problématiques I. L'angoisse.* Paris: PUF, 1981.

LAPLANCHE, Jean; PONTALIS, Jean-Bertrand. *Vocabulaire de la psychanalyse.* Paris: PUF, ⁸1984.

_____. Fantasme originaire, fantasmes des origines, origines du fantasme. Paris: Hachette, 1985.

LAPLANTINE, Francis. *Clefs pour l'anthropologie.* Paris: Seghers, 1987.

LARUELLE, François. *Les philosophies de la différence.* Paris: PUF, 1986.

LEFEBVRE, Henri. *L'idéologie structuraliste.* Paris: Seuil, 1971.

_____. Le concept de structure chez Marx. In: BASTIDE, Roger (ed.). *Sens et usage du terme structure dans les sciences humaines et sociales.* Paris: Mouton, 1972.

LEPARGNEUR, Hubert. *Introdução aos estruturalismos.* São Paulo: Herder, 1972.

LEPSCHY, Giulio C. Ancora sur "l'arbitraire du signe". *Ann. Scuola Norm. Sup. Di Pisa,* 31, 1962, 65-102.

_____. *La linguistique structurale.* Paris: Payot, 1976.

_____. Língua/fala. *Linguagem-enunciação.* Trad. port. Lisboa: Imprensa Nacional, 1984, 71-82. (Enciclopédia Einaudi, 2).

LEROY, Maurice. *Les grands courants de la linguistique moderne.* Bruxelles: Univ. de Bruxelles, 1980.

LES TEMPS MODERNES. Problèmes du structuralisme. Articles de Jean Pouillon, Marc Barbut, Algirdas Julien Greimas, Maurice Godelier, Pierre Bourdieu, Pierre Macherey, Jacques Ehrmann. Paris, n. 246, nov. 1966, numéro spécial. Trad. bras.: *Problemas do estruturalismo.* Rio de Janeiro: Zahar, 1968.

LÉVI-STRAUSS, Claude. *Les structures élémentaires de la parenté.* Paris: PUF, 1949. Réédité. Paris: Mouton, 1967.

_____. Introduction à l'œuvre de Marcel Mauss. In: MAUSS, Marcel. *Sociologie et anthropologie.* Paris: PUF, 1950, XIX-LII.

_____. *Race et histoire*. Paris: Unesco, 1952. Réédité. Paris: Gonthier, 1967.

_____. *Tristes tropiques*. Paris: Plon, 1955.

_____. *La pensée sauvage*. Paris: Plon, 1962; réimprimé, 1985a.

_____. *Le totémisme aujourd'hui*. Paris: PUF, 1962; éd. corrigée, ⁶1985b.

_____. *Mythologiques I: le cru et le cuit*. Paris: Plon, 1964.

_____. *Cahiers de Philosophie* (numéro spécial: Anthropologie), n. 1, jan. 1966a (entrevista).

_____. *Mythologiques II: du miel aux cendres*. Paris: Plon, 1966b.

_____. *Magazine Littéraire*, n. 58, nov. 1971 (entrevista).

_____. *Mythologiques IV: l'homme nu*. Paris: Plon, 1971.

_____. *Anthropologie structurale deux*. Paris: Plon, 1973.

_____. *Anthropologie structurale*. Paris: Plon, 1974.

_____. *Myth and meaning. Five talks for radio*. Toronto: Univ. of Toronto, 1978. Trad. port.: *Mito e significado*. Lisboa: Ed. 70, 1979a.

_____. *Claude Lévi-Strauss* (textes de et sur Claude Lévi-Strauss réunis par Raymond Bellour et Catherine Clément). Paris: Gallimard, 1979b.

_____. Entretien. In: LES SCIENCES HUMAINES AUJOURD'HUI. *Jacques Mousseau s'entretient avec 17 chercheurs*. Paris: Retz, 1979c. (Les Entretiens de Psychologie).

_____. *Le regard éloigné*. Paris: Plon, 1983.

_____; CHARBONIER, Georges. *Entretiens avec Claude Lévi-Strauss*. Paris: Plon, 1961.

_____; ERIBON, Didier. *De près et de loin*. Paris: Odile Jacob, 1988.

LIMA, Luiz Costa (org.). *O estruturalismo de Lévi-Strauss*. Petrópolis: Vozes, 1968.

LOWIE, Robert H. Exogamy and the classificatory system of relationship. *Proceedings of the National Academy of Sciences of the United States of America*, v. 1, n. 6, 346, 1995.

LUIJPEN, Wilhelmus. *Introdução à fenomenologia existencial*. Trad. bras. São Paulo: EPU, 1973.

MACHADO, Roberto. Archéologie et épistémologie. In: MICHEL FOUCAULT PHILOSOPHE. *Rencontre Internationale, 9-11 jan. 1988*. Paris: Seuil, 1989, 15-32.

MACKSEY, Richard; DONATO, Eugênio (org.). *A controvérsia estruturalista. As linguagens da crítica e as ciências do homem*. Trad. bras. São Paulo: Cultrix, 1976.

MALMBERG, Bertil. *La phonétique*. Paris: PUF, 1962.

MANON, Simone. *Platão*. Trad. bras. São Paulo: Martins Fontes, 1992.

MARC, André. *Psychologie réflexive*. Paris: Bruxelles: Desclée de Brouwer, 1949, t. 1.

MARC-LIPIANSKY, Mireille. *Le structuralisme de Lévi-Strauss*. Paris: Payot, 1973.

MARTINET, André. *La linguistique synchronique. Études et recherches*. Paris: PUF, 1965.

_____. *Éléments de linguistique générale*. Paris: Armand Colin, 1980.

MARX, Karl. *Œuvres, Économie I*. Trad. fr. Paris: Gallimard, 1963.

MARX, Karl; ENGELS, Friedrich. *Idéologie allemande, I*. Trad. fr. Paris: Sociales, 1953.

MATTA, Roberto da. *Relativizando. Uma iniciação à antropologia social*. Petrópolis: Vozes, 1981.

MAUSS, Marcel. Essai sur le don. Forme et raison de l'échange dans les sociétés archaïques. *Sociologie et Anthropologie*. Paris: PUF, 1950, 145-279.

MEAD, Margaret. *Sex and temperament in three primitives societies*. New York: [s.n.], 1935.

MÉDINA, José. Les difficultés théoriques de la constitution d'une linguistique générale comme science autonome. *Langages*, Paris, 49, mars 1978, 8.

MERLEAU-PONTY, Maurice. *Signes*. Paris: Gallimard, 1960.

_____. *Resumo de cursos na Sorbonne. Filosofia e linguagem (1949-1952)*. Trad. bras. Campinas: Papirus, 1990.

MERQUIOR, José Guilherme. *L'esthétique de Lévi-Strauss*. Paris: PUF, 1977.

_____. *De Praga a Paris. O surgimento, a mudança e a dissolução da ideia estruturalista*. Trad. bras. Rio de Janeiro: Nova Fronteira, 1991.

MESURE, Sylvie. *Dylthey et la fondation des sciences historiques*. Paris: PUF, 1990.

MOLES, Abraham. *Théorie structurale de la communication*. Paris: Masson, 1986.

MORGAN, Lewis Henry. *Systems of consanguinity and affinity of the human family*. [s.l.]: Smithsonian Institution, 1871.

MOULOUD, Noël. *Linguagem e estruturas. Ensaios de lógica e de semiologia*. Trad. port. Coimbra: Almedina, 1974.

MOUNIN, George. *Introduction à la sémiologie*. Paris: Minuit, 1970.

_____. *Clefs pour la linguistique*. Paris: Seghers, 1971.

_____. *La linguistique du XXème siècle*. Paris: PUF, 1972.

_____. *Dictionnaire de la linguistique*. Paris: PUF, 1974.

_____. *Histoire de la linguistique des origines au XXème siècle*. Ed. corr. Paris: PUF, ⁴1985.

NEF, Frédéric. *Le langage. Une approche philosophique.* Paris: Bordas, 1993.

NORMAND, Claudine (org.). *Langages. Saussure et la linguistique pré-saussurienne.* Articles de Pierre Causat, Jean-Louis Chiss, Isabelle Hombert, José Medina, Christian Puesch, Annie Radzynski. Paris: Didier-Larousse, n. 49, mars 1978, numéro spécial.

_____. Langue/parole. Constitution et enjeu d'une opposition. *Langages*, numéro spécial. "Saussure et la linguistique pré-saussurienne". Paris: Didier-Larousse, n. 49, mars 1978, 66-90.

_____. "Le sujet dans la langue" et "Linguistique et philosophie: un instantané dans l'histoire de leurs relations". *Langages*, numéro spécial. "Le sujet entre langue et parole(s)". Paris: Didier-Larousse, n. 77, mars 1985, p. 7-19; 33-42, respectivement.

OMBREDANE, André. *L'aphasie et l'élaboration de la pensée explicite.* Paris: [s.n.], 1951.

ORTIGUES, Edmond. *Le discours et le symbole.* Paris: Aubier, 1962.

PACE, David. Claude Lévi-Strauss. *O guardião das cinzas.* Trad. bras. Rio de Janeiro: Bertrand Brasil, 1992.

PALMER, Richard E. *Hermenêutica.* Trad. port. Lisboa: Ed. 70, 1986.

PANOFF, Michel; PERRIN, Michel. *Dicionário de etnologia.* Trad. port. Lisboa: Ed. 70, 1979.

_____. *Bronislaw Malinowski.* Paris: Payot, 1972.

PARAIN-VIAL, Jean. *Analyses structurales et idéologies structuralistes*, Toulouse: Privat, 1969.

PAVEL, Thomas. *A miragem linguística. Ensaio sobre a modernização intelectual.* Trad. bras. Campinas: Pontes, 1990.

PAZ, Octavio. *Claude Lévi-Strauss ou o novo festim de Esopo.* Trad. bras. São Paulo: Seuil, 1976.

PEIRCE, Charles Sanders. *Écrits sur le signe.* Trad. fr. Paris: Seuil, 1978.

PIAGET, Jean. *La formation du symbole chez l'enfant.* Paris: Neuchâtel, 1945.

_____. Structuralisme et symbolisme. *Colloque de Genève*, les 3-4 fév. 1968.

_____. *Le structuralisme.* Paris: PUF, 1968.

_____. *Épistémologie des sciences de l'homme.* Paris: Gallimard, 1970.

PIERON, Henri. *Vocabulaire de la psychologie.* Paris: PUF, 1957.

PLATON. Cratyle. *Œuvres complètes.* Trad. fr. Paris: Garnier, 1935-1939, t. 2.

POUILLON, Jean. Les structures de l'œuvre. *Magazine Littéraire*, Paris, n. 223. oct. 1985, 31-33.

PROUDHON, Pierre.-Joseph. Solution du problème social, *Oeuvres*, v. VI, p. 131.

PUESCH, Christian; RADZYNKSI, Annie. La langue comme fait social: fonction d'une évidence. *Langages*, 49, mars 1978, 46.

RADCLIFFE-BROWN, Alfred Reginald. *Structure et fonction dans la société primitive*. Trad. fr. Paris: Minuit, 1972.

REVUE INTERNATIONALE DE PHILOSOPHIE. Herméneutique et néo-structuralisme. Articles de Hans-Georg Gadamer, Jacques Derrida, Manfred Frank, Hendrik Birus, Roland Schacht, n. 151, 1984, numéro spécial.

REY, Alain. *Théories du signe et du sens*. Paris: Klincksieck, 1973, t. 1.

RICOEUR, Paul. Symbole et temporalité. *Archivio di Filosofia*, n. 1-2, Roma, 1963.

____. *De l'interprétation. Essai sur Freud*. Paris: Seuil, 1965.

____. *Le conflit des interprétations. Essais d'herméneutique*. Paris: Seuil, 1969.

____. Structure et signification dans le langage. *Les Cahiers de l'Université du Québec*, Québec: PUQ, 1970.

____. *La métaphore vive*. Paris: Seuil, 1975.

____. *Du texte à l'action. Essais d'herméneutique, II*. Paris: Seuil, 1986.

____. *Lectures on ideology and utopia*. Columbia: Columbia Univ., 1986. Trad. port.: *Ideologia e utopia*. Lisboa: Ed. 70, 1991.

____. *A l'école de la phénoménologie*. Paris: Vrin, 1993.

ROBINET, André. *Le langage à l'âge classique*. Paris: Klincksieck, 1978.

ROUSSEAU, Jean-Jacques. *Essai sur l'origine des langues*, ch. VIII. Édition A. Belin. Paris: [s.n.], 1817.

ROY, Olivier du. *La réciprocité. Essai de morale fondamentale*. Paris: Epi, 1970.

RUSSEL, Bertrand. *An inquiry into meaning and truth*. London: [s.n.], 1940.

SANTOS, José G. Trindade dos. O Crátilo e a filosofia platônica da linguagem. *Análise*, Lisboa, n. 7, 1987, 15-48.

SAPIR, Edward. *Le langage*. Trad. fr. Paris: Payot, 1967.

SARTRE, Jean-Paul. *L'être et le néant*. Paris: Gallimard, 1943, réimprimé, 1969.

____. *L'arc*, n. 30, 1966 (entrevista).

SAUSSURE, Ferdinand de. *Cours de linguistique générale*. Éd. critique préparée par Tullio De Mauro. Trad. de L. J. Calvet. Paris: Payot, 1985.

____. Notes inédites. *Cahiers Ferdinand de Saussure*, n. 12, Genève, 1954.

____. Introduction au deuxième cours. *Cahiers Ferdinand de Saussure*, n. 15, Genève, 1957.

SCHAFF, Adam. *Langage et connaissance*. Paris: Anthropos, 1974.

SCHLEIERMACHER, Friedrich Daniel Ernst. *Herméneutique*. Trad. fr. Paris: Cerf, 1987.

SEARLE, John R. *Les actes de langage. Essais de philosophie du langage*. Trad. fr. Paris: Hermann, 1972.

SEBAG, Lucien. *Marxisme et structuralisme*. Paris: Seuil, 1964.

SECHEHAYE, Marguerite. La réalisation symbolique, un catalyseur de la structuration du Moi schizophrénique. *Acta Psychotherapeutica, Psychosomatica et Orthopaedagogica*, v. 5, n. 2/4, 274-296, 1957.

SIMONIS, Yvan. *Claude Lévi-Strauss ou "La passion de l'inceste"*. Paris: Flammarion, 1980.

SMITH JR., Henry L. An outline of metalinguistic analysis. *Georgetown University monograph series on linguistics and language teaching 2*, 1952, 59-66.

SPERBER, Dan. *Le structuralisme en anthropologie*. Paris: Seuil, 1968. (Qu'est-ce que le structuralisme? 3).

_____. *Le savoir des anthropologues*. Paris: Hermann, 1982.

SPIER, Leslie. *Yuman tribes of the Gila River*. Chicago: [s.n.], 1933.

STEINER, George. *Le sens du sens*. Paris: Vrin, 1988.

STRASSER, Stephan. *Phénoménologie et sciences de l'homme*. Louvain: Nauwelaerts, 1974.

SUMARES, Manuel. *O sujeito e a cultura na filosofia de Paul Ricœur*. Lisboa: Escher, 1989.

TAYLOR, Charles. Force et sens, les deux dimensions irréductibles d'une science de l'homme. In: MADISON, Gary Brent (org.). *Sens et existence: en hommage à Paul Ricœur*. Paris: Seuil, 1975.

THIBAULT, Paul J. *Re-reading Saussure. The dynamics of signs in social life*. London/New York: Routledge, 1997.

THURNWALD, Richard C. Pigs and currency in Buin. *Oceania*, v. 5, n. 2, 119-141, 1934.

TINLAND, Franck. *La différence anthropologique. Essai sur les rapports de la nature et de l'artifice*. Paris: Aubier-Montaigne, 1977.

TODOROV, Tzvetan. Problèmes de l'énonciation. *Langage* ("L'énonciation", numéro spécial, org. par Tzvetan Todorov), Paris: Didier-Larousse, n. 17, mars 1970, 3-11.

TORNAY, Serge. L'Étude de la parenté. *Anthropologie. Sciences des sociétés primitives?* Denoël, 1971, 50-110.

TRABANT, Jürgen. Faut-il défendre Saussure contre ses amateurs? Notes item sur l'étymologie saussurienne. *Langages*, 39, n. 159, 2005, 111-124.

TUGENDHAT, Ernst. O Eu. *Analytica*, Rio de Janeiro: UFRJ/CFCH, v. 1, n. 1, 1993, 9-23.

VIET, Jean. *Métodos estruturalistas nas ciências sociais*. Trad. bras. Rio de Janeiro: Tempo Brasileiro, 1967.

WAHL, François. *Le structuralisme en philosophie*. Paris: Seuil, 1973. (Qu'est-ce que le structuralisme? 5).

WHITNEY, William Dwight. *The live and growth of languages*. New York: [s.n.], 1875.

WILLIAMS, James. *Pós-estruturalismo*. Trad. bras. Petrópolis: Vozes, 2005.

Edições Loyola

editoração impressão acabamento
Rua 1822 nº 341 – Ipiranga
04216-000 São Paulo, SP
T 55 11 3385 8500/8501, 2063 4275
www.loyola.com.br